臨場感あふれる解説で、楽しみながら歴史を"体感"できる

# 世界史劇場

河合塾講師 神野正史【著】

## 日清・日露戦争はこうして起こった

ベレ出版

# はじめに

「歴史」というものは、いろいろと難しい問題を孕んでいます。

そのひとつが、歴史学の世界は「満場一致」「統一見解」など、まったくあり得ない世界だということ。

たとえば、何かひとつの歴史事実について、ある人が「こうだ」と言えば、かならず別の誰かが「いや違う」と言います。

もちろんそれは、本書に書かれた内容とて、例外ではありません。

たとえば、本書では「西太后」という女性を「最悪の政治家」として扱っていますが、彼女を「名君」だと主張する人もいます。

だからこそ、歴史を語る者は、なるべく自らの主観・願望を取り払うべきであり、客観的事実の積み重ねによってのみ、見解を構築せねばなりませんが、それがなかなか難しい。

本書でも、歴史見解がなるべく偏らないように、極力 "一般的な歴史見解（主流派）" を採用するよう心がけてはいますが、筆者の個人的見解を述べている箇所もありますし、また、主流派の見解だからといって、必ずしも「真実」とは限りません。

歴史の本を読むときには、つねにこのようなことをよく理解した上で、書かれていることを鵜呑みにせずに読むことが大切です。

そして、もうひとつの問題が、歴史を評価・判断をするときの「判断基準」。

ほとんどの人は「"自分たちが教えられてきた価値観" こそが普遍的な絶対的に正しい判断基準」だと思いがちで、当然のようにして、それをもって歴史判断を行おうとします。

しかし、それこそが大きな過ちであり、歴史問題をよりいっそう複雑にしています。

価値観など、時代が変わり、社会が変わり、民族が変わり、国家が変われば、簡単に変化するもので、断じて「普遍的」でも「絶対的」でもありません。

その時代にはその時代の「正義」があり、「常識」があり、我々現代人とは隔絶した価値観の中で人々が生きていることを理解しなければなりません。

たとえば仮に、100年後の未来において「ロボット人権」をロボットに与えるのが当たり前、という価値観の社会が生まれたとします。
　それを「絶対の普遍的価値観」だと信じる未来人が現代にやってきて、
　「おいおい、この時代のヤツらは、ロボットに人権も与えてねぇのかよ？
　　なんて野蛮人なんだ！ロボットに謝罪しろ！慰謝料払ってやれ！」
と罵倒してきたとしたらどうでしょうか。
　100年前の人々の行動を評価・判断するとき、「100年前の価値観」に基づいて評価・判断してあげなければ、これと同じ愚を犯すことになります。
　さて。
　以上述べてまいりました2つの問題は、本書で扱っている「日清・日露戦争」のあたりを学ぶ際には、特に大きな問題となります。
　利害が複雑に絡みあい、感情的になりやすく、さまざまな歴史解釈が入り乱れ、現代人とはまったく異なる価値観の中で歴史が動いていたにもかかわらず、それを認識しにくい時代だからです。
　そこで本書の登場です。
　本書は、「敷居は低く、されど内容は高度に」というコンセプトのもと、どんな初学者の方でも容易に理解できるように、イラストを駆使して、平易な言葉で解説された「歴史入門書」でありながら、同時に、この2つの問題点に留意し、なおかつ歴史の臨場感まで伝えることを試みた「本格的歴史書」です。
　歴史に興味がある方はもちろん、今までまったく歴史に興味がなかった方にとっても、本書が、歴史を学ぶ重要性とその歓びに気づく、その一臂となってくれることを願ってやみません。

2013年7月　　　神野正史

# 本書の読み方

　本書は、初学者の方にも、たのしく歴史に慣れ親しんでもらえるよう、従来からの歴史教養書にはない工夫が随所に凝らされています。

　そのため、読み方にもちょっとしたコツがあります。

　まず、各単元の扉絵を開きますと、その単元で扱う範囲の「パネル（下図参照）」が見開き表示されています。

　本書はすべて、このパネルに沿って解説されますので、つねにこのパネルを参照しながら本文を読み進めていくようにしてください。

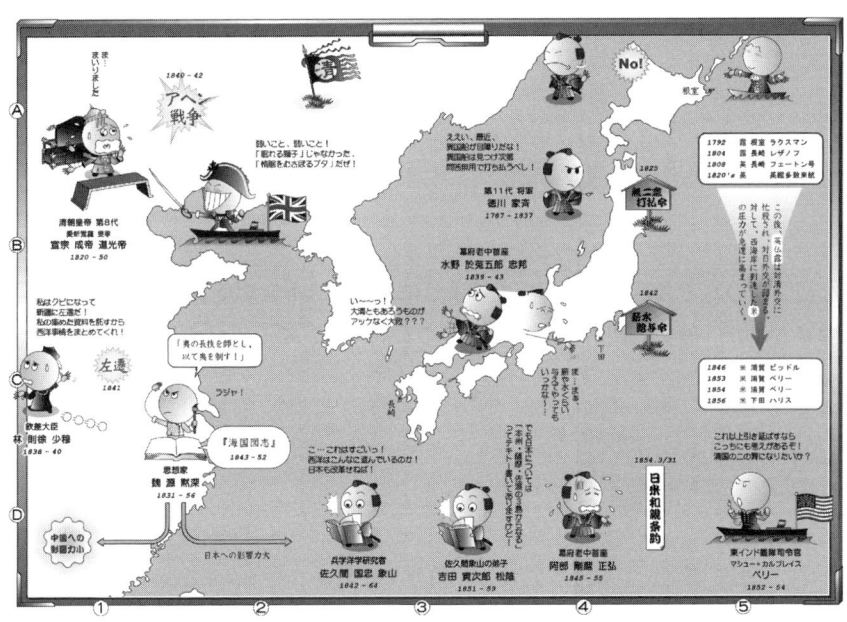

　そうしていただくことによって、いままでワケがわからなかった歴史が、頭の中でアニメーションのようにスラスラ展開するようになりますので、ぜひ、この読み方をお守りくださいますよう、よろしくお願いします。

　また、その一助となりますよう、本文中には、その随所に（D-3）などの「パネル位置情報」を表示しておきました。

　これは、「パネルの枠左の英字と枠下の数字の交差するところを参照のこと」

という意味で、たとえば(D-3)と書いてあったら、「D段第3列のあたり」すなわち、上記パネルでは「吉田松陰」のあたりをご覧ください。

　なお、本パネルの中の「人物キャラ」は、てるてる坊主みたいなので、便宜上「てるてる君」と呼んでいますが、このてるてる君の中には、その下に「肩書・氏名・年号」が書いてあるものがあります。

枢密院議長 第8代
伊藤 博文
1903－05

　この「年号」について、注意点が2つほど。
　まず、この年号はすべて「グレゴリウス暦」で統一されています。
　したがいまして、イスラームを解説したパネルであっても「ヒジュラ暦」ではありませんし、日本の歴史が描かれたパネルであっても「旧暦」ではありません。
　また、この「年号」は、そのすぐ上の「肩書」であった期間を表しています。

ですので、同じ人物でも肩書が違えば「年号」も変わってきますのでご注意ください。
　たとえば、同じ「伊藤博文」という人物でも、その肩書が、
「(天津条約の)日本全権」のときは、その会議の年号(1885)が、
「内閣総理大臣第5代」のときは、その任期期間(1892-96)が、
「枢密院議長第8代」のときは、その任期期間(1903-05)が記されています。


　また、本文下段には「註欄」を設けました。
　この「註」は、本文だけではカバーしきれない、でも、歴史理解のためには、どうしても割愛したくない、たいへん重要な知識をしたためてありますので、歴史をより深く理解していただくために、本文だけでなく「註」の説明文の方にも目を通していただくことをお勧めいたします。

　それでは、「まるで劇場を観覧しているかの如く、スラスラ歴史が頭に入ってくる！」と各方面から絶賛の「世界史劇場」をご堪能ください。

## CONTENTS

はじめに　　　　　　　　　　　　　　　　　3
本書の読み方　　　　　　　　　　　　　　　5

## 第1章　清朝の混迷

**第1幕　空前の絶頂に巣食う汚吏**
清朝腐敗の浸透　　　　　　　　　　　　　13

**第2幕　葉赫那拉（イェヘナラ）の呪い**
乾隆帝以降の清朝系図　　　　　　　　　　21

**第3幕　秀才たちの近代化はいかに**
洋務運動の展開　　　　　　　　　　　　　29

**第4幕　朝鮮、いまだ攘夷鎖国にあり**
大院君摂政　　　　　　　　　　　　　　　41

# 第2章　日本開国

### 第1幕　黒船来航の衝撃
日米和親条約の締結　　　49

### 第2幕　条文に仕組まれた陰謀
日米修好通商条約の締結　　　61

### 第3幕　「短刀一本あらば…」
大政奉還　　　69

### 第4幕　江戸幕府の最期
戊辰戦争　　　81

### 第5幕　「独力にては、西欧列強に抗しがたく…」
日清条約交渉　　　91

### 第6幕　日本、台湾に出兵す！
日清修好条規の締結と国境画定　　　99

# 第3章　日清戦争

### 第1幕　砲艦外交と見え透いたワナ
江華島事件　　　107

### 第2幕　朝鮮ついに開国す
日朝修好条規の締結　　　115

### 第3幕　旧式軍隊の不満爆発
壬午軍乱の勃発　　　123

### 第4幕　三日天下の末に…
事大党と開化派の対立　　　131

### 第5幕　李鴻章の憂鬱、そしてその裏で
清仏戦争　　　137

### 第6幕　見切り発車のクーデタ
甲申事変　　　145

### 第7幕　軍拡の10年、その成果はいかに
甲申事変後の日清　　　153

### 第8幕　日清両軍出兵、そして「最後通牒」
甲午農民戦争　　　163

| 第9幕 | 一進一退の激戦！ |
|---|---|
| | 日清戦争　171 |

| 第10幕 | 喜びも束の間のうちに |
|---|---|
| | 下関条約と三国干渉　187 |

## 第4章　中国分割と日露対立

| 第1幕 | ハイエナがごとく、我先に！ |
|---|---|
| | 中国大陸の勢力範囲争奪戦　199 |

| 第2幕 | 光緒帝の希望の星、康有為 |
|---|---|
| | 変法自強運動　213 |

| 第3幕 | 改革の壁と裏切りと |
|---|---|
| | 戊戌の政変　223 |

| 第4幕 | 「扶清滅洋」を叫びつつ |
|---|---|
| | 義和団の乱　233 |

| 第5幕 | ロシアの脅威、迫る！ |
|---|---|
| | 北京議定書　245 |

# 第5章 日露戦争

### 第1幕 戦争は避けられるか、一縷の望み
日英同盟の成立　　　　　　　　　　　　253

### 第2幕 絶望的な見通しの中で
日露戦争 準備　　　　　　　　　　　　265

### 第3幕 快進撃は続くか
日露戦争 緒戦　　　　　　　　　　　　277

### 第4幕 旅順要塞の死闘
日露戦争 激戦　　　　　　　　　　　　289

### 第5幕 バルチック艦隊、現る！
日露戦争 最終決戦　　　　　　　　　　303

### 第6幕 決裂寸前の講和会議
ポーツマス条約　　　　　　　　　　　　319

### 第7幕 新たなる時代の幕開け
日露戦争の世界史的影響　　　　　　　　327

## Column コラム

| | |
|---|---:|
| 稀代の悪女・西太后 | 28 |
| 中華思想 | 40 |
| 科挙の実態 | 48 |
| 明白なる天命 | 60 |
| 慶喜遁走の謎 | 90 |
| 朝鮮史概論 | 114 |
| 帝国主義時代 | 130 |
| ハリスの陰謀 | 136 |
| 李・左・張 三ッ巴 | 144 |
| 金玉均「最大の失態」 | 152 |
| 西太后と北洋艦隊 | 162 |
| 「逃げ艦長」は名提督か | 177 |
| 高陞号撃沈事件 | 179 |
| 「逃げ将軍」葉志超 | 183 |
| 李鴻章vs小村寿太郎 | 186 |
| 尖閣諸島問題 | 198 |
| 香港返還 | 212 |
| 康有為の思想 | 222 |
| 袁世凱 | 232 |
| ライスクリスチャン | 244 |
| 東大七博士の意見書 | 263 |
| ブラゴヴェシチェンスク事件 | 264 |
| 宣戦布告なき開戦 | 288 |
| ロシアの日本人観 | 302 |
| 失敗は成功のもと | 318 |
| 日露戦争の勝因とは？ | 334 |

# 第1章 清朝の混迷

## 第1幕

### 空前の絶頂に巣食う汚吏
#### 清朝腐敗の浸透

18世紀、清朝は、康熙・雍正・乾隆帝と、3代130年という永きにわたり、「三世の春」と呼ばれる空前の繁栄にあった。しかし、繁栄こそが腐敗の温床。清朝は、この130年の間に、政治・経済・軍事、その他諸々、社会の隅々に至るまで腐り果てていくこととなる。それは、これから200年にわたる地獄絵図の始まりでもあった。

朕の御代が絶頂期じゃ！
じゃが、それは地獄への入口でもある…

三世の春

清朝皇帝 第6代
愛新覚羅 弘暦
高宗 純帝 乾隆帝

## 〈清朝腐敗の浸透〉

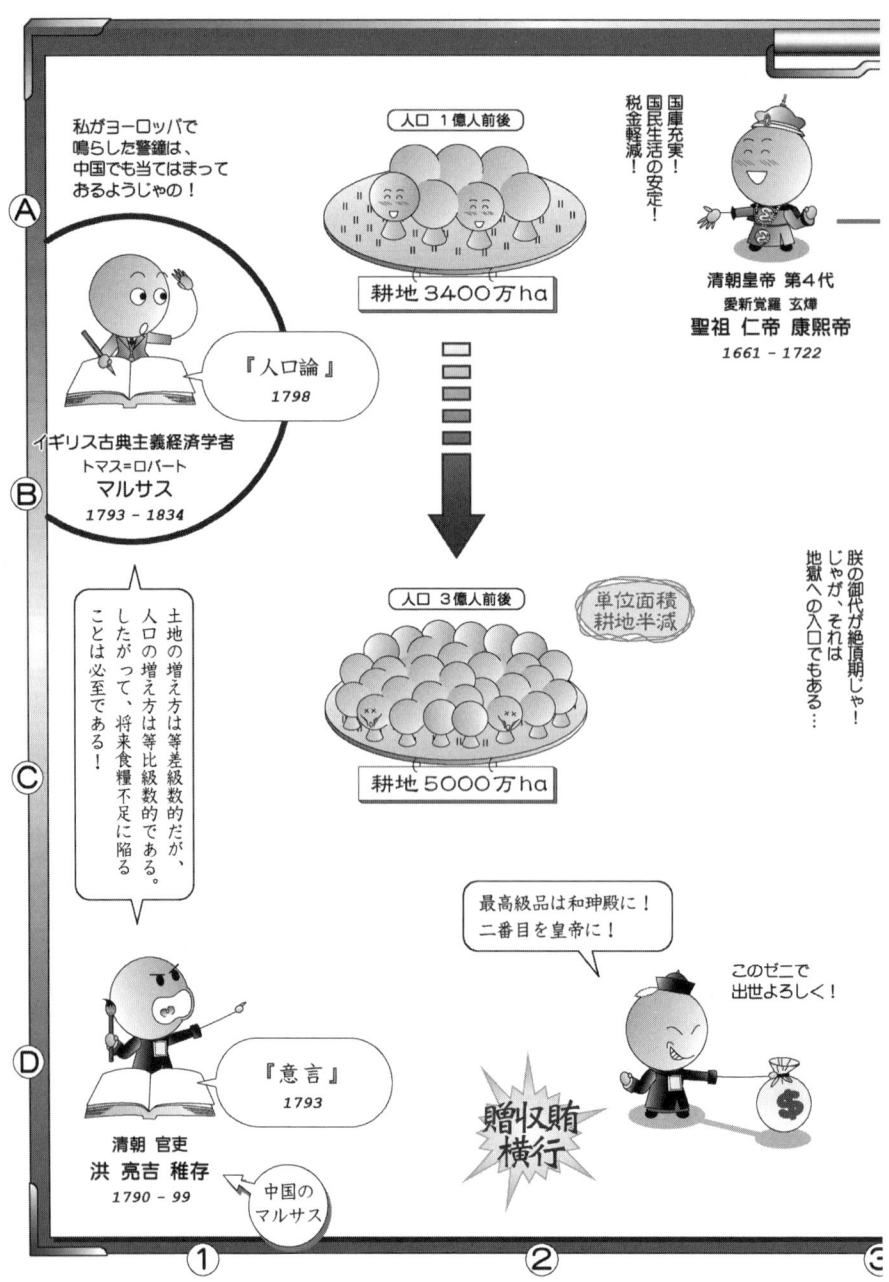

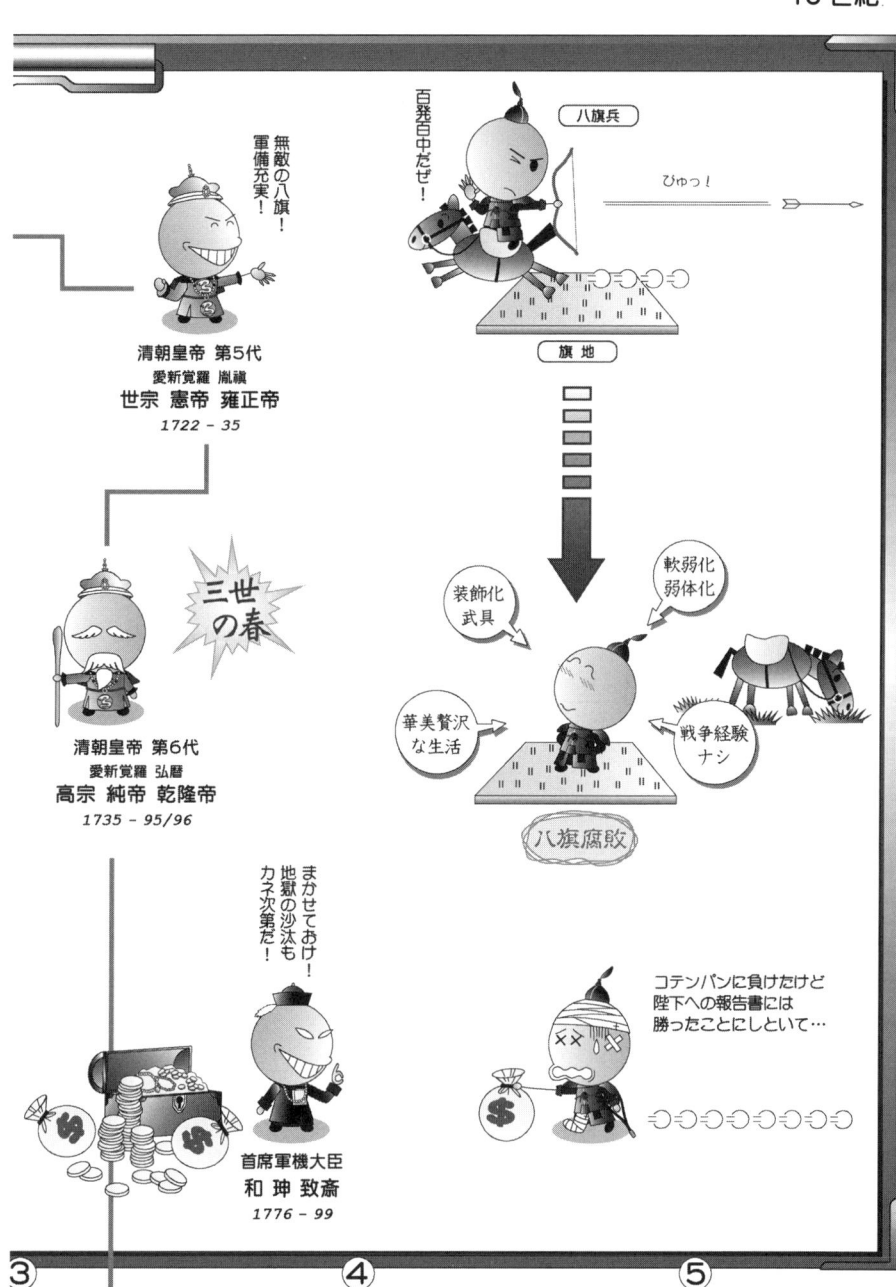

**時**は 19 世紀。この世紀から 2 世紀にわたって、アジアは、有史以来経験したことのない、地獄のごとき辛酸を味わわされることになります。

肌の色で人間を差別し(*01)、アジア人を人間扱いしない白人が、大挙してアジアに押しよせてきたからです。

ただただ、アジア人を奴隷として酷使し、搾取し、その富を吸い尽くすために。

清朝皇帝 第9代
愛新覚羅　奕詝
文宗 顕帝 咸豊帝
1850 - 1861

彼らは、産業革命を基盤とした圧倒的軍事優位を背景に、アジア世界を土足で踏み荒らし、征服し、隷属させ、富を吸い尽くすだけでは飽きたらず、アジアの旧（ふる）き良きもの（アジア伝統の社会・文化・経済・制度・学問・価値観 etc）をかたっぱしから破壊し尽くし、アジアの栄誉も民族の誇りもすべて根こそぎ剥（は）ぎ取っていきます。(*02)

それは、アジア最大・最強を誇った清朝ですら、例外ではなく、この時代、白人列強の魔の手から逃れることができたアジアの国は、たった 2 つ（日本とタイ）だけ(*03)、という有様でした。

---

(*01)「肌の色で人間を差別する」という意味不明な差別思想を思いつき、これを世界に広めたのは、白人だと言われています。

(*02) 現在でも、アジアはその後遺症の下にあると言ってもよいです。
たとえば、「白人文明が優秀で先進」だと思い込まされている人が多いのもそのひとつ。19 世紀に擦り込まれた"幼児体験"が、いまだにアジア人の心を拘束しているのです。

(*03) ただし、タイの場合は、英仏の利害と思惑が絡んで、"運良く"独立を維持できたにすぎませんでしたが、日本は、本書のテーマである「日清戦争・日露戦争」などを勝ち抜いて、"実力で"白人列強からの独立と主権を護り通すことができた「唯一」の国です。

人類の文明開闢以来、18世紀に至るまで、つねに東アジア世界ナンバーワンの大国として君臨しつづけた中国が、何ゆえ、こうもアッケなく白人の前に膝を屈してしまったのか。

本書のテーマである「日清・日露戦争」を理解するためには、どうしても、そのことについて理解しておく必要があります。

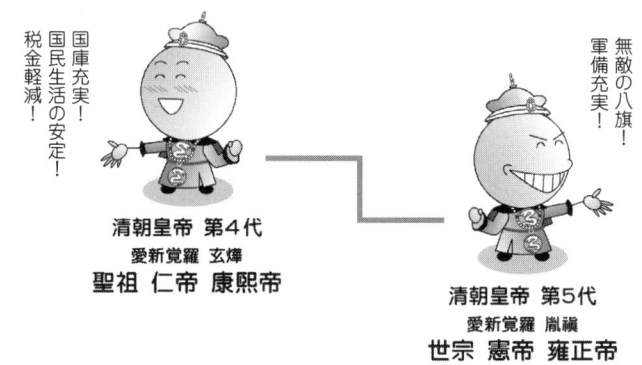

清朝は、康煕帝（A-2/3）・雍正帝（A-3/4）・乾隆帝（B/C-3）の3代130年の御世、18世紀いっぱいまで、「三世の春(*04)」と呼ばれる絶頂期にありました。

しかし、その"空前の絶頂"こそが、中国をして、社会・経済・制度・民心の隅から隅までを腐らせていくことになるのです。(*05)

---

(*04) 康煕帝・雍正帝・乾隆帝は、清朝の第4～6代皇帝です。
西暦でいえば、1661～1796年の約130年間。
130年にわたって繁栄を謳歌することなど、人類史を見渡しても稀有なことです。

(*05) 中国に限らず、古今東西、例外なく「繁栄 ＝ 腐敗の温床」です。
したがって、繁栄の規模が大きければ大きいほど、長ければ長いほど、腐敗は深刻になるため、次代の混乱は、よりひどく、より長くつづくことになります。

以後、中国はその"ツケ"を200年かけて支払わされるハメになります。
　たとえば、「三世の春」の初め、第4代康熙帝のころの清朝は、人口が約1億人ほど、耕地はおよそ3400万 ha だったと言われています。(A-2)
　康熙帝の御世には国庫はあふれかえり、税金を軽減してあげたほどでした。
　ところが。

　時代が下って、乾隆帝の時代になると、人口はなんと一気に3億人に膨れあがります。(B/C-2)
　「産めよ！ 増やせよ！ 地に満てよ！」(＊06)という神の御言葉がありますが、短期間のうちに増えすぎです。
　じつは、ちょうどこのころ、このことを言い当てるかのように、トマス＝マルサス(A/B-1)(＊07)というイギリスの経済学者が、その著書『人口論』の中でこう述べています。
　「土地の増え方は等差級数的だが、人口の増え方は等比級数的である。」(＊08)

---

(＊06)『旧約聖書』創世記の「第1章 第28節」より。
(＊07)国家経済の価値の源泉を、おもに"工業"に置く「古典主義経済学」を展開した人物。
　　　『人口論』『経済学原理』などで「過少消費説」や「有効需要説」などを主張し、のちに、ダーウィンやケインズに影響を与えたほどの重要な人物です。
(＊08)「等比級数」とは、×2、×2、×2…といった具合に、加速度的に数字があがっていくような状態を、「等差級数」とは、＋2、＋2、＋2…といった具合に一定の割合で数字が加算されていく状態を言います。

したがって、将来、食糧不足に陥ることは避けられぬであろう」(C-1)（＊09）と。

彼の言葉どおり(＊10)、この100年で、人口は3倍に膨れあがったのに、耕地の拡大は2倍止まりの5000万ha（ヘクタール）。

農民1人あたりの収入は約半分になってしまったことになります。

これでは、税を納められないどころか、食べていくことすらままなりません。

こうして深刻な経済事情の悪化を招いているこのときこそ、政治家・官僚たちは政治に全力を注がねばならないのに、現実には、彼らはただただ私腹を肥やすことに汲々とするばかり。

乾隆帝晩年には、和珅（わしん）（D-4）という汚吏（おり）が現れたことがありましたが、彼の不正を暴こうと、皇帝陛下に上申書を出そうものなら、その正義の訴えをした者が罰せられる有様でした。(＊11)

もう、そうなれば、和珅（わしん）に逆らう者など現れません。

(＊09) つまり、「耕地は一定の割合でしか増やせないが、人口は爆発的に増えるものだから、将来的にかならず破綻（食糧危機）するだろう」という主張。

(＊10) じつは、このマルサスが『人口論』を発表した、その5年前、中国人の洪亮吉という人が『意言』という書の中でマルサスとほとんど同じ内容の主張をしています。(D-1)

(＊11) たとえば、(＊10)で解説した洪亮吉（D-1）という人も、和珅の不正を乾隆帝に訴えましたが、逆に彼の方が辺境（現在のイリ地方）に左遷されています。
正しい者が憂き目を見、悪党が高笑いをする、そんな国が長続きするはずもありません。

「最高級品は和珅殿に！２番目を皇帝に！」（D-2/3）

と謳われ、国中の富は、国庫にではなく和珅に集まったほどです。

その結果、彼が汚職によって蓄財した額は、なんと清朝国家予算の10年分にも及んだ、と言われています。（＊12）

さらに、軍隊は、永きにわたって平和に浸っていたため、「実戦経験」が希薄となり、弱体化していきます。

そもそも少数民族の満州族（＊13）が、短期間のうちに中国全土を制圧することができた理由のひとつに「八旗軍」（A-5）（＊14）の圧倒的強さがありました。

その"帝国の支柱"たる八旗兵は、泰平の世の中で華美贅沢な生活に浸って、軍人訓練を怠り、馬にも乗れず、弓も扱えない兵に落ちぶれていきます。武具も装飾化されて実用性に欠け、八旗兵は軟弱化していました。（C-5）

こうして、清朝は、経済的にも政治的にも軍事的にも、社会の隅々まで腐敗が浸透、崩壊の足音がひたひたと迫ってきます。

(＊12) 清朝といえば、当時、東アジアの大半を支配していた超大国。
　　　その清朝の国家予算の10年分を稼いだというのですから、その政治腐敗ぶりは推して知るべし、といったところ。

(＊13) 現在の中国東北地方に現れたツングース系の民族で、古くは「女真族」、11世紀には「女直族」とも表記されるようになり、17世紀になって「満州族」と改称しています。

(＊14) 愛新覚羅家（清朝宗家）が率いた正規軍。
　　　軍全体を8個師団に分け、それぞれに「旗」を持たせたため、こう呼ばれています。

# 第1章 清朝の混迷

## 第2幕
## 葉赫那拉(イェヘナラ)の呪い
### 乾隆帝以降の清朝系図

19世紀の幕開けは、清朝衰亡の幕開けでもあった。「我が世の春」を謳歌した乾隆帝以降の清朝の歴史は目も当てられない。嘉慶帝の御世には白蓮教徒の乱、道光帝はアヘン戦争、咸豊帝は太平天国の乱とアロー戦争、同治帝の御世には、ついに、西太后によって帝位そのものが形骸化。たったひとりの女が大国を蝕んでゆく。

咸豊帝 妃
葉赫那拉 蘭兒?(名は不明)
**西太后**

いろいろ抵抗はしてみたものの、結局、あやつり人形のまま終わってしまった!

清朝皇帝 第11代
愛新覚羅 載淳
徳宗 景帝 **光緒帝**

## 〈乾隆帝以降の清朝系図〉

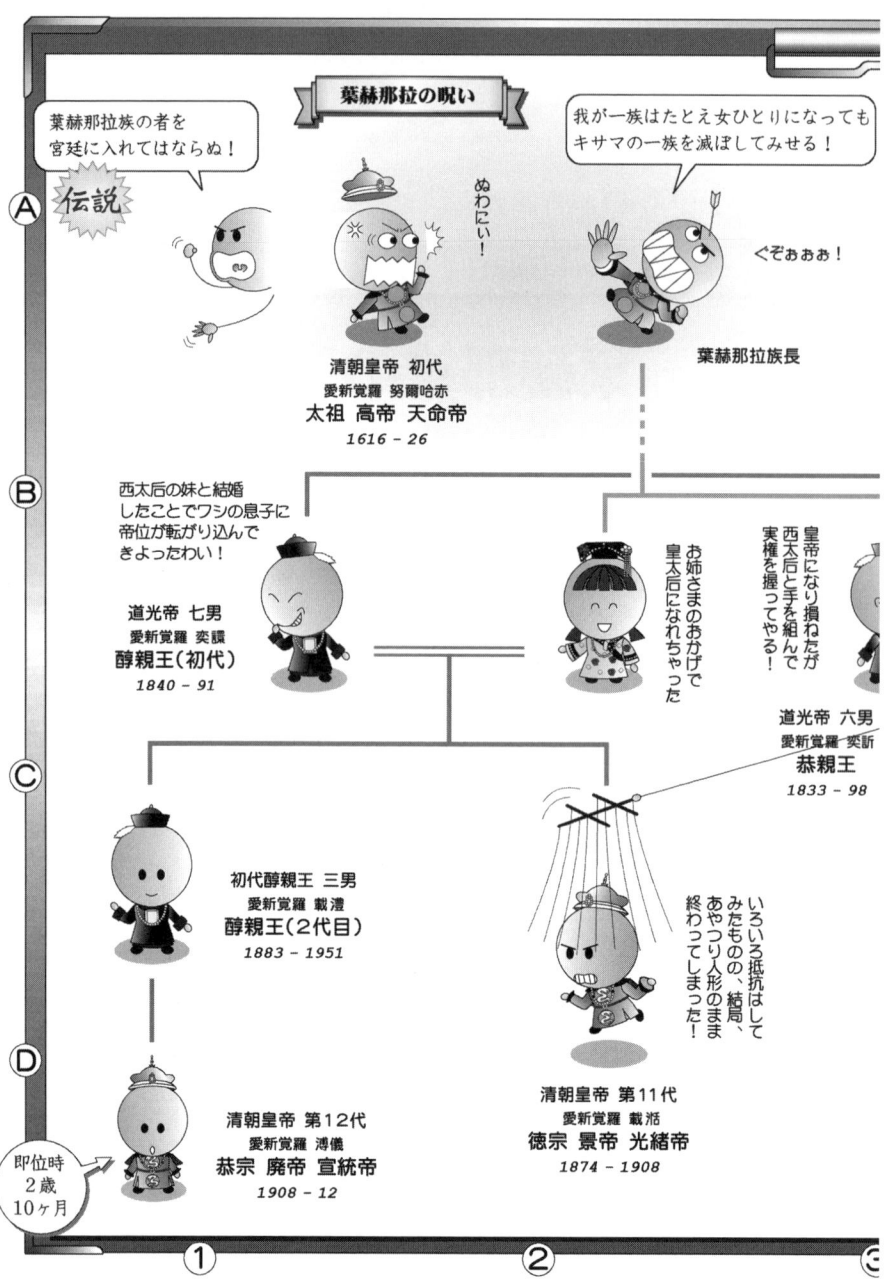

# 第2幕 乾隆帝以降の清朝系図

## 19世紀

**清朝皇帝 第7代**
愛新覚羅 顒琰
仁宗 睿帝 嘉慶帝
1796 - 1820

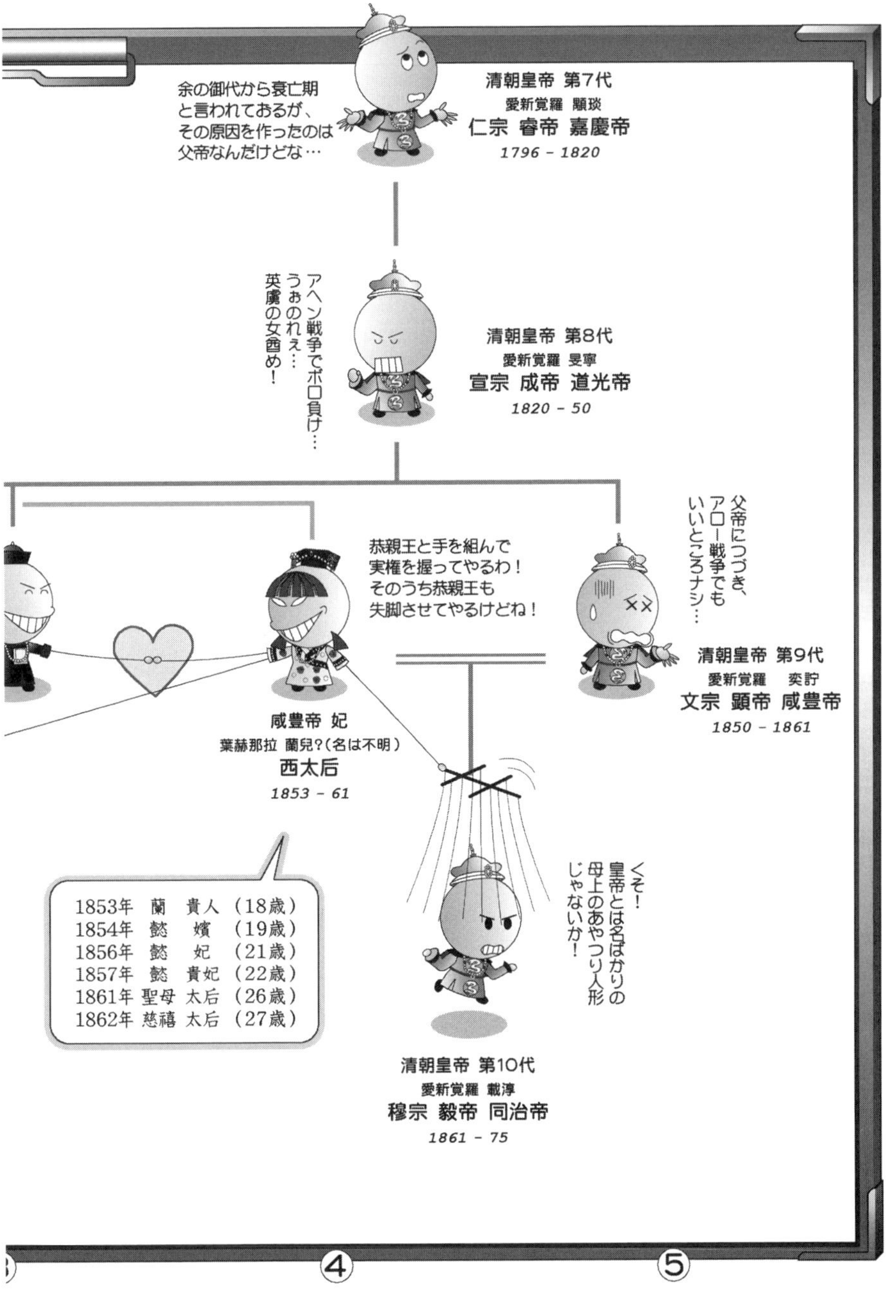

「余の御代から衰亡期と言われておるが、その原因を作ったのは父帝なんだけどな…」

**清朝皇帝 第8代**
愛新覚羅 旻寧
宣宗 成帝 道光帝
1820 - 50

「アヘン戦争でボロ負け…うぉのれぇ…英虜の女酋め!」

**清朝皇帝 第9代**
愛新覚羅 奕詝
文宗 顕帝 咸豊帝
1850 - 1861

「父帝につづき、アロー戦争でもいいところナシ…」

**咸豊帝 妃**
葉赫那拉 蘭兒?(名は不明)
西太后
1853 - 61

「恭親王と手を組んで実権を握ってやるわ! そのうち恭親王も失脚させてやるけどね!」

1853年 蘭 貴人 (18歳)
1854年 懿 嬪 (19歳)
1856年 懿 妃 (21歳)
1857年 懿 貴妃 (22歳)
1861年 聖母 太后 (26歳)
1862年 慈禧 太后 (27歳)

**清朝皇帝 第10代**
愛新覚羅 載淳
穆宗 毅帝 同治帝
1861 - 75

「くそ! 皇帝とは名ばかりの母上のあやつり人形じゃないか!」

第1章 清朝の混迷
第2章 日本開国
第3章 日清戦争
第4章 清朝分割と日露対立
第5章 日露戦争

さて。
18世紀も末が迫った1796年、ついに乾隆帝も退位し(*01)、第7代皇帝・嘉慶帝（A-4/5）の御世となります。

そして、以降、清朝は衰亡の一途を辿ることになります。

清朝というのは、興味深い国で、12代300年にわたる長い歴史の中で、ちょうど真ん中にあたる乾隆帝が「凡帝(*02)」、それ以前の5人の皇帝はすべて「名君」、以後の6人の皇帝はことごとく「愚帝」、といった具合に、スッパリきれいに分かれます。

つまり、最初の5人の名君が清朝の繁栄基盤を創りだし、乾隆帝がそれを謳歌し、以降6人の愚帝がこれを蝕みつづけて、ついに亡んでいった、という感じです。

嘉慶帝の御世には「白蓮教徒の乱」、次の道光帝（A/B-4/5）の代には「アヘン戦争」、そして、咸豊帝（B/C-5）の時代では「太平天国の乱」、さらに「アロー戦争」と、まさに内憂外患が次から次へと襲い、清朝は急速に衰亡していきます。

---

(*01) 乾隆帝は、崩御されたことにより、その御世を皇太子に譲ったのではありません。
彼の治世が、「中国史上屈指の名君」と謳われる祖父・康熙帝の治世（61年）を越えてしまうことを畏れたため、その前に息子に譲位しました。
ちなみに、アジア最長は、昭和天皇の62年間（摂政時代を含めれば67年間）。
アフリカ最長はラムセス2世の66年間、ヨーロッパ最長はルイ14世の72年間です。

(*02) 乾隆帝を「名君」とする書は多いですが、筆者はそうは思いません。

そんな「危急存亡の秋（とき）」にあって現れたひとりの女性、それこそが、かの有名な西太后（せいたいこう）(B/C-4)その人でした。

彼女は、咸豊帝（かんぽう）の后（きさき）として、急速にその地位を高めていきます（C/D-3/4）が、何かと曰（いわ）くのある女性でした。

話は、清朝を建国した太祖ヌルハチ(A-1/2)のころにさかのぼります。

ヌルハチが満州族の統一戦争を行った際、最後の最後まで抵抗した一族に「葉赫那拉（イェヘナラ）（＊03）」族がいましたが、そのときの族長・金臺吉（ギンタイジ）がいまわの際に、こう言い放ちました。

「ワシはここで潰（つい）えるが、我が葉赫那拉（イェヘナラ）族は、たとえ女子（おなご）ひとりになろうとも、かならずや、キサマの一族を滅ぼしてみせる！」(A-2/3)（＊04）

これに畏（おそ）れを抱いたヌルハチは、

「葉赫那拉（イェヘナラ）の血を引く者はたとえ女ひとりといえども宮廷に入れてはならぬ！」

と、遺言したと言われます。(A-1)（＊05）

---

（＊03）満州語発音では「イェヘナラ」、中国語発音では「エホナラ」。

（＊04）これを「葉赫那拉の呪い」と言います。

（＊05）ただし、これはあくまでも「言い伝え」レベルのもの。
れっきとした史書にはどこにも書かれておらず、後世の創作の可能性も高い。
しかし、「史書に書かれていないから史実でない」とも言い切れないのが難しいところ。

じつは、この西太后こそが「葉赫那拉（イェヘナラ）」の末裔だったのです。
　そして、彼女は、葉赫那拉出身であったにもかかわらず宮廷に入る(＊06)や、この大国を一直線に亡びの道へと導いていくことになります。
　もしほんとうに「葉赫那拉の呪い」が史実だとするなら、まさに、「女ひとりで国ごと愛新覚羅氏を亡ぼし、"葉赫那拉（イェヘナラ）の呪い"を貫徹した」
…ということになります。

　さて。
　その彼女は、「中国三大悪女」に数えられるほど、権力欲が強く、したたかで、残忍で、狡猾（こうかつ）で、悪辣（あくらつ）、冷酷無比な…およそ言葉で表現しがたいほどの、まさに"稀代（きたい）の悪女"でした。(＊07)
　この"悪女"は、夫君・咸豊帝（かんぽう）が崩御されたのを境に、その本性を顕わにしはじめます。

---

(＊06) そもそもなぜ始祖のご遺訓は無視され、葉赫那拉の女が宮廷に入ることを赦されたのか？
　　　という疑問に関しては、「そもそもそんな遺訓などなかった」という説と、「西太后があまりに美しかったため、咸豊帝が周囲の反対を押し切って后に迎えた」という説があります。

(＊07) もっとも、「西太后はじつはいい人」と唱える人もいます。
　　　筆者は断じてそうは思いませんが。

まずは、咸豊帝の弟・恭親王（B/C-3）を味方につけ、新帝・同治帝（C/D-4/5）がわずか5歳なのをいいことに、「垂簾聴政（*08）」に入ります。

しかし、子供はすぐ大きくなります。

やがて同治帝が長じ、西太后に逆らうようになってくると、彼女は、なんと、自分がお腹を痛めて産んだ実の子をいともあっさりと毒殺（*09）。

次に、自分の甥（妹の子）を皇帝（光緒帝）（C/D-2）に擁立しますが、これも意に沿わなくなると、毒殺（*10）。

さらに、その甥（宣統帝）（D-1）を立てます。

おのが欲望のままに生き、そのためなら我が子だろうが、甥だろうが、ためらいなく殺す。

この悪魔のような女がこれから半世紀にわたって清朝を"感情的（ヒステリック）"に引っかき回していくことになります。

それこそが、中国の不幸の根源でした。

清朝皇帝 第10代
愛新覚羅 載淳
穆宗 毅帝 同治帝
1861 - 74

---

（*08）幼い君主に代わり、母后が政務を執ること。

（*09）宮廷の奥底で起こっていることですから、確たる証拠はありませんが、おそらくは。
一説には、同治帝の死因は「梅毒」とも「天然痘」とも言われています。

（*10）彼の死因についても、確たる証拠がなかったために「自然死」とも言われてきました。
しかし、2007年、光緒帝の遺体を化学分析してみた結果、ついに、死因は「砒素による毒殺」だということが判明しています（ただし、犯人の特定には至っていませんが）。

## Column  稀代の悪女・西太后

呂后、則天武后らとならび、「三大悪女」に数えられる西太后ですが、彼女についてよく語られる、「側室（麗妃）の両手両足を切断し、甕の中で"人ブタ"として飼った」というのは、呂后の逸話を混同（or 拝借）したもので、このこと自体は濡れ衣です。

とはいえ、正室（東太后）を暗殺したのはおそらく事実ですし、権力欲を満たすためだけに、数えきれぬほどの政敵を謀殺し、我が子（同治帝）や甥（光緒帝）まで殺した（おそらく）ことは本文でも触れました。

その他諸々、筆舌に尽くしがたい悪虐三昧。

でも、彼女のほんとうの罪深さは、「自分の豪奢・華美・頽廃的な生活」のためだけに、感情的に政治を翻弄・攪乱したことです。

彼女の無能ぶりは、「自国の置かれた状況」や「近代化」の意味すら理解できないほどで、せっかく李鴻章が輸入した機関車を、感情的に地面に埋めさせたり、近代化運動を圧殺したり、ひどいものです。

中国人民が累々と飢餓者をつらねる中、彼女自身は贅を極め、食費だけで年間6～7万両（現在の日本円で50億円相当）、化粧代は年間10万両（80億円相当）にもおよびました。

極めつけは、100万両強あれば最新鋭艦が買えた時代、自分の還暦祝いにおよそ800万両、頤和園建立に2500万両を注ぎ込んだことです。

そんなくだらぬことに浪費された資金が、もし海軍増強に投入されていたら、日清戦争での日本の勝利はありえませんでした。

さすれば、滅んでいたのは日本の方だったかもしれません。

そうしてみると、「日本の今日があるのは、西太后のおかげ！」と言えるかもしれないのですから、歴史とは皮肉なものです。

彼女の臨終の言葉は、「以後、国政を女子に委ねること勿れ」。

いまわの際になってやっと、"おのれが国を亡ぼした張本人"だという自覚に至ったようです。しかし、遅すぎました。

彼女の臨終から、わずか3年と3ヶ月で清朝は滅びることになります。

# 第1章 清朝の混迷

## 第3幕

## 秀才たちの近代化はいかに
### 洋務運動の展開

アヘン戦争・アロー戦争・太平天国の乱・捻軍。次から次へと襲ってくる内憂と外患を前に、帝国は動揺していた。宮廷内には重苦しい空気が漂う。そんな折、咸豊帝が崩御。これをキッカケとして、ついに近代化運動が動き始めた。これが「洋務運動」である。これさえうまくいけば、清朝はたちまち威光を取り戻すはずであった。

「中学為体 西学為用！」

各地巡撫／総督
張 之洞 孝達

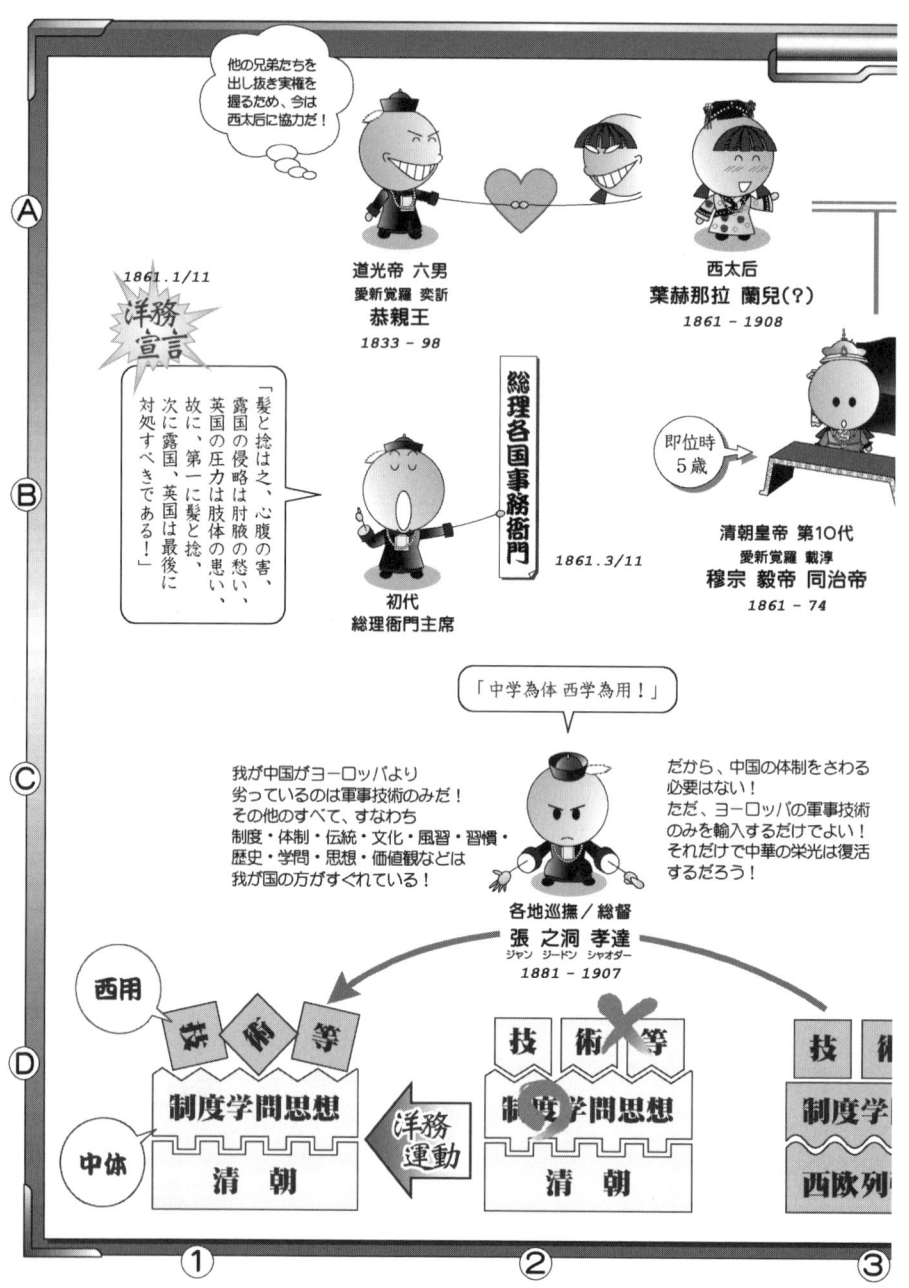

第3幕　洋務運動の展開

1860年代〜90年代

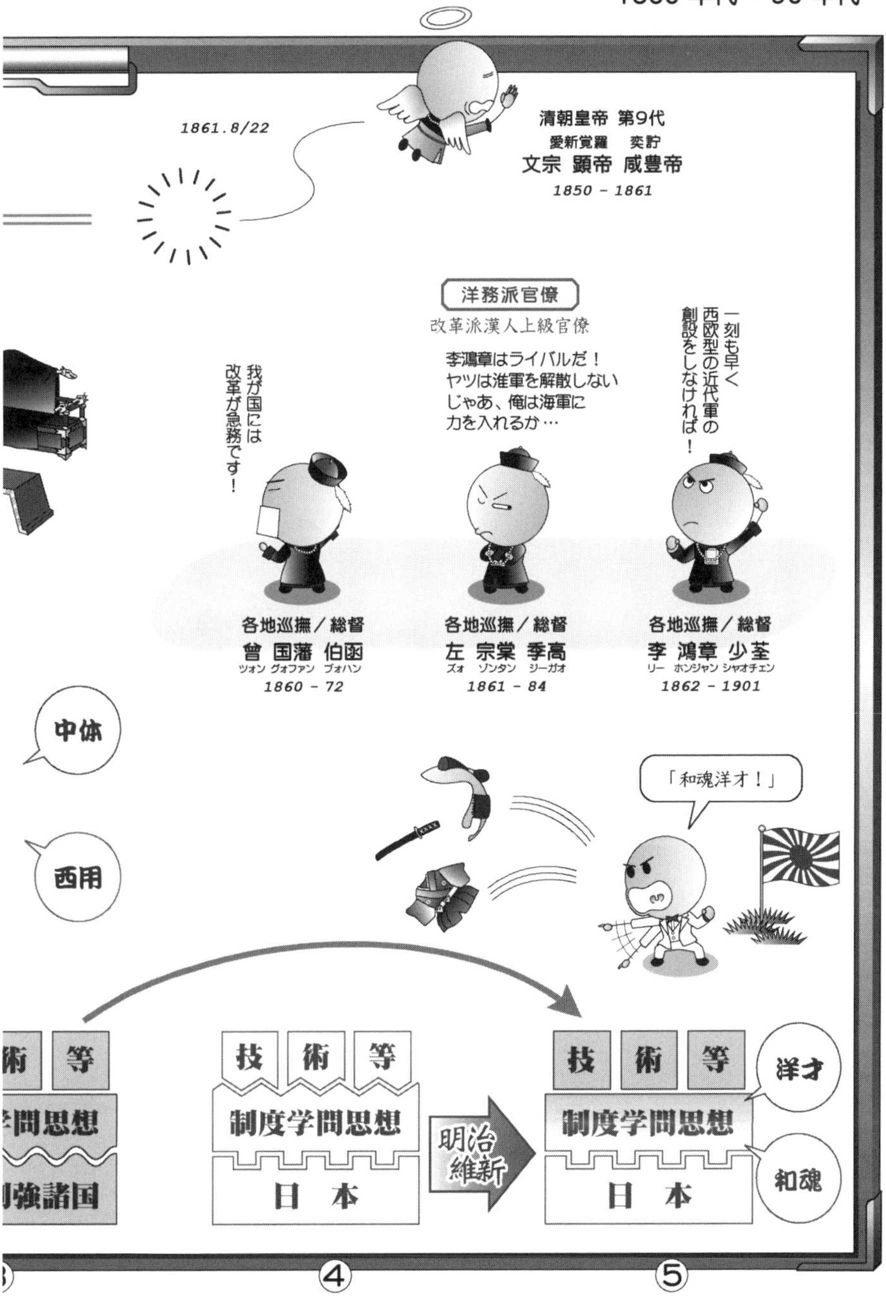

1861.8/22

清朝皇帝 第9代
愛新覚羅 奕詝
文宗 顕帝 咸豊帝
1850 - 1861

洋務派官僚
改革派漢人上級官僚

我が国には改革が急務です！

李鴻章はライバルだ！
ヤツは淮軍を解散しないじゃあ、俺は海軍に力を入れるか…

一刻も早く西欧型の近代軍の創設をしなければ！

各地巡撫／総督
曾 国藩 伯函
ツォン グオファン ボハン
1860 - 72

各地巡撫／総督
左 宗棠 季高
ズオ ソンタン ジーガオ
1861 - 84

各地巡撫／総督
李 鴻章 少荃
リー ホンジャン シャオチェン
1862 - 1901

中体

西用

「和魂洋才！」

明治維新

技術 等
制度学問思想
列強諸国

技術 等
制度学問思想
日本

技術 等
制度学問思想
日本

洋才

和魂

第1章 清朝の混迷

第2章 日本開国

第3章 日清戦争

第4章 清朝分割と日露対立

第5章 日露戦争

世の春と呼ばれた"清朝絶頂期"が終わったのが1796年。
それからわずか半世紀ちょっと。

　清朝は、白蓮教徒の乱・アヘン戦争・太平天国の乱・アロー戦争を経て、見る影もないほど衰えていました。

　神聖にして不可侵のはずの皇帝の御座所「紫禁城」は、「蛮族ども」(＊01)によって、あっけなく蹂躙され、その近郊にあった円明園は掠奪のうえ、焼き払われ、屈辱的な北京条約を結ばされます（1860年）。

　130年間にわたる平和のために、完全に「平和ボケ」していた宮廷も、事ここに至って、ようやく危機感を持ちはじめます。

「これはなんとかしなければ！」

　そんな気運が生まれる中、翌1861年、ときの皇帝・咸豊帝（A-4/5）がまだ30歳になったばかりの若さで、突然身罷られます。

　ところが、唯ひとりの跡継ぎである咸豊帝の子・載淳（B-3）はわずか5歳。

　とても、国の舵取りを託せる歳ではなく、しかも、いつの世も国が傾いているときに「幼君」が立つことは、亡びの道の一里塚。

　そうならないためには、せめて挙国一致をもって、この幼君を守り立てていかなければならないところ。

清朝皇帝 第10代
愛新覚羅 載淳
穆宗 毅帝 同治帝

---

(＊01) ここでは、イギリス人・フランス人のこと。
　　　古来、中国人は、中国文明に同化していない民族を「蛮戎夷狄」として蔑みました。
　　　たとえば、アヘン戦争でイギリスにコテンパンに敗れた道光帝の時代においてすら、ヴィクトリア女王のことを「英虜女酋」、つまり「イギリスとかいう野蛮人の国の女酋長」と呼んでいたくらいでした。

しかし、中国にとって不幸だったのは、西太后（A-2/3）には、そんな国家の大計を諮る見識など、まるでなかったこと。
「母后である妾が、我が子の後見人になれないとはどういうことっ！？
　認めませんわ！　え〜え〜、認めませんとも！」
　じつは、先帝・咸豊帝は、西太后が"王朝の災い"となることを予見し、臨終にあたって彼女を同治帝の後見人からハズしておいたのです。
　彼女の頭には、ただただ「妾が垂簾聴政（＊02）したい！」という、つまらない女の虚栄心・自己顕示欲・権力欲があるだけでした。
　夫君（咸豊帝）が亡くなるや、すぐさま彼女は暗躍。
　おなじく今回の処遇に不満を抱いていた恭親王（A-1/2）（＊03）を抱き込み、宮廷内に血なまぐさい政変を引き起こします。（＊04）

道光帝 六男
愛新覚羅 奕訢
恭親王

西太后
葉赫那拉 蘭兒（？）

　彼女には、政治的才能はありませんでしたが、陰謀・謀略・奸計を巡らすことにかけては超一流。

---

（＊02）前幕の（＊08）を参照のこと。

（＊03）第8代道光帝の六男で、第9代咸豊帝の弟。
　　　　文武両道のうえ聡明優秀な人物であったため、第9代皇帝候補の最右翼でしたが、結局、帝になれず、そのうえ今回、同治帝の後見人にすらなれず、不満が募っていました。

（＊04）これを、1861年の干支から「辛酉政変」と言います。

さしもの海千山千の官僚たちも、西太后の奸智の前に敗れ去ります。
政敵をことごとく処刑・罷免した西太后は、晴れて、念願の「垂簾聴政」に入り、彼女と組んだ恭親王は、軍機処(＊05)の大臣や総理各国事務衙門(＊06)の初代主席(B-1/2)という重要官職を得ます。
さぁ、なにはともあれ、やっと宮廷内のゴタゴタは終わった！
今すぐにでも挙国一致して「近代化運動」に入らねばっ！！
こうしてようやく動き出した近代化運動、それがいわゆる「洋務運動」です。
その顔ぶれを見てみますと、

- 太平天国の乱に際し、湘軍を率いてその鎮圧に功績を挙げた曾国藩(B-4)
- その幕僚で淮軍を率いて大活躍した李鴻章(B-5)、
- 「今孔明」とまで謳われた切れ者で、楚軍を率いた左宗棠(B-4/5)(＊07)
- 科挙を探花(＊08)で合格した秀才・張之洞(C-2)

---

(＊05) 現代日本でいうところの「内閣府」に相当する機関です。
(＊06) 現代日本でいうところの「外務省」に相当する機関です。
(＊07) 「諸葛孔明」になぞらえられるほどの切れ者の彼ですら、進士に合格できませんでした。
現代日本の大学受験と同じで、いかに「試験」と「能力」が関係ないかがわかります。
(＊08) 科挙(進士)の殿試(最終試験)において第3位で合格した者に与えられる号のことです。
ちなみに、第1位は「状元」、第2位は「榜眼」と言います。

まさに、錚々たるメンバー（＊09）が口をそろえて、「早急に近代化を！」と叫びます。
　このとき、洋務運動のスローガンとなったのが「中体西用（＊10）」。
　つまり、
「中国伝統の制度・体制・伝統文化・風習・習慣・歴史・学問・思想・価値観などなど、ありとあらゆる点で中国の方がすぐれている。（中華思想）(C-1/2)
　したがって、"近代化"にあたって、そうした中国の本体である伝統に手を加える必要はまったくない！（中体）
　ではなぜ、すべてにおいてすぐれているはずの中国はジリ貧なのか！？
　それは、軍事技術、ただその一点において少々劣っているからにすぎない。
　つまり、西欧の軍事技術をチョイと借用するだけでよい。（西用）
　それだけで、たちまち"中華の栄光"は復活するであろう！」(C-3)
…というもの。
　滑稽ここに窮まれり。
　これは、譬えるなら、連戦連勝だったボクサーが突然連敗しはじめたとき、
「練習量、練習方法、テクニック、体力、年齢、すべて問題ない！（中体）
　にもかかわらず、勝てなくなった原因はグローブ（軍事技術）だ！！
　グローブが"中国製"だったからだ！
　グローブを舶来品に買い替え（西用）れば、次からは勝てるはずだ！」

「中学為体 西学為用！」

各地巡撫／総督
張　之洞　孝達
ジャン　ジードン　シャオダー

(＊09) この4人を称して、「四大名臣」と言います。
　　　 曾国藩・李鴻章・左宗棠は、いずれも太平天国の乱の鎮圧に功績のあった軍人あがりですが、張之洞だけは、1863年の科挙（進士）出身の生粋の学者肌でした。

(＊10) 白文では「中学為体西学為用」と表された言葉の略。
　　　 書き下しますと、「中学を以て体と為し、西学を以て用と為す」となります。

…と敗因分析しているみたいなものです。
「あんた、ホンキで近代化する気あんの！？」
…とツッコミを入れたくなるほどですが、こんなタワゴトを主張したのが、誰あろう、張之洞（C-2）。

張之洞といえば、さきにも触れましたように、科挙（進士）を探花で合格した、当時の中国の「超一級の頭脳」と言ってもよい、秀才。

その秀才・張之洞ともあろうお方が、なぜ？？？

じつは、それには深いワケがあります。

人というものは、多かれ少なかれ「固定観念」に縛られるものです[*11]が、それは往々にして、物事の本質を見えなくしてしまいます。

張之洞は、その典型でした。

「中華思想」[*12]という言葉は、誰しも耳にしたことがあると思います。
「中国こそが全宇宙の中心である！」
「中国に起因するものはすべて、あらゆる民族のそれよりすぐれている！」
「チャイナ is ナンバーワン！」

中国人にとって、これはもはや「公理[*13]」です。

張之洞は優秀な人物ではありましたが、彼もまた、その「中華思想」という"間違った公理"に縛られ、そこからすべてを演繹[*14]したため、間違った結論「中体西用」に至ってしまったのです。

それでは、なぜ「中体西用」がそれほどまでにダメなのか、もう少し詳しく見ていくことにします。

---

（＊11）ところが、まれに「まったく固定観念に縛られない人物」というのは存在します。
いわゆる「天才」と言われる人たちが、じつはそういうタイプです。
逆に言えば、「固定観念」に縛られる人は「秀才」ではあっても「天才」たり得ません。

（＊12）「華夷思想」「中国中心主義」とも言います。詳しくは、本幕のコラム参照。

（＊13）カンタンに説明いたしますと、「証明の必要すらない絶対的真理」のこと。

（＊14）哲学用語。平易な言葉に言い換えますと、「導き出す」でしょうか。

そもそも、それぞれの国家の悠久の「歴史・伝統（下部構造）」の中から「制度・学問・思想」などという文化（中部構造）が生まれ、そして、その中から「システム・技術」（上部構造）などが生まれてきます。

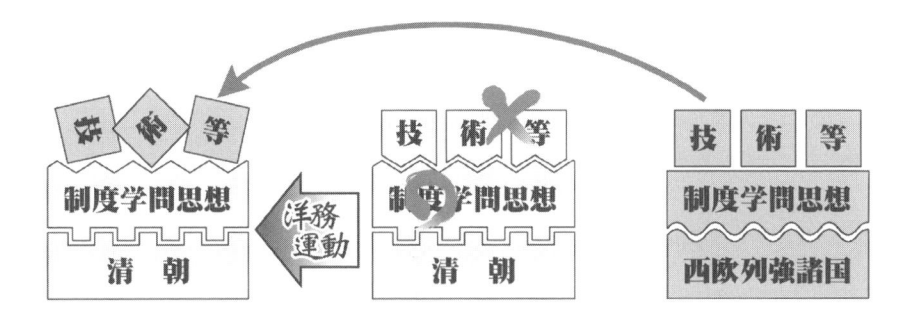

つまり、この3つはそれぞれ複雑な"噛み合わせ"で密着しており、切っても切り離せない「三位一体」の関係にあります。(D-3)[*15]

都合よく、上部構造だけ「切り貼り」というわけにはいきません。

たとえば、軍艦ひとつ動かすにせよ、近代用兵を実行するにせよ（上部構造）、これには「義務教育と議会制度に裏づけられた、一定レベルの教養と愛国心をもつ国民兵」（中部構造）が存在しなければ機能しません。

つまり、軍事改革の前提として、社会改革・教育改革・行政改革が必須なのに、中国はそれに一切手をつけず（中体）、軍艦や銃火器だけ仕入れよう（西用）としているわけです。

---

(*15) この相関関係は、「パソコン」「OS（WindowsやMacOSなど）」「ソフト」の関係で譬えるとわかりやすいかもしれません。
それぞれのパソコン（下部構造）には、かならずOS（中部構造）が搭載されていて、そのOS専用のソフト（上部構造）がインストールされています。
「Windows」搭載パソコンに「Mac用ソフト」をインストールできないのと同じように、中部構造の上に、異なる文化圏の上部構造を載せることはできないのです。

ヨーロッパの歴史の中から育まれてきた上部構造（軍事技術）(D-3)だけを切り取ってきて、まったく異なる中国の歴史の中で構築された中部構造（制度・思想）(D-1)の上に、そのまま載っけようとする行為は、まるでイカの足にタコの頭を載っけようとしているようなもので、うまくいくはずがないのです。

　哀しいかな、中国は、この「ハナから失敗するに決まっている近代化」に、これから30年もかけて尽力します。

　清朝がこの過ちに気づくまでの「30年」のタイムロスが、我が国・日本に興隆のチャンスを与えることになりました。

　この清朝が"足踏み"しているスキに、日本では「明治維新」を推進させます。(*16)

　明治維新では、「和魂洋才(*17)」をスローガンとします。(C-5)

---

(*16) 歴史とは皮肉なものです。
　　　もし、清朝が最初から「変法自強運動」を施行し、これを成功させていたなら、日本はまちがいなく滅亡し、白人列強の奴隷国家となっていたでしょう。

(*17) 古くから使われていた「和魂漢才」をもじった言葉。
　　　「日本人の伝統・文化・価値観・風習・精神などを尊重しつつ、西洋先進文物を調和的に取り入れる」というもの。

第３幕　洋務運動の展開

　「中体西用」との違いは、「下部構造」と「上部構造」の接着剤の役割をしている「中部構造」を"二重構造"とし、その下側は「和魂」、その上側を「洋才」として、その接着面をぴったりマッチさせるようにしたことです。(D-5)

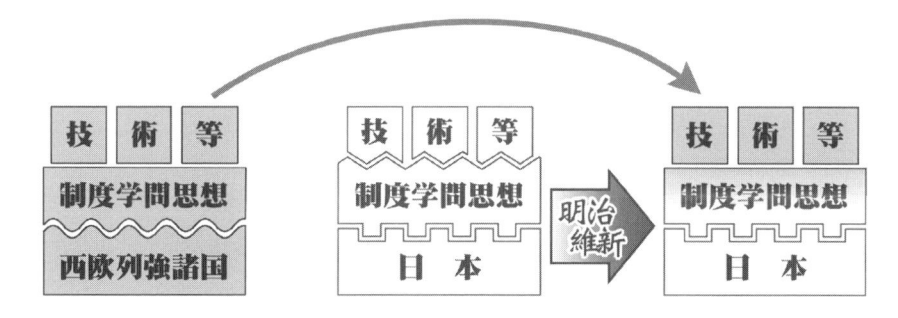

```
┌─────────┐    ┌─────────┐         ┌─────────┐
│ 技  術 等│    │ 技  術 等│         │ 技  術 等│
├─────────┤    ├─────────┤  明治    ├─────────┤
│制度学問思想│    │制度学問思想│  維新 → │制度学問思想│
├─────────┤    ├─────────┤         ├─────────┤
│西欧列強諸国│    │   日　本  │         │   日　本  │
└─────────┘    └─────────┘         └─────────┘
```

　これにより、日本古来の下部構造に、ヨーロッパの上部構造を載せることが可能となりました。
　理屈はいいとして、そんなにうまくいくのでしょうか？
　言うは易し、行うは難し。
　じつは、実際にこれを行うのはきわめて困難です。(*18)
　しかし、日本人はこの困難を見事乗り越えることに成功します。
　有色人種の中で、近代化にこれほど見事に成功したのは日本だけです。

---

(*18) 実際、日本の明治維新の大成功を見ると、他のアジア諸国は一斉に、「日本に倣え！」とばかりに日本に留学生を派遣し、これに学びました。
　　　しかし、結局、日本ほど見事に近代化に成功した国はついに現れませんでした。
　　　日本は、古来つねに中国を「師」としながらも、その文物を取り込んできましたが、日本の独自性は守りつづけてきました。
　　　そうした経験が、こたびの明治維新を成功に導いたと言ってよいでしょう。

## Column　中華思想

　現在に至るまで、中国人を精神的にがんじがらめに縛りあげている思想に「中華思想」というものがあります。
　自ら　漢民族のことを「華」と呼んで、唯一の文明人と称し、
　北の周辺民族のことは「狄(てき)」と呼んで、犬コロの類と見做(みな)し、
　西の周辺民族のことは「戎(じゅう)」と呼んで、ケモノの類と見做し、
　南の周辺民族のことは「蛮(ばん)」と呼んで、虫ケラの類と見做し、
　東の周辺民族のことは「夷(い)」と呼んで、野蛮人と見做しました。
　有史以来、中国は、東アジア世界において、経済的にも軍事的にも文明的にも、すべてにおいて他国を圧倒していましたから、この「強烈なプライド」も根拠のないものでもありませんでした。
　しかし、19世紀以降、そのパワーバランスが崩れ、中国の「実力」が急速に衰えていっても、「低くなってしまった実力」は断じて認めず、「異常に高くなってしまったプライド」をけっして棄(す)てなかったため、ここから中国人の苦悶が始まることになります。
　個人でも、そうした「高いプライド」と「低い実力」の矛盾に苦しむ者は、精神分析学でいうところの「防衛機制」が働くことがよくあります。
　すなわち、「プライド」を護ることを最優先し、これと矛盾する「客観的事実（低い実力）」を驚くほどアッサリと否定しはじめるのです。
　とはいえ、「目の前の現実（低い実力）」を否定するということは並大抵のことではありません。
　そこで、どうしても、様々な方法で現実逃避し、「見せかけの実力」を演出するようになります。
　そして、まわりから孤立化していくのです。
　筆者には、この「防衛機制」に陥った人の姿と、19世紀以降の中国の姿が重なって見えてなりません。
　プライドは身の丈に合ったものでないと、自分自身を苦しめることになるのです。

# 第1章 清朝の混迷

## 第4幕

## 朝鮮、いまだ攘夷鎖国にあり

大院君摂政

清朝が「洋務運動」、日本が「明治維新」という近代化運動に死に物狂いになっていたころ、その狭間にあって、朝鮮は鎖国をつづけていた。欧米列強の圧力に対して、中国と日本が「防風林」の役割を演じ、辛くもそれが可能となっていたのだ。しかし、顧みれば、鎖国をつづけられてしまったことこそが朝鮮の悲劇の淵源であった。

この国を護るためには鎖国しかない！徹底的に攘夷政策だ！

攘夷鎖国

## 〈大院君摂政〉

A　うちの旦那が王なのに…。
今に見てらっしゃい！
権力を奪還してやるわ

即位時
11歳

1866

高宗の妃
閔（名は不明）
ビン（ミン）
1866 - 95

朝鮮国王 第26代
高宗 李 命福 聖臨
コジョン イ ミョンボク ソンニム
1863.12/12 - 97.10/12

B　（キリスト教）
西学

ア〜ナタ〜ハ
神ヲ信ジ
マ〜スカ〜？

邪教は皆殺しだっ！

丙寅
邪獄
1866

3ヶ月で8000人処刑

C　神父　12人
信者 20000人

D　うぉのれ〜〜っ！
朝鮮め！

丙寅
洋擾
1866

7隻 600兵
戦死 200人

① ② ③

第4幕　大院君摂政

1860年代〜70年代

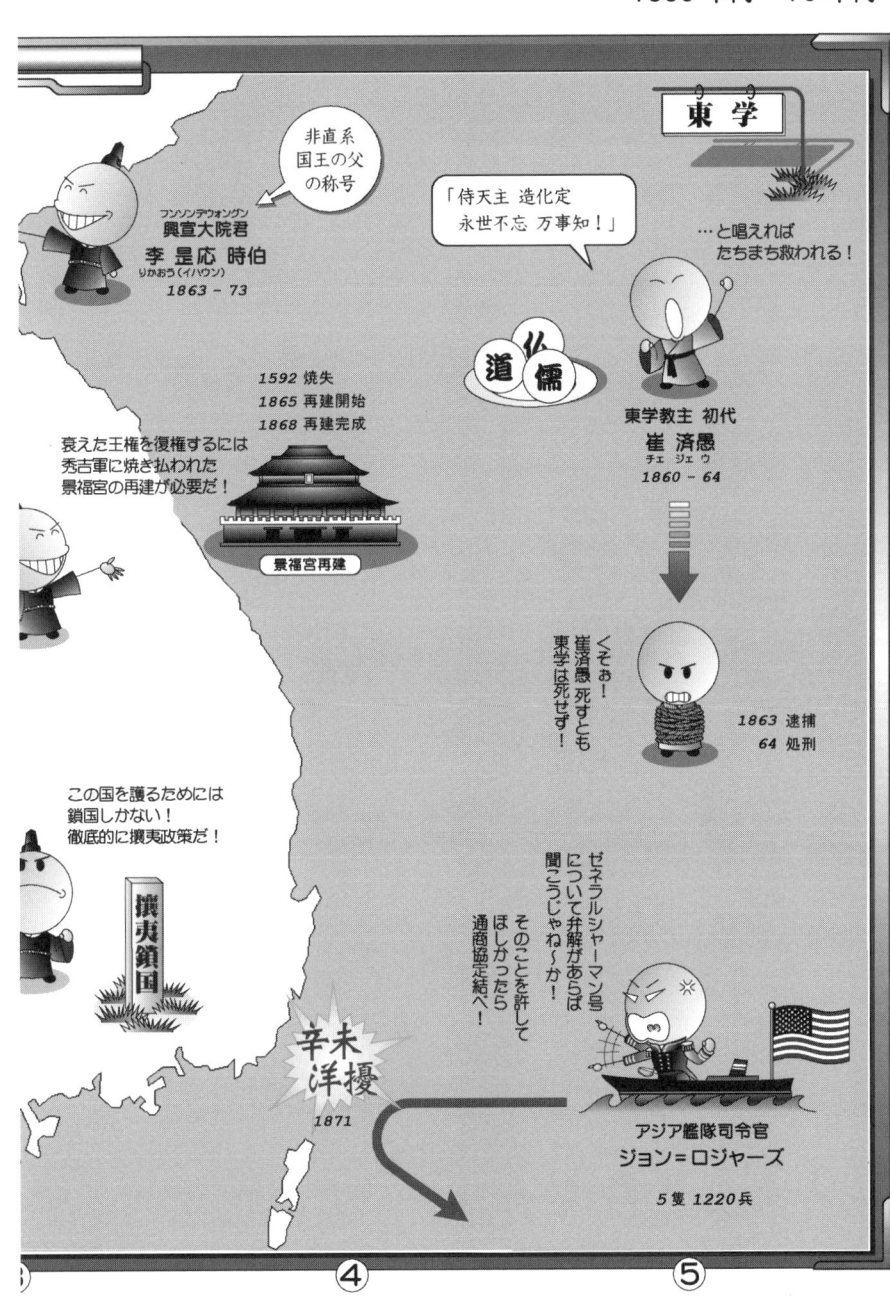

東学

非直系国王の父の称号

フンソンデウォングン
興宣大院君
李 昰応 時伯
りかおう（イハウン）
1863-73

「侍天主 造化定 永世不忘 万事知！」

…と唱えればたちまち救われる！

道 仏 儒

東学教主 初代
崔 済愚
チェジェウ
1860-64

1592 焼失
1865 再建開始
1868 再建完成

衰えた王権を復権するには秀吉軍に焼き払われた景福宮の再建が必要だ！

景福宮再建

くそぉ！
崔済愚 死すとも
東学は死せず！

1863 逮捕
64 処刑

この国を護るためには鎖国しかない！徹底的に攘夷政策だ！

攘夷鎖国

辛未洋擾
1871

ゼネラルシャーマン号について弁解があらば聞こうじゃね〜か！
そのことを許してほしかったら通商協定結べ！

アジア艦隊司令官
ジョン＝ロジャーズ

5隻 1220兵

第1章 清朝の混迷

第2章 日本開国

第3章 日清戦争

第4章 清朝分割と日露対立

第5章 日露戦争

さて、本幕では、清朝がちょうど洋務運動をはじめたころ、すなわち1860年代前半のころの朝鮮半島に目を向けてみましょう。
　日清・日露戦争を理解するためには、どうしても、このころからの朝鮮の歴史を理解していなければなりません。
　清朝では、1861年に帝が同治帝(みかど)(どうち)に代わりましたが、じつは、ほぼ時を同じくして(1863年)、朝鮮でも新国王・高宗(ユジョン)(A-2)が即位しています。(＊01)
　しかし、高宗(ユジョン)はこのとき11歳。そのうえ暗君。

即位時
11歳

朝鮮国王　第26代
高宗　李　命福　聖臨
コジョン　イ　ミョンボク　ソンニム

フンソンデウォングン
興宣大院君
李　昰応　時伯
りかおう（イハウン）

　前幕でも触れましたとおり、「傾国＋幼君＋暗君」の三重苦は、"国家滅亡カウントダウン3点セット"です。(＊02)
　この「危急存亡の秋(とき)」にあって、この極東3国を見てみますと…
・清朝：同治帝。幼君で暗君。
・朝鮮：高宗。これまた幼君で暗君。

---

(＊01) さらに言えば、我が国・日本でも、同じころ(1867年)、明治天皇が即位しています。
　　　つまり、中国・朝鮮・日本の極東3国は、この危機にあって、ほぼ同時期(1860年代)に新しい君主がぞくぞくと立ったわけですから、これも"歴史の妙"というべきでしょうか。
(＊02) じつは、国が安定しているときに暗君が立っても、大した弊害はありません。
　　　しかし、国が傾いているときに暗君が立てば、その国はたちまち亡国の途を歩み、名君が立てば、立ち直りを見せます。

両国とも、法則どおりに、以降、植民地に堕ち、亡んでいきました。

では、我が国は？

明治天皇。

名君です。しかも、幼君ではない。

そもそも「名君」というのは、滅多に輩出するものではありませんが、この絶妙のタイミングで名君が立つ日本。

なんたる強運。<sup>(＊03)</sup>

それにひきかえ、中国と朝鮮は、このときすでに「詰んでいた」と言えるのかもしれません。

さて。

高宗はまだ御歳11歳で、政務は執れないため、父親・大院君(デウォングン)(A-3/4)<sup>(＊04)</sup>が執政を行うことになりました。

彼、大院君(デウォングン)の対外基本政策は、「攘夷鎖国(じょうい)(C/D-3/4)」<sup>(＊05)</sup>です。

日本も、ついこの間までは同じようなことを言っていましたが、これ叶わず、清朝も、似たような歴史を歩んでいます。

> この国を護るためには鎖国しかない！徹底的に攘夷政策だ！

しかし、地理的に見て、ちょうどこの日清両国の狭間にあった朝鮮は、この日清両国が"防風林"のような役割を果たしたため、いまだ鎖国をつづけることが可能となっていました。

もちろん、白人列強からの外圧がまったくなかったわけではありません。

---

(＊03) ちなみに、日本の歴史を紐解きますと、学べば学ぶほど、文字どおり「神懸かり的に強運」な国だということを思い知らされます。

(＊04) 「大院君」というのは、傍系から即位した国王の父親に与えられる称号。
ですから、過去、「大院君」と呼ばれた人は幾人もいますが、通常単に「大院君」といえば、高宗の父を指すほど、彼の代名詞となります。本名は「李昰応(りかおう)」。

(＊05) 「蛮族（ここでは白人を指します）どもを叩き出し、国を閉ざす」の意。

1866年にはフランスが(丙寅洋擾)(D-1/2)、1871年にはアメリカが圧力をかけてきました(辛未洋擾)(D-4/5)<sup>(＊06)</sup>が、これをハネのけています。

　日清すら叶わなかった「白人列強の撃退」ができたことは、朝鮮をたいそう喜ばせます。

　しかし、このとき、なまじ列強の圧力を撃退できてしまったことは、むしろ、朝鮮にとっては不幸だったというべきでしょう。

　朝鮮が殻に閉じこもっているそのスキに、日本はどんどん近代化を進め、国力を高めることが可能となったからです。<sup>(＊07)</sup>

　さて、彼の国内の基本政策は、思想統制と国威発揚。

　まず、思想統制の一環として、新興宗教「東学<sup>(＊08)</sup>」と外来の「西学<sup>(＊09)</sup>」に大弾圧を加えています。

---

(＊06)「洋擾」とは、「白人勢力による紛争」の意。

(＊07) 歴史を紐解くと、一見「好事」が、長い目で見れば"災厄の火種"であり、一見「凶事」が、"次世代の発展の礎"であったりすることがよくあります。
　　 人生においても、目の前の"吉凶"に一喜一憂することなく、その事態をいかに「次」に活かすか、という努力が重要であることを歴史は教えてくれます。

(＊08) このころ朝鮮で跋扈しはじめた、儒教・仏教・仙教を融合した新興宗教。

(＊09) 西洋の学問・宗教・文化活動全般を指す言葉。ここではキリスト教のこと。

これにより、東学の教祖・崔済愚（チェジェウ）(B-5)（*10）は処刑され、キリスト教徒も8000人が処刑されました（丙寅邪獄（へいいんじゃごく））(C-2)。

さらに、国威発揚としては、「景福宮（キョンボックン）(B-4)（*11）」を再建。

こうして、大院君（デウォングン）は必死に国を立て直そうとしていましたが、すでに、朝鮮には「スキルス癌」が生まれていました。

それが、高宗（コジョン）の妃「閔妃（ミンひ）(A-1)（*12）」です。

彼女は、西太后（せいたいこう）のコピーのような悪女でした。

こうして清朝と朝鮮は、この傾国の中にあって、

① 幼君

② 暗君 … に加えて、

③ 傾国の悪女

…と最悪の条件をそろえていくことになります。

これで「亡びるな！」という方が無理というもの。

この両国とは対照的に、日本には、「幼君」も「暗君」も、そして「傾国の悪女」も現れませんでした。

このことが、この極東3国の運命を大きく分けていくことになります。

それでは、次章以降では、このころの日本に目を向けていくことにいたしましょう。

---

(*10) 彼の教えは、「"侍天主造化定永世不忘万事知"と唱えればたちまち救われる」という単なる念仏宗教にすぎませんでしたが、社会不安の中で急速に信者を増やしていきました。

(*11) もともと建国初頭以来の李朝の王宮でしたが、1553年大火によって焼失、そのわずか40年後（1592年）には、秀吉の朝鮮出兵で再度焼失。
これにより「この王宮は不吉」だとして、その後、放置されていた宮殿でした。

(*12) 姓は「閔」ですが、下の名前はわかっていないため、姓の「閔」に、立場を表す「妃」をくっつけて、通常、「閔妃」と呼ばれています。

## Column 科挙の実態

　中国では、官僚登用試験として、1300年の永きにわたって「科挙」というものが施行されてきました。
　その苛酷さは有名で、合格倍率は3000倍（旧司法試験ですら30倍程度）にも達し、3年に1度しかない試験なのに5浪6浪はアタリマエ、試験中に発狂する者、カンニングする者もあとを絶ちませんでした。
　しかし、これほど熾烈な選抜をかけて選び出された人材は、「四書五経を隅から隅まで丸暗記し、漢詩を作るのが抜群にうまい者」たち。
　コマったことに、それらの能力と「政治手腕」はなんにも関係がない。
　むしろ、暗記力が優秀な人というのは、実社会で必要な洞察力・創造力・応用力・適応力に欠けていて、使い物にならない人の方が多い。
　こうして、政府の中枢は、「詩を詠ませれば天下一品の暗記バカ」ばかりとなります。
　そうした状況の中、19世紀、白人列強が中国に侵略してきます。
　まさに国家存亡の危機にあって、この難局に立ち向かわなければならない“当代一流”の政治家たちが「ポエムを作らせたら最高にうまい人」。
　もぉ、ほとんどギャグです。
　しかし、これは他人事ではありません。
　現在の日本も、「大学入試」「国家試験」、およそ試験と名のつくものはほとんど科挙さながらの徹底した「丸暗記偏重主義」。
　学校では、物心つくころから「いかに暗記するか」を訓練させ、それに勝ち残った「暗記バカ」が一流大学へ進み、“エリート”となっていく。
　科挙とどこが違うというのでしょうか。
　筆者は予備校講師として、教え子たちに繰り返し訴えかけてきました。
　「暗記に頼るな！　暗記などというものは、どうしても物事が理解できないバカのやる最終手段にすぎん！　理解しろ！　考えろ！　そうしたとき初めて、知識が“人生に役立つ知識”となるのだ！　暗記で得た知識などせいぜいペーパーテストの点を上げるくらいにしか役に立たん！」と。

# 第2章 日本開国

## 第1幕

## 黒船来航の衝撃
### 日米和親条約の締結

幕末、最初に日本に開国を迫ってきたのはロシアであった。これをなんとか凌いだ幕府であったが、次はアメリカが迫ってきた。振り返れば、所謂ペリー提督率いる「黒船来航」である。「アジアの巨星」清朝は、アヘン戦争で完敗し、莫大な賠償請求を受けて悶絶している。阿部正弘はもはや条約締結を決断するより他なかった。

これ以上引き延ばすなら
こっちにも考えがあるぞ！
清国の二の舞になりたいか？

**東インド艦隊司令官**
マシュー＝カルブレイス
**ペリー**

## 〈日米和親条約の締結〉

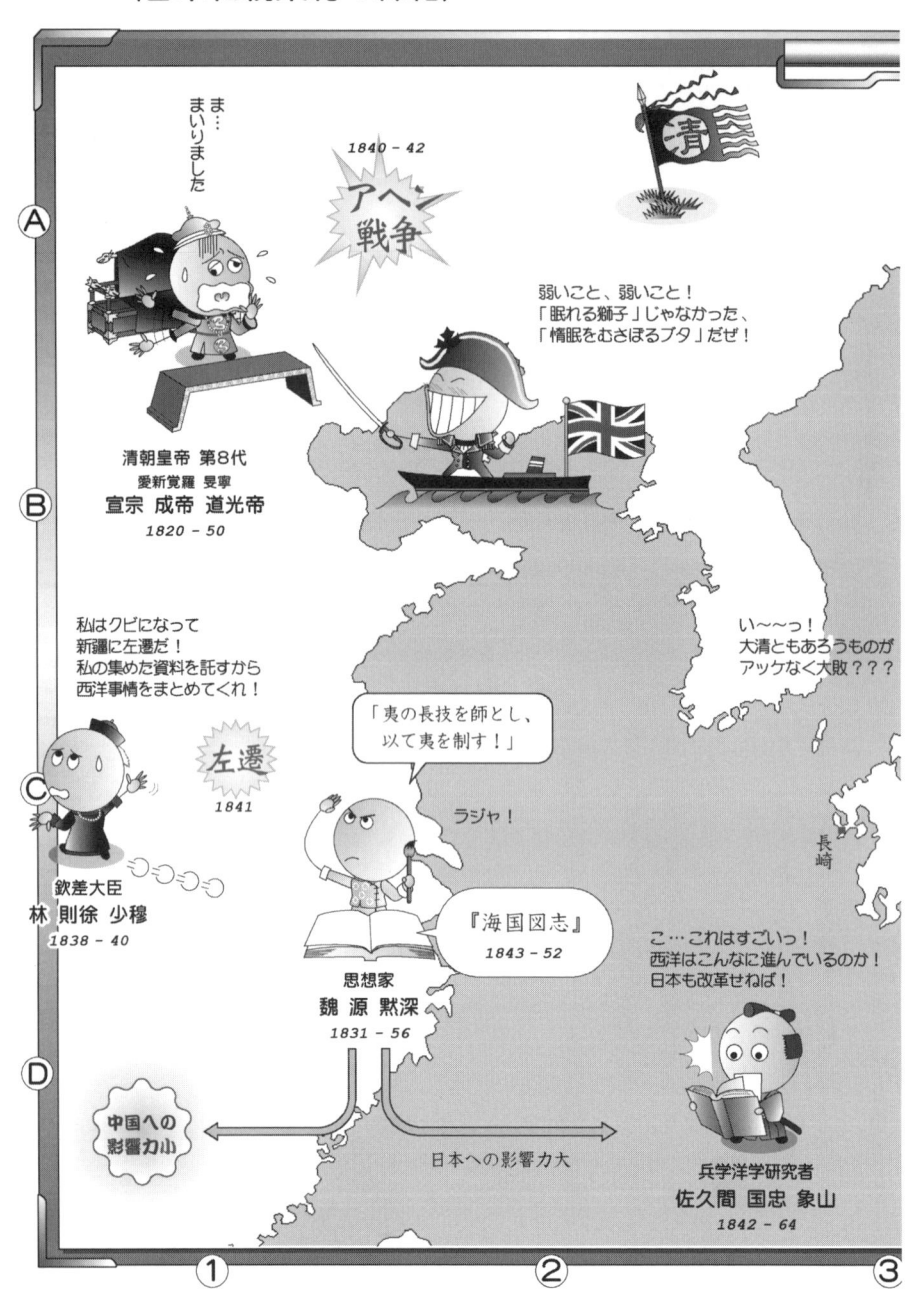

第 1 幕　日米和親条約の締結

## 19 世紀前半

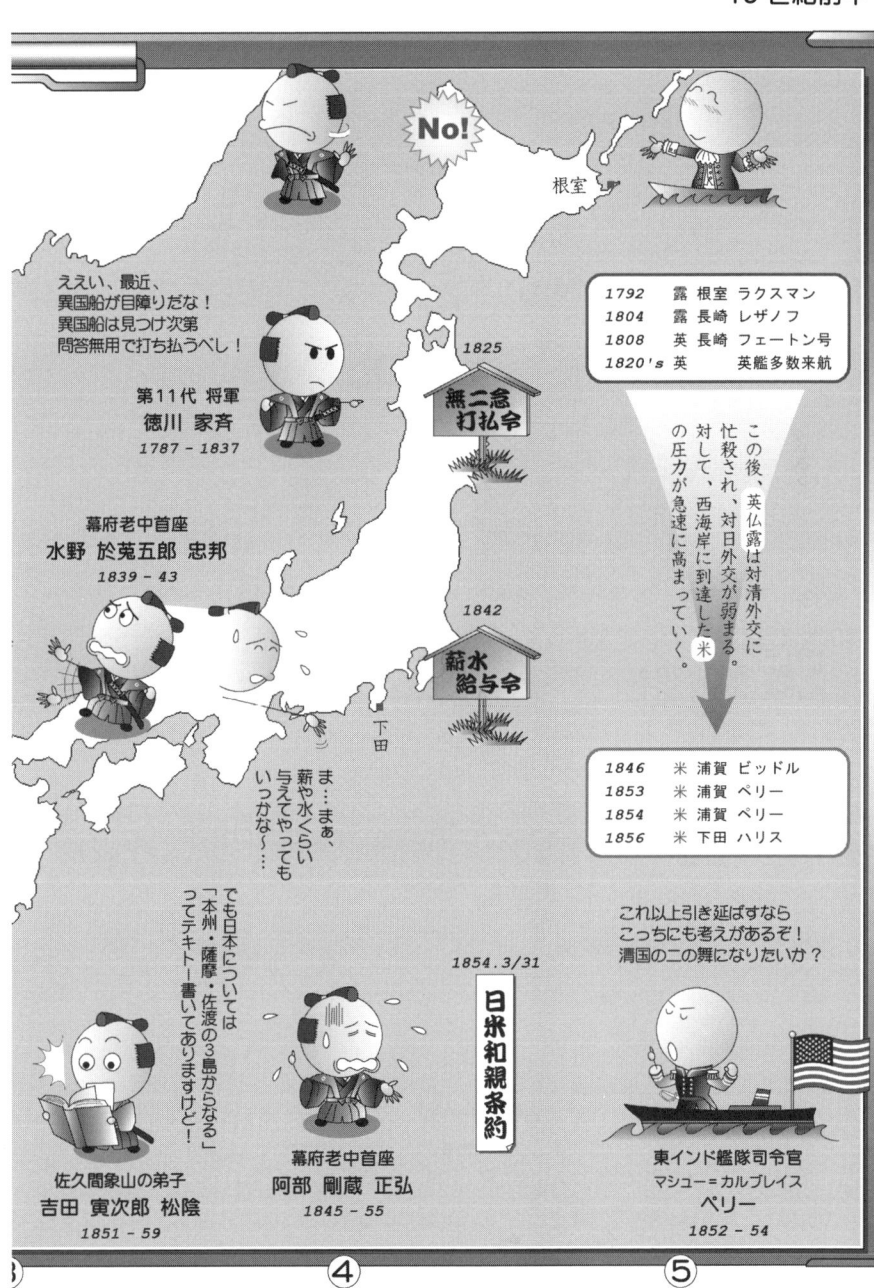

ええい、最近、
異国船が目障りだな！
異国船は見つけ次第
問答無用で打ち払うべし！

第 11 代 将軍
**徳川 家斉**
1787 - 1837

幕府老中首座
**水野 於菟五郎 忠邦**
1839 - 43

根室

No!

1825
**無二念打払令**

1842
**薪水給与令**

下田

| 1792 | 露 | 根室 | ラクスマン |
| 1804 | 露 | 長崎 | レザノフ |
| 1808 | 英 | 長崎 | フェートン号 |
| 1820's | 英 |  | 英艦多数来航 |

この後、英仏露は対清外交に忙殺され、対日外交が弱まる。対して、西海岸に到達した米の圧力が急速に高まっていく。

| 1846 | 米 | 浦賀 | ビッドル |
| 1853 | 米 | 浦賀 | ペリー |
| 1854 | 米 | 浦賀 | ペリー |
| 1856 | 米 | 下田 | ハリス |

ま…まあ、薪や水くらい
与えてやっても
いっかな〜…

でも日本については
「本州・薩摩・佐渡の3島からなる」
ってテキトー書いてありますけど！

佐久間象山の弟子
**吉田 寅次郎 松陰**
1851 - 59

1854.3/31
**日米和親条約**

幕府老中首座
**阿部 剛蔵 正弘**
1845 - 55

これ以上引き延ばすなら
こっちにも考えがあるぞ！
清国の二の舞になりたいか？

東インド艦隊司令官
マシュー＝カルブレイス
**ペリー**
1852 - 54

③　④　⑤

第 1 章　清朝の混迷
第 2 章　日本開国
第 3 章　日清戦争
第 4 章　清朝分割と日露対立
第 5 章　日露戦争

それでは、本幕では、これまで見てまいりました清朝・朝鮮が激動を迎えていた18世紀末から19世紀半ばごろ、日本はどのような歴史を歩んでいたのか、を見ていくことにいたしましょう。
　まず、18世紀の末、中国でいえば乾隆帝の晩年のころ、ロシアからの使節ラクスマンが北海道・根室にやってきました。(A-5)(*01)

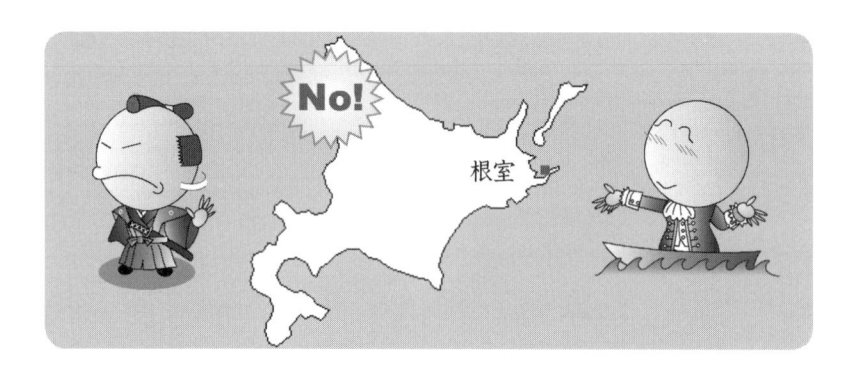

　彼は、親書を携え、幕府との通商交渉を希望しましたが、もちろん、幕府は鎖国を破るつもりなど毛頭ありません。
　そこで、幕府（老中松平定信(さだのぶ)）は、「どうしても交渉したくば、長崎まで来られたし」と回答します。
　もちろんこれには、「交渉する気なんてサラサラないよ？　空気よめよ？」という意味が込められている(*02)のですが、当然、そんな"純日本的社交辞令"がロシアに通じるはずもなく、その言葉をマに受けたロシアは、8年後、ホントに長崎（C-3）までやってきます。

---

(*01) 表向きの目的は、ロシアに漂着した大黒屋光太夫ら日本人3名を護送するためでしたが、その真の目的は、とりあえずは日本を開国させ、最終的には日本を征服することでした。ちなみに、大黒屋光太夫は、伊勢（現・三重県）の廻船問屋の船頭。

(*02) もし、幕府に本気で交渉するつもりがあるなら、わざわざロシアからもっとも遠い、そして江戸からももっとも遠い長崎に呼びつけるはずもありません。

長崎くんだりまでやってきた遣日使節レザノフは、露帝アレクサンドル１世の親書を携え、国交樹立交渉を要求してきます。
　これを知った幕府は狼狽。
── おいおい、ホントに来たのかよ？　空気よめよぉ！
　そこに、老中土井利厚は言い放ちます。
「しからば、わざと怒らせるべく非礼に徹するがよかろう。
　さすれば、二度と参るまい」
── されど、それでは、露国と戦になるやもしれず…
「万一 そうなりとて、それならそれで構わぬわ！
　露助(＊03)ごときが攻めてこようと、武士は些かなりとも後れを取らぬ！」
　これが、当時の国際情勢を理解した上での発言なら勇ましいですが、じつは、単に、国際事情への疎さをさらけ出しているだけでした。(＊04)
　さて、長崎のレザノフは、出島のせまい区域に閉じ込められ、延々と待ちぼうけを喰らいましたから、それはもう怒り心頭。
「えぇい、まだか！　まだ返書は来んのか！　一体いつまで待たせる気だ!?」
── あいや、しばらく！　いましばらく！
「そのセリフ、聞き飽きたわ！　しばらくっていつだ！」
　こうして、なんと半年も待たされたあと、やっと返書が返ってきます。
「おぉ！　待ちわびたぞ！　やっと返書が来たか！　どれどれ…」
　レザノフは、期待に胸躍らせ、幕府からの返書を開くと、そこには…

---

(＊03) ロシア人への蔑称。「Russky（ロシア人）」と音が似ていることからこう呼ばれました。

(＊04) とはいえ、こういう「強気」な態度は、戦争を避けるためにはむしろ重要です。
　　　一般的に、外交で「強気 vs 強気」がぶつかるときに、戦争が勃発すると勘違いされていますが、事実はまったく逆です。
　　　「強気 vs 強気」がぶつかったときに戦争にまで発展することはむしろ少ないのです。
　　　戦争が起こるのは、往々にして「強気 vs 弱気」がぶつかるとき。
　　　例を挙げればキリがありませんが、チェンバレン（弱気）vs ヒトラー（強気）は好例です。
　　　その点について、現在の日本は、政府から国民に至るまでまったく理解できていません。

「やだ」(＊05)
　さんざん待たされてこの返事。
　レザノフ、ブチ切れです。
　彼は、よほど怒りが収まらなかったのでしょう、帰国の途上、樺太・択捉を砲撃しているほどです。
　このまま、ロシア帝国と開戦か！？
…と思いきや、それからまもなく、ロシアからの音沙汰は途絶えます。
　じつは、ちょうどそのころから、ロシアはヨーロッパ問題(＊06)に忙殺されて、日本どころではなくなってしまっていたからです。
　これは日本にとって幸運でした。
　しかし、一難去ってまた一難。
　今度は、イギリスが日本海域をウロチョロしはじめます。(A-5)
「おのれ！　目障りな！」

> ええい、最近、
> 異国船が目障りだな！
> 異国船は見つけ次第
> 問答無用で打ち払うべし！
>
> 第11代 将軍
> 徳川 家斉
> 1787 - 1837
>
> 1825
> 無二念打払令

---

(＊05) もちろん、実際の返書は、この一言ではありませんでしたが「とりつく島もない、問答無用」という内容においては、「当たらずとも遠からず」といったところ。
　　　返書の内容は、要約すると以下のようなものでした。
　　　「国書も受け取らない、献上品も受け取らない。水と食料はめぐんでやっから、さっさと帰れ。二度と来るな。半年にわたってここに駐留できたことをありがたいと思え」

(＊06) 具体的に申し上げれば、ナポレオン戦争(1804〜14年)・ウィーン体制(1815〜48年)・東方問題(1821〜78年)などです。

幕府はただちに「無二念打払令（A/B-4/5）(*07)」を公布！
まだまだ強気の姿勢を貫いています。
ところが、それからまもなく、幕府を震撼させる大事件が起こります。
それこそが、あの有名なアヘン戦争(*08)です。

ま…
まいりました

1840-42
アヘン戦争

弱いこと、弱いこと！
「眠れる獅子」じゃなかった、
「惰眠をむさぼるブタ」だぜ！

清朝皇帝 第8代
愛新覚羅 旻寧
宣宗 成帝 道光帝

　古来、日本にとって「師」であり、「聖人の国」であり、「巨人」でありつづけた超大国・中国が、わずかばかりのイギリス艦隊を前に、完膚なきまでにねじ伏せられたのです。
　幕府に衝撃が走ります。

---

(*07) 要するに、「外国船を見たら、問答無用で追い払え！」ということです。
(*08) イギリスが中国に麻薬（アヘン）を密輸出し、それが糾弾されるとしらばっくれ、証拠を突きつけられたら、開き直って仕掛けてきた戦争。
そのあまりの悪辣さに、当時のイギリスの政治家グラッドストンですら、嘆いています。
「その原因がかくも不正な戦争、かくも恥さらしな戦争、かくも永続的に不名誉となる戦争を、私はかつて聞いたことがないし、書物で読んだこともない！」

「清国ともあろうものが、あぁもアッケなく敗れ去るとは！？
　白人列強の軍事力とは、かくもすごいのか！？
　清国がこのザマでは、もう我が国など到底相手にならんではないか！？」
　これにより、幕府の強気姿勢は一気に崩壊。
　時の老中水野忠邦（B/C-3/4）は、アヘン戦争が終わったその年（1842年）のうちにあわてて「薪水給与令」（B/C-4/5）を公布します。

幕府老中首座
水野 於菟五郎 忠邦
1839 – 43

い〜〜っ！
大清ともあろうものが
アッケなく大敗？？？

1842
薪水
給与令

下田

「ま、まぁ、外国船を見つけたら、燃料や水、食料くらいは与えてやってもい
　いんじゃないかな？　とにかく穏便に、穏便に」
　ところが、またしても、ちょうどそのころから、イギリスは対清外交に忙殺されるようになり、パタリと現れなくなります。
　やれ、うれしや。
　しかし、ホッと胸をなでおろす暇もなく、今度はアメリカ船が現れるようになります。(C-5)
　1846年にはビッドル（＊09）が、1853年には、あの有名なマシュー＝ペリー（D-5）がやってきます。

---

（＊09）清朝との不平等条約「望厦条約」を批准（1845年）した人物です。
　　　批准後、彼はそのまま中国から日本に直行し、望厦条約と同じ内容の不平等条約を押しつけるべく、日本にやってきました。

これがいわゆる「黒船来航」です。(＊10)

うろたえた幕府は、たまたま将軍家慶が重病だった(＊11)のを口実に、

「1年の猶予を！」

…と結論の先延ばしを図ります。

しかし、250年の泰平の中で、とっくに統治能力を失っていた幕府は、その「1年」の猶予期間、ただ狼狽するばかり。(＊12)

果ては、外様大名から庶民にまで意見を求める始末。(＊13)

幕政について、外様に意見を求めるなど前代未聞、そもそもこれは「幕府には統治能力がありません」と自ら吐露しているようなものです。

こうして、1年はアッという間に過ぎ去り、翌1854年、ペリーが再航してきました。(D-5)

```
1854.3/31
日米和親条約

幕府老中首座
阿部 剛蔵 正弘

これ以上引き延ばすなら
こっちにも考えがあるぞ！
清国の二の舞になりたいか？

東インド艦隊司令官
マシュー＝カルブレイス
ペリー
```

(＊10) この事件以降（1853〜67/68/69年）を、時代区分上「幕末」と言います。
本来、「黒船」とは、近世以降のヨーロッパ船全般を指しますが、通常は、このときのペリーの蒸気艦隊（旗艦サスケハナ号）のことを指します。

(＊11) 将軍家慶は、ペリー帰国のわずか10日後に亡くなっています。享年60歳（満）。

(＊12) 「泰平の眠りを覚ます上喜撰（蒸気船）たった四杯（4隻）で夜も眠れず」は、当時の幕府および社会の混乱ぶりをよく表した狂歌として有名です。

(＊13) これが、「外様が幕政に口を挟む前例」となってしまったため、以降、外様が幕政に関与するようになり、幕府の威信はいよいよ失墜していくことになります。

「1年経ったから、また来たよ〜」

── されば、もう1年の猶予を…

「…んだと、コラ？ ナメんなよ？ すでに1年待った。これ以上待てん！ それとも何か？ 貴国も清国の二の舞(＊14)となるを望むのか！？」

さきのビッドルが"善隣外交"で失敗(＊15)しているのを受け、ペリーは"砲艦外交"で臨んでいたのでした。

この恫喝を前に、老中阿部正弘(D-4)はついに屈し、「日米和親条約」(D-4/5)を締結することになります。

215年間におよぶ「鎖国」は、こうして幕を閉じることになりました。

ところで、この少し前のこと。

清朝では、道光帝(A/B-1)が、アヘン戦争の責任を問い、欽差大臣(＊16)の林則徐(C-1)を新疆に左遷してしまっていました。(＊17)

「彼を知り己を知れば、百戦殆うからず」(＊18)です。

彼は、かねてより、白人の情報収集を怠りませんでしたが、志半ばで左遷されてしまったため、それまで自分のかき集めた資料を親友であった魏源(C/D-1/2)に託します。

私はクビになって新疆に左遷だ！
私の集めた資料を託すから西洋事情をまとめてくれ！

左遷
1841

欽差大臣
林 則徐 少穆

---

(＊14) 当時の清朝は、アヘン戦争に敗れて以降、莫大な賠償金に苦しみ、国家利権を奪われ、太平天国や捻軍などの内乱に悶絶していました。

(＊15) ビッドルは、武士にブン殴られ、抜刀され、凄まれて、スゴスゴと退散していました。

(＊16) 「欽差大臣」というのは、古代ローマでいうところの「ディクタトール(独裁官)」、江戸幕府でいうところの「大老」に当たります。
平時には設置されず、有事に"大権"を与えられる非常官職で、これらの官職が現れるようになったときは、すでにその国は末期症状を呈していることを意味しています。

この資料を基に作成されたのが『海国図志』。(C/D-2)<sup>(＊19)</sup>
ところが。
哀しいかな、当時の中国人たちには、この書物の重要性が理解できません。
せっかくの「救国の啓蒙書」も、活かせませんでした。
永らくホコリをかぶることになります。<sup>(＊20)</sup>
ところが、この書が日本人の目に留まるや…。
「こ、これはっ！」
　佐久間象山(D-2/3)、吉田松陰(D-3/4)らをはじめとして、日本人たちは、一瞥してこの書の重要性を理解し、本書が明治維新への重要な"原動力"となっていきます。
「清国を救いたい！」
　その一念で生まれた1冊の書物は、皮肉にも、日本を救い、やがて中国は貧乏小国・日本に叩き伏せられる結果へとつながっていったのです。

こ…これはすごいっ！
西洋はこんなに進んでいるのか！
日本も改革せねば！

でも日本については「本州・薩摩・佐渡の3島からなる」ってテキトー書いてありますけど─！

兵学洋学研究者
佐久間　国忠　象山

佐久間象山の弟子
吉田　寅次郎　松陰

---

(＊17) 林則徐はすぐれた人物でしたが、それゆえ、無能官僚たちの讒言によって左遷されました。林則徐のようなすぐれた人材が左遷されるということ自体、すでに清朝が"死に体"であることを意味しています。

(＊18) 『孫子』謀攻篇より。このあと、「彼を知らずして己を知れば、一勝一負す。彼を知らず己を知らざれば、戦うごとに必ず殆うし」とつづきます。

(＊19) ただ、かなり不正確な記述も多く、たとえば、日本については、「本州・薩摩・佐渡の3島から成る」と記されていました。

(＊20) ただし、本書の基本精神「夷の長技を師とし、以て夷を制す」(C-1/2)は、この20年後に始まる洋務運動の基本精神「中体西用」へ影響を与えたとも言われています。

## Column　明白なる天命

　北米の東海岸から生まれたアメリカ合衆国。

　彼らは、19世紀、「マニフェスト＝ディスティニー（明白なる天命）」を合言葉(スローガン)にインディアンの殺戮・駆逐を繰り返しながら、西海岸をめざしていました。合言葉(スローガン)の意味はかくのごとし。

　「我々が、インディアンを殺戮し、掠奪(りゃく)し、駆逐(くちく)しながら、西へ西へと侵攻
　　するのは、非道なことでもなんでもない！
　　それは、全智にして全能なる、慈愛深き神のご意志(ディスティニー)なのである！
　　しかも、それは証明の必要のないほど明白(マニフェスト)である！
　　我々がインディアンを殺戮するのは"疑いようもなき正義(マニフェスト ディスティニー)"である！」

　我々日本人には、耳を疑いたくなるような暴論ですが、じつは、それにもちゃんとした理由があります。

　白人というのは、もともと遊牧民族です。

　遊牧民族というのは、基本的に自ら生産活動に従事しません。

　目の前にある資源を食い尽くし、食い尽くせば移動するか、誰かが生産した富を掠奪することで生計を立てる、そういう民族です。

　彼らにとって「侵略」「征服」「掠奪」「搾取(さくしゅ)」こそが生活の糧そのものであり、「正当な権利」であり、「正義そのもの」なのです。

　自然と調和し、生産活動を行い、和を重んじて、自ら働いて収入を得る、我々農耕民とは根本的に、DNAレベルから価値観が違うのです。

　彼ら白人が、一生懸命働く日本人を見て、侮蔑し、嘲笑し、蔑視するのも、じつはそこにあります。

　「働くのは奴隷の仕事だ。日本人の奴隷根性には恐れ入る」

　それが彼ら白人の、"偽わらざる正直な感情"なのです。

　そんな彼らが、19世紀半ばごろ、ついに北米を横断し、西海岸に到達、さらに、太平洋をブッちぎって、幕末日本にやってきたのです。

　「日本史」を学んだだけでは、当時の日本がどれほど危機的な状況に陥っていたかがなかなか理解できません。

# 第2章 日本開国

## 第2幕

## 条文に仕組まれた陰謀
### 日米修好通商条約の締結

「日米和親条約」にはとんでもない陰謀が巡らされていた。ふたたび日本にやってきたハリスは、開国を迫る。しかし、幕府は「将軍継嗣問題」に揺れ、勅許も下りずまさに内憂外患の様を呈していた。そんな折、中国でアロー戦争が勃発、清朝大敗の報。大老井伊直弼は、勅許のないまま「日米修好通商条約」の締結を決断する。

日米和親条約に基づいて通商条約を結ぶためにはるばるやってきたよ～

サンジャシント号

初代駐日領事／公使
タウンゼンド＝ハリス

## 〈日米修好通商条約の締結〉

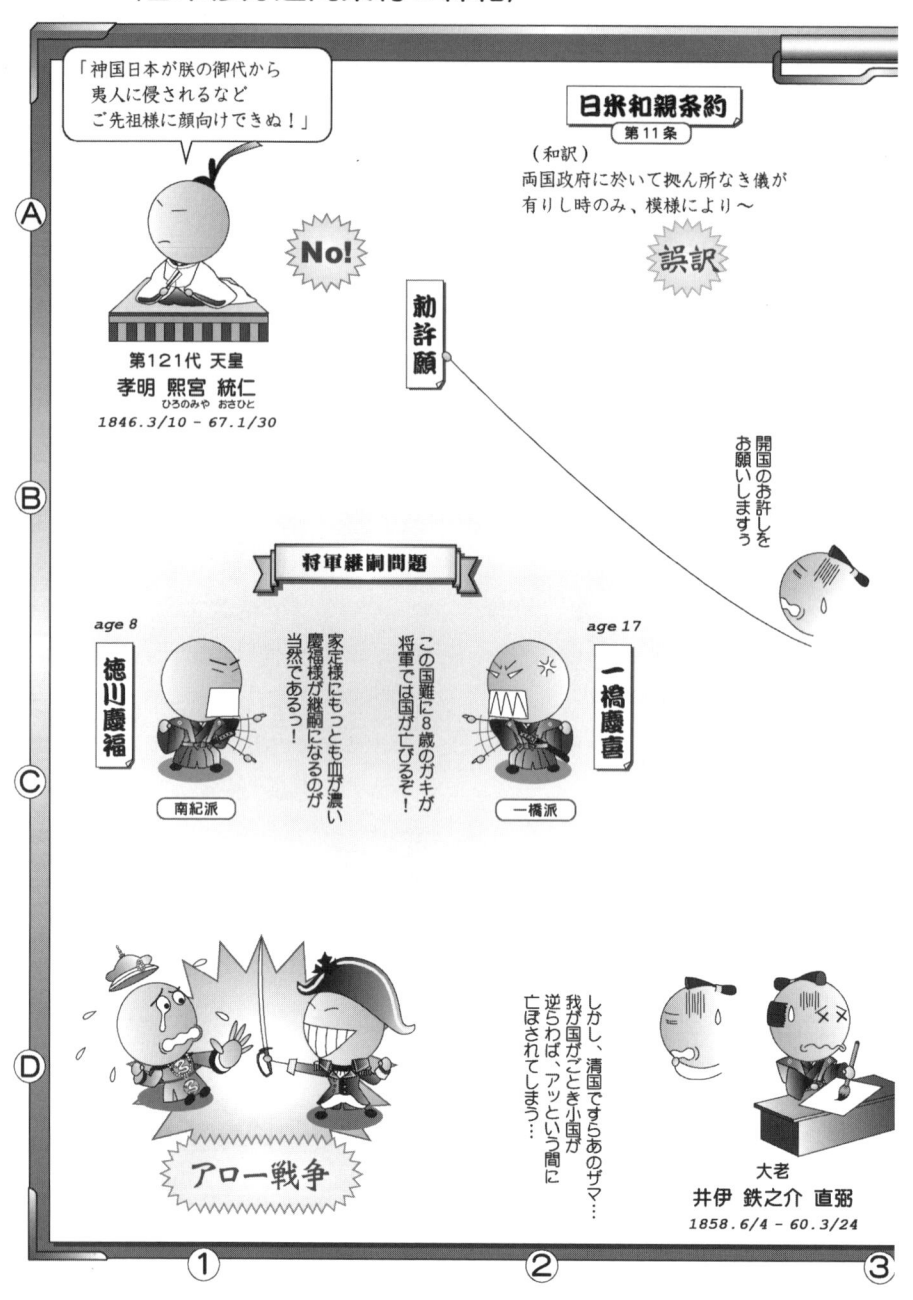

「神国日本が朕の御代から
夷人に侵されるなど
ご先祖様に顔向けできぬ！」

No!

日米和親条約
第11条
（和訳）
両国政府に於いて拠ん所なき儀が
有りし時のみ、模様により〜

誤訳

第121代 天皇
孝明 煕宮 統仁
(ひろのみや おさひと)
1846.3/10 - 67.1/30

勅許願

開国のお許しを
お願いしますぅ

将軍継嗣問題

age 8
徳川慶福
この国難にもっとも血が濃い
慶福様が継嗣になるのが
当然であるっ！
南紀派

age 17
一橋慶喜
この国難に8歳のガキが
将軍では国が亡びるぞ！
一橋派

アロー戦争

しかし、清国ですらあのザマ…
我が国がごとき小国が
逆らわば、アッという間に
亡ぼされてしまう…

大老
井伊 鉄之介 直弼
1858.6/4 - 60.3/24

第 2 幕　日米修好通商条約の締結

## 1850年代

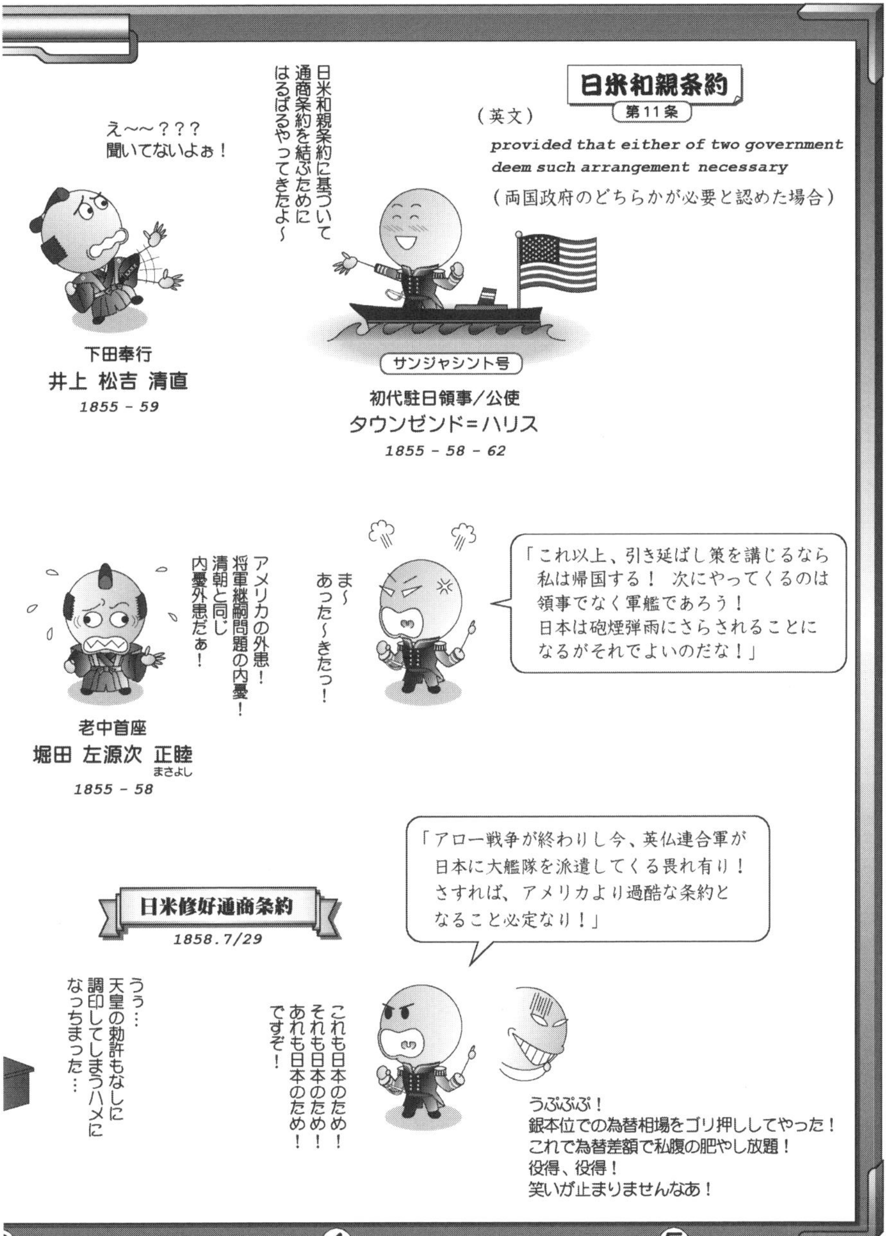

**日米和親条約 第11条**

（英文）
provided that either of two government deem such arrangement necessary
（両国政府のどちらかが必要と認めた場合）

下田奉行
**井上 松吉 清直**
1855－59

え〜〜？？？
聞いてないよぉ！

日米和親条約に基づいて通商条約を結ぶためにはるばるやってきたよ〜

サンジャシント号

初代駐日領事／公使
**タウンゼンド＝ハリス**
1855－58－62

ま〜あった〜きたっ！

「これ以上、引き延ばし策を講じるなら私は帰国する！　次にやってくるのは領事でなく軍艦であろう！日本は砲煙弾雨にさらされることになるがそれでよいのだな！」

アメリカの外患！
将軍継嗣問題の内憂！
清朝と同じ
内憂外患だぁ！

老中首座
**堀田 左源次 正睦**（まさよし）
1855－58

**日米修好通商条約**
1858.7/29

「アロー戦争が終わりし今、英仏連合軍が日本に大艦隊を派遣してくる畏れ有り！さすれば、アメリカより過酷な条約となること必定なり！」

うぅ…天皇の勅許もなしに調印してしまうハメになっちまった…

これも日本のため！
それも日本のため！！！
あれも日本のためですぞ！

うぶぶぶ！
銀本位での為替相場をゴリ押ししてやった！
これで為替差額で私腹の肥やし放題！
役得、役得！
笑いが止まりませんなぁ！

④　⑤

じつは、前幕で触れました「日米和親条約」には、ある重大な欠陥が隠れていました。

　なんと、条文の中に、きわめて致命的な誤訳があったのです。

　日米和親条約が締結された翌々年の1856年、はやくもタウンゼンド＝ハリス駐日領事（A-4）が、来日してきました。

「ハ～イ！　ハワユ～？　それでは通商条約を結びましょうか！」

　幕府（下田奉行　井上清直(きよなお)）にしてみれば、まったく"寝耳に水"です。

── いったい何のことでありましょうや？（A-3/4）

「トボケてもらっちゃ困りますなぁ。
　　正式に通商条約を結ぶ"約束"だったであろう？」

── 約束？　なんの？

「日米和親条約に決まっておろうが！」

　じつは、日米和親条約の「第11条」にはこうあります。

「両国政府に於(お)いて、拠(よ)ん所なき儀(ぎ)これ有る候(そうろう)とき、
　　模様により～之(これ)有る可(べ)し」（A-2/3）（＊01）

え～～～？？？
聞いてないよぉ！

日米和親条約に基づいて
通商条約を結ぶために
はるばるやってきたよ～

サンジャシント号

下田奉行
井上　松吉　清直

初代駐日領事／公使
タウンゼンド＝ハリス

---

（＊01）つまり、「日米両国政府がともに、やむをえない事情が発生した場合、状況を見ながら話し合えば、そういうこと（下田に領事を駐在させること）もあるかもしれない」と、トコトンはぐらかしています。
　　つまり、この文面では、「日本としてはまったく条約を結ぶつもりはない」となります。

これに対し、英文ではこうなっています。
~ at any time ~ provided that either of the two governments deem such arrangement necessary. (A-5) (＊02)
これではまるで話が違います。

こうして、アメリカの汚い陰謀(＊03)によって、日本は、ムリヤリ交渉の場に引きずり出されることになります。

幕府としては、なんとかしてウヤムヤにしたいと2年ほど粘りましたが、ついに堪忍袋の緒が切れたハリスは恫喝します。(B/C-4/5)

「これ以上、引き延ばし策を講じるなら、私は帰国する！
次にやってくるのは、領事ではなく軍艦であろう！」…と。

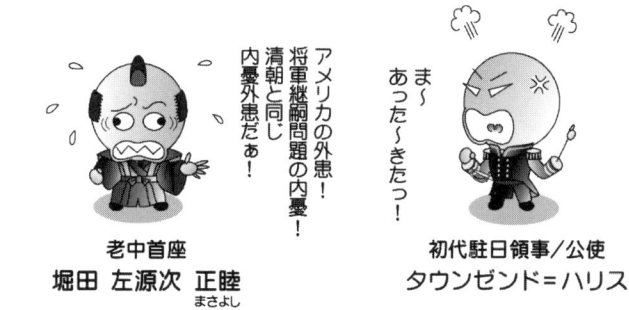

老中首座
堀田 左源次 正睦(まさよし)

アメリカの外患！
将軍継嗣問題の内憂！
清朝と同じ
内憂外患だぁ！

ま〜
あった〜
きたっ！

初代駐日領事／公使
タウンゼンド＝ハリス

当時の老中・堀田正睦(まさよし)(B/C-3/4)は進退谷(きわ)まります。

---

(＊02) 英文では、「両国政府のいずれか一方がそのような取り決め（下田に領事を駐在させること）を必要と認めた場合にはいつでも ~ できる」という意味になります。

(＊03) じつのところ、「誤訳」の背景は定かではありませんが、とても「ミス」などで生まれるような誤訳とは考えられず、おそらく、アメリカ（マシュー＝ペリー）の「陰謀」でしょう。英語に精通した日本人がいなかったのをよいことに、会談時には「日本文の内容で合意」しておき、英文にはこっそり「アメリカの要求」に書き換えて帰国した、と思われます。

なぜなら、当時、堀田正睦は、ハリスの外圧だけでなく、国内の問題も抱えていたからです。

じつは、つい少し前（1853年）、将軍家慶（第12代）が亡くなり、新将軍家定（第13代）（＊04）が将軍になったばかりだというのに、お上は早くも世継ぎ問題に揺れていたのです。（B/C-1/2）（＊05）

家定には子がなかったため、順当にいけば、もっとも血縁の近い（従弟）慶福ということになりますが、彼には重大な問題がありました。

彼の御歳は8歳。

何度も申し上げておりますように、国が傾いているときに幼君が立つのは、"亡びの道の一里塚"です。

そこで、対抗馬に挙がったのが一橋慶喜。

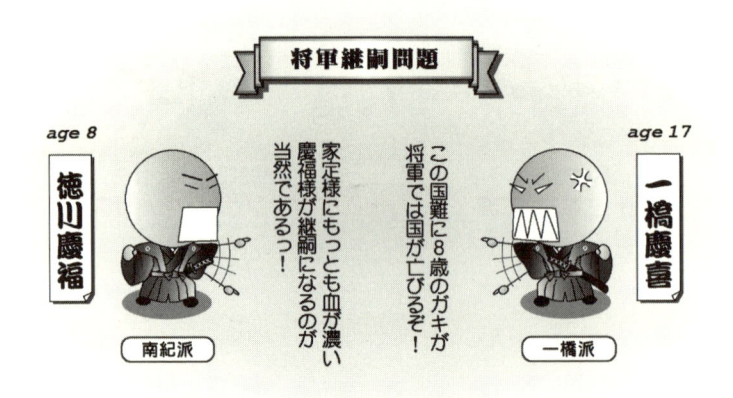

### 将軍継嗣問題

age 8　徳川慶福（南紀派）
家定様にもっとも血が濃い慶福様が継嗣になるのが当然であるっ！

age 17　一橋慶喜（一橋派）
この国難に8歳のガキが将軍では国が亡びるぞ！

---

（＊04）彼は、生まれつき病弱の上、自閉症のきらいがあり、言動にアテトーゼの症状が見られたため、おそらく脳性麻痺でした。
知能に障害があったかどうかまでは不明ですが、たとえ知能に障害がなくとも、泰平の世ならいざ知らず、この幕末の将軍職の激務に耐えうる人物でなかったことは確かでしょう。

（＊05）国が傾いているというのに、その頂点に君臨する将軍が、器量のない、病弱な将軍となれば、「次」を模索して暗躍が起こるのも無理からぬことです。

彼は聡明であり、御歳も17歳。(＊06)

そもそも、将軍家慶が、我が子・家定を廃嫡してまで、将軍に立てようとしたこともあったほど(＊07)のお方。

しかし、いかんせん将軍からの血縁が遠い。

これで、慶福を推す「南紀派」と、慶喜を推す「一橋派」で、熾烈な継嗣問題が起こってしまいます。

対外的にはアメリカの外圧、国内では将軍継嗣問題。

まさに「内憂外患」。

幕府は、もはや「背に腹は替えられぬ」と、アメリカと通商条約を結ぶ方向で調整が始まりましたが、それすらもままなりません。

なんとなれば、そもそも幕府は「条約締結権」を持っていなかったからです。

あくまで日本の君主は「天皇」であり、天皇の勅許（許可証）がなければ、条約締結すらできなかったのです。

そこで堀田正睦は、勅許をいただくべく、時の天皇・孝明天皇（A-1）に頭を下げに行きます。

孝明天皇、答えて曰く。

「ダメだ！

そんなことをしたら、ご先祖様に顔向けできぬ！」

「神国日本が朕の御代から
夷人に侵されるなど
ご先祖様に顔向けできぬ！」

No!

第121代 天皇
孝明 熙宮 統仁

---

（＊06）「17歳じゃ、慶喜だってまだまだ子供じゃん？」と思われたでしょうか。
　　　当時の「17歳」を、現代人の「17歳」と同等に考えてはいけません。
　　　昔の人は、現代人など比較にならないほど、精神年齢が高く、17歳は成人です。

（＊07）このときは、老中阿部正弘の猛反対で、家慶も廃嫡を思いとどまっています。
　　　もしこのとき、阿部正弘の反対がなく、慶喜が13代将軍になっていたら、歴史はまったく違った展開をしていたことでしょう。

コマった！　勅許が下りないことには条約が結べません。[*08]
　そんな折も折、お隣中国では、アロー戦争で清朝がまたしてもコテンパンに敗れます（1858年 天津条約）。
　ハリスは、ここぞと幕府にたたみかけます。
「清国がかたづいた今、英仏連合艦隊が日本に押しよせてきますぞ！！
　そうなれば、我が国より過酷な条約を押しつけられることになりますが、それでよろしいか！？」

日米修好通商条約
1858.7/29

うぅ…天皇の勅許もなしに調印してしまうハメになっちまった…

大老
井伊 鉄之介 直弼

これも日本のため
それも日本のため
あれも日本のため！！！
ですぞ！

「むむぅ！　もはや、一刻の猶予もならず！　勅許など待っておれん！」
　大老井伊直弼は、勅許なしに独断で条約を結ぶことを決意します。
　これこそが、日本開国となる「日米修好通商条約」です。
　さぁ、これは一大事。
　天皇陛下の勅許もなしに勝手に条約を結ぶなど！
　天下がにわかに殺気立つことになります。
　その直後、わずかひと月と経たないうちに、将軍家定が逝去。
　時代は、風雲急を告げます。

---

（＊08）「あれ？　日米和親条約はどうして結べた？」と思われた方へ。
　　　じつは、あのときにはちゃんと勅許が下りています。
　　　あくまで「補給基地としての開港」であって、「通商のための開港」ではありませんでしたので。

# 第2章 日本開国

## 第3幕

## 「短刀一本あらば…」
### 大政奉還

一橋派、尊皇派、左右両面からの突き上げを喰らった幕府は「公武合体」で難局を切り抜けようとするも、将軍と天皇の相次ぐ死去により、窮地に陥った。将軍慶喜は「大政奉還」し、「列藩会議議長」としての生き残りを図るが、尊皇派の怒りは収まらず、「王政復古の大号令」を経て、事態は風雲急を告げることになる。

名を捨て実を取るのだ

大政奉還

第15代 将軍
徳川 慶喜

〈大政奉還〉

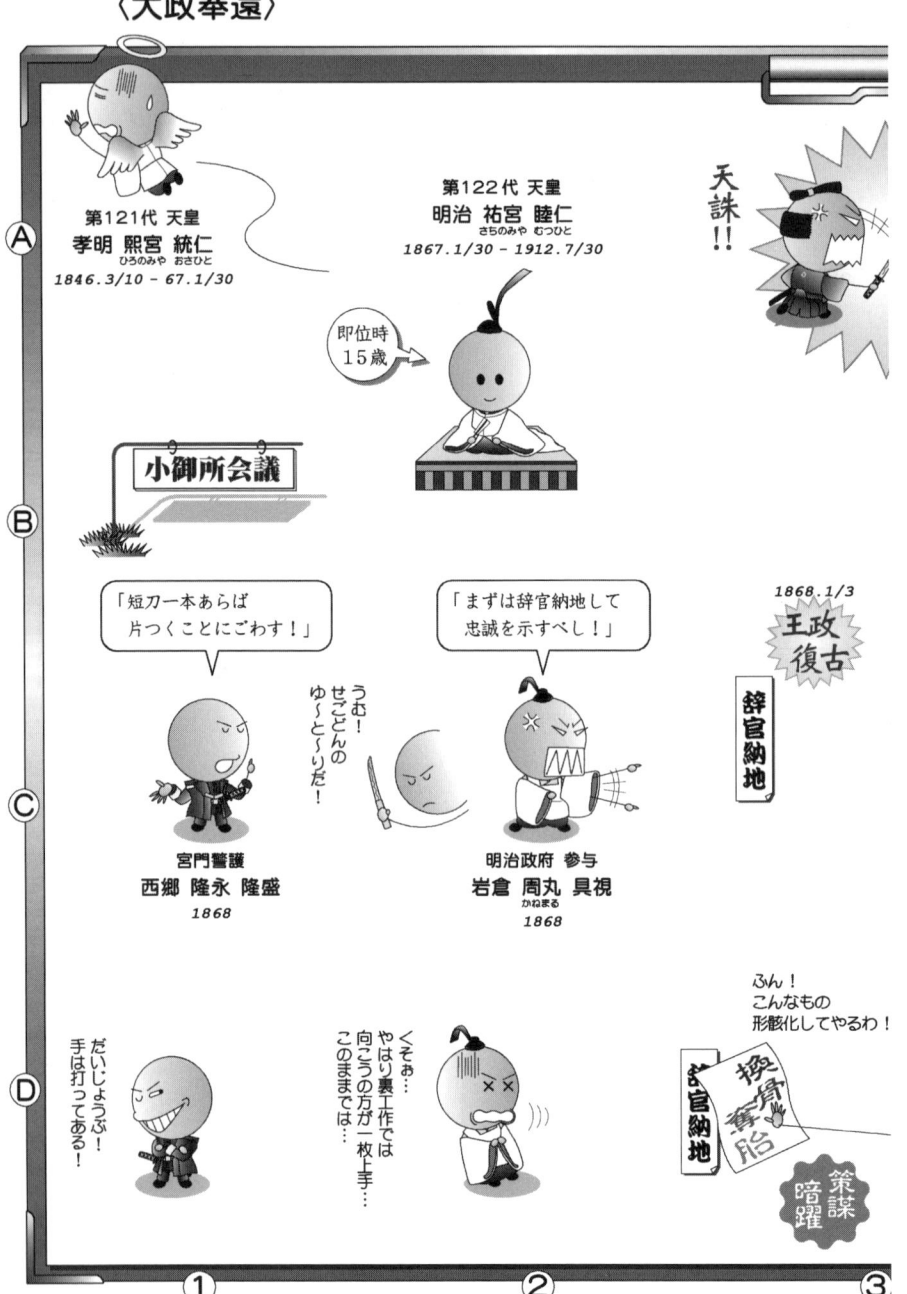

A

第121代 天皇
**孝明 熙宮 統仁**
ひろのみや おさひと
1846.3/10 - 67.1/30

第122代 天皇
**明治 祐宮 睦仁**
さちのみや むつひと
1867.1/30 - 1912.7/30

即位時
15歳

天誅!!

B

小御所会議

C

「短刀一本あらば
片つくことにごわす!」

「まずは辞官納地して
忠誠を示すべし!」

うむ!
せごどんの
ゆ〜と〜りだ!

宮門警護
**西郷 隆永 隆盛**
1868

明治政府 参与
**岩倉 周丸 具視**
かねまる
1868

1868.1/3
**王政復古**

辞官納地

D

だいじょうぶ!
手は打ってある!

くそぁ…
やはり裏工作では
向こうの方が一枚上手
このままでは…

ふん!
こんなもの
形骸化してやるわ!

辞官納地
換骨奪胎

策謀
暗躍

① ② ③

70

第3幕 大政奉還

## 1860年代

ぐおぉぉぉ！
わしを殺しても
時勢は変わらんぞぉ！

大老
井伊 鉄之介 直弼
1858.6/4 - 60.3/24

**桜田門外の変**
1860.3/24

第14代 将軍
徳川 家茂
1859.1/4 - 66.8/29

1867.11/9

**大政奉還**

名を捨て
実を取るのだ

第15代 将軍
徳川 慶喜
1867.1/10 - 68.1/3

「この会議に徳川内府が召されて
いないのはどういうことであろう」

「畢竟、本暴挙は二三の公卿が幼帝を
擁して権力を私しようとするもの」

将軍は大政を奉還して
誠意を示したではないか！
反対！反対っ！

明治政府 議定
山内 豊信 容堂
とよしげ
1868

今は情勢が悪い…
ここはおとなしく
謹慎して時を
待つのが上策…

大坂城

せっかくうまくいっていたのに、
西郷の挑発にかかって
短気起こしやがって！
これですべての努力が
水の泡に…

**幕臣蜂起**

④ ⑤

さて、このような混乱の中で、将軍家定が亡くなると、南紀派・井伊直弼のゴリ押しで慶福が新将軍に就くこととなりました。

これが、14代将軍・家茂（A-5）（＊01）となり一件落着…と言いたいところですが、これで敗れた一橋派の不満は燻ります。

さらに、天皇陛下の勅許もなしに勝手に外国と条約を結んだことは、当然ながら、尊皇派の怒りを買うことになりました。

井伊のこうした強引なやり方は、一橋派と尊皇派、両面からの攻撃にさらされる結果となります。

追い詰められた井伊は、窮鼠猫を噛む、反対派の大弾圧に打って出ます。

それこそが、あの有名な「安政の大獄（＊02）」です。

しかしながら、まだ幕府に権威があったころならいざ知らず、ここまで幕府の威信が揺らいでいる中での強硬手段は、かえって自らの首を絞める（＊03）結果となります。

有名な「桜田門外の変」（A-3）はこうした時代背景の中で起こりました。

ぐおぉぉぉ！
わしを殺しても
時勢は変わらんぞぉ！

天誅!!

桜田門外の変

---

（＊01）「家茂」を「いえしげ」と誤読される方が多いですが、正しくは「いえもち」。
「いえしげ」といえば、第9代将軍（家重）となります。

（＊02）処刑・蟄居・謹慎・御役御免など、弾圧された一橋派・尊皇派は、100人以上。
その人物の中には、吉田松陰（29歳）、橋本左内（25歳）（ともに斬首）らがいました。

（＊03）すでに"末期症状"を呈している政府がムリな「改革」や「弾圧」を行うと、かえってその寿命を縮めるものです。1980年代後半、ソ連のゴルバチョフ書記長が「ペレストロイカ（再建）」を叫びはじめると、それからわずか数年でソ連が消滅したのも、その好例です。

大老ともあろう者が、白昼、暴漢に襲われ暗殺される！

前代未聞の醜態です。

幕府の権威が音を立てて崩れ去った瞬間です。

地に堕ちた幕府の権威を、なんとしても挽回せねば！

そこで幕府は、井伊大老のころから計画されていた「公武合体(＊04)」、つまり、孝明天皇(A-1)の妹御・和宮(＊05)を将軍家茂に降嫁させることで、「揺らぐ幕府の権威」を「天皇の権威」で補完しようと画策します。

翌1861年、家茂と和宮の婚姻が成り、幕府はホッと胸をなでおろすことができた…かに思えました。

しかし、もはや"歴史意志"は幕府を亡ぼすことを決意したようです。

苦心惨憺、やっと「公武合体」が成ったと思った途端、その要の将軍家茂が弱冠20歳という若さで急死！(A-5)(＊06)

その翌年(1867年)には、孝明天皇も急死してしまいます。

公武合体の中心人物2人を、たてつづけに失ってしまった(＊07)ことで、公武合体はいともアッケなく崩壊。

ふたたび尊皇派が活気づくことになります。

第14代 将軍
徳川 家茂

---

(＊04)「公」は天皇家、「武」は将軍家を指します。

(＊05) 当時、和宮はまだ13歳。すでにフィアンセがおり、相思相愛でした。
こんな多感なお年頃に、好きな男性と別れさせられ、異境の地(江戸)へ飛ばされ、会ったこともない男と結婚しろ、と言われたのですから、かわいそうな話ではあります。

(＊06) 死因は不明。病死説が有力ですが、暗殺説も。

(＊07) あまりのタイミングに、家茂将軍とともに暗殺説が囁かされています。

第121代 天皇
孝明 熙宮 統仁
ひろのみや おさひと

この時点で、すでに幕府には打つ手なく、ほとんど「詰み」の状態になりましたが、こうした状況の中で、新将軍に就任したのが、さきの「継嗣問題」で家茂（いえもち）の対抗馬だった一橋慶喜（B-5）です。(＊08)

彼は将軍職に就くや否や、起死回生の"禁断の秘策"(＊09)に打って出ます。

それこそが、あの「大政奉還（B-4/5）」です。

そもそも「将軍」というのは、現代の日本に譬えるなら「防衛大臣」にすぎません。

理念上は、あくまで天皇が「一時的に統治を委託」しているだけです。

何か問題が発生すれば、「一時的にお預かりしていた政権（大政）をお返し（奉還）する」のは当然のことと言えました。

しかし、慶喜（よしのぶ）も「理念上そうだから」という殊勝な気持ちで大政を奉還したわけでは、もちろんありません。

その裏には、慶喜（よしのぶ）のしたたかな打算があります。

まず、大政奉還することで、「幕府」がなくなってしまうのですから、倒幕をめざす尊皇派は"敵失"状態となり、その矛先をかわすことができます。

それでいて、たとえ「幕府」という名前はなくなっても、「徳川」は、他を圧倒する"国内最大大名"として、隠然とした影響力を発揮しつづけることができます。

---

(＊08) 仮に、慶喜がどれほど優秀であったとしても、「詰んだ」あとを任されたのでは、実力の発揮しようもありませんでした。

(＊09) その"秘策"を将軍慶喜に献策したのは山内容堂（前土佐藩主）ですが、そもそもその容堂に進言したのが後藤象二郎（土佐藩士）であり、さらに、その後藤に入れ知恵したのが坂本龍馬（土佐脱藩）だと言われています。

さらに、奉還したところで、どうせ慰留されるに決まっています。<sup>(＊10)</sup>

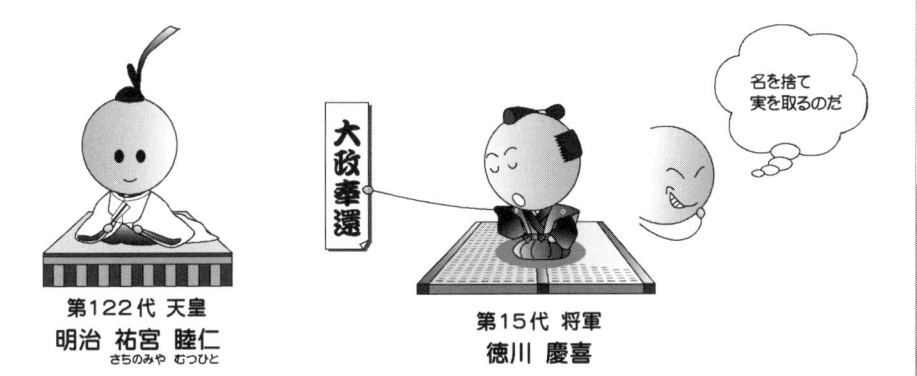

第122代 天皇
明治 祐宮 睦仁
　　さちのみや　むつひと

大政奉還

第15代 将軍
徳川 慶喜

名を捨て
実を取るのだ

朝廷が政権から離れて700年幾星霜。
　そんなにも長い間、統治から離れていた朝廷に、政権担当能力などあるはずもないからです。
「ま、ま、そう言わずに、もう少し堪えてくれたまえ」
…と慰留される可能性は少なくありません。
　もしそうなれば、もはや、「将軍」の地位は、正式に"天皇陛下のお墨付き"になるのですから、尊皇派も将軍にモンクが言えなくなってしまいます。
　これには、尊皇派も狼狽しました。
「このままでは、維新が換骨奪胎されてしまう！」
「そうはさせじ！」
「なんとしても"名実ともに"徳川を抹殺しなければならない！」

---

（＊10）万一、慰留がなかったとしても、策はあります。
　　　　幕府に代わって「列藩会議」なるものを開催し、表面的には「諸藩の合議制」という体裁を整えながら、その「議長」の座に"最大大名"たる徳川が就いてしまえばよい。
　　　　そうすれば、名前は「幕府」から「列藩会議」に変われど、実態は幕府のままです。

そこで、尊皇派は、徳川を骨抜きにするべく、すぐさま「王政復古の大号令」を発し、その日の夕方には、岩倉具視（C-2）をはじめとして、尊皇派が小御所(＊11)に結集、京都御所の宮門は、西郷隆盛（C-1）ら、5つの藩兵(＊12)たちに警護させ、何人たりとも入れないように封鎖します。

これが所謂「小御所会議」（B-1）です。

これはもう、クーデタと言ってよいものでした。

時代は急速に動きはじめます。

岩倉は、徳川政権の失政を並べ立て、迫ります。

「内府(＊13)は辞官納地(＊14)して忠誠を示すべし！」（C-2/3）

しかし、これには、土佐藩・山内容堂（C-3/4）が仰天。

「ややっ！

これはどうしたことであろうか！？

この会議に内府殿が召されておられぬではないか！！」

欠席裁判のようなマネは許されない、と言いたいのでしょうが、これはクーデタですから、アタリマエのこと…。

---

(＊11) 鎌倉時代から明治初頭まで、天皇が住んでいた宮殿「京都御所」の中にある建物のひとつ。

(＊12) 土佐藩（高知）、薩摩藩（鹿児島）、尾張藩（名古屋）、越前藩（福井）、安芸藩（広島）。

(＊13) 「だいふ」ないしは「ないふ」と読み、ここでは、徳川慶喜将軍のこと。
将軍の朝廷における官位のひとつで、歴代将軍全員がこの地位に就いています。

(＊14) 「辞官」とは、将軍職を辞すること（この時点では「将軍」の職は退いていませんでした）。
「納地」とは、徳川が保有するすべての領地（400万石）を天皇陛下に返上すること。
薩摩藩（80万石）、土佐藩（20万石）、尾張藩（60万石）、越前藩（30万石）、安芸藩（40万石）を併せても、徳川の半分程度でしたから、衰えたりといえども、徳川がいかに他を圧倒していたかがわかります。

彼はさらにまくし立てます。
「すでに内府は大政奉還をなされ、将軍は誠意を示されておるではないか！
そのうえ、このような罪人扱いは承服いたしかねる！」(*15)

「この会議に徳川内府が召されていないのはどういうことであろう」

「畢竟、本暴挙は二三の公卿が幼帝を擁して権力を私しようとするもの」

将軍は大政を奉還して誠意を示したではないか！
反対！　反対っ！

明治政府　議定
山内　豊信　容堂
とよしげ

容堂もなかなか弁が立つため、徐々に岩倉が押され気味になってきます。

しかし、ここで調子に乗った容堂、つい口がスベります。

「畢竟、本暴挙は2〜3の公卿を擁して権力を私しようとするものであり…」

これは失言！

瞬間、岩倉は「しめたっ！」

容堂は「…しまった！」

まさに天皇陛下を御前にして、「幼帝」(*16)とは。

岩倉は、ここぞとばかり叱咤します。

「無礼者め！　陛下の御前であるぞ！
たしかに陛下はまだ元服の儀こそ実施されておられぬが、きわめて聡明であらせられる！　それをよりにもよって"幼帝"とは何事ぞ！！
この痴れ者めが！　控えおろう！」
これには、さしもの容堂も畏まる他ありません。

(*15) 容堂こそが慶喜公に「大政奉還」を献策した人物ですから、ここで慶喜が失脚したとなれば、容堂のメンツは丸つぶれになります。
それで、彼を擁護したのでしょうが、事ここにいたって幕府を擁護するとは、容堂もまた、時代が見えていない、封建社会の遺物であったと断ぜざるを得ません。

(*16) 当時の明治天皇は、満で15歳（数えで16歳）です。
この「小御所会議」のひと月後に、明治天皇は元服しています。

しかし、容堂の弁舌は、これを何とか乗り越え、詮議はラチが明かず、つい
に、いったん休憩を取ることになります。
　さて、コマった。
　容堂の野郎、なかなかに手強い。
　このままでは、やつの論鋒(ろんぽう)の前に、こちらがねじ伏せられかねん勢いだ。
　いかがしたものか。
　岩倉の苦悩が人伝(ひとづて)に、宮門警備を任されていた西郷隆盛の耳に届きます。

　　　　　　　　　　　　　西郷は、一言、こう言い放ちます。
　　　　　　　　　　　　「短刀一本あらば片つくことにごわす」(＊17)
「短刀一本あらば　　　　　この言葉を聞いた岩倉は、
　片つくことにごわす！」「うむ、せごどん(＊18)の申す通りだ」
　　　　　　　　　　　　　短刀を懐に忍ばせ、議場に戻ります。
　　　　　　　　　　　　　人の口に戸は立てられません。
　　　　　　　　　　　　　その話は、また人伝(ひとづて)に、後藤象二郎の耳にも
　　　　　　　　　　　　届き、容堂に伝えられます。
　　　　　　　　　　　　　まずい…。
　　　　　　　　　　　　　まわりの宮門警護をしているのは、薩摩など
　　宮門警護　　　　　　の倒幕派だし、これ以上、口応えすれば、こち
　西郷　隆永　隆盛
らの命が危うい。命あってのモノダネ。
　その結果、会議再開後は、容堂はおとなしくなり、結局、辞官納地が行われ
ることで決着を見ます。


(＊17)「短刀一本」の言葉の真意は不明ですが、よく語られるのは「それくらいの覚悟、気迫を
　　　もって」という比喩的表現だとするもの。しかしながら、筆者はそうは思いません。
　　　おそらくは「言葉どおりの意味」、すなわち「さっさと殺せ」という意味だと思います。
　　　クーデタは、成功すれば政権が転がり込んできますが、失敗すれば死に直結します。
　　　殺らねば、殺られる！　そういう切迫した状況だったのです。
　　　きれいごとでは生き抜いていけません。

(＊18) 西郷隆盛のこと。「西郷どん」が訛ったもの。

しかし、敵も然(さ)る者、ひっかく者。

会議のあとも、佐幕派は暗躍し、「辞官納地」をアッという間に換骨奪胎(かんこつだったい)していきます。

「よろしい。では、辞官しようではないか。もはや"将軍"とは名乗らぬ。

代わりに、これからは"上様"と称することにしよう」

しかし、そもそも「上様」というのは、江戸時代を通じて「将軍」を指す言葉であり、これでは、辞官の意味が希薄になってしまう。

また、納地についても、「全納(400万石)」から「半納(200万石)」に減額させたのみならず、その半納分さえ、「実施は時期をみて追々」とウヤムヤにしようとします。

さすがに260年にわたって、日本を束ねてきただけあって、小ズルさだけは長けています。

このままでは、「小御所会議」の成果は潰されてしまう！

これで万事休すか！？

焦る岩倉に対し、余裕の西郷。

「な～に、手は打ってごわす！」

余裕の笑みをこぼす西郷。

じつは、西郷は、あらかじめ自分の配下の者を江戸に派遣し、わざと江戸にて騒ぎを起こさせ、幕臣たちを刺激、挑発していたのでした。

いつの時代でも、まったく「全体」が見えていない人たちはいるものです。(＊19)

---

(＊19) 物事、万事そうですが、「上から」はよく見えますが、「下から」は見えないものです。
すぐれた人物には凡人の考えていることが読めますが、凡人には天才の考えていることがまったく理解できない、というのもその一例と言えます。

したがって、このときも、下級武士たちは、この見え透いた挑発にモノの見事にひっかかり、武装蜂起してしまいます。(D-5)

ああ！

慶喜はバカな男ではありませんので、

「ここで問題を起こしたらアウトだ。慎重の上にも慎重を期さねば！」

…ということをよく自覚し、いったん大坂城(*20)に退き、盲動を避け、自重し(C-5)、嵐が過ぎるのを待っていたのですが…。

これで彼の、そして佐幕派のすべての努力は水の泡となります。

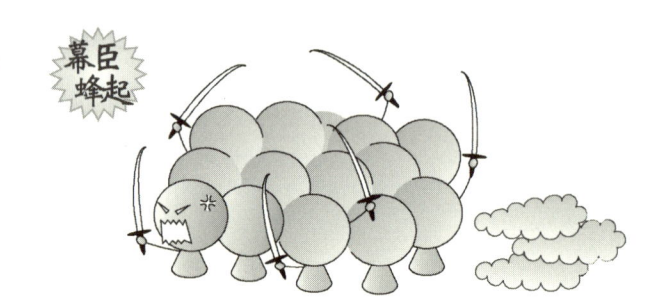

今は情勢が悪い…ここは大人しく謹慎して時を待つのが上策…

大坂城

だいじょうぶ！手は打ってある！

西郷 隆永 隆盛

幕臣蜂起

---

(*20) 念のため、触れておきますと、本解説パネルの中に登場する「お城」には、その象徴としての「天守」のイラストが描かれていますが、実際には、当時の大坂城にも江戸城にも天守はありませんでした。

これはあくまでイラスト便宜上の「お城のイメージ」ということで、ご了解くださいませ。

# 第2章 日本開国

## 第4幕

## 江戸幕府の最期
### 戊辰戦争

新政府軍と旧幕府軍はついに鳥羽・伏見で激突する。しかし、旧幕府軍は兵力で圧倒していたにもかかわらずアッケなく敗走。あとは、将軍慶喜の逃走、江戸の無血開城、と幕府は名実ともに亡ぶこととなった。新政府は、ただちに「版籍奉還」を実施して近代化を加速させるとともに、外交第1弾として朝鮮と接触を図ったものの…

うぅ… とうとう徳川政権は名実ともに亡んでしまった…！

江戸城

## 〈戊辰戦争〉

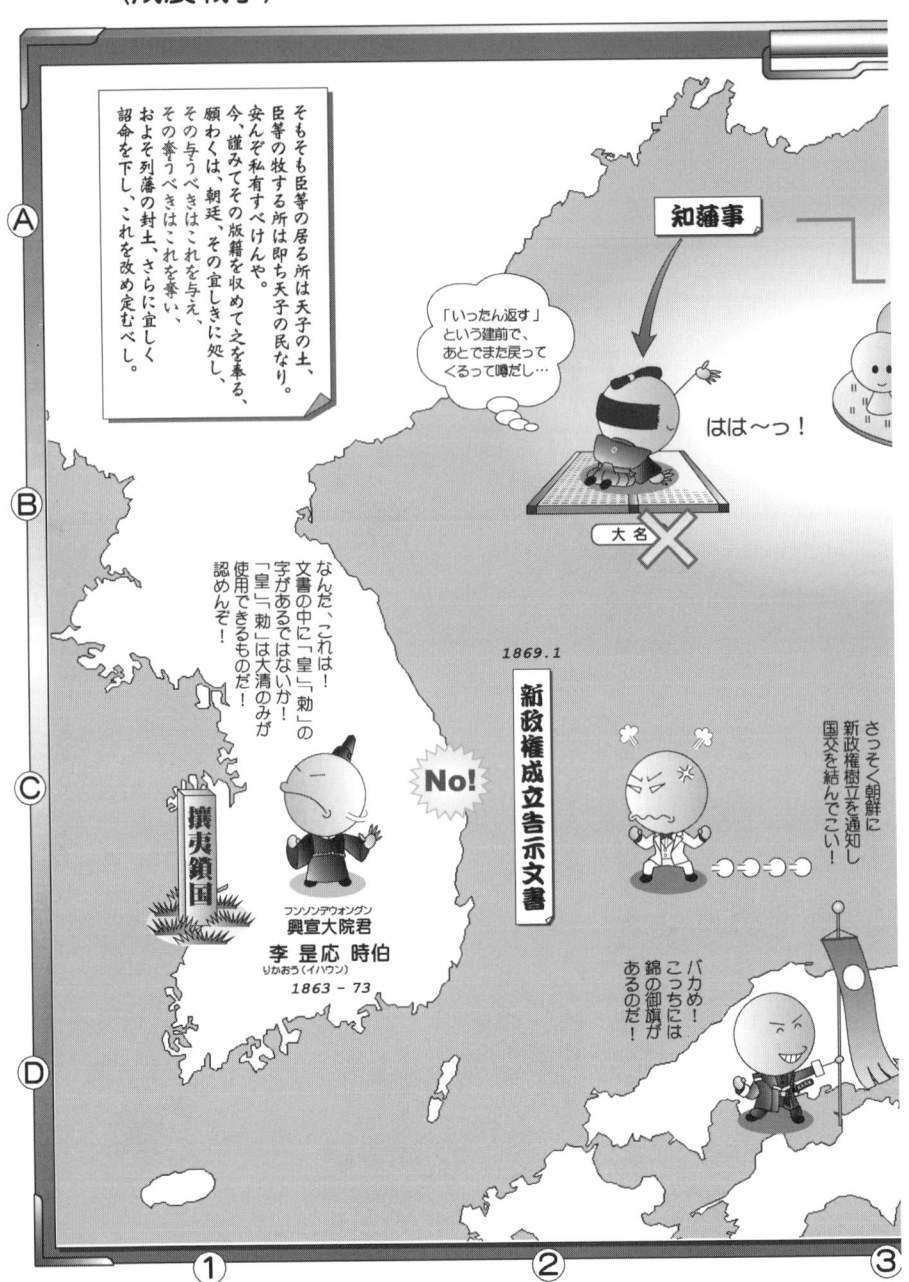

そもそも臣等の居る所は天子の土、臣等の牧する所は即ち天子の民なり。安んぞ私有すべけんや。今、謹みてその版籍を収めて之を奉る、願わくは、朝廷、その宜しきに処し、その与うべきはこれを与え、その奪うべきはこれを奪い、およそ列藩の封土、さらに宜しく詔命を下し、これを改め定むべし。

知藩事

「いったん返す」という建前で、あとでまた戻ってくるって噂だし…

ははーっ！

大名 ✕

1869.1

新政権成立告示文書

さっそく朝鮮に新政権樹立を通知し国交を結んでこい！

なんだ、これは！文書の中に「皇」「勅」の字があるではないか！「皇」「勅」は大清のみが使用できるものだ！認めんぞ！

No!

攘夷鎖国

フンソンデウォングン
興宣大院君
李　昰応　時伯
りかおう（イハウン）
1863 – 73

バカめ！こっちには錦の御旗があるのだ！

A B C D  1 2 3

第4幕 戊辰戦争

1860年代

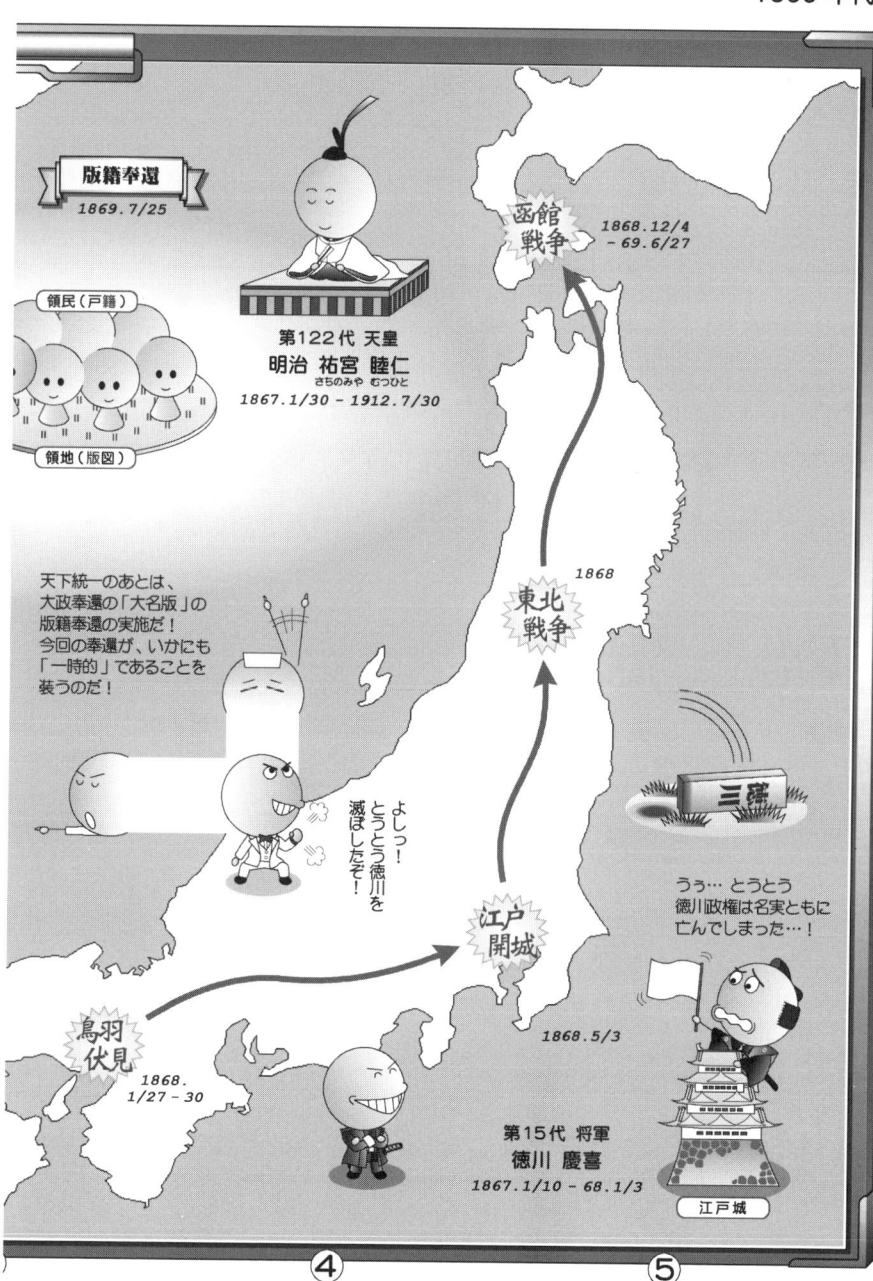

**版籍奉還**
1869.7/25

領民（戸籍）
領地（版図）

第122代 天皇
明治 祐宮 睦仁
さちのみや むつひと
1867.1/30 - 1912.7/30

函館戦争
1868.12/4
- 69.6/27

東北戦争
1868

天下統一のあとは、
大政奉還の「大名版」の
版籍奉還の実施だ！
今回の奉還が、いかにも
「一時的」であることを
装うのだ！

よしっ！
とうとう徳川を
滅ぼしたぞ！

三壺

うぅ… とうとう
徳川政権は名実ともに
亡んでしまった…！

江戸開城
1868.5/3

鳥羽伏見
1868.
1/27 - 30

第15代 将軍
徳川 慶喜
1867.1/10 - 68.1/3

江戸城

④　　⑤

第1章 清朝の混迷
第2章 日本開国
第3章 日清戦争
第4章 清朝分割と日露対立
第5章 日露戦争

83

さて、これまで見てまいりました、倒幕派と佐幕派の水面下での確執は、ついに「鳥羽・伏見の戦（D-3/4）」で激突します。
　この戦における兵力は、旧幕府軍15000に対して、新政府軍は5000。
　なんと、その兵力差たるや3倍！
　兵力差が3倍ということは、戦力差は10倍近い（＊01）ので、ふつうに戦えば、旧幕府軍が苦もなく圧勝…のはずでした。
　ところが、ところが。
　いざ、フタを開けてみれば、旧幕府軍は大敗…！！
　なぜ？？？
　ひとつには、圧倒的兵力差を前に、旧幕府軍に驕りが蔓延し、「戦わずして入京できるだろう！」とタカをくくってしまったこと。
　行軍中いつ奇襲されるかもしれないという緊張感はまるでなく、銃には弾も込めず、物見遊山で隘路（狭い道）を長々と行進（＊02）していったといいます。
　軍において、何よりコワイのは"軍規の緩み"です。
　そして、次に、新政府軍が最新鋭のミニエー銃で統一されていたのに対し、旧幕府軍はほとんど旧式銃、種類も寄せ集めのバラバラであったこと。
　そして、なんといっても旧幕府軍の将の無能さ。
　しかし、旧幕府側にこれほどの不利な条件がそろっていても、やはり圧倒的兵力差のため、開戦当初、戦局は一進一退。
　このままでは、やはり兵力に乏しい新政府軍はジリ貧か？

---

（＊01）「戦力自乗の法則」といって、「戦力＝兵力の自乗」となりますから、兵力差が「3倍」のとき、戦力差は「9倍（3の2乗）倍」になります。

（＊02）大軍が隘路を長細くなって行軍するのは、自殺行為に近い。
　　　三国志（夷陵の戦）において、圧倒的大軍を擁した蜀軍（劉備）が、呉軍（陸遜）に大敗を喫していますが、このときも、蜀軍がその陣形を取ったからでした。
　　　その陣形を報告された魏の曹丕は、戦の結果を待たず、「劉備という男は、戦というものをまるで知らんやつだな！」と嘲笑したといいます。

しかし、新政府軍に動揺はありませんでした。

なにせ、こっちは、幾万の敵兵よりも、幾十幾百のアームストロング砲よりも、いや、パトリオットミサイルよりも、絶大な威力のある"切り札"をあらかじめ準備していましたから。

それこそが「錦の御旗（D-3）（＊03）」です。

言ってしまえば、「ただの旗」。（＊04）

しかし、新政府軍がこの旗を掲げるや、たちまち均衡は破れ、旧幕府軍は戦意を失って総崩れとなり、潰走してしまいます。（＊05）

そのとき、旧幕府軍の総大将・慶喜公は大坂城（＊06）にいましたが、敗走してきた軍をここで迎え入れます。

---

（＊03）天皇家の家紋「菊の御紋」があしらわれた軍旗。

（＊04）しかし、この旗を掲げる者が「官軍」、これに弓引く者が「賊軍」となります。
　　　そして、日本においては、賊軍（朝敵）となってしまった者は生きていけません。

（＊05）倒幕派も、佐幕派も、「尊皇」という点においては同じですから、徳川について戦っていた武士たちも、「錦の御旗」に弓引くわけにはいかず、これを目にしただけで、シッポを巻いて敗走せざるを得ませんでした。
　　　ちなみに、あの有名な新撰組はこの戦で壊滅的打撃を受けています。

（＊06）当時は「大坂城」と言いました。「大阪城」ではありません。

「まだまだ戦は始まったばかりぞ！ 皆の者、気を引き締めよ！」
慶喜（よしのぶ）は、兵をねぎらい、鼓舞します。
ところが、その夜のうちに、慶喜（よしのぶ）は、兵を見棄てる形で、ほぼ単身、江戸城へ遁走（とん）してしまいます。(＊07)
そうなると、総大将に見棄てられた兵たちは、悲惨です。
完全に戦意を喪失し、そのままちりぢり霧散。
さあ、勢いに乗った新政府軍は、慶喜（よしのぶ）を追い、江戸に進撃します。
このままでは、江戸が火の海になってしまう！
なんとか江戸の町を救おう！ ということで、交渉が重ねられ(＊08)、ギリギリのところで進軍はストップ、江戸城は無血開城されることになります。
こうして、1868年、開幕から数えて265年、ついに名実ともに幕府は終焉を迎えることになりました。

---

（＊07）「なぜ、このとき慶喜は遁走したのか？」
　　　　この点について、詳しくは本幕のコラム参照のこと。
（＊08）このときの西郷隆盛（官軍参謀）と勝海舟（幕府陸軍総裁）の折衝はあまりにも有名です。
　　　　もちろん、彼らの功績は小さくありませんが、筆者は、慶喜の決断の方がむしろ英断だったと感じています。

幕府は完全に亡びました。

「時代の流れ」には何人たりとも抗うことはできません。

今さら、幕府の復興などできるわけもないし、それより何より、当時、日本はそんなことをしている場合ではありません。

白人列強どもが、日本を奴隷国家にしようと、よだれを垂らしながら虎視眈々と日本を狙っているこの御時世に、日本人同士で殺しあってどうする！

挙国一致しても勝ち目のうすい、白人列強との戦いを前にして。

にもかかわらず、いつの時代でも「歴史が見えない」「己が置かれた立場・状況が理解できない」「認めようとしない」人はいるもので。

そうした者たちが東北以北で立ち上がってしまいます。

それが「東北戦争（B-4/5）」や「函館戦争（A-4/5）」となり、さまざまなドラマ(＊09)を生むことになりますが、そのことについて、本書では深く語りません（本旨からずれますので）。

さて、函館戦争を終結させ（1869年）、ようやく天下統一を成し遂げた新政府には、やらなければならないことが山積していました。

まずは、国内問題。

これから、中央集権政府をつくっていかなければならないというのに、幕府が倒れたといっても、まだ封建遺制たる「大名」どもがウジャウジャ。

この「過去の遺物」どもを一掃しないかぎり、近代化など夢のまた夢ですが、これがほとんど不可能に近い難事。(＊10)

---

(＊09) 東北戦争では、白虎隊の悲劇、函館戦争では、新撰組副長土方歳三の最期の奮戦など。
　　　彼らの行動は、同情的に語られることがほとんどですが、「日本国の存亡」というマクロ視点から見たとき、彼らの行為は"祖国を亡ぼす利敵行為"に他なりません。
　　　当時の日本は、まさに挙国一致して白人列強と対決していかなければ、奴隷国家に転落する危機的状況にあったからです。

(＊10) ヨーロッパにおいては、封建諸侯を一掃するのに、200年前後の膨大な時間と、その間、血で血を洗うような戦争に次ぐ戦争という甚大な犠牲を払っています。

そこで、まず中央集権化への"第一段階"として、明治天皇（A-4）の名の下、「版籍奉還（＊11）」が実施されます。（A-3/4）

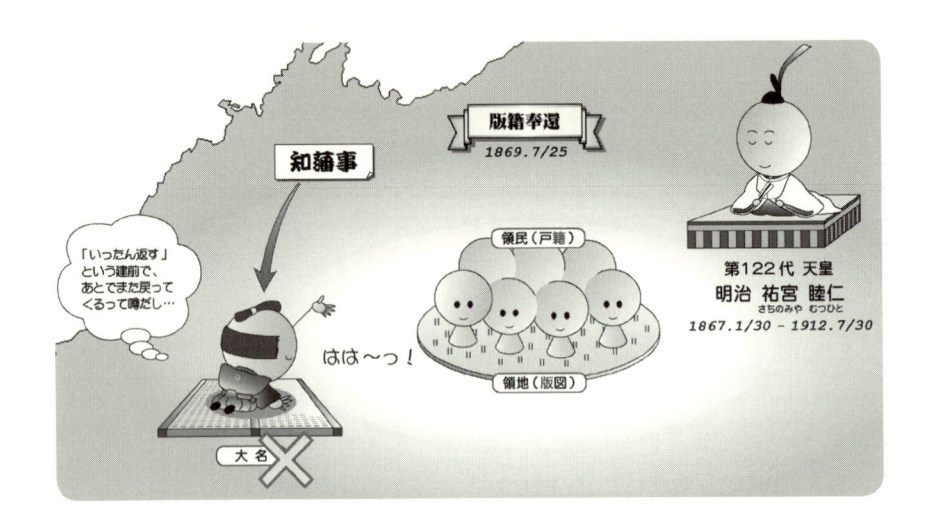

```
                    版籍奉還
                    1869.7/25

  知藩事

                                              第122代 天皇
「いったん返す」                領民（戸籍）          明治 祐宮 睦仁
という建前で、                                      さちのみや　むつひと
あとでまた戻って                                    1867.1/30 - 1912.7/30
くるって噂だし…
                       はは〜っ！
                                 領地（版図）
     大　名
       ✕
```

　これは、さきにご説明いたしました「大政奉還」「辞官納地」の"大名版"と言ってよいものです。
　しかしながら、いきなり大名（封建領主）から領地（版）と領民（籍）を召し上げるなど、ふつうなら、反乱が起こるものです。
　そこで、ちょっとした言葉のトリックを使います。
「その与うべきはこれを与え、その奪うべきはこれを奪い…」
　これは、一読すると、「単なる国替え（＊12）かな？」

---

（＊11）「版」とは領地、「籍」とは領民を指します。
　　　　つまり、「領地と領民を天皇陛下にお返しせよ」という意味です。
（＊12）「移封」「転封」「所替え」「領地替え」などとも言い、いったん領地を召し上げる形を取りますが、別の領地が与えられますので、「左遷」「栄転」両方の意味合いがありました。
　　　　明智光秀が「本能寺の変」を起こしたのは、丹波・近江から石見・出雲に「国替え（このときは左遷）」を織田信長により命じられたから、という説があります。
　　　　統一政権成立後では、豊臣秀吉が、徳川家康を駿河5州から関東8州に移封したのが初例です。

…と思えるような言い回しです。

　こうして、おどろくほどスムーズに事は進み、「大名」たちは以後、「知藩事（＊13）」と呼ばれるようになります。

　次に、外交問題です。

　260余年の永きにわたって日本を支配してきた幕府を倒し、新政府が生まれたわけですから、当然、外交調整をしておかなければなりません。

　そこで新政府は、さっそく一番近い隣国・朝鮮に対して「新政権成立告示文書（＊14）」を提出します。

　ところが、朝鮮は、これに何やカニやとインネンをつけて拒否！（＊15）

　こうして、いきなり初見から、新政府と朝鮮との確執は始まったのです。

なんだ、これは！
文書の中に「皇」「勅」の字があるではないか！
「皇」「勅」は大清のみが使用できるものだ！
認めんぞ！

攘夷鎖国

No!

フンソンデウォングン
興宣大院君
李　昰応　時伯
りかおう（イハウン）

1869.1
新政権成立告示文書

（＊13）役職名としてはあくまで「知藩事」なのですが、これに藩の名前が頭にくっつくと、「○○知藩事」とは呼ばずに、「○○藩知事」と呼びます。

（＊14）これは、譬えて言うなら、先代社長（幕府）が引退し、息子（明治政府）が新社長となったときに、新社長が取引先（隣国）をまわって、「父の時代同様、今後ともご贔屓に、よろしくお願いいたします」と挨拶まわりをするのに似ています。

（＊15）具体的に申し上げますと、文書の文中に「皇」「勅」という字を見つけ、「これらの字は、清国のみが使用できる文字ではないか！　認めんぞ！」といった具合でした。

## Column 慶喜遁走の謎

　鳥羽・伏見の戦の際、将軍慶喜は、ろくに戦いもせずに、這々の体で江戸城に遁走してしまいました。

　まだ「徹底抗戦！」の声も強かったにもかかわらず、兵を見棄てて、ほぼ単身、隠密裏に、シッポを巻いて江戸へ逃げ出す。

　「将にあるまじき行為」の典型のように見え、このことは、現在に至るまで、何かと慶喜批判の的となっています。

　しかしながら、解せない話ではあります。

　そもそも慶喜公といえば、「名君」の誉れ高かったのではなかったか。

　その慶喜公ともあろうお方が、なぜ、こんな挙に出たのか？

　いずれにせよ、このことで彼の評価はガタ落ちになります。

　しかし、結果論で見れば、あの行動は正解です。

　もしあのとき、慶喜が後先を考えず、あるいは情に流され、雰囲気に流され、あるいは意地になって、徹底抗戦などしていたら、まちがいなく日本は全土を巻き込む血みどろの内乱となり、白人列強が介入するスキを与え、滅亡していたに違いありません。

　そうしてみると、彼の真意は「たとえ、我が身が破滅しようと、幕府が消滅しようと、後世"腰ヌケ"と罵られようと、日本を滅亡から救うために内乱だけは避けなければならない！」ではなかったか、と筆者は推測しています。

　もしそうなら、彼は"腰ヌケ"どころの話ではない、彼こそが、当時の志士の誰よりも「日本」が置かれた状況をよく理解し、無私の精神で行動していた、ということになります。

　彼こそが、日本を亡国から救った立役者なのかもしれません。

　晩年、慶喜はこう語っています。

　「あのときは、ああするより他なかったんだ。あれでよかったのだ」

　この言葉は、彼が「逃げた」のではない、「確固たる信念をもった行動だった」ことを表しているように感じます。

# 第2章 日本開国

## 第5幕

### 「独力にては、西欧列強に抗しがたく…」
日清条約交渉

朝鮮の反抗を抑えるためには、その宗主国たる清朝と対等の条約を結べばよい。そこでさっそく、日本は清朝と条約交渉に入る。しかし、タイミング悪く、その最中に「宮古島島民虐殺事件」が勃発してしまい、日清の関係に緊張が走る。一方、国内では「廃藩置県」が滞りなく実施され、中央集権化は、一応の完成を見ていた。

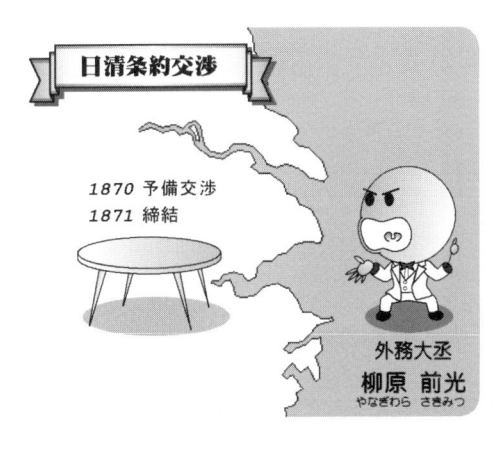

日清条約交渉

1870 予備交渉
1871 締結

外務大丞
柳原 前光
やなぎわら さきみつ

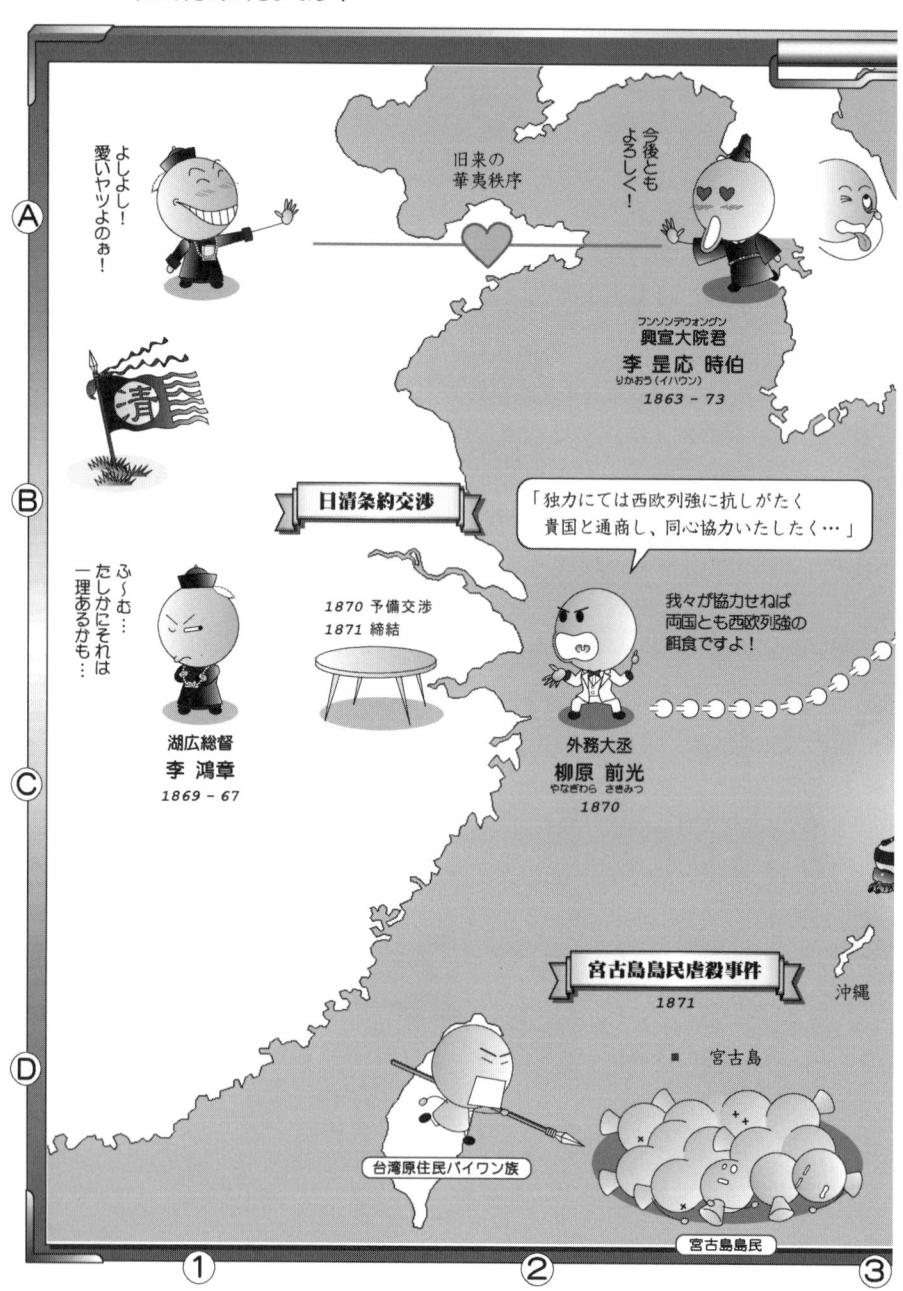

〈日清条約交渉〉

よしよし！
愛いヤツよのぉ！

旧来の華夷秩序

今後ともよろしく！

フンソンデウォングン
興宣大院君
李 昰応 時伯
りかおう（イハウン）
1863－73

日清条約交渉

「独力にては西欧列強に抗しがたく
貴国と通商し、同心協力いたしたく…」

ふ〜む…
たしかにそれは
一理あるかも…

1870 予備交渉
1871 締結

我々が協力せねば
両国とも西欧列強の
餌食ですよ！

湖広総督
李 鴻章
1869－67

外務大丞
柳原 前光
やなぎわら さきみつ
1870

宮古島島民虐殺事件
1871

沖縄

宮古島

台湾原住民パイワン族

宮古島島民

第5幕　日清条約交渉

1870年代

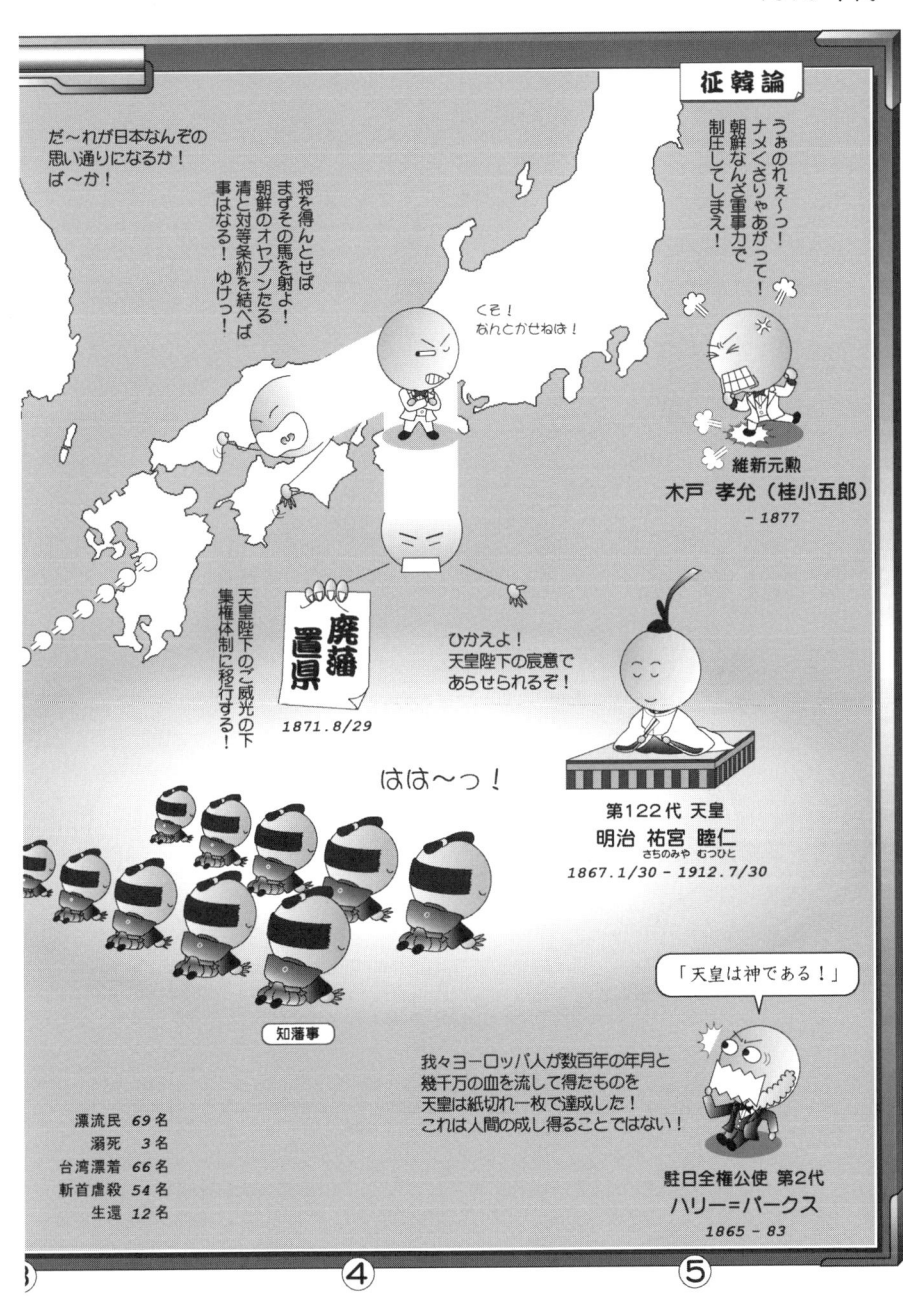

征韓論

う"ぉのれぇ～っ！
ナメくさりゃあがって！
朝鮮なんざ軍事力で
制圧してしまえ！

だ～れが日本なんぞの
思い通りになるか！
ば～か！

将を得んとせば
まずその馬を射よ！
朝鮮のオヤブンたる
清と対等条約を結べば
事になる！
ゆけっ！

くそ！
なんとかせねば！

維新元勲
木戸 孝允（桂 小五郎）
- 1877

廃藩
置県
1871.8/29

ひかえよ！
天皇陛下の辰意で
あらせられるぞ！

天皇陛下のご威光の下
集権体制に移行する！

第122代 天皇
明治 祐宮 睦仁
さちのみや　むつひと
1867.1/30 - 1912.7/30

はは～っ！

知藩事

漂流民　69名
溺死　　 3名
台湾漂着 66名
斬首虐殺 54名
生還　　12名

「天皇は神である！」

我々ヨーロッパ人が数百年の年月と
幾千万の血を流して得たものを
天皇は紙切れ一枚で達成した！
これは人間の成し得ることではない！

駐日全権公使 第2代
ハリー＝パークス
1865 - 83

④　⑤

**明**治新政府は、いきなり朝鮮に肘鉄を食らって、外交において出鼻を挫かれる形となってしまいました。

　でも、そもそもなぜ朝鮮は日本の接触をにべもなく拒んだのでしょうか。

　じつは、朝鮮は、この期におよんで、

「清朝にすがり、清朝に頼り、清朝の傘下に入り、清朝に扶けてもらえば、どれほど列強が攻めてこようが、清朝が守ってくれる！」

…と考えていたのです。(A-2)

　もはや、清など"ウドの大木"にすぎなくなっていたことが、「中華思想」にどっぷり冒されていた朝鮮にはどうしても理解できませんでした。

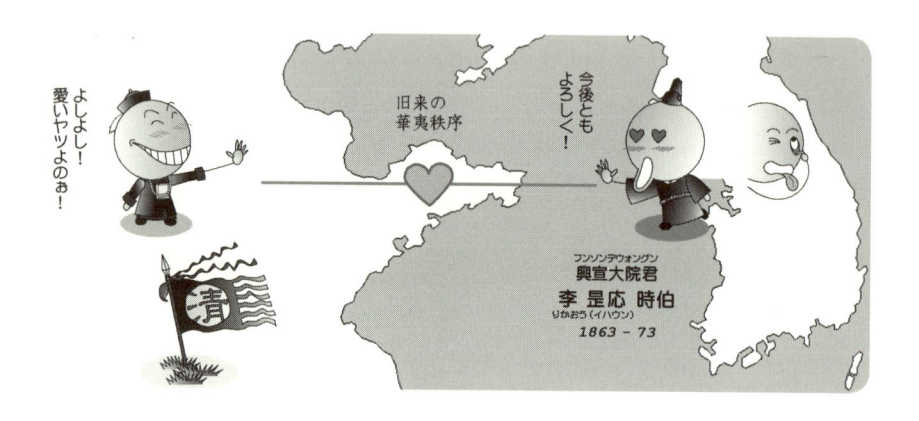

　これを契機として、日本政府の中から、急速に高まってきたのが「征韓論」(＊01)(A/B-5)です。

---

(＊01)「征韓論」の中にもさまざまな主義主張が混在しているので、ひとことで説明しにくいですが、基本的には「武力をもって朝鮮を開国させるべし！」とする考え方のこと。
このころは、木戸孝允が征韓論の主唱者でしたが、のち、岩倉使節団の一員として欧米を回覧した結果、日本の弱体さをまざまざと痛感させられ、「征韓論など時期尚早！」と征韓論から離れていっています。

その萌芽はすでに幕末からありましたが、急速に広まってきたのがこのころでした。

　しかし、これは、威勢だけはいいのですが、日本もまだ開国したばかりで、軍事力も弱々しい貧乏小国。

　「武力をもって」など、とうてい現実味のない話でしたので、「口先だけ」状態がしばらくつづきます。

　そんな非現実的なことをしなくても、朝鮮の反抗を抑えるもっと現実的な方法があります。

　朝鮮は宗主国の清国にすがり、この虎の威を借りているだけなのですから、朝鮮と直接交渉するのではなく、オヤブンである清国と対等条約を結べばよいだけのこと。

　そうすれば、必然的に「日本 ＝ 清国 ＞ 朝鮮」という図式が成り立ち、「朝鮮は日本の格下」ということになりますから。

　そこで、さっそく日本は、外務大丞柳原前光を清国に派遣し、李鴻章と交渉に入ります。(B/C-2/3)

「独力にては、西欧列強に抗しがたく、同心協力いたしたく…」(＊02)

---

(＊02) 噛みくだいて言いますと、「現在、ヨーロッパ列強どもが、虎視眈々と我々を植民地にせんと狙っておりますが、単独では防ぎきれそうもないですぞ。ここはひとつ、相身互い、タッグを組んで、ヤツらから身を守ろうではありませんか！」ということ。

---

**征韓論**

うぉのれぇ～っ！ナメくさりゃあがって！朝鮮なんざ軍事力で制圧してしまえ！

維新元勲
**木戸 孝允（桂小五郎）**

> 日清条約交渉
>
> 「独力にては西欧列強に抗しがたく
> 　貴国と通商し、同心協力いたしたく…」
>
> ふ〜む…
> たしかに
> それは
> 一理あるかも…
>
> 1870 予備交渉
> 1871 締結
>
> 我々が協力せねば
> 両国とも西欧列強の
> 餌食ですよ！
>
> 湖広総督
> 李　鴻章
>
> 外務大丞
> 柳原　前光
> やなぎわら　さきみつ

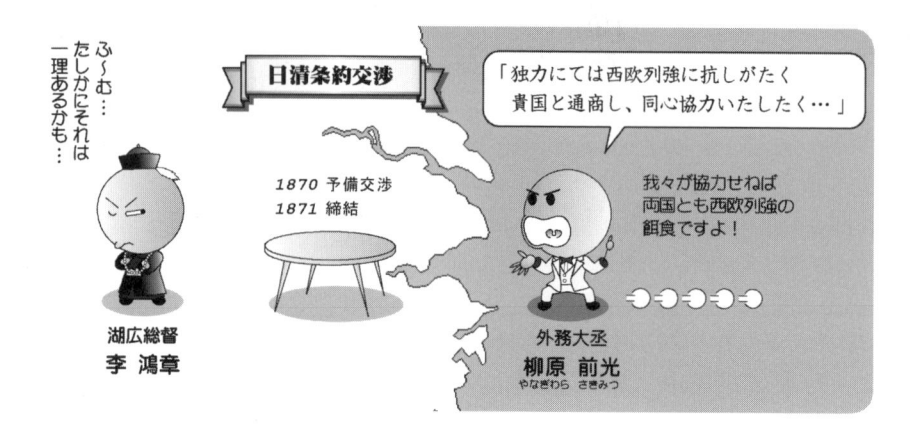

　柳原外相の主張は、たいへんもっともなことなので、李鴻章も耳を傾け、しばらく交渉がつづきます。(＊03)

　さて。

　話を日本国内に戻しますと、日本はまだ国内問題がくすぶっていました。

　すでに、「版籍奉還」については触れました。

　しかし、あれは、中央集権国家に向けて"一歩前進"とは言えましたが、これで完成というわけではありません。

　大名たちの主君が「将軍」から「天皇」に変わり、肩書が「大名」から「知藩事」に変わったものの、知藩事には、旧領の統治をそっくりそのまま認められ、世襲も事実上行われましたので、実態はほとんど変わっていませんでした。

　ほんとうの意味で中央集権化をするためには、「中央から役人を派遣する」という形を取らなければなりません。

　それを実施したのが「廃藩置県（B/C-4）」でした。

---

（＊03）とはいえ、もしこの条約が成立すれば、日本初の対等条約となりますから、「産みの苦しみ」とでもいうべきでしょうか、さまざまな利害もからみ、交渉は難航しました。
　　　清朝にしてみれば、「日本ごときと対等条約？」というプライドも邪魔したことでしょう。

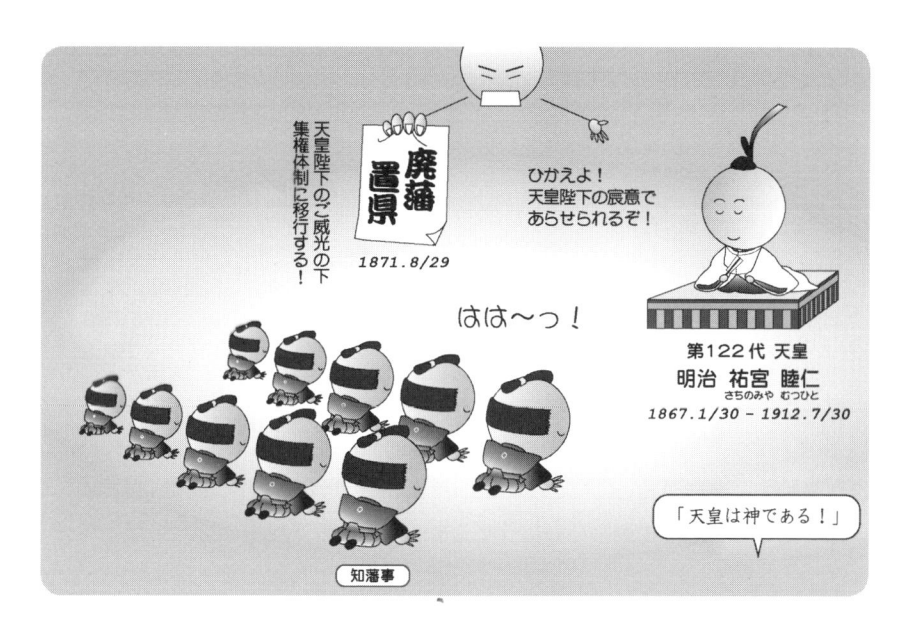

前幕でもチラリと触れましたように、ヨーロッパがこれを成し遂げるためには、200年前後の膨大な時間と、血で血を洗うような戦争に次ぐ戦争を経なければなりませんでしたから、白人列強の目は冷ややかでした。
「紙切れ1枚で中央集権を成し遂げるだと？　バカが…」
　まさに開いた口がふさがらんわい、といったところ。
　ところが。
　天皇陛下（C-5）の名の下、「廃藩置県令」は発布されるや、全国の知藩事らは、一斉に「はは〜っ！」と頭を下げ、一夜にして中央集権は達成されます。
　これには、白人列強も驚愕！！
「なんだ、なんだ？　いったい、何が起こったのだ？？？」
「我々が、数百年の歳月と莫大な犠牲を払って成し遂げたことを、日本はなぜ
　一夜にして成し遂げることができるのだ？？？」
「なぜ、Daimyoたちは反乱を起こさぬ！？」
　当時、駐日全権大使であったハリー＝パークス（D-5）も、
「こんなことが可能なのは神だけだ！
　天皇は神としか考えられない！」

…と驚愕しています。(＊04)

　何はともあれ、日本もこれでようやく「スタートライン」に立てたわけです。

　ところで。

　じつは、その年（1871年）のこと。

　沖縄と台湾のちょうど真ん中あたりにある宮古島（D-2/3）(＊05)の島民が、時化にあって、台湾南部（D-1/2）に漂着したことがありました。

　当時、そこには「排湾族」と呼ばれる先住民族が住んでいましたが、彼らは、助けを請う宮古島島民を惨殺してしまいます。(＊06)

　このことが、日清に暗雲をもたらすことになるのですが…。

「天皇は神である！」

駐日全権公使　第2代
ハリー＝パークス

宮古島島民虐殺事件
1871

沖縄

■ 宮古島

台湾原住民パイワン族

宮古島島民

漂流民 69名
溺死 3名
台湾漂着 66名
斬首虐殺 54名
生還 12名

---

(＊04) 実際のところ、なぜ「廃藩置県」がかくも見事に成功したのか、という理由については、諸説紛々としており、明確な結論を見ません。

(＊05) そのすぐ北側、目と鼻の先に「尖閣諸島」があります。

(＊06) 漂着してきた宮古島島民66名中54名が惨殺されました。

## 第2章 日本開国

### 第6幕

## 日本、台湾に出兵す！
#### 日清修好条規の締結と国境画定

明治新政府初の対等条約「日清修好条規」は成った。以後、日本は、国境画定に奔走する。李鴻章から「台湾は清国領ではない」という言質を取りつけた日本は、まず台湾出兵を行い、台湾手前までを日本の領土とする。以後、ロシアと「千島・樺太交換条約」を締結、英仏に向け「小笠原諸島領有宣言」を行い着々と事を進めていった。

## 〈日清修好条規の締結と国境画定〉

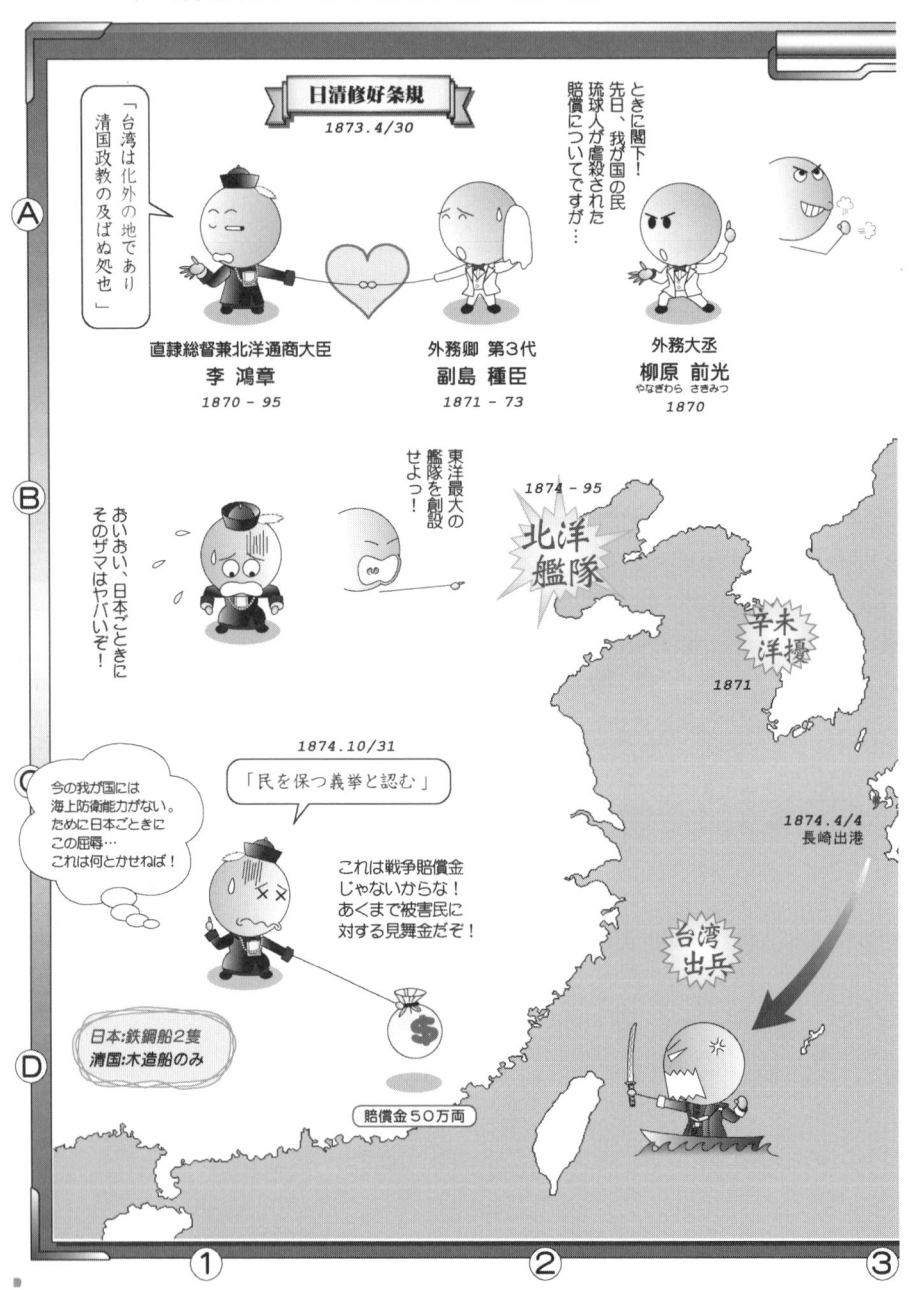

**日清修好条規** 1873.4/30

「台湾は化外の地であり清国政教の及ばぬ処也」

直隷総督兼北洋通商大臣
**李 鴻章**
1870 - 95

外務卿 第3代
**副島 種臣**
1871 - 73

ときに閣下！先日、我が国の民 琉球人が虐殺された賠償についてですが…

外務大丞
**柳原 前光**
やなぎわら さきみつ
1870

東洋最大の艦隊を創設せよっ！

おいおい、日本ごときにそのザマはヤバいぞ！

1874 - 95
**北洋艦隊**

**辛未洋擾**
1871

1874.4/4
長崎出港

今の我が国には海上防衛能力がない。ために日本ごときにこの屈辱…これは何とかせねば！

1874.10/31
「民を保つ義挙と認む」

これは戦争賠償金じゃないからな！あくまで被害民に対する見舞金だぞ！

日本：鉄鋼船2隻
清国：木造船のみ

賠償金50万両

**台湾出兵**

① ② ③

100

1870 年代

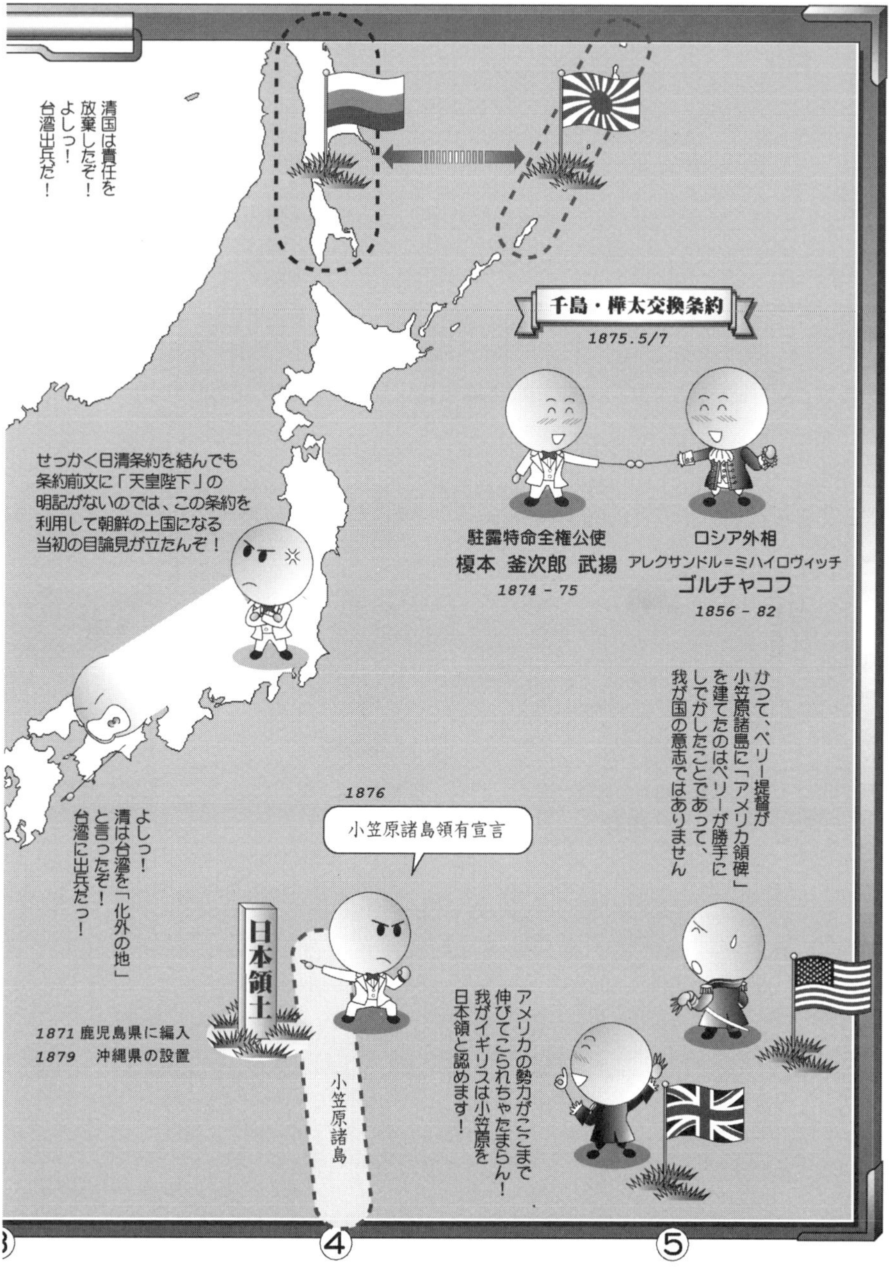
清国は責任を
放棄したぞ！
よしっ！
台湾出兵だ！
千島・樺太交換条約
1875.5/7
せっかく日清条約を結んでも
条約前文に「天皇陛下」の
明記がないのでは、この条約を
利用して朝鮮の上国になる
当初の目論見が立たんぞ！
駐露特命全権公使
榎本 釜次郎 武揚
1874 - 75
ロシア外相
アレクサンドル＝ミハイロヴィッチ
ゴルチャコフ
1856 - 82
かつて、ペリー提督が
小笠原諸島に「アメリカ領碑」
を建てたのはペリーが勝手に
してかしたことであって、
我が国の意志ではありません
1876
小笠原諸島領有宣言
よしっ！
清は台湾を「化外の地」
と言ったぞ！
台湾に出兵だっ！
日本領土
1871 鹿児島県に編入
1879 沖縄県の設置
小笠原諸島
アメリカの勢力がここまで
伸びてこられちゃたまらん！
我がイギリスは小笠原を
日本領と認めます！
③
④
⑤

さて、国内問題を解決した日本が、一刻も早く解決しなければならないことのひとつに、国境画定がありました。
　じつは、そもそも現在のような「国境」という概念を持ち込んだのは白人列強であり、アジア人にはそのような概念はありませんでした。(＊01)
　日本も開国した以上は、白人列強に倣（なら）って、早急に「明確な国境ライン」を画定する必要に迫られていたのです。
　そんな折に発生したのが、前幕で触れました「宮古島島民虐殺事件」でした。
　日本政府は、この事件を契機として、宮古島が日本領であることを内外に宣言しようと考えます。
　一方、この事件と並行してつづけられておりました「日清条約交渉」は、ようやく、この事件のあと1873年になって、実を結ぶことになります。

日清修好条規
1873.4/30

「台湾は化外の地であり清国政教の及ばぬ処也」

直隷総督兼北洋通商大臣
李　鴻章

外務卿　第3代
副島　種臣

ときに閣下！先日、我が国の民琉球人が虐殺された賠償についてですが…

外務大丞
柳原　前光

---

(＊01) 欧米人は「人が住んでいるいないにかかわらず、すべての土地を領有・分割する」という発想であるため、かならず「明確な境界線」としての国境が生まれます。
　ところが、アジア人は、「人が住んでいるところ」を支配するだけで、「誰も住んでいないところ」を、そもそも「領有しよう」という発想がありませんでした。
　つまり、人が住む「領土」のまわりを、誰も住んでいない「無主の地」が囲んでいる感じで、アジア人にとって、国境は「明確なライン」ではなく、「曖昧なゾーン」でした。

これが、日本初の対等条約「日清修好条規（A-1/2）」なのですが、その際、外務大丞の柳原前光（A-2/3）は、さきの「事件」を引っぱりだします。
「閣下！　先日、我が国の島民が虐殺された件についてですが…」
　当時の日本政府は、自国民の受けた被害に対して、きちんと抗議をし、責任を明らかにし、しっかりと賠償を求めます。
　ところが、李鴻章はこう答えました。
「台湾は"化外の地"であり、清国政教の及ばぬ処なり」（A-1）
　つまり、清国は、その口ではっきりと「台湾は中国の領土ではない」と宣言したわけです。(＊02)

　これで日本は、清国に遠慮することなく、堂々と軍を動員することができます。(＊03)
　これが、明治政府初の対外戦争「台湾出兵（D-2/3）(＊04)」です。
　日本が実力行使に出るや否や、李鴻章はタジタジ。
「日本の行動を、民を保つ義挙と認む」（C-1/2）
…なんて、さきまでの強気の態度はいずこ、ウソのように腰砕けに。(＊05)

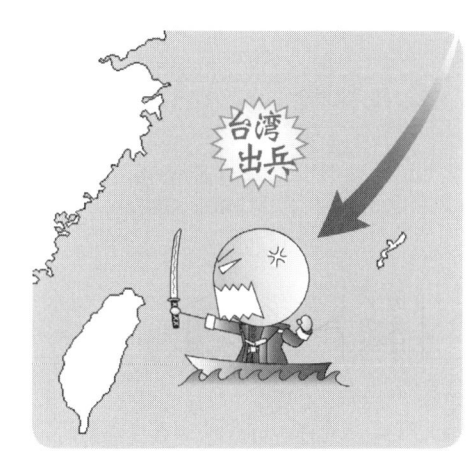

---

(＊02) 中国本土に隣接する台湾ですら「中国領じゃない」と明言していましたが、今になって、中国はその向こうにある「尖閣諸島の領有」を主張しています。
(＊03) じつは、さきに実施された「廃藩置県」によってリストラされた武士たち（40〜50万人）のはけ口として利用された側面もあります。
(＊04) 別名「牡丹社事件」「征台の役」。
(＊05) 当時、日本海軍はすでに「鉄鋼船」を2隻保有していましたが、まだ近代化の進んでいない清朝は旧態依然とした木造船のみでした。（D-1）
　海戦で清国に勝ち目はなく、そのことも「弱腰外交」の背景にあったようです。

清朝の、あまりに露骨な態度豹変は、日本の中国に対する見る目を劇的に変化させました。
「こっちが下手(したて)に出ていたときは高飛車な態度だったクセに、強気に出た途端、なんだ、あの腰砕けは！？　中国ってこの程度の国だったのか！？」と。

　清朝は、賠償金および見舞金50万両(テール)(＊06)を支払い、事を穏便に済ませようとします。(D-1/2)
　しかし、清朝にしてみれば、日本ごときに揉み手で賠償金を支払わされるなど、屈辱以外何物でもありません。
　そこで、李鴻章(りこうしょう)は、ただちに海軍増強に着手します。
　これこそが、あの有名な「北洋艦隊」(＊07)です。

---

(＊06) とはいえ、「台湾出兵」で日本の費やした戦費は、その10倍に達しましたので、経済面だけで見れば大損でしたが、これより、台湾以東の領海権を確認できたことが大きい。

(＊07) 中国語では「北洋水師」と言います。
　　　「水師」というのは海軍のことですが、清国はまもなく、北から順に「北洋水師」「南洋水師」「福建水師」「広東水師」の4艦隊を保有することになります。

つまり、あの北洋艦隊は、「対日」艦隊だったわけです。<sup>(＊08)</sup>

その気概は、北洋艦隊の軍旗にもよく表れていて、
- 地の色は、中国皇帝のイメージカラーである「黄」
- ド真ん中にあしらわれているのは、これも中国皇帝の象徴たる「龍」

…なのはいいとして、その「龍」が今まさに「日章」を食らい尽くそうとしている意匠（デザイン）となってます。

もちろん、この「日章」が日本を意味しているのは言うまでもありません。

---

(＊08) こうして、李鴻章は、対日・海軍重視の「海防派」を形成します。
しかし、李鴻章のライバル・左宗棠がこれに大反対！
「貧乏小国日本なんぞ相手にしているヒマあるか！ 北から迫っている大国ロシアの脅威に対抗することが最優先である！」と主張、対露・陸軍重視の「塞防派」を形成して、対立を深めていきます。

さて、こうして中国との国境調整に片がつくと、翌1875年には、「千島・樺太交換条約」を締結し、ロシアとの国境調整を。(A/B-5)(＊09)

さらに翌1876年には、南海で、「小笠原諸島領有宣言」を行い、米英との調整を行いました。(C/D-4)

こうして、清朝と対等条約を結び、国境調整をしつつ、さぁいよいよ、当初の目標であった朝鮮に対する開国を迫っていくことになります。

---

(＊09) このとき日本全権として交渉に当たったのが、榎本武揚です。

　　　この人物は、さきにも触れました「函館戦争」における反乱軍総裁でしたが、戦後、その才を惜しまれて助命され、新政府に登用されていました。

　　　優秀な上、人望も厚く、明治天皇からも愛された人物でしたが、彼を慕って函館で死んでいった者たちを思えば、首謀者たる彼だけが生き延びて、「敵」に雇われて出世、天寿を全うした点は、彼への非難の対象となっているところではあります。

# 第3章 日清戦争

## 第1幕

### 砲艦外交と見え透いたワナ
江華島事件

日清修好条規が成立した年、朝鮮では政変が勃発。「攘夷派」の大院君が失脚したのだ。これにより、朝鮮は急速に「開国派」に傾く。これを喜んだ日本は、さっそく修好交渉に乗り出すも、朝鮮の態度は江戸時代と何ひとつ変わらない。もはや善隣外交は無意味、と判断した明治政府は、以後、ペリー式に切り替えることになる。

日本人のブンザイで
ナメくさりゃあがって！
撃て！ 撃て！

ぽちゃん！

江華島

## 〈江華島事件〉

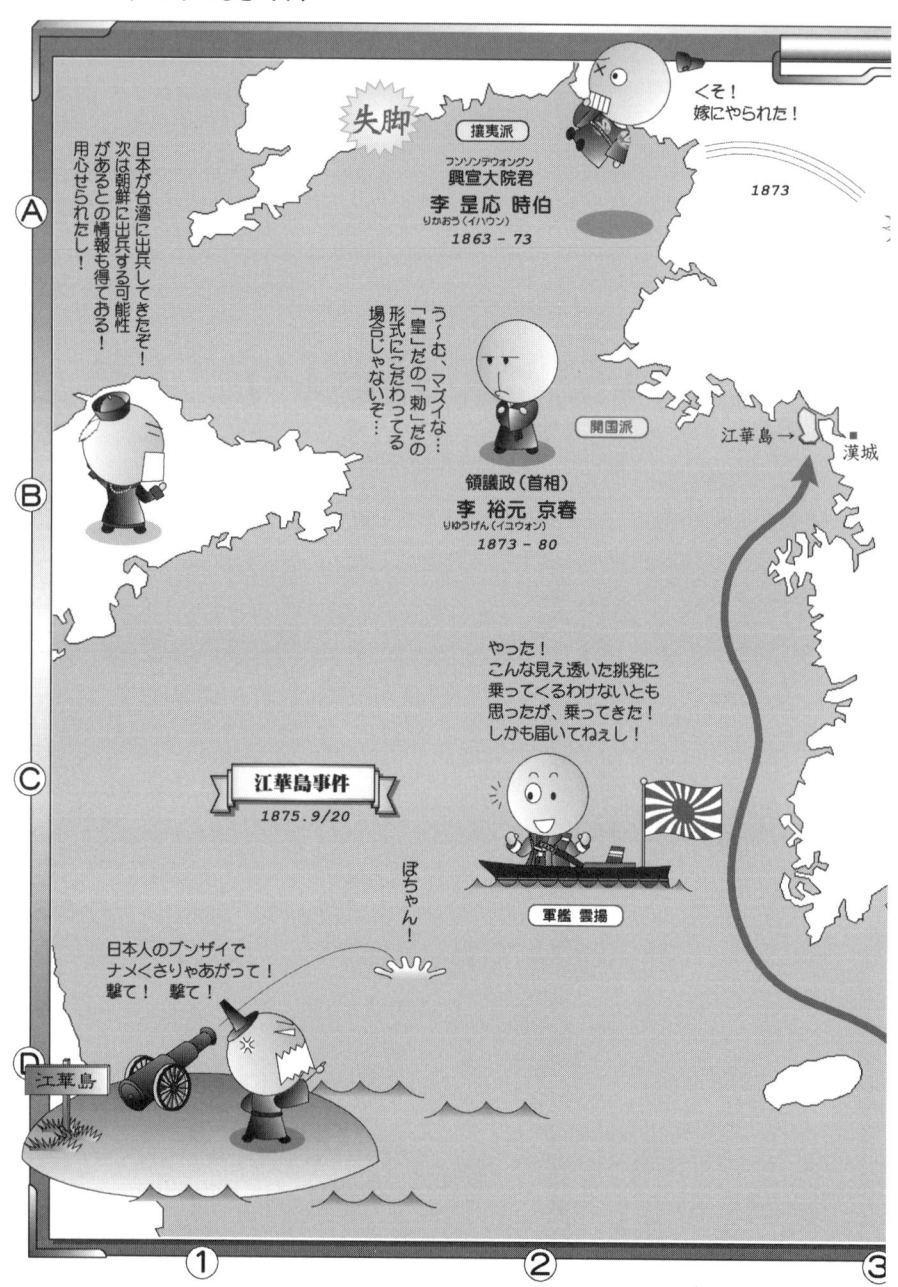

**失脚**

攘夷派
興宣大院君
フンソンデウォングン
李 昰応 時伯
りかおう（イハウン）
1863 - 73

くそ！嫁にやられた！

1873

日本が台湾に出兵してきたぞ！次は朝鮮に出兵する可能性があるとの情報も得ている！用心せられたし！

う〜む、マズイな…「皇」だの「勅」だの形式にこだわってる場合じゃないぞ…

開国派
領議政（首相）
李 裕元 京春
りゆうげん（イユウォン）
1873 - 80

江華島→　漢城

やった！こんな見え透いた挑発に乗ってくるわけないとも思ったが、乗ってきた！しかも届いてねぇし！

江華島事件
1875.9/20

ぽちゃん！

軍艦 雲揚

日本人のブンザイでナメくさりゃあがって！撃て！撃て！

江華島

A B C D
1 2 3

1870年代

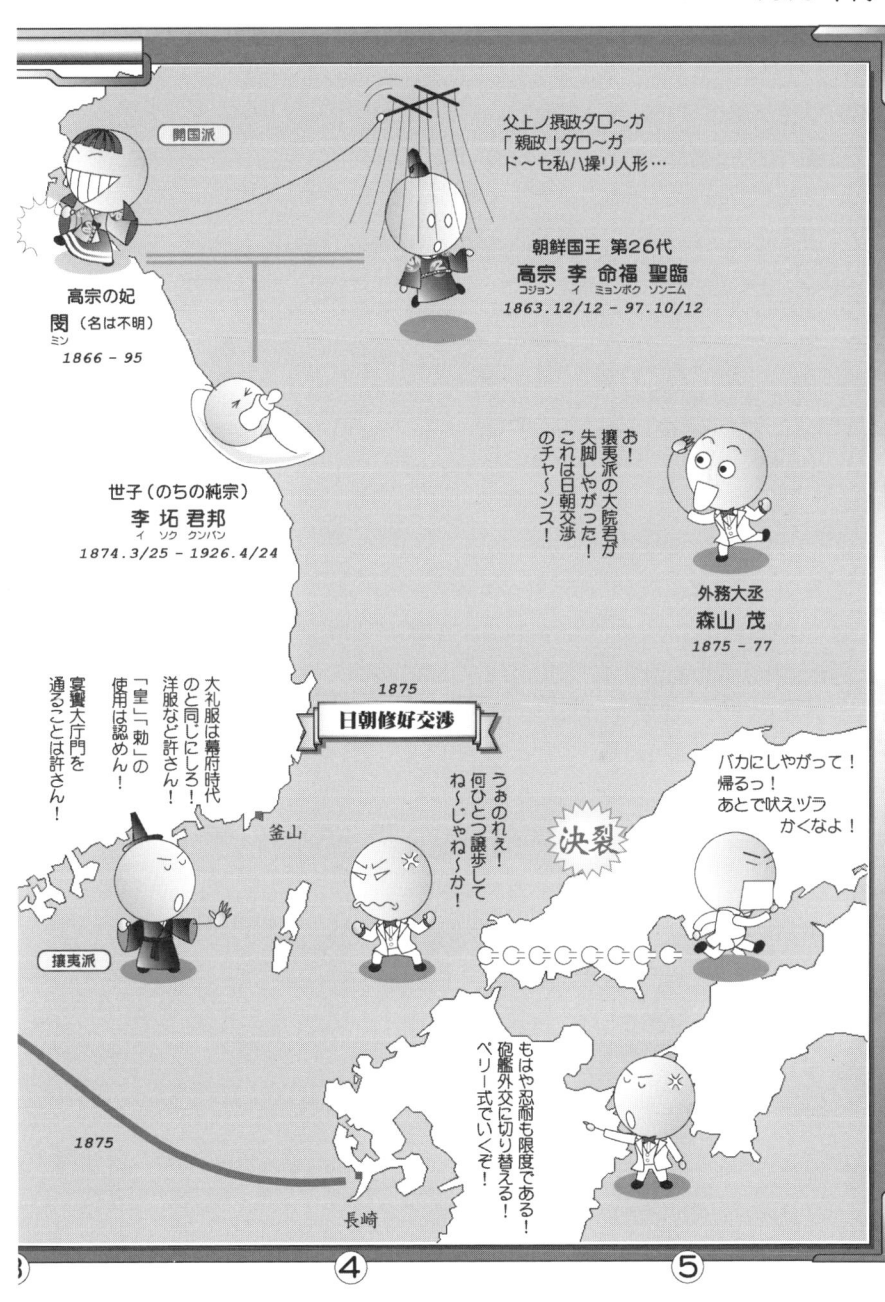

開国派

高宗の妃
閔（名は不明）
1866 - 95

父上ノ摂政ダロ～ガ
「親政」ダロ～ガ
ド～セ私ハ操リ人形…

朝鮮国王 第26代
高宗 李 命福 聖臨
コジョン イ ミョンボク ソンニム
1863.12/12 - 97.10/12

世子（のちの純宗）
李 坧 君邦
イ ソク クンバン
1874.3/25 - 1926.4/24

お！
攘夷派の大院君が
失脚しやがった！
これは日朝交渉
のチャ～ンス！

外務大丞
森山 茂
1875 - 77

1875
日朝修好交渉

大礼服は幕府時代
のと同じにしろ！
洋服など許さん！
「皇」「勅」の
使用は認めん！
宴饗大庁門を
通ることは許さん！

釜山

うぉのれぇ！
何ひとつ譲歩して
ね～じゃね～か！

決裂

バカにしやがって！
帰るっ！
あとで吠えヅラ
かくなよ！

攘夷派

1875

長崎

もはや忍耐も限度である！
砲艦外交に切り替える！
ペリー式でいくぞ！

④　⑤

第1幕　江華島事件

第1章　清朝の混迷
第2章　日本開国
第3章　日清戦争
第4章　清朝分割と日露対立
第5章　日露戦争

109

こうして、難産の末、「日清修好条規」は成りました！
　まさにその「日清修好条規」が批准された1873年、じつは、朝鮮でも「事件」が起こっていました。

　10年にわたって摂政をつづけていた大院君(デウォングン)が、ついに閔妃(ミン)の主導したクーデタによって失脚したのです。(A-2/3)

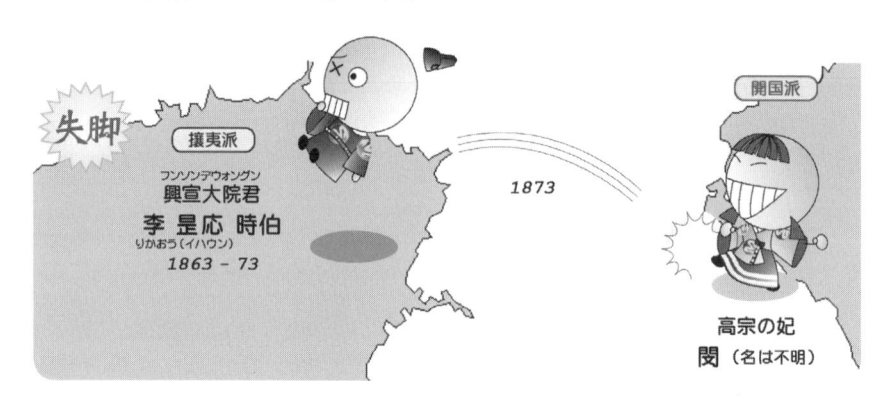

失脚
攘夷派
フンソンデウォングン
興宣大院君
李 昰応 時伯
りかおう(イハウン)
1863-73

1873

開国派
高宗の妃
閔（名は不明）

このクーデタは、日本にとっては朗報でした。
　これまで見てまいりましたとおり、大院君(デウォングン)は「鎖国攘夷派」。
　日本の開国要求を再三突っぱねてきた相手。

　これに対して、閔妃は「開国派」ですから、日本にとっては、交渉しやすい相手になったわけです。

　さらに、翌1874年、台湾出兵が行われ、日本に腰砕けになっている清国を目の当たりにし、清から「次は貴国に出兵する可能性、之(これ)あり」との情報を得、時の領議政(\*01)李裕元(イユウォン)も、危機感を募らせます。(B-2)

開国派
う～む、マズイな…
「皇」だの「勅」だの
形式にこだわってる
場合じゃないぞ…

領議政（首相）
李 裕元 京春
りゅうげん(イユウォン)

---

(＊01) 日本の「首相」に相当する、当時の李氏朝鮮の官職名。
　　　朝鮮語の発音では「ヨンウィジョン」。

「やはり、我が国も、一刻も早く開国し、近代化せねば！」
　こうして、日本念願の「日朝修好交渉」に入ります。(C-4)
　日本全権・森山茂は、喜び勇んで釜山(プサン)に足を運ぶも、いざ、交渉を始めてみると…。
「なんだなんだ、その西洋かぶれした服装は！　和服着てこんか！」
「だから、"皇"や"勅"の字を使うなって言ってんだろ？」
「おいおい、宴饗大庁門(えんきょうだいちょうもん)(＊02)を通るんじゃねぇよ。何様だよ、おまえ？」
　まるで大院君(デウォングン)のころと変わらない、「中華思想」でガチガチに冒されたその態度(＊03)に、森山茂も怒り心頭。

**1875　日朝修好交渉**

大礼服は幕府時代のと同じにしろ！
洋服など許さん！
「皇」「勅」の使用は認めん！
宴饗大庁門を通ることは許さん！

うぉのれぇ！
何ひとつ譲歩してね〜じゃね〜か！

釜山

　交渉は、本題に入る前に決裂してしまいます。
「善隣外交」はモノの見事に失敗します。

---

(＊02)「華夷秩序」の上で、中国使節だけが通ることができた正門。
　　　「華夷秩序」では、日本は朝鮮より「格下」なので、本来、裏門を通されるところですが、このとき日本は、「日清修好条規」により日本と清は対等になったので、堂々「正門」を通ることを要求しました。

(＊03) 朝鮮は、その長い歴史の中で、伝統的に日本を見下してきましたので、一朝一夕にこれを改めることができませんでした。

となれば、もはや「砲艦外交」しかあるまい。(＊04)

日本は、ただちに軍艦「雲揚」を長崎（D-4）から江華島（B-3）に向かわせました。

江華島湾内奥深くまで入り込み、勝手に測量し、挑発することで、相手に先に手を出させるためです。(＊05)

しかしながら、これはあからさまに見え透いた挑発。

しかも、ペリーの二番煎じ。

**江華島事件**
1875.9/20

やった！
こんな見え透いた挑発に乗ってくるわけないとも思ったが、乗ってきた！
しかも届いてねぇし！

軍艦 雲揚

ぽちゃん！

日本人のブンザイでナメくさりゃあがって！
撃て！ 撃て！

江華島

---

（＊04）その昔、日本は「善隣外交」でやってきたビッドルを抜刀して追い返しました。
　　　すると、次にやってきたペリーは有無も言わせぬ「砲艦外交」で臨んできます。
　　　日本は、アメリカにやられたその手法をそっくりそのまま、朝鮮外交に適用したわけです。

（＊05）日本もペリー来航時、江戸湾奥深くまで入り込まれ、勝手に測量されています。
　　　もちろん「挑発」でしたが、このとき、日本はグッと堪えました。

112

日本がアメリカにやられてひっかからなかったのと同じ挑発、朝鮮がひっかかるとは思えな…と思いきや。
　朝鮮はいともカンタンに、このミエミエの挑発に乗ってきます。
　江華島の地上砲台から雲揚号に砲撃！(＊06)(C/D-1/2)
「しめたっ！」
　ここぞとばかり、日本は朝鮮を責め立てます。
「待ってましたっ！…じゃない、よくもやってくれたな！」
　朝鮮側も必死の弁解。
「いや、待て。日本船とは知らなかったのだ。西洋船かと思ったのだ」
　これはまた見え透いた言い訳を…。(＊07)
「ちゃんと事前通告してあったろうが！
　日章旗も掲げていた！　見間違うはずがなかろう！」
　こうして、この「江華島事件」を口実として、日本は「日朝修好交渉」を再開させることに成功し、ここからふたたび、時代が動き始めることになります。

> もはや忍耐も限度である！
> 砲艦外交に切り替える！
> ペリー式でいくぞ！

長崎

(＊06) しかし、このときの朝鮮側の大砲が威力もなく射程が短いものだったので、その弾は「雲揚号」まで届きませんでした。

(＊07) もっとも日本側も「挑発の意図はなかった」と言っていますから、お互い様です。

## Column 朝鮮史概論

　朝鮮半島には、中国のような大河もなく、そもそも耕地に適した土地が狭いうえ、痩地(そうち)が多かったため、「貧困との闘いの歴史」といっても過言ではなく、歴代王朝のひとつとして、これを解決できませんでした。

　そうした苦しい経済状況にあって、国力はつねに振るわず、朝鮮半島を乗り越えて、華々(はなばな)しく対外戦争に打って出ることなど夢のまた夢、それどころか、半島統一すら、なかなかままなりませんでした。

　つねに周辺諸国の圧力に怯えつづけ、ひとたび強国に睨(にら)まれれば、これに屈するより他なく、歴史時代以降、ほとんどつねに、半島北部は外国の支配下に置かれ、南部はその属国下にありました。

　たとえば、北から高句麗が勢力を伸ばしてくれば、半島北部はその支配下に置かれ、南部(新羅(しらぎ))はその属国となり、またたとえば、海を越えて日本が勢力を伸ばしてくれば、その属国(百済(くだら)・加羅)となる。

　さらに、西から中国が勢力を伸ばしてくれば、その属国(新羅・高麗・李朝)となり、北西からモンゴルが勢力を伸ばしてくれば、その属国(高麗)となる。

　2000年以上にわたって、つねにその時代その時代の強国に代わる代わる支配され、またはその属国となる歴史を脈々と歩みつづけてきた結果、朝鮮民族の心に、「属国の中に自民族の安寧(あんねい)を求める」という意識が深く刻み込まれていきます。

　こうした歴史背景の中で押し寄せてきたのが、白人列強でした。

　日本がどれほど「自主独立！」「近代化！」を叫んでも、ついにその言葉が朝鮮民族の心に届くことがなかったのは、そうしたわけでした。

　「中国にすがっていれば、絶対にだいじょうぶ！」

　しかし、その中国が日清戦争に敗れると、今度は、自ら進んでロシアの庇護下に入ろうとします。

　この時代、「自主独立」のみが国を護る唯一の方法だということを、ついに亡びるまで気づくことはありませんでした。

# 第3章 日清戦争

## 第2幕

## 朝鮮ついに開国す
### 日朝修好条規の締結

ついに「日朝修好条規」は成った！朝鮮が頼みとする清国はこれを黙殺した。しかし、それでも朝鮮は清国を頼り、すがろうとする。その「第1款」で「朝鮮国は自主の国」と認めさせたにもかかわらず、朝鮮はこれを守るつもりなどなかった。時代を読めなかった朝鮮は、以後、急速に破綻に向かってゆく…。

日朝修好条規
1876.2/26

全権弁理大臣
**黒田 清隆**
1875 – 76

## 〈日朝修好条規の締結〉

第2幕　日朝修好条規の締結

1870年代

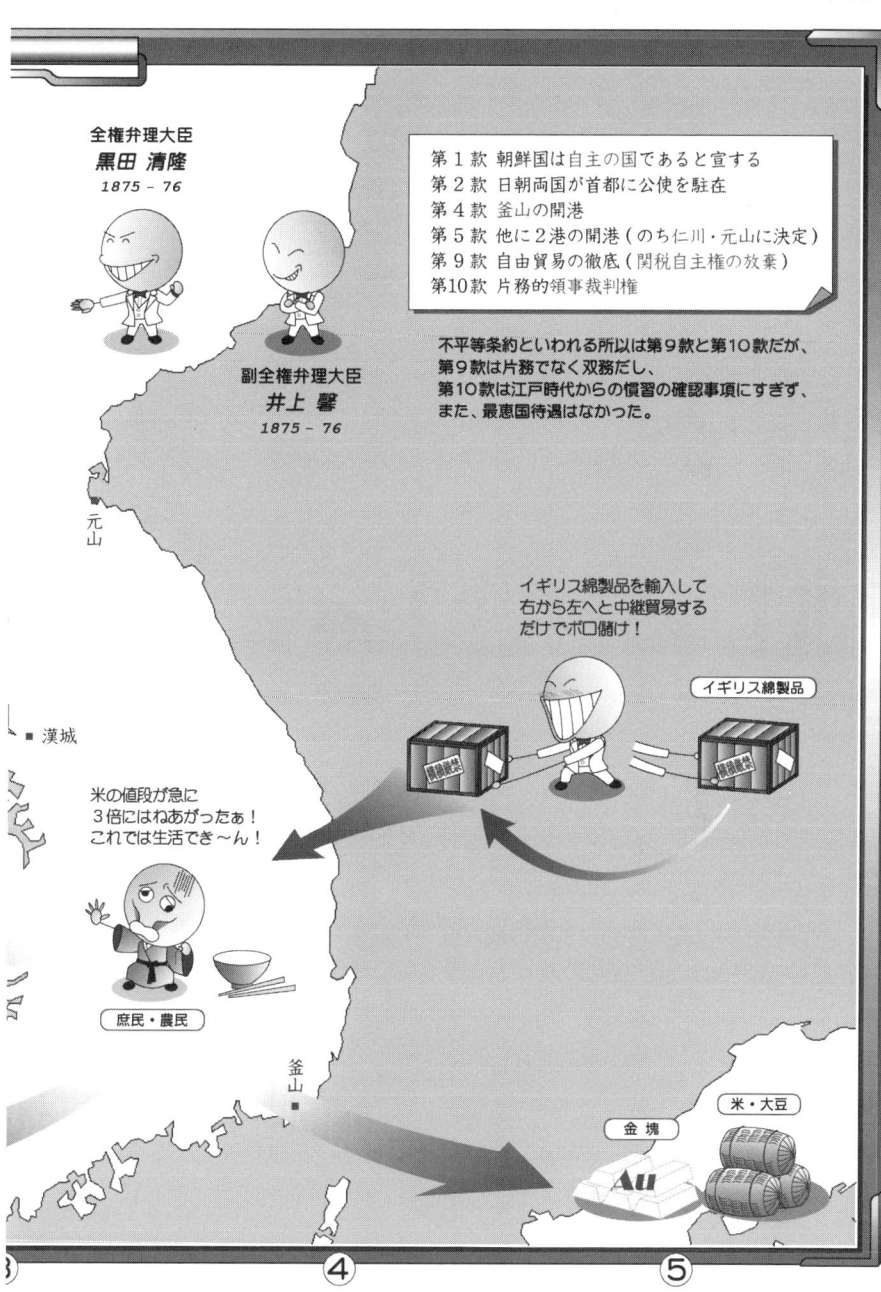

全権弁理大臣
**黒田 清隆**
1875 - 76

副全権弁理大臣
**井上 馨**
1875 - 76

第１款　朝鮮国は自主の国であると宣する
第２款　日朝両国が首都に公使を駐在
第４款　釜山の開港
第５款　他に２港の開港（のち仁川・元山に決定）
第９款　自由貿易の徹底（関税自主権の放棄）
第10款　片務的領事裁判権

不平等条約といわれる所は第９款と第10款だが、
第９款は片務でなく双務だし、
第10款は江戸時代からの慣習の確認事項にすぎず、
また、最恵国待遇はなかった。

元山

漢城

米の値段が急に
３倍にはねあがったぁ！
これでは生活でき〜ん！

庶民・農民

イギリス綿製品を輸入して
右から左へと中継貿易する
だけでボロ儲け！

イギリス綿製品

釜山

金塊

米・大豆

第１章　清朝の混迷

第２章　日本開国

第３章　日清戦争

第４章　清朝分割と日露対立

第５章　日露戦争

117

日朝修好条規の締結を迫る日本を前に、抗しきれなくなった朝鮮は、清朝に泣きつきます。
こんなときのためのオヤブン。
こんなときに助けてもらうために、今までぺこぺこ臣従してきたんですから。
ところが。
すがる朝鮮に、清国は「藩邦の内治外交には干渉せず！」と膠（にべ）もなし。

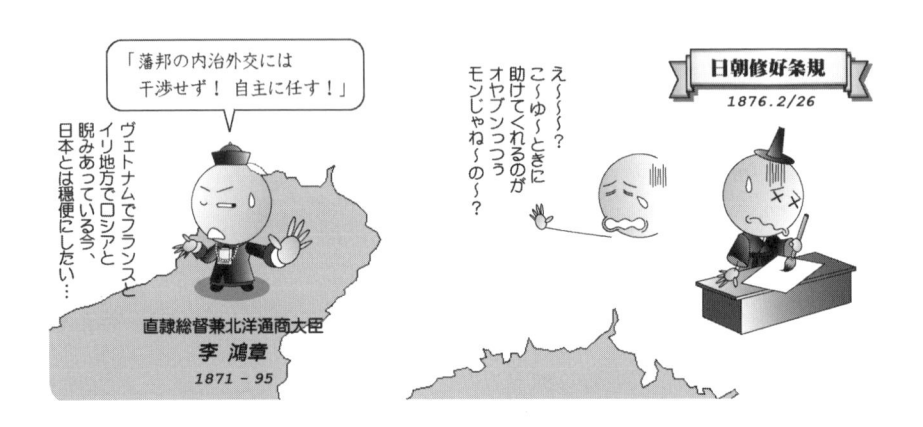

これはもう、完全に朝鮮を見棄てた、ということです。(＊01)
朝鮮の"頼みの綱"はいともカンタンに切れ、もはや如何ともしがたい。
こうして、1876年、ついに日朝修好条規が締結され、朝鮮も日本につづいて開国させられることになります。
ところで、巷間、この日朝修好条規は、「不当」「悪質」「非道」だと非難の対象にされることがよくあります。

---

（＊01）当時の清朝は、南ではヴェトナムをはさんでフランスと、西ではイリ地方をはさんでロシアと、一触即発の緊張状態にありました。（A-1）
したがって、今はいかにもタイミングが悪い。
今ここで、日本と事を構えれば、それを機に、フランス・ロシアが侵攻してくる可能性が高かったからです。

しかし、実際はそうではありません。順次見ていくことにいたしましょう。

> 第 1 款　朝鮮国は自主の国であると宣する
> 第 2 款　日朝両国が首都に公使を駐在
> 第 4 款　釜山の開港
> 第 5 款　他に2港の開港（のち仁川・元山に決定）
> 第 9 款　自由貿易の徹底（関税自主権の放棄）
> 第10款　片務的領事裁判権

　まず、第1款。「朝鮮国は自主の国であると宣する」

　これは、単に「清朝の属国たる立場を改め、独立国家となりなさい」と言っているだけです。

　当時の朝鮮は、清朝の属国で、何から何まで中国にベッタリ！

　時代の動きをまったく理解できず、ただひたすらに「華夷秩序」を妄信し、つねに「中国が一番！　我が朝鮮はその第一の子分！　日本は三下（さんした）！」という価値観に縛られていました。

　これでは、近代的な外交が成り立ちません。

　そこで、この「第1款」を持ってきたわけで、朝鮮側も、この「第1款」になんら異議を申し立てていません。(＊02)

　次に、第9款。「自由貿易の徹底」

　これは「関税自主権の剥奪」だと非難され、日朝修好条規の「不平等条約条項」だとされる条文です。

---

(＊02)とはいえ、朝鮮は「清朝の属国」をやめる気はさらさらありませんでした。
　　　この文面に対して「我が朝鮮は、昔っから"中国の属国"であると同時に"自主の国"である。問題なし！」と考え、日本の「日・清・朝が、完全な自主独立した近代国家となって、3国が連携することで白人列強の侵略を退けたい」という意図をまったく理解できていなかったか、理解できないフリをしたからです。

しかしながら、これは「日本と朝鮮、双方が関税をかけない」という"双務"であって、片方だけが一方的に義務を課される"片務"ではありませんので、これをもって一概に「不平等」とは呼べません。(＊03)
　ならば、悪名高き第10款「片務的領事裁判権の承認」はどうか。
　これはまちがいなく"片務"だから、「不平等」だろう？
　ここに落とし穴があります。
　ものごと、その歴史背景も知らず、文字面だけなでるように読んでも、その本質は見えてきません。(＊04)
　ご存知のように、鎖国と言っても、日本は江戸時代のころから朝鮮とは国交がありました。
　その際、「現地(朝鮮)で犯罪を犯した日本人は日本で裁く」という慣例があり、じつは、「第10款」はそれを明文化したにすぎません。
　ですから、朝鮮側も、これになんら異を唱えていません。(＊05)

全権弁理大臣
黒田　清隆
1776

副全権弁理大臣
井上　馨

　あとは、開国にあたって、釜山(D-4)他2港(＊06)を開港することが定められている程度で、「日朝修好条規」は、当時の歴史状況から見て、けっして一方的で「不当」なものとは言い切れませんでした。

---

(＊03) ただし、当時の経済力を鑑みれば、関税が重視されるのは朝鮮の方であり、日本に有利な条項であることは事実でした。

(＊04) 実際、歴史背景を知らないことによる誤解は、巷間、頻繁に見受けられます。

(＊05) ただし、「鎖国していた江戸時代」と「開国した明治政府」では、入国する日本人の数がケタ違いでしたので、のちに弊害が表面化することになるのですが。

さて、朝鮮を開国させることに成功した日本は、さっそく朝鮮に輸出を行いたいのですが、そこは貧乏小国日本の哀しさ、当時、まだまともな「輸出産業」がありません。

そこで、日本が行ったのが、イギリスから仕入れた綿製品をそのまま朝鮮に輸出する「中継貿易」。(C-5)

これにより、朝鮮は、大幅な貿易赤字となり、財政破綻の"一因"となっていきます。

しかし、あくまで「一因」であって「主因」ではないことに注意が必要です。

朝鮮の開国後、ほどなく財政破綻を引き起こした大きな原因は他にある、ということは、故意に隠蔽されつづけます。

---

(＊06) その後の話し合いで、「他2港」は、仁川(C-3)と元山(B-3/4)に決定されます。

それこそが、国内の官吏・商人・地主らによる汚職・買い占め（D-2）（＊07）、そして、閔妃(ﾐﾝ)の浪費（C-2）でした。

　閔妃などは、我が子を世子(せいし)（＊08）にするための賄賂に20万両(テール)、我が子の長寿祈願に1200万両もの大金を注ぎ込みます。（C-2）（＊09）

　まさに今、国そのものが風前の灯火であるこの時期に、「世継ぎ」もヘッタクレもあったものではありませんが、そんなことすらわからない、閔妃の愚かさが如実に表れています。

　こうして歴史を紐解いていけば、朝鮮は「日本に亡ぼされた」という一方で「自らを亡ぼした」と考えられるかもしれません。

　たとえ、日本が来なかったとしても、ロシアに亡ぼされていたことは疑いようもなく、もし朝鮮がロシアの植民地になっていたなら、「日帝」など比較にならない地獄絵図となっていた可能性も否定できないでしょう。

---

（＊07）日本でも、東日本大震災のあと、莫大な復興資金が汚職によって消えていきました。
　　　　いつの時代にもどこの国にも「自民族の不幸すら食い物にする悪党」というのはいます。

（＊08）中国の属国（ここでは李氏朝鮮）の王の世継ぎのこと。
　　　　日本（天皇家）は属国ではないので「世子」とは言わず、「皇太子」と言います。

（＊09）国家予算がわずか80〜100万両しかないのにもかかわらず、です。
　　　　ただし、この数字は資料によってかなり幅がありますので「参考値」と思ってください。

# 第3章 日清戦争

## 第3幕

### 旧式軍隊の不満爆発
#### 壬午軍乱の勃発

朝鮮は開国した。開国した以上、一刻も早く近代化せねば！そこで、さっそく日本に留学生を派遣し、「日本式近代軍」を創設する。しかし、新しいものを生み出そうとするとき、かならず「産みの苦しみ」を伴うもの。「用済み」扱いされた旧勢力が「抵抗勢力」となり、失脚した大院君を祭りあげ、挙兵することになる。

もうカンベンならん！
大院君様の世に戻せっ！
日本人を
皆殺しにしろっ！

軍事顧問
堀本 礼造

## 〈壬午軍乱の勃発〉

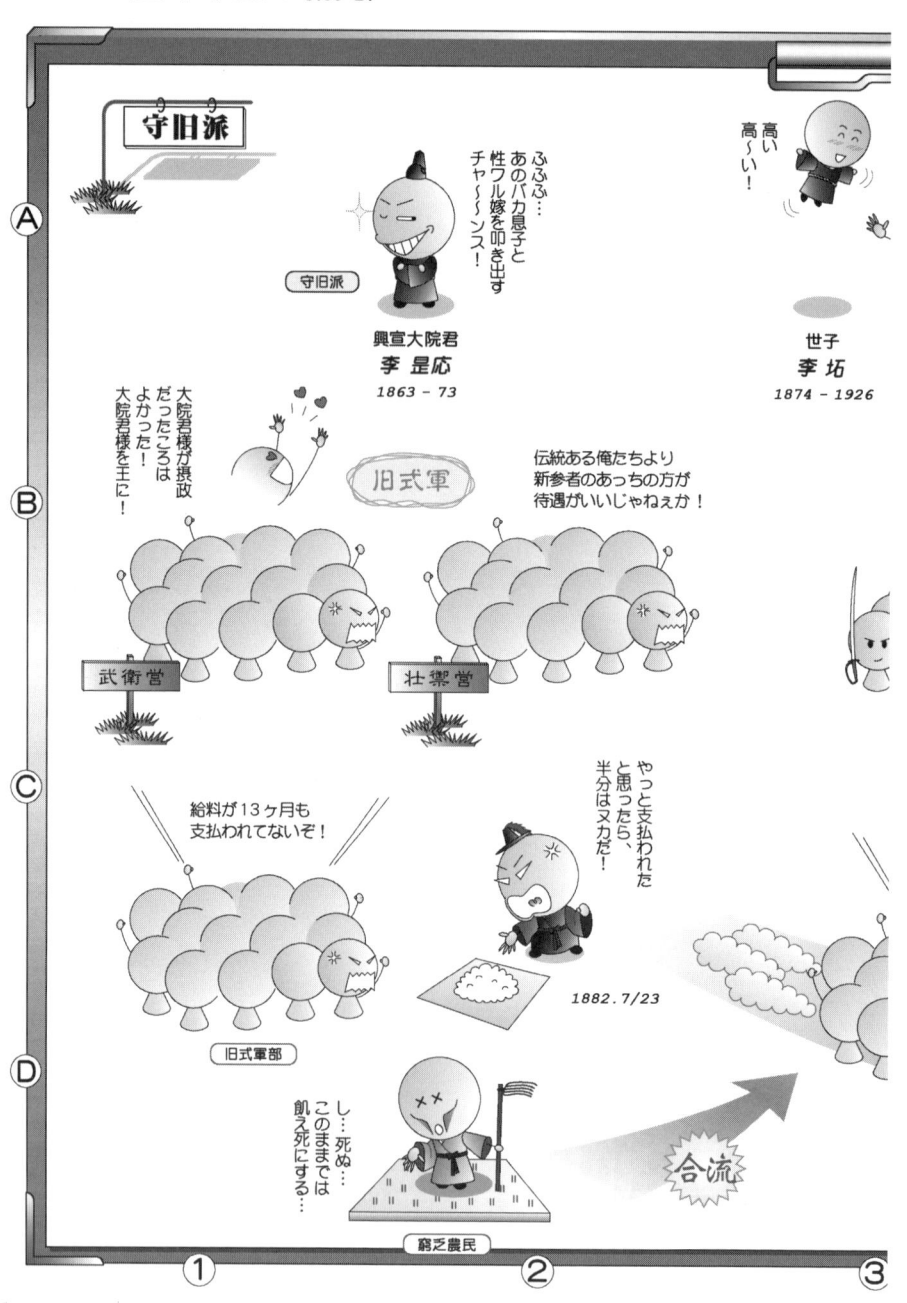

守旧派

ふふふ…
あのバカ息子と
性ワル嫁を叩き出す
チャ～ンス！

守旧派

興宣大院君
**李 昰応**
1863 - 73

高い
高〜い！

世子
**李坧**
1874 - 1926

大院君様が摂政
だったころは
よかった！
大院君様を王に！

旧式軍

伝統ある俺たちより
新参者のあっちの方が
待遇がいいじゃねえか！

武衛営

壮禦営

給料が13ヶ月も
支払われてないぞ！

やっと支払われた
と思ったら、
半分はヌカだ！

1882.7/23

旧式軍部

し…死ぬ…
このままでは
飢え死にする…

窮乏農民

合流

第3幕　壬午軍乱の勃発

1880年代

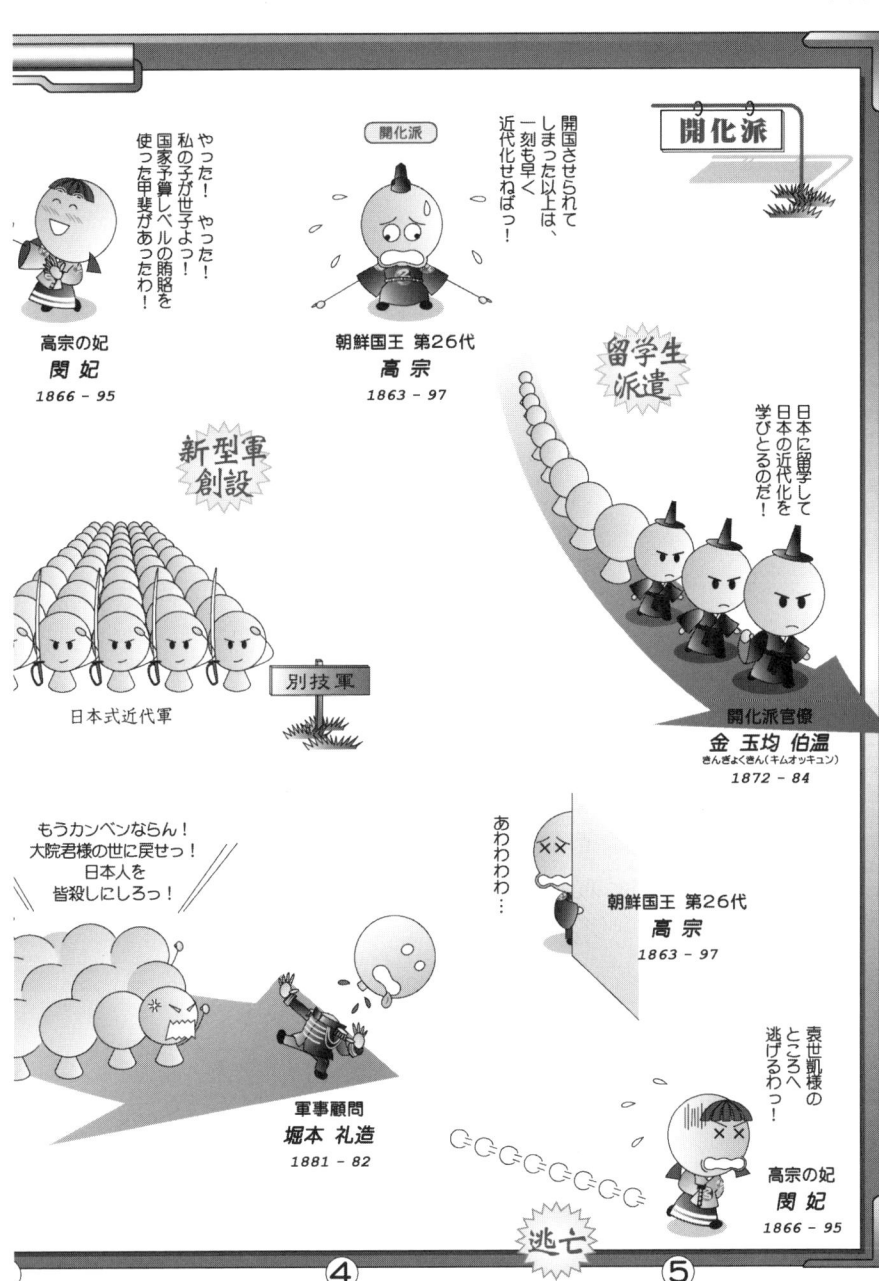

**開化派**

やった！やった！私の子が世子よっ！国家予算レベルの賄賂を使った甲斐があったわ！

高宗の妃
**閔妃**
1866 - 95

開化派

開国させられてしまった以上は、一刻も早く近代化せねばっ！

朝鮮国王 第26代
**高宗**
1863 - 97

**開化派**

**留学生派遣**

日本に留学して日本の近代化を学びとるのだ！

**新型軍創設**

別技軍

日本式近代軍

開化派官僚
**金 玉均 伯温**
きんぎょくきん（キムオッキュン）
1872 - 84

もうカンベンならん！大院君様の世に戻せっ！日本人を皆殺しにしろっ！

あわわわ…

朝鮮国王 第26代
**高宗**
1863 - 97

軍事顧問
**堀本 礼造**
1881 - 82

袁世凱様のところへ逃げるわっ！

高宗の妃
**閔妃**
1866 - 95

**逃亡**

④　⑤

第1章　清朝の混迷

第2章　日本開国

第3章　日清戦争

第4章　清朝分割と日露対立

第5章　日露戦争

125

こうして朝鮮は、開国を余儀なくされました。
　開国させられてしまった以上、残された道は「近代化」しかありません。
　そこで、さっそく日本に留学生を派遣し、近代化の準備に入ります。
　このように近代化を推進していこうとする派閥は、「開化派（A-5）」と呼ばれます。
　その筆頭が、金玉均（キムオッキュン）（C-5）。
　そして、日本から軍事顧問・堀本礼造（D-4）を招き、近代軍の創設を行います。
　ここで、疑問が湧いてきます。
──あれ？　日本は、朝鮮の近代化に協力したんですか？
　そうです、全面協力します。
──だって、日本は朝鮮を植民地にしたかったんでしょ？　朝鮮が近代軍を創設したら、朝鮮が強くなって征服しにくくなるのでは？　それは、自分の首を絞めるようなものですよね？
　そこにこそ、よく陥る誤解があります。
　この時点では、日本は必ずしも朝鮮を征服しようとは考えていません。(＊01)
　当時、日本が望んでいたのは、むしろ朝鮮に強くなってもらうこと。
　そして、一番怖れていたのが、朝鮮が白人列強の植民地に堕ちること。
──なんで？　朝鮮が亡ぼされようがされまいが、日本に関係ないのでは？
　いいえ。大ありです。
　朝鮮の存亡は、"対岸の火事"では済まされない、切実な日本の問題なのです。

---

（＊01）もちろん、いろいろな考え方の人がいますので、そう主張する日本人がいないわけではありませんでしたが、主流とは言えませんでした。

白人列強が、遠大な海を乗り越えて、太平洋の向こうから攻めてくるなら、日本もそこにわずかな勝機がありました。
　しかし、万一、朝鮮が白人列強の手に落ちれば、朝鮮は日本征服の橋頭堡とされ（＊02）、そうなれば、日本の勝ち目は"完全なゼロ"です。
　朝鮮半島は、日本にとって、国家存亡の「生命線」だったわけです。
　だから、日露戦争まで、日本の一貫した対朝基本政策は、「朝鮮を白人列強の手から守ること」でした。（＊03）
　よって、日本が軍事顧問を派遣して、朝鮮軍の近代化に全面協力するのは、至って自然なことだったのです。
　こうして創られた「日本式近代軍」を「別技軍（B/C-3/4）（＊04）」と言います。
　こうして、朝鮮も着々と近代化が進んでいくように見えましたが、問題は山積していました。
　ひとつには、「断固として、鎖国に戻すべし！」という、大院君（A-2）が率いる「守旧派（A-1）（＊05）」が依然としてくすぶりつづけ、抵抗勢力となって、何かにつけ、近代化を阻害していたこと。
　もうひとつは、近代化には、莫大な資金が必須ですが、すでに財政難に陥っていた政府は、軍に支払う給与もままならなくなっていたこと。

---

（＊02）橋頭堡というのは、カンタンに言えば「前線基地」のこと。
　　　　日本が初めて外国の侵攻を受けた「元寇」も、やはり、朝鮮が「橋頭堡」にされました。
（＊03）もちろん「正義感に基づいて」ではなくて、「それが日本を守ることになるから」ですが。
（＊04）「従来の旧式軍とは別の技術を持った近代軍」という意味。
（＊05）日本で譬えると、「守旧派」が「佐幕派」、「開化派」が「勤王派」にあたります。

そこで、限られた資金を育成中の「別技軍（ビョルギ）」に注入し、旧態依然とした「武衛営（ムウィヨン）」「壮禦営（ジャンオヨン）」（＊06）の給与をストップしてしまいます。
　これは、日本でいえば、武士がリストラされていったのに似ています。
　彼らは、現状を嘆き、"旧き良き時代"を夢想し、
「あぁ、大院君（デウォングン）様の時代にはこんなことはなかった！」
「あの閔妃（ミンビ）という毒婦が実権を握ってから、世の中はおかしくなった！」
「そうだ、ふたたび大院君（デウォングン）様の御世に戻そう！　そうすれば…！」
　こうした短絡思考により、彼らは、大院君（デウォングン）を祭りあげ、クーデタを起こす気運となっていきます。
　アセった政府は、急遽（きょ）、ひと月分の給与（＊07）を支払うことにします。

　なんと、これが13ヶ月ぶりの給与！
　喜びいさんだのも束の間、いざフタを開けてみたら、なんと、俸給米の半分が「糠（ぬか）（＊08）や砂」というひどい有様！

---

（＊06）日本でいえば、「武士」にあたるものと考えればわかりやすい。
（＊07）当時の給与は、日本の江戸時代の武士同様、「米」で支払われていました。
（＊08）最近の若者は知らないかもしれませんが、精米（玄米を白米にする作業）するときに出る粉のことです。そのまずさといったら、とても食べられたものではありません。

第３幕　壬午軍乱の勃発

「政府もまたバカなことをしたもんだな…
　そんなことしたら、どういうことになるかもわからんのか…？」
　そう思ってしまうのは早計、じつは、これは政府が俸給米をごまかそうとしたのではありません。
　俸給米を配給する役人がそれを着服し、嵩をごまかすために「糠や砂」を混ぜていたのです。(C/D-2)
　よりによって、こんなご時世に。…いや、こんなご時世だからこそか…。
　当時の朝鮮もまた、日本の幕末同様、すでに社会・国家の隅々まで腐り果てていたことが見てとれます。
　これが引き金となり、ついに内乱が発生！
　これが、「壬午軍乱(〜政変/〜事変)」です。(C/D-3/4)<sup>(＊09)</sup>
　反乱軍は、貧農まで巻き込んで<sup>(＊10)</sup>、王宮を襲撃！
　完全な逆恨みによって、軍事顧問の堀本は惨殺され(C/D-4)、高宗は王宮内に隠れ(C/D-5)、閔妃は旦那を置き去りにして亡命(D-5)するハメに…。

> もうカンベンならん！
> 大院君様の世に戻せっ！
> 日本人を
> 皆殺しにしろっ！

軍事顧問
堀本　礼造

　ここから歴史が大きく動き始めることになります。

───────────────

(＊09) 時代についていけない封建時代の旧い軍人(日本では「武士」に相当)が新政府に対して起こした反乱ですから、日本でいえば「佐賀の乱」「西南戦争」にあたります。

(＊10) このあたりの事情が、「佐賀の乱」「西南戦争」とは違いますが。

## Column ― 帝国主義時代

　本書の扱っている時代は、「帝国主義時代（19世紀後半〜20世紀前半）」と呼ばれている時代のまっただ中にありました。

　年代でいえば、わずか100年と少し前のことなのですが、我々の生きている「現代」とはまったく異なる政治システム・経済システム・外交システムによって国家運営がなされ、その時代に生きた人々も、現代人とはかけ離れた価値観の中で生きていました。

　どれほどたくさんの歴史的な出来事を知っていようとも、そういう時代背景を理解していないならば、それは「群盲が象をなでる」に等しい。

　「帝国主義時代」というのは、白人列強諸国が、有色人種を奴隷民族とするべく、アジア・アフリカ世界に大挙して襲いかかってきた時代です。

　狙われた"獲物"のアジア・アフリカ諸国には、事実上、以下の「3つの選択肢しか与えられなかった時代」と言い換えることもできます。

　すなわち ――
・第1の選択肢： 鎖国を全（まっと）うして、白人列強との関係を一切絶つ。
・第2の選択肢： 近代化し、植民地をつくって列強と対等の力をつける。
・第3の選択肢： 亡びる。

　日本は、ほんとうは「第1の選択肢」を選択したかったのですが、その門戸（こ）はアメリカによって蹴破られ、土足で踏みにじられてしまいました。

　そこで日本は、「清・朝・日の3国がともに近代化し、連携することで、植民地をつくらずに白人列強から身を守ろう」と模索しましたが、これも結局、3国の思惑がどうしても噛み合わず、叶いませんでした。

　あれもダメ、これもダメ。いよいよ追い詰められた日本。
　残された選択肢は、「第2」と「第3」しかありません。
　さて、このような状況に置かれたとき、あなたが当時の日本の元老なら、どう考え、どう判断し、どう行動したでしょうか。
　そのようなことに想いを馳せるのも、歴史を学ぶ重要な意味のひとつかと思います。

# 第3章 日清戦争

## 第4幕

## 三日天下の末に…
### 事大党と開化派の対立

壬午軍乱は成功した――かに見えた。しかし、いち早く逃げだした閔妃が、袁世凱に救援要請をかけていたため、清国軍が介入し、軍乱はあっさりと圧殺されてしまう。しかし、外国軍によって擁立された政権など、すでに「死に体」。亡国は近い。しかし、政権復帰に狂喜する閔妃には、それを理解することはできなかった。

うう…このままでは朝鮮は亡びてしまうのがなぜわからんのだ！

開化派

我が国の国旗「太極旗」を考案したのは私だ！

開化派官僚
金 玉均

開化派官僚
朴 泳孝

## 〈事大党と開化派の対立〉

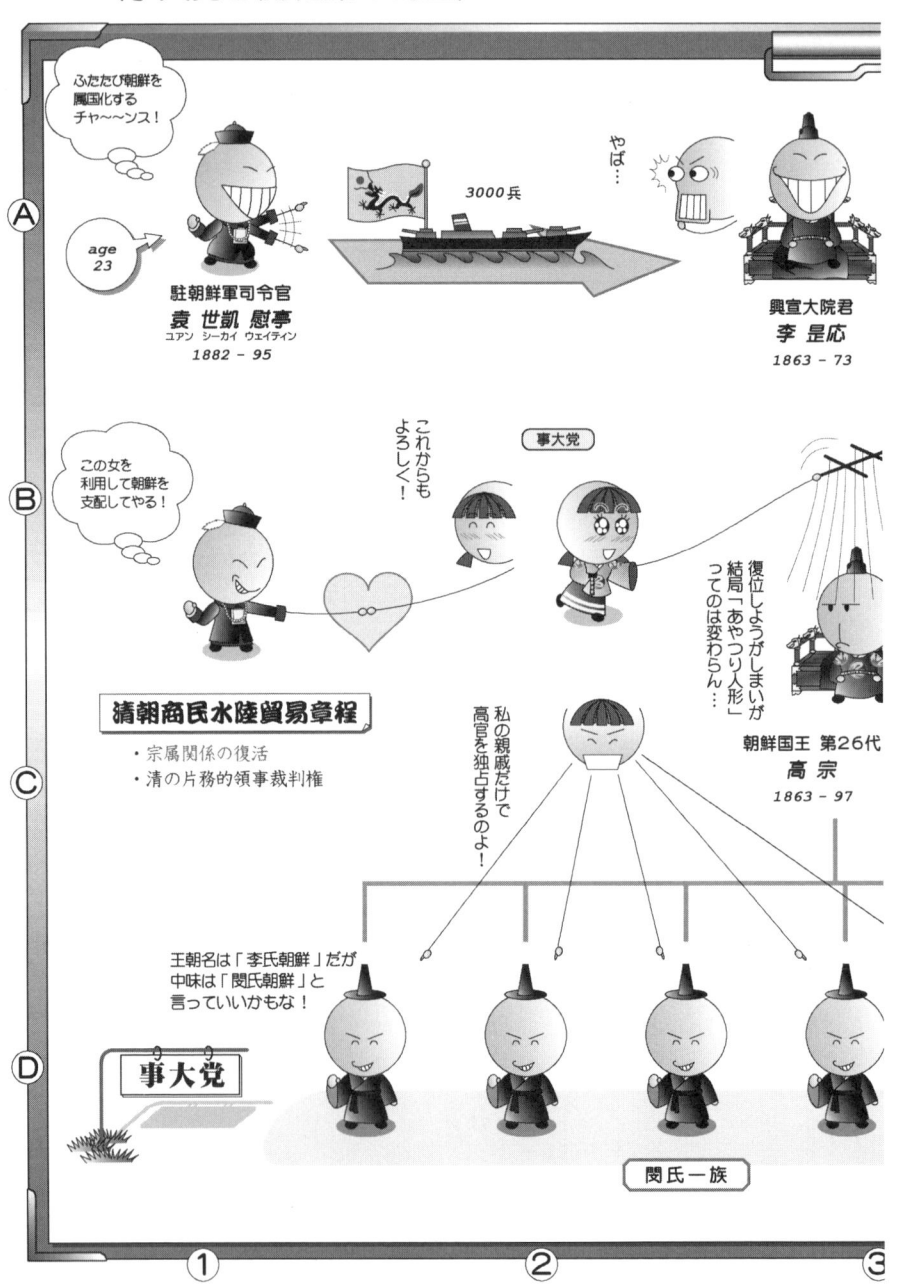

ふたたび朝鮮を属国化するチャ～～ンス！

age 23

3000兵

やば…

駐朝鮮軍司令官
**袁世凱 慰亭**
ユアン シーカイ ウェイテイン
1882 - 95

興宣大院君
**李 昰応**
1863 - 73

この女を利用して朝鮮を支配してやる！

これからもよろしく！

事大党

復位しようがしまいが結局「あやつり人形」ってのは変わらん…

**清朝商民水陸貿易章程**
・宗属関係の復活
・清の片務的領事裁判権

私の親戚だけで高官を独占するのよ！

朝鮮国王 第26代
**高宗**
1863 - 97

王朝名は「李氏朝鮮」だが中味は「閔氏朝鮮」と言っていいかもな！

**事大党**

閔氏一族

第4幕 事大党と開化派の対立

1880年代

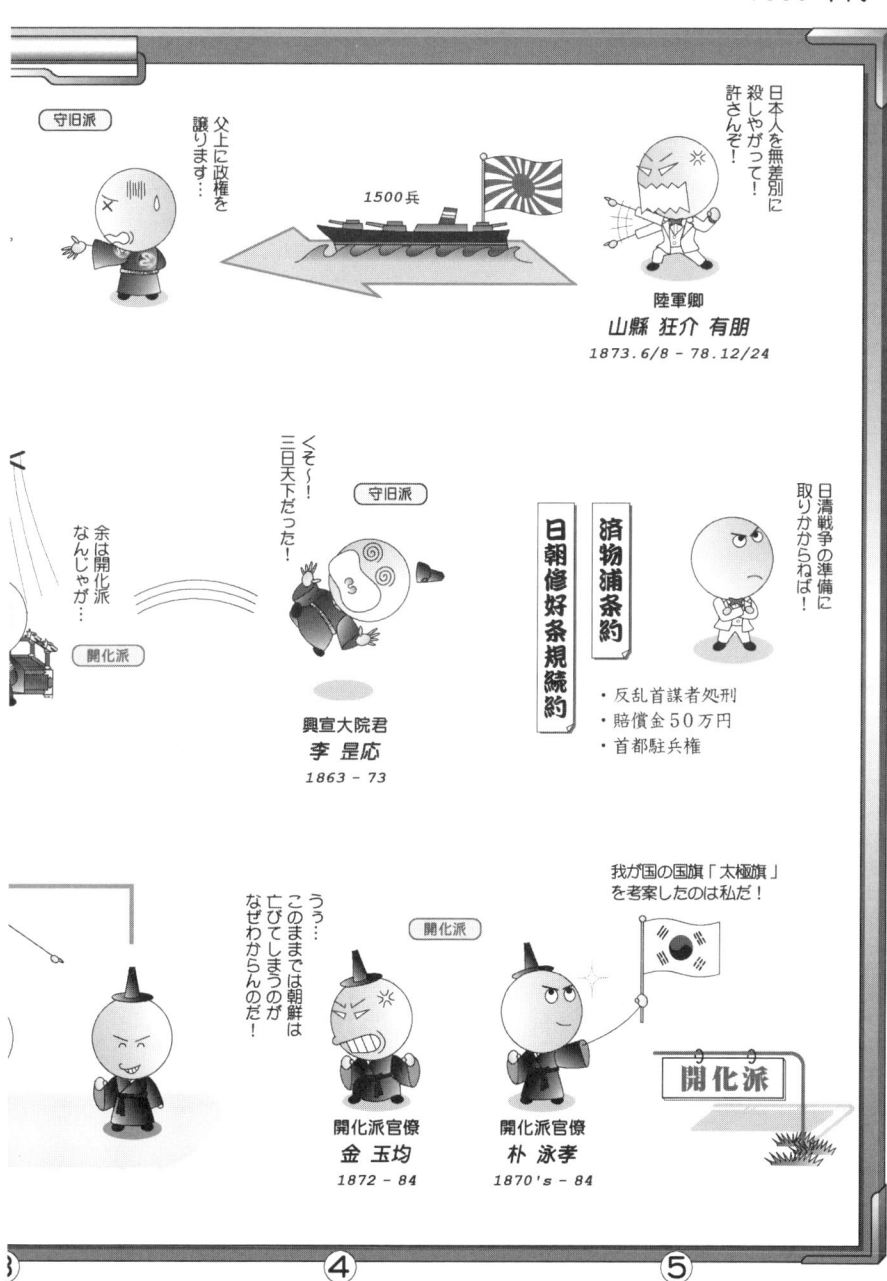

守旧派

父上に政権を譲ります…

日本人を無差別に殺しやがって！許さんぞ！

1500兵

陸軍卿
山縣 狂介 有朋
1873.6/8 - 78.12/24

くそ～！三日天下だった！

守旧派

余は開化派なんじゃ…

開化派

日清戦争の準備に取りかからねば！

済物浦条約
日朝修好条規続約

・反乱首謀者処刑
・賠償金50万円
・首都駐兵権

興宣大院君
李 昰応
1863 - 73

うぅ…このままでは朝鮮は亡びてしまうのがなぜわからんのだ！

開化派

我が国の国旗「太極旗」を考案したのは私だ！

開化派官僚
金 玉均
1872 - 84

開化派官僚
朴 泳孝
1870's - 84

開化派

壬午軍乱の黒幕は守旧派の領袖・大院君（A-3）。

高宗（B-3）は引導を渡され、大院君は摂政の座に返り咲き、クーデタは成功した…かに見えました。

ところが、脱出に成功していた閔妃（B-2）は、愚かにも、清国の駐朝鮮軍司令官・袁世凱（A-1）（*01）に援軍要請していました。

国が乱れているときに外国の軍隊を招き入れるなど、祖国を亡ぼす売国行為以外何物でもありませんが、閔妃にそれを理解する才知などあろうはずもなく。

おそらく彼女の頭の中は「我が子を跡継ぎに！」、この一点に占められ、自分が今、どれほど愚挙、暴挙を行っているか、まったく理解できていなかったことでしょう。

さて、このとき袁世凱、23歳。（*02）

とっても野心的なお年頃。

野心の炎に火がついた彼は、すぐさまこれに呼応し、3000の兵を出します。

これに驚いたのは日本。

「おいおい、日朝修好条規 第1款（*03）はどうなってる！？」

「朝鮮は、清国とは手を切ったのではなかったか！」

これを看過すれば、ふたたび朝鮮は清国の属国に逆戻り、苦労して得た「日朝修好条規」が空文化してしまいかねません。

興宣大院君
李　昰応

守旧派

父上に政権を譲ります…

---

（*01）李鴻章幕下の軍人。野心の塊のような人物で、のち、皇帝（洪憲帝）まで昇りつめます。

（*02）驚くほど若い！　現代日本でいえば、まだ大学生くらいです。

（*03）すでに見てまいりましたように、その第1款にて、「朝鮮国は自主の国であることを宣する」として、清国の属国である立場を放棄するように約していました。

山縣有朋（やまがたありとも）（A-5）は、「多数の日本人が罪なく虐殺された！」(＊04)ことを口実として、1500の兵を出しましたが、日本艦隊が朝鮮半島に着くのには、当時、丸4日かかりました。

その4日の間にすでに大院君（デウォングン）は「三日天下」で失脚（B/C-4）、代わって閔氏政権が復活（D-2/3）、同時に、清朝との宗属関係も復活し（C-1）(＊05)、すでに事は沈静化していました。

日本がやっと現場に着いたときには、すべてが「あとの祭り」。

日本は「済物浦（チェムルポ）(＊06)条約」を結び、首都駐兵権を得るのが精一杯でした。

しかし、このときに得た「首都駐兵権」がのちに日清戦争へとつながっていくのですから重要な意味を持ちます。

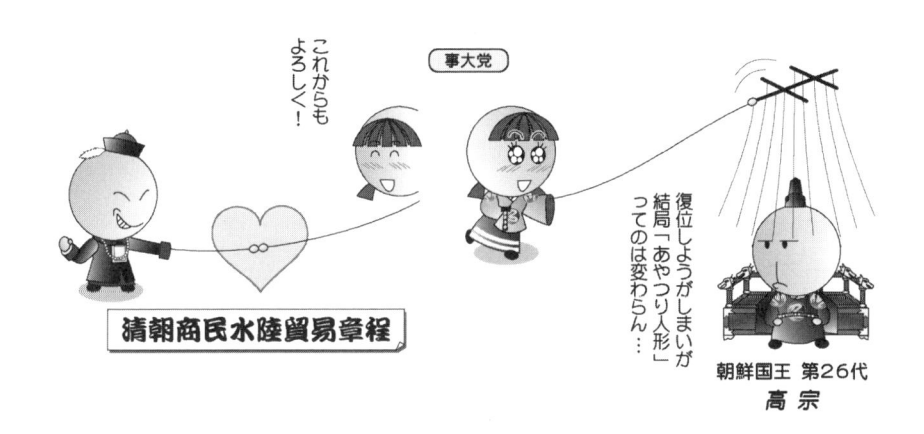

これを契機として、閔氏政権は、「開化派」に見切りをつけ、清にすがり、清に頼って生きながらえようとする「事大党」を形成していくことになります。

(＊04) この壬午軍乱の巻き添えで殺された日本人は、現在、靖国神社に合祀されています。

(＊05) これを「清朝商民水陸貿易章程」と言います。
片務的領事裁判権を清国に認めていましたから、不平等条約でした。
朝鮮半島の人たちは、「日朝修好条規」には「不当な不平等条約だ！」と言い、現在でも怒っていますが、清国に対しては、自ら率先して「不平等条約」を結んでいます。

(＊06) 「済物浦」というのは、現在の仁川の古名。

## Column ハリスの陰謀

　さきに登場しましたが、とかく「唐人お吉」とともに語られ、「いい人」として扱われることの多い、初代駐日領事のタウンゼンド＝ハリス。
　何か言うと、「敬虔(けいけん)なる」「童貞を貫いた」「清廉(れん)潔白な」「慈善事業に寄与した」などの美辞麗句で"いい人"が演出されています。
　しかし、彼の真の姿は、「ただただ日本を骨の髄(ズイ)までしゃぶり尽くすことしか頭にない当時の"典型的アメリカ人"」でした。
　日米修好通商条約の際、ハリスが異常に執着したのが、為替(かわせ)レート。
　ハリスは満面の笑みでこう主張します。
　「それでは、日本の一分銀3枚と、アメリカの1ドル銀貨1枚が"銀の含有量"で同じですから、これを交換レート基準としましょう！」
　一見公平。
　しかし、ここにこそ、ハリスの悪魔(サタン)のごとき邪悪な陰謀があります。
　これをされると、日本はアッという間に破産してしまうのです。
① まず、アメリカから1ドル銀貨を4枚、日本に持ち込みます。
② ハリスの主張する交換レートだと、一分銀12枚に交換できます。
③ 当時、4分で1両でしたから、それをそのまま小判（金）3枚に両替。
④ その小判3枚を外国に持ち出し、1ドル銀貨に戻します。
⑤ すると、金と銀の交換レートによって1ドル銀貨12枚になります。
　あ〜ら、フシギ！　1ドル銀貨が4枚から12枚に早変わり！
　ハリスは、この条約を認めさせるや、さっそく自分の全財産を投じて、せっせとこのマネーゲームに勤しみ、私腹を肥やしています。
　このため、当時世界屈指の金保有国であった日本の金塊は、アッという間に吸い尽くされ、庶民の生活は壊滅してしまいます。
　幕府を倒したのは、薩長土肥でもなんでもない、ハリスだ！　と囁かれる所以(ゆえん)でもあります。
　口先三寸で日本の国富を吸い尽くし、自らも私腹を肥やしたこの人物が「いい人」として扱われることに、筆者は違和感を感じてなりません。

# 第3章 日清戦争

## 第5幕

## 李鴻章の憂鬱、そしてその裏で
### 清仏戦争

朝鮮では、清国ベッタリの「事大党」と、近代化をあせる「開化派」が対立していた。開化派・金玉均は、日本軍を背景とした政変を考えるも、肝心の日本が清を恐れて尻込み。歯がゆい思いの金玉均の耳に朗報が飛び込んできた。「ヴェトナムにて清仏が交戦状態！」金玉均は狂喜し、日本の了解も得ず、見切り発進してしまう。

唇亡びて歯寒し

両広総督
張 之洞

## 〈清仏戦争〉

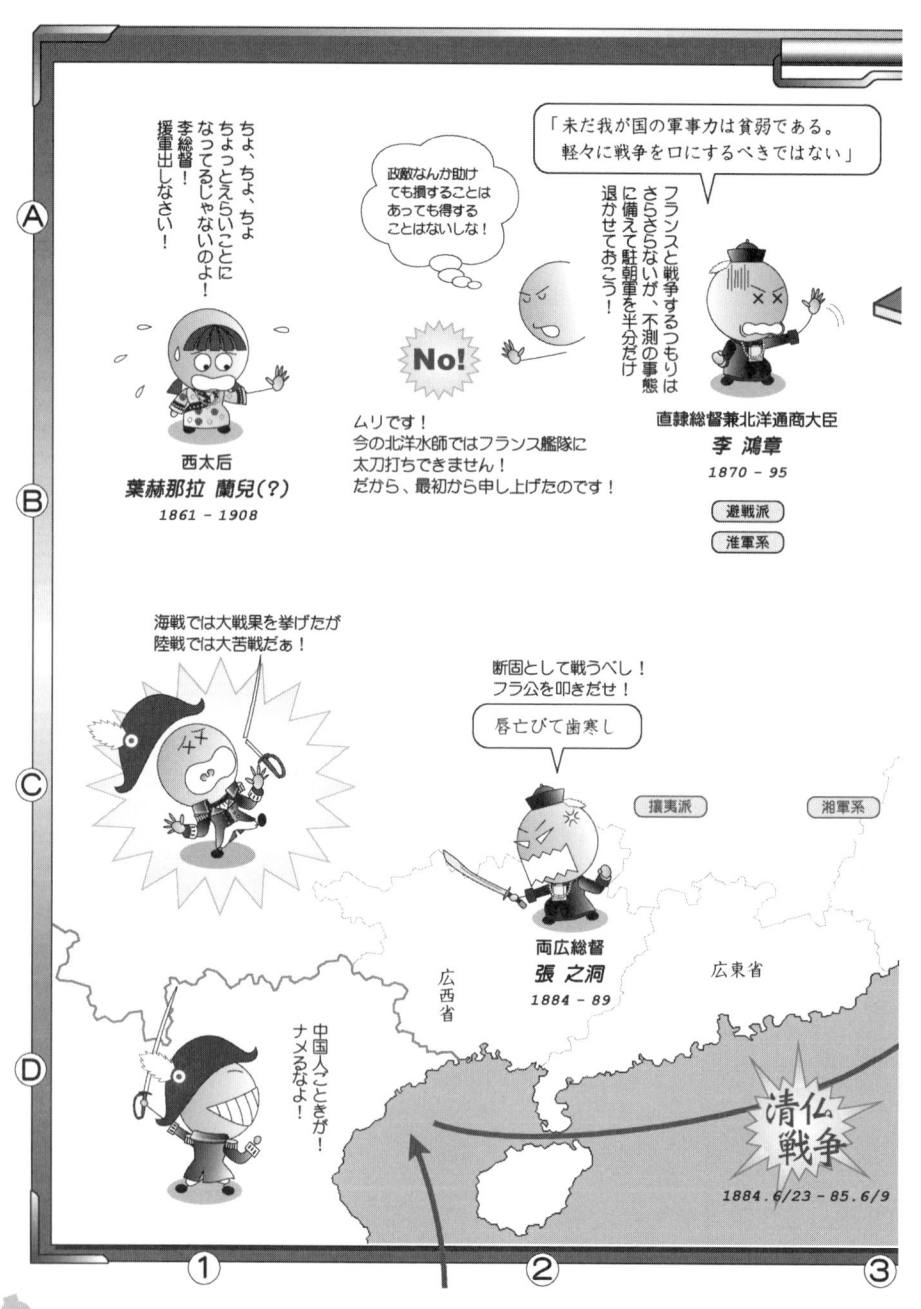

「未だ我が国の軍事力は貧弱である。軽々に戦争を口にするべきではない」

フランスと戦争するつもりはさらさらないが、不測の事態に備えて駐朝軍を半分だけ退かせておこう!

政敵なんか助けても損することはあっても得することはないしな!

**No!**

ムリです!
今の北洋水師ではフランス艦隊に太刀打ちできません!
だから、最初から申し上げたのです!

ちょ、ちょ、ちょっとえらいことになってるじゃないのよ!
李総督!援軍出しなさい!

**西太后**
**葉赫那拉 蘭兒(?)**
*1861 - 1908*

**直隷総督兼北洋通商大臣**
**李 鴻章**
*1870 - 95*

[避戦派]
[淮軍系]

海戦では大戦果を挙げたが陸戦では大苦戦だぁ!

断固として戦うべし!
フラ公を叩きだせ!

[唇亡びて歯寒し]

[攘夷派]　　[湘軍系]

**両広総督**
**張 之洞**
*1884 - 89*

広西省　　広東省

中国人ごときが!ナメるなよ!

**清仏戦争**
*1884.6/23 - 85.6/9*

1882 年

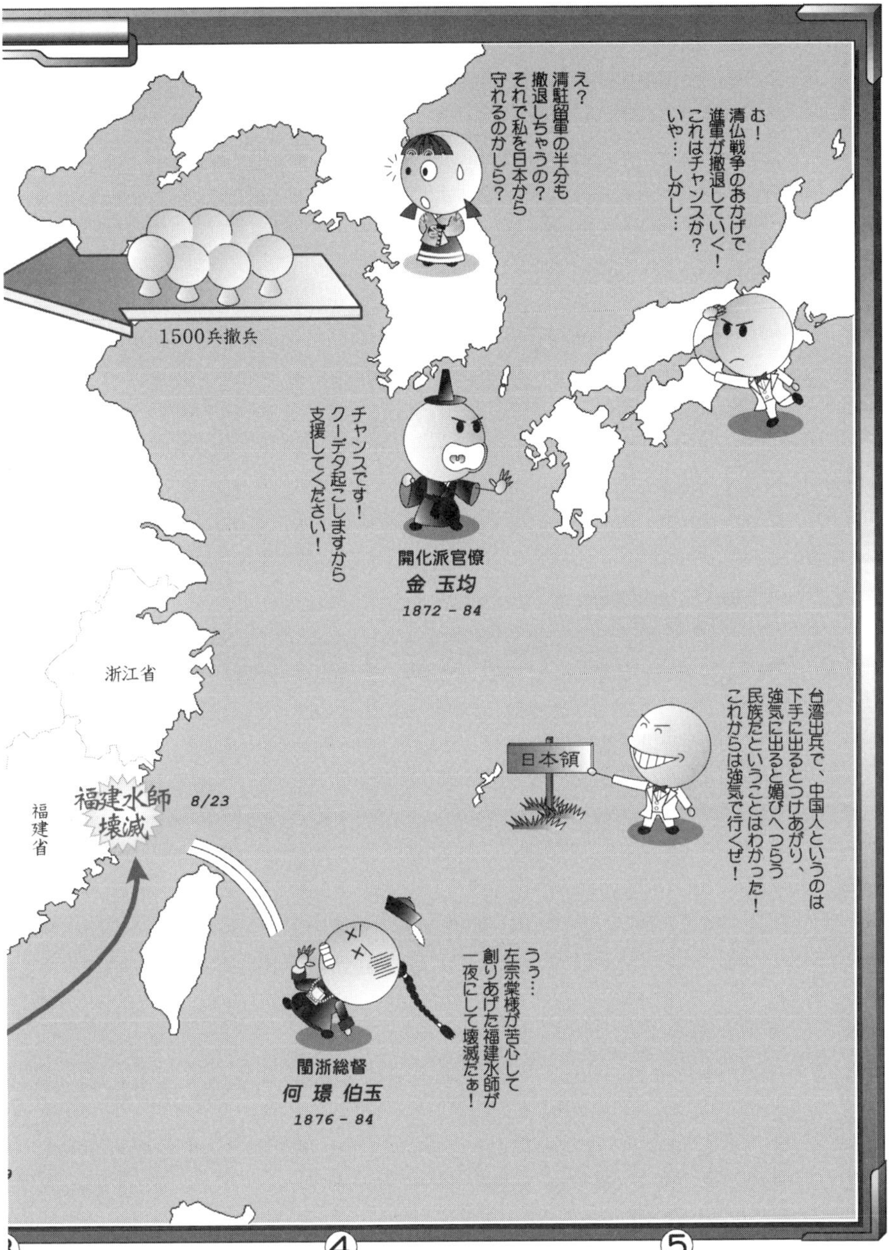
む！
清仏戦争のおかげで
清軍が撤退していく！
これはチャンスか？
いや…しかし…
え？
清駐留軍の半分も
撤退しちゃうの？
それで私を日本から
守れるのかしら？
1500兵撤兵
チャンスです！
クーデタ起こしますから
支援してください！
開化派官僚
金 玉均
1872 - 84
浙江省
福建省
福建水師
壊滅
8/23
台湾出兵で、中国人というのは
下手に出るとつけあがり、
強気に出ると媚びへつらう
民族だということはわかった！
これからは強気で行くぜ！
日本領
うぅ…
左宗棠様が苦心して
創りあげた福建水師が
一夜にして壊滅だぁ！
閩浙総督
何 璟 伯玉
1876 - 84

③　④　⑤

壬午軍乱を境に、閔氏政権（A-4/5）は、日本に倣（なら）った「開化派」から清朝ベッタリの「事大党」へとあっさり鞍替えしてしまいました。

　これで、清朝の属国へと逆戻りです。

　これにより金玉均（キムオッキュン）（B-4/5）率いる「開化派」は、窮地に追い込まれてしまいます。

「一刻も早く日本のように近代化しなければならないというのに！」

「清国にすがっていれば安寧を維持できたのは、昔の話だ！」

「それでは亡国の道をひたすらに突き進んでいることがなぜわからぬ！」

　進退谷（きわ）まった金玉均（キムオッキュン）は、閔氏政権を打倒すべく、日本に出兵要請をします。

「日本の軍事力で閔氏政権を打倒してください！」（B-4/5）（＊01）

　しかし、日本（A/B-5）はこれを黙殺。

「今、我が国が出兵すれば、閔氏政権は必ずや清国に助けを請うだろう。

開化派官僚
金 玉均

---

（＊01）しかしこれは、閔妃が清国軍を招いたのとまったく同じ"愚行"です。
　　　　何度も申し上げておりますように、国が傾いているときに、外国軍を招くなど、国を亡ぼす「売国行為」以外何物でもありません。
　　　　そんなことすらわからない金玉均という人物は、「真摯に祖国を想う志士」であったかもしれませんが、おせじにも優秀な人物ではありませんでした。
　　　　傾国にあって、すぐれた政治家が現れなかったことが朝鮮の不幸でした。

そうなれば、清国が軍事介入し、日清戦争になるのは必定。
だが、今はダメだ！
北洋艦隊を擁した今の清朝は、台湾出兵のころの清朝とはワケが違う。
今はまだ時期尚早だ。チャンスを待て」
しかし、金玉均(キムオッキュン)は焦れったい。

ところが、そうこうしているうちに、ヴェトナム（D-1）(＊02)において、清仏が一触即発状態となります。

じつは、フランスはナポレオン３世（1852〜70）のころからヴェトナム（阮朝越南）に目をつけ、ジリジリと侵攻してきていました。

ヴェトナムもまた、朝鮮同様、清朝の属国（子分）身分。

宗主国（親分）としては、立場上これを黙殺することはできないし、そもそもヴェトナムが陥(お)ちれば、次は中国本土が殆(あや)うい。

「唇亡びて歯寒し！」(＊03)

両広総督(＊04)張之洞(ちょうしどう)（C-2）は、即時開戦を叫びますが、直隷総督(＊05)李鴻章(りこうしょう)（A-3）はこれに反対します。

清仏戦争
1884.6/23 - 85.6/9

唇亡びて歯寒し

両広総督
張　之洞

---

（＊02）当時のヴェトナムの支配者は、「阮朝越南」という国でした。

（＊03）「相互扶助の関係にあり、一方を失えば、もう一方も危うくなる」ことを譬えた言葉。

（＊04）「両広」とは「広西省（C/D-2）」と「広東省（C/D-2/3）」を併せた地域のこと。
　　　　総督というのは、現在の日本でいえば「県知事」に相当する地方行政長官。

（＊05）「直隷」とは、現在の「河北省（A-3）」のこと。

「いまだ我が国の軍事力は貧弱である。軽々に戦争を口にするべきではない」
　李鴻章という方は、生涯を通じて「避戦派」でした。
「戦争では白人列強に勝ち目はない。外交手腕で矛先をかわすのだ！」
　これが李鴻章の持論でした。
　しかし、李鴻章の反対を押し切り、清仏戦争（D-3）が勃発してしまいます。
　陸では、張之洞が地の利を活かして善戦（C-1）していましたが、海では、福建艦隊（＊06）が一夜にして壊滅的打撃を受け（C-3/4）、危機に陥ります。
　あわてた西太后は、李鴻章を呼びつけ、北洋艦隊で援軍を出すように言い渡します。

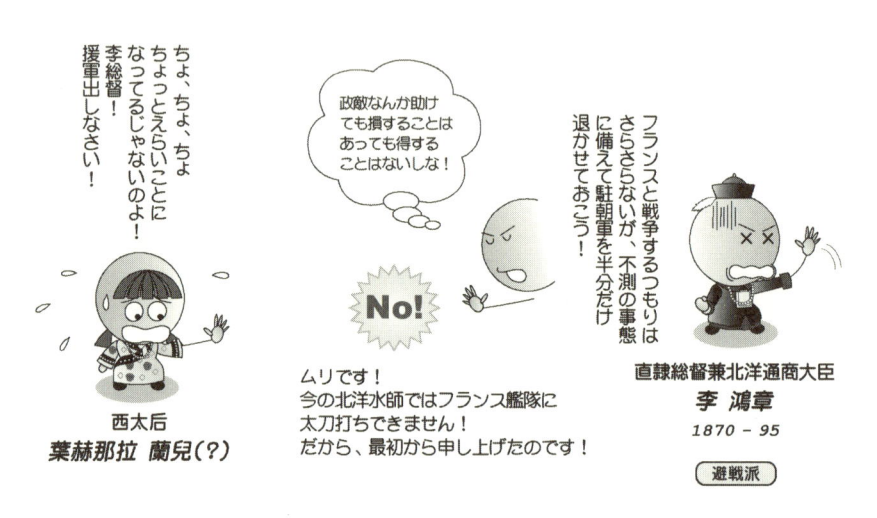

ちょ、ちょ、ちょっとえらいことになってるじゃないのよ！李総督！援軍出しなさい！

西太后
葉赫那拉 蘭兒（？）

政敵なんか助けても損することはあっても得することはないしな！

No!

ムリです！
今の北洋水師ではフランス艦隊に太刀打ちできません！
だから、最初から申し上げたのです！

フランスと戦争するつもりはさらさらないが、不測の事態に備えて駐朝軍を半分だけ退かせておこう！

直隷総督兼北洋通商大臣
李 鴻章
1870 - 95
避戦派

　ところが、これに対して、李鴻章の返答は、「やだ！」。
── え？　やだ？　いやいやいや、味方が危機に陥ってるんだよ？
　　なにそれ？（＊07）

────────

（＊06）中国語では「福建水師」。創設には、左宗棠が尽力。
（＊07）というより、そもそも、当時、西太后の命令を拒絶できたのか？という疑問が湧きます。
　　　　じつは、唯一、西太后に物言うことができた人物、これが李鴻章でした。
　　　　李鴻章は、「北洋艦隊（水師）」という軍事力をバックにしていたためです。

… と思われたでしょうか。
　しかし、李鴻章の立場になって考えてみますと、この態度は当然です。
① そもそも李鴻章は開戦に反対だった。
② 北洋艦隊とて、フランス海軍に勝ち目はない。
　みすみす艦隊を壊滅させるための出陣など、忍びないし、意味がない。
③ そもそも北洋艦隊は対日艦隊。
　これを失えば、日本に対する抑えが効かなくなる。

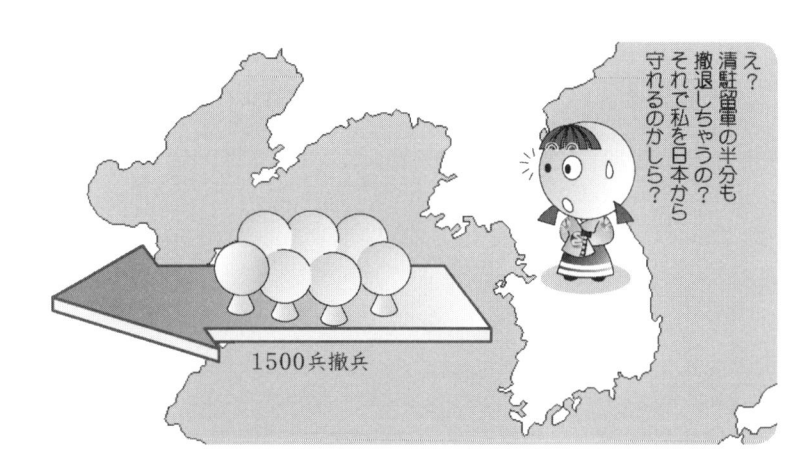

> え？清駐留軍の半分も撤退しちゃうの？それで私を日本から守れるのかしら？

1500兵撤兵

　さらに申せば、李鴻章と左宗棠は政敵でしたから、彼を助ける気も起きなかったという心理が働いていた可能性も高い。
　とはいえ、状況が状況だけに、駐朝清軍3000のうち、半数の1500を撤兵（A-4）させ、不測の事態には備えます。
　しかし、この撤兵に狂喜したのが、金玉均でした。
「時は至れり！」
　こうして、ふたたび、歴史が動き始めます。

## Column 李・左・張三ッ巴

　19世紀、東アジア世界で断トツの経済力・軍事力を誇った清朝。
　清朝と比べれば、日本にしろ、朝鮮にしろ、ヴェトナムにしろ、話にならないほどの、吹けば飛ぶような貧乏弱小国。
　ふつうに考えれば、白人列強に対抗できるアジアの国は、清朝をおいて他には考えられないところ。
　ところが、実際には、清朝は潰え、アジアの国の中で、唯一日本だけが白人列強を駆逐し、対等に肩を並べることができました。
　なぜでしょうか。
　もちろんたくさんの理由が複合的に絡んでのことですが、本コラムでは、その大きな理由のうちのひとつを挙げてみます。
　それが、「清朝はその持てる国力を一点に集中できなかった」こと。
　清朝は、李鴻章、左宗棠、張之洞などなど、すぐれた政治家を輩出しました。
　しかし…。
　李鴻章は、イギリスを後盾として対日のための海軍増強を主張し、
　左宗棠は、フランスを後盾として対露のための陸軍増強を主張し、
　張之洞は、宮廷を後盾として対仏のための軍備増強を主張します。
　それぞれ向いている方向がてんでバラバラ。
　そのため、西太后の浪費で、ただでさえ財政は逼迫していたのに、そのうえ彼らはバラバラの目的のために予算を食い合ってしまったのです。
　まるで、胴体はひとつなのに、頭がたくさんある"八岐大蛇"のようで、いくら"八岐大蛇"自身が無敵の強さを誇ろうとも、頭同士が共食いを始めたのでは話になりません。
　このように、どんなに潜在能力があっても、そのパワーを分散したのではなんら成果を上げることができず、逆に、どんなに弱小であっても、そのパワーを一点に集中すれば、偉大な業績を上げることも可能となる。
　歴史はそう教えてくれているかのようです。

# 第3章 日清戦争

## 第6幕

## 見切り発車のクーデタ
### 甲申事変

クーデタは起こった。日本からの確約のないままの見切り発進ではあったが、金玉均には確信があった。「だいじょうぶ！ 日本軍をチラつかせておくだけで、清国は絶対に介入してこない！」しかし、これは完全な彼の読み違いであった。袁世凱は野心的な男。彼は躊躇なく全軍を朝鮮に侵攻させる。歯車は狂いはじめた。

景祐宮

朝鮮国王 第26代
高宗

そ〜か、そ〜か。
よきに計らえ。

陛下っ！
事大党と清国が結託して
クーデタを起こしたようです！
私が陛下をお守りまします！
ご安心下さい。

開化派官僚
金 玉均

〈甲申事変〉

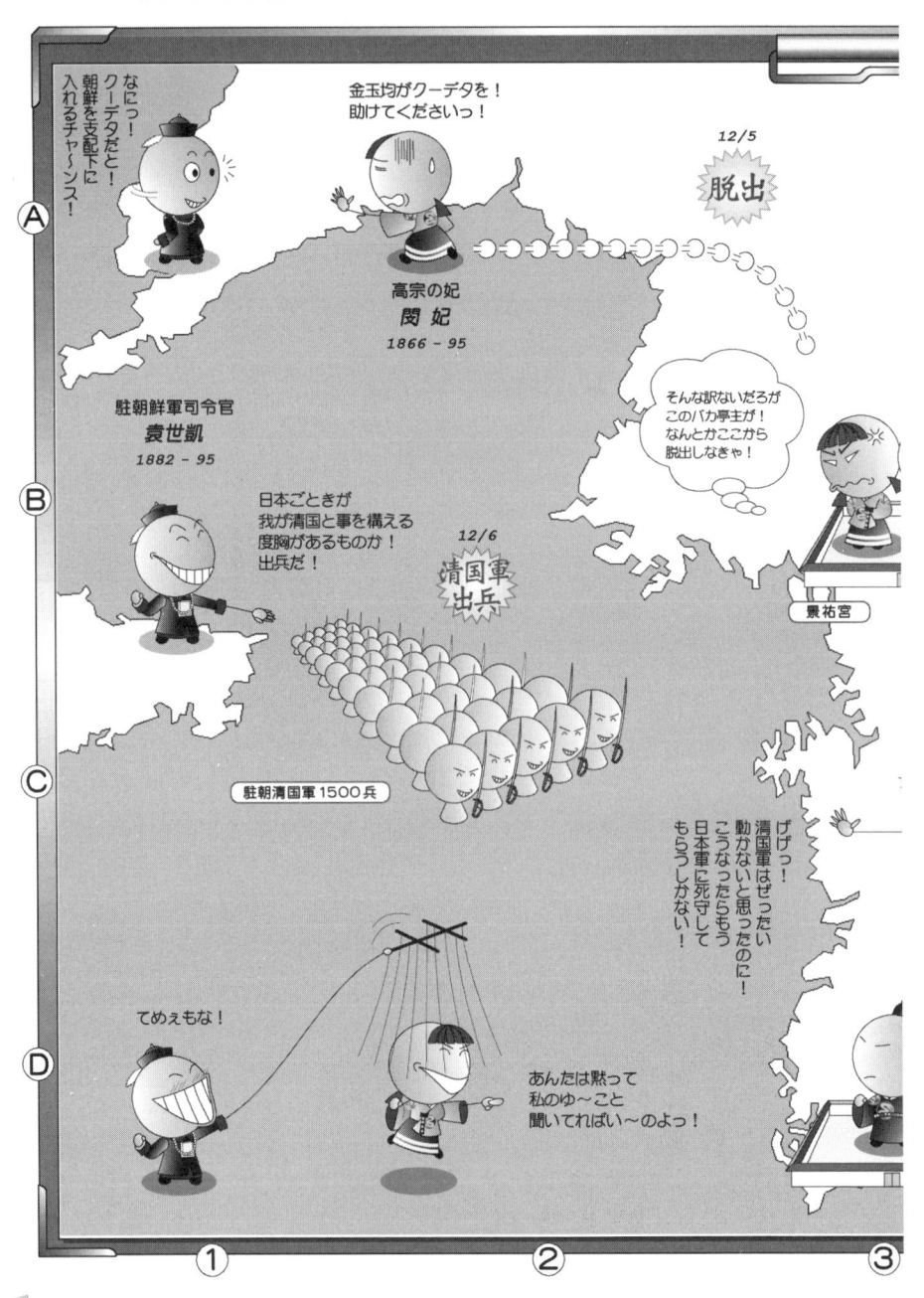

1884 年

ホントはまだ日本政府から許可もらってないんだけど…
だいじょうぶ！一朝有事の際は日本軍が清国軍を駆逐してあげますよ！
朝鮮駐箚弁理公使
竹添 進一郎
1882 - 90
加納治五郎の岳父
陛下っ！
事大党と清国が結託して
クーデタを起こしたようです！
私が陛下をお守りしますます！
ご安心下さい。
あいつは口先だけで
信用できん男だが…
今はアイツを後盾に
するしかない…
12/4
そ～か、そ～か。よきに計らえ。
開化派官僚
金 玉均
1872 - 84
朝鮮国王 第26代
高 宗
1863 - 97
政府が「不介入」方針を決めちゃったんだもん…
そ…それじゃ私はこの辺で…兵力150人ぽっちじゃど～しよ～もないし…
12/7
日本軍撤収
ちょ、ちょ…今こそあなたが頼りなのに！
朝鮮駐箚弁理公使
竹添 進一郎
1882 - 90
陛下！
逃げましょう！
やだっ！
日本亡命
開化派官僚
朴 泳孝
1870's - 84
③
④
⑤

**清**軍が退いた今こそ、千載一遇のチャンス！
金玉均(キムオッキュン)（B-4）は、今一度、日本へ援軍を要請します。

　日本だって、介入できるものならしたい。
　一時はそれも考えました。
「たしかに、半分だけとはいえ在朝清国軍は退いた。これはチャンスか！？」
　しかし、情勢は刻一刻と変化します。
「だが、なんだかんだ言って、李鴻章(りこうしょう)は一向にヴェトナムに派兵せん。
　対日艦隊の北洋水師を温存しているではないか」
　日本政府の不安は拭えない。
「それに、在朝清国軍の司令官・袁世凱は野心的な男だ。
　そのうえ、清仏戦争も急速に収束しつつある。
　もし今ここで朝鮮に事変が起こり、これに日本が介入したら、清国は軍を動員する可能性が高いのではないか？　やはり介入は危険だ」

　日本政府の中でも、介入か、様子見か、意見が分かれ態度は煮えきらないまま、時間だけが刻一刻と過ぎてゆく。
　しかし、日本の介入を迫る金玉均(キムオッキュン)と、自重へ傾く日本政府の板挟みにあった弁理公使の竹添進一郎（A-5）(*01)は、日本政府の許可もないのに、勝手に金玉均(キムオッキュン)に「言質(げんち)」を与えてしまいます。

> だいじょうぶ！一朝有事の際は日本軍が清国軍を駆逐してあげますよ！
>
> （ホントはまだ日本政府から許可もらってないんだけど…）
>
> 朝鮮駐箚弁理公使
> 竹添　進一郎

---

（＊01）講道館柔道の創始者・加納治五郎の岳父（妻の父）にあたる人物。
　　　　彼は、お調子者というか、八方美人というか、人にモノを頼まれるとイヤとは言えない性
　　　　分というか、いずれにせよ、外交官には向かない性格の人でした。

竹添の性格を知る金玉均は、彼の言質が"空手形"であることは承知していましたが、清仏戦争が終息に向かっている今、もはや一刻の猶予もなく、見切り発進してしまいます。(＊02)

これが「甲申事変(甲申政変)」です。(B-4)

1884年12月4日(＊03)、火事(放火)を合図に突如として開化派が、王宮を取り囲み、閔氏とそれにおもねる政府要人を一気に誅殺します。

事は順調に運び、金玉均は「新政府樹立」を宣言、自ら領議政(＊04)に就任します。

しかし、この瞬間が金玉均の人生絶頂期。

彼の思惑どおりにいったのもここまで。

---

(＊02) しかし、あせって強引に事を運ぼうとすれば、ロクな結果にならないのは世の常です。
自分の「願望」と「客観的事実」を混同して行動してしまうからです。

(＊03) 郵政局落成の祝賀会が催され、閔氏一族をはじめ、政府要人が王宮に集まっていました。

(＊04) 既出。第3章 第1幕(＊01)を参照のこと。

彼は、すぐに自分の統率力のなさ、見通しの甘さを思い知らされることになります。

彼の計画は、アッという間にほころびを見せ、政変（クーデタ）からわずか2日後（6日）には、袁世凱（B-1）の軍事介入を招いてしまいます。（B/C-1/2）

> 日本ごときが
> 我が清国と事を構える
> 度胸があるものか！
> 出兵だ！
>
> 12/6
> 清国軍出兵
>
> 駐朝清国軍1500兵

袁世凱が兵を動かしたとなれば、もはや、日本軍に頼るしかない。

「竹添さん！　今こそ、よろしくお願いしますよ！」

竹添、金玉均の叫びに応えて曰く。

「じゃ、そういうことで…（そそくさ）」（C-5）

竹添は、ただちに（7日）撤退を開始します。(＊05)

日本軍に見棄てられたのでは、もはや金玉均にできることは、ただひとつ。

---

（＊05）袁世凱率いる清国軍は1500、日本軍は150。その兵力差は10倍に達しており、また、そもそも日本政府の竹添への厳命は「清と事を構えてはならない」でした。
したがって、撤退はやむをえないところもありましたが、いきなりの撤退命令に、義憤を感じた一部日本兵は最後まで戦い、クーデタ派と運命を共にしています。

しっぽを巻いて、逃げ出すことのみ。
　ならば、逃げ出すにしても、せめて"最後の切り札"である国王(*06)を一緒に連れていこう！(D-4)(*07)
　しかし、高宗(コジョン)本人は強い口調で言いました。
「余は、死んでもここを動かぬ！」(D-3)
　金玉均(キムオッキュン)の目論見はことごとくはずれ、もはや、絶望のドン底で、理想も、部下も、家族も、義理も人情も、何もかもかなぐり捨てて、ほぼ単身に近い形で、命からがら日本に亡命する以外にありませんでした。
　時、12月7日。
「新政権」発足からわずかに3日後。
　文字通りの「三日天下」でした。

---

(*06) 甲申事変での「新政府」の政策第1弾で「高宗は国王ではなく皇帝と宣する」旨が定められましたので、厳密には「皇帝」ですが。

(*07) どこの国でも、その国の君主の取り込みに成功した陣営に「正統性」が与えられ、「官軍」となりますが、これに失敗した陣営は「賊軍」となり、汚名を着せられます。
　　　国王（高宗）を連れていくことができれば、まだかすかな希望がありました。

## Column 金玉均の「最大の失態」

　紙面の都合上、本文ではあまり詳しくは触れませんでしたが、甲申事変は、まさに相次ぐ失態！　失態！　失態！　の連続でした。

　ひとたび失敗すれば命がない「非合法クーデタ」なのですから、情報漏洩などもっての外、絶対にあってはなりません。

　にもかかわらず、政変翌日（5日）には、外部から閔妃に情勢が伝えられ、閔妃から袁世凱に救援要請が届けられています。

　機密情報ダダ漏れ。

　それでも金玉均は余裕を見せていました。

　「だいじょうぶ！　清国軍は絶対に動かない！　動けないのだ！」

　しかし、その言葉とは裏腹に、その翌日（6日）には、袁世凱は、何のためらいもなく駐朝清軍の全軍を動員しています。

　政治情勢の読み違え、袁世凱という人物の読み違え。

　そして、「願望」と「現実」の混同。

　圧倒的兵力差に陥った中で、クーデタ側の懐にいる閔妃には、いろいろと利用価値が生まれる可能性が出てきます。

　彼女は、絶対に確保しておかねばならない「切り札」。

　…が、これまたいともあっさりと、むざむざと逃げられます。

　これ以外にも、何か事態が動くたび、失態！　失態！　失態！

　そもそも政変というものは、よほどうまくやっても成功率は低いもの。

　ましてや、ここまで失態を繰り返して、成功できたら奇跡です。

　すべては、金玉均の見込み違い、統率力不足、見通しの甘さゆえ。

　しかも、百歩譲って、仮にこの政変が成功していたとしても、日本の庇護の下で生まれた新政府など、日本の傀儡になることは必定。

　彼のめざす「完全独立」など、どこにもありません。

　この政変は、起こす前から詰んでいた、と言えます。

　数々の失態を演じた金玉均でしたが、彼の"最大の失態"は、「自分の無能に気づけなかったこと」と言えるかもしれません。

# 第3章 日清戦争

## 第7幕

## 軍拡の10年、その成果はいかに
### 甲申事変後の日清

甲申事変は失敗に終わり、天津条約が締結された。日本は、清国の脅威に直面し、これより10年、来たるべき日清戦争に向けて、朝野を挙げて、死に物狂いの軍拡を行う。かたや清国は。豪華な頤和園の造営、西太后還暦祝いの祭典…と西太后の贅沢に費やし、威容を誇った北洋艦隊は、たちまち老朽化・旧式化していく…。

**天津条約 1885.4/18**

ま、そもそも袁世凱の暴走で起こったことだしな

なんとか第3条をねじこんだぞ！粘った甲斐があった…

直隷総督兼北洋通商大臣
**李 鴻章**

日本全権
**伊藤 俊輔 博文**

## 〈甲申事変後の日清〉

**天津条約** 1885.4/18

1. 日清両国は4ヶ月以内に撤退すること。
2. 日清両国は朝鮮に軍事顧問を派遣しないこと。
3. 将来朝鮮に出兵する必要が生じた場合は、「先互行文知照」すべきこと。

「事前にお互い公文書を取り交わし合い了解を得る」という意味だが、清側は「照」の字は「清皇帝」に対してのみ使用する語だから、「皇帝に了解を得た」と詭弁を弄した。

ま、そもそも袁世凱の暴走で起こったことだしな

**直隷総督兼北洋通商大臣**
**李 鴻章**
1870 - 95

北洋艦隊維持費 150万両/年

30.5cm Krupp Gun x4

1885 7220t x2

German built 1700000 tael

定遠
鎮遠

定遠は「遠き日本を平定する」
鎮遠は「遠き日本を鎮圧する」の意

ちょこざいな！だが、こっちだって東洋最大の巨大戦艦定遠・鎮遠が届いたぞ！

頤和園つくってつ！私の還暦のお祝いを盛大にしましょ！

**西太后**
**葉赫那拉 蘭兒(?)**
1861 - 1908

頤和園建立 2000〜3000万両

西太后還暦祝 700〜1000万両

新艦増強 整備修理 不能可

このババア…今、我が国がどういう状況かわからんのか…

黄海海戦時主砲の衝撃で艦橋崩落 丁汝昌負傷

鎮遠　定遠

第 7 幕　甲申事変後の日清

## 1880 年代後半～ 1890 年代前半

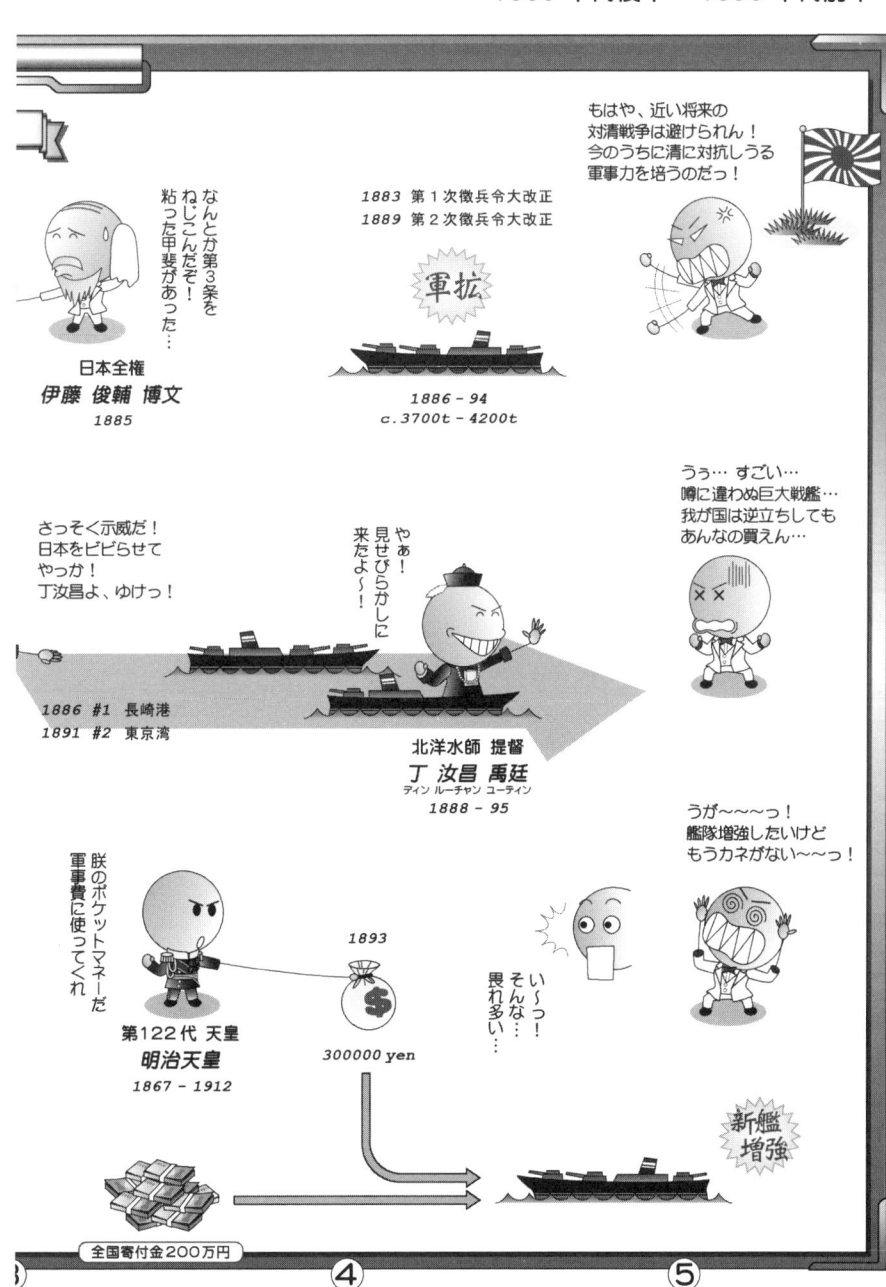

日本全権
**伊藤 俊輔 博文**
1885

なんとか第3条を
ねじこんだぞ！
粘った甲斐があった…

1883　第 1 次徴兵令大改正
1889　第 2 次徴兵令大改正

**軍拡**

1886 - 94
c.3700t - 4200t

もはや、近い将来の
対清戦争は避けられん！
今のうちに清に対抗しうる
軍事力を培うのだっ！

さっそく示威だ！
日本をビビらせて
やっか！
丁汝昌よ、ゆけっ！

やぁ！
見せびらかしに
来たよ～！

1886 #1 長崎港
1891 #2 東京湾

北洋水師 提督
**丁 汝昌 禹廷**
ディン ルーチャン ユーティン
1888 - 95

うぅ… すごい…
噂に違わぬ巨大戦艦…
我が国は逆立ちしても
あんなの買えん…

第122代 天皇
**明治天皇**
1867 - 1912

朕のポケットマネーだ
軍事費に使ってくれ

1893
300000 yen

い～っ！
そんな…
畏れ多い…

うが～～～っ！
艦隊増強したいけど
もうカネがない～～っ！

**新艦
増強**

全国寄付金200万円

④　⑤

155

甲申事変は、日本にひとつの決意をさせることになります。
それこそが、本書のテーマのひとつである「日清戦争」です。
　甲申事変後の約10年間（1885〜94年）は、日本が、それこそ死に物狂いで「全国力を日清戦争のための戦争準備に傾けた期間」でした。（A-5）

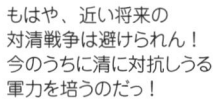

1883　第1次徴兵令大改正
1889　第2次徴兵令大改正

軍拡

もはや、近い将来の
対清戦争は避けられん！
今のうちに清に対抗しうる
軍力を培うのだっ！

　さきにも申し上げましたとおり、日本が一貫して望んでいたのは、「朝鮮が白人列強の植民地にされないこと」であって、必ずしも「日本が朝鮮を植民地にすること」ではありません。(＊01)
　朝鮮は、独立国家でいてくれる限り、日本にとって「防波堤」となってくれるのでありがたいくらいですが、白人列強の植民地に陥ちた途端、たちまち、その「橋頭堡（前線基地）」となって日本を亡ぼす元凶となるからです。
　まさに、日本にとって朝鮮は「諸刃の剣」でした。
　だからこそ、日本は「朝鮮の近代化」に全面協力したのです。
　はなから朝鮮を植民地にするつもりなら、朝鮮の近代化に協力などするはずもありません。

---

(＊01)「しかし、現実問題、日本は朝鮮を植民地にしたのでは？」と思われた方、なぜそのようになってしまったかは、本書を読み進めていけばわかります。

ところが。

　朝鮮はどうしても「華夷秩序」の妄想から抜け出せず、ただただ必死に清朝にすがるばかり。

　アヘン戦争・アロー戦争で、清朝がコテンパンにやられているのを見ても。

　朝鮮と同じ属国の立場であった阮朝越南(ヴェトナム)が、あっさり清朝に見棄てられているのを目の当たりにしても。

　それでもなお、目が醒めることなく、必死に清朝にすがろうとする朝鮮。

　日本は、どうでも！　否応なく！　清国を朝鮮から引き剝がさなければなりませんでしたが、それには「戦争」は避けられませんでした。

　まずは、甲申事変の戦後処理に「天津条約（A-3）(＊02)」が締結されます。

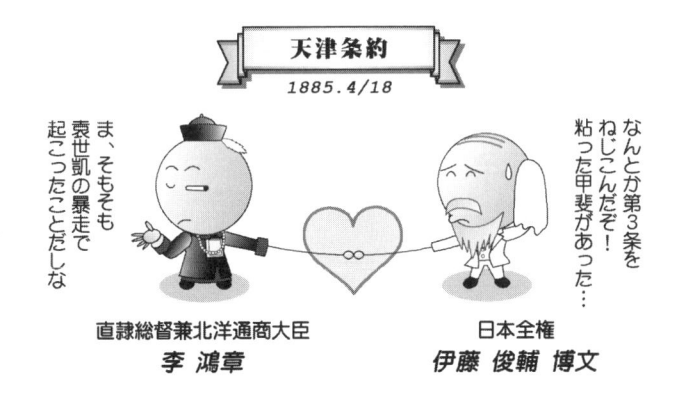

天津条約
1885.4/18

ま、そもそも
袁世凱の暴走で
起こったことだしな

なんとか第3条を
ねじこんだぞ！
粘った甲斐があった…

直隷総督兼北洋通商大臣
李　鴻章

日本全権
伊藤　俊輔　博文

　清朝全権が李鴻章(りこうしょう)。日本全権が伊藤博文。

第1款「日清両国は、お互いに4ヶ月以内に朝鮮から撤兵すること」

第2款「日清両国は、お互いに朝鮮に軍事顧問を派遣しないこと」（A-1）

　このあたりは、差し障りのない内容ですが、問題は、その次。

---

(＊02) このときの「天津条約」こそが、日清戦争の口実となりますので、よく理解しておく必要があります。

第3款「将来、朝鮮に出兵する必要が生じた場合は、まずお互いに"行文知照"すべきこと」

　この「行文知照」の4文字が、のちに日清戦争のきっかけとなりますが、これについての詳しいお話はまたのちほど。

　さて。

　この10年は、日本にとって「軍拡の10年」とさきほど申しましたが、哀しいかな、所詮は貧乏小国日本のことですから、どう足掻いてみても藻掻いてみても、排水量4000ｔ級の戦艦を手に入れるのが精一杯でした。(A-4/5)

　それに比べ、やはり痩せても枯れても清朝は大国。

　天津条約が締結されたわずか半年後、清朝はいきなり「定遠」「鎮遠」(＊03)という巨大戦艦をドイツから手に入れます。

　排水量7220ｔ。

　主砲は、クルップ社製(＊04)30.5サンチ砲(＊05)を4基搭載。

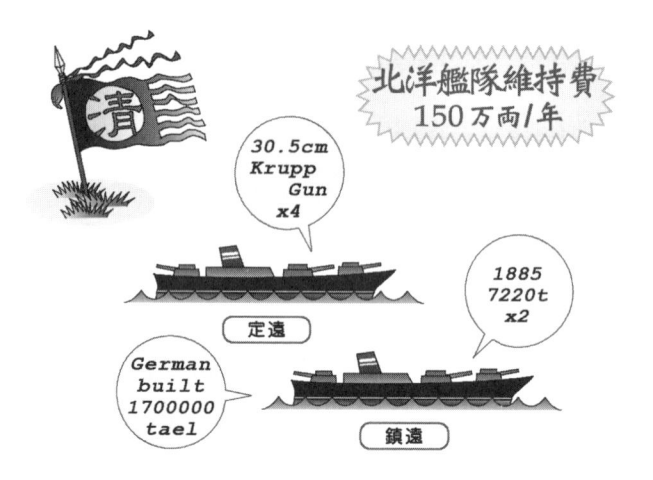

---

(＊03)「定遠」は「遠き日本を平定する」、「鎮遠」は「遠き日本を鎮圧する」という意味です。

(＊04) クルップ社といえば、ドイツ軍需産業における名門中の名門。

(＊05)「cm」のことを当時、陸軍は「センチ」、海軍は「サンチ」と呼んでいました。
　　「12インチ砲」のことを日本海軍では「30.5サンチ砲」と言いました。

この主砲は、当時のちっぽけな日本の戦艦など、当たれば一発で撃沈！　という破壊力を持つ巨砲(＊06)でした。
　それを翌年（1886年）には、長崎まで見せびらかしに来ます。(B/C-4)
　これみよがしに。日本を震えあがらせるために。
　日本は、これを見て、清朝の思惑通りビビったのか！？
　それはもう、ビビりまくり。小便ちびらんばかり。

やぁ！
見せびらかしに
来たよ～！

うぅ…　すごい…
噂に違わぬ巨大戦艦…
我が国は逆立ちしても
あんなの買えん…

北洋水師　提督
丁　汝昌　禹廷

　これは、李鴻章の思惑通り。
　しかし。
　じつはこのことが、清朝にとって、かえって逆効果に働きます。
　"強大な敵"を見せつけられ、震えあがったことで、日本は上から下まで、右から左まで、文字通り"挙国一致"することが可能になったからです。
「このままでは、我が国がこれまで心血を注いで造りあげた戦艦も、定遠・鎮遠の餌食だ！　もっともっと戦艦を増強せねば！」
　しかし、"貧乏小国"日本の哀しさ。

---

(＊06) ただし、当時は、「連射は効かないが破壊力抜群の少基の巨砲」が有利なのか、「破壊力はないが、連射が効く多基の小胞」が有利なのかは、答えが出ていませんでした。

これまでも相当無理して軍拡を進めてきた結果、どこをどう叩いても、軍艦を買うお金など出てこない。
　もはや万事休すか！？
　そんなときでした。
　なんと、天皇陛下が自らのポケットマネー30万円(＊07)を出して、「これを足しにして欲しい」と仰せられたのです。
　これを知った日本国民は感動の渦に巻き込まれます。
　「天皇陛下にそこまでさせて、我々が黙っておられようか！」

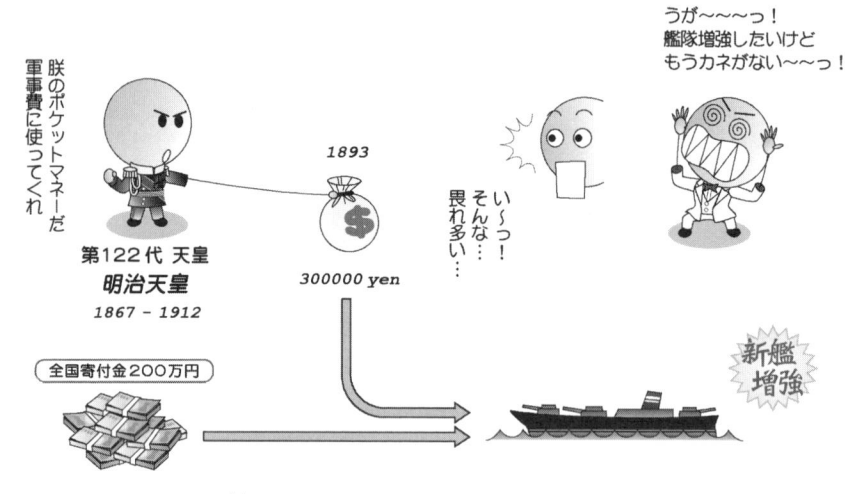

朕のポケットマネーだ
軍事費に使ってくれ

第122代 天皇
**明治天皇**
1867 - 1912

1893
300000 yen

い～っ！
そんな…
畏れ多い…

うが～～～っ！
艦隊増強したいけど
もうカネがない～～っ！

全国寄付金200万円

新艦
増強

　全国から多額の義捐金が集まります。(＊08)
　その額たるや、200万円。これで新艦が1隻発注できます。
　当時の日本人は貧乏人ばっかり、朝から晩まで身を粉にして働いて、その日、わずかっぱかりのメシにありつければ幸せ者。

---

(＊07) 現在の貨幣価値で考えてはいけません。戦艦1隻が250万円という時代の話です。
　　　当時の公務員の初任給が8～9円でしたから、そこから換算すると、当時の1円の価値は、現在の2万円くらい、戦艦1隻が500億円相当、天皇陛下の寄付金が60億円相当といった感じでしょうか（もちろん計算方法によって大きく差が出ますが）。

経済的余裕など微塵もない。

そんな中でも、切りつめて切りつめて、自ら進んで義捐金を出したのです。

それに比べて清国の支配者、西太后は──

「アロー戦争で英仏に焼き払われた円明園の代わりに、頤和園を造りましょ!

そこで妾の大寿(還暦)を盛大に祝いましょう!

崇慶皇太后(*09)を超えるほど盛大にね!」

──西太后様、そんなお金はどこにも…。

「カネがないですって!? 海軍費を使えばいいでしょうが!」

明治天皇や日本国民とはなんたる格差!

この「差」が、勝敗を分けることになります。

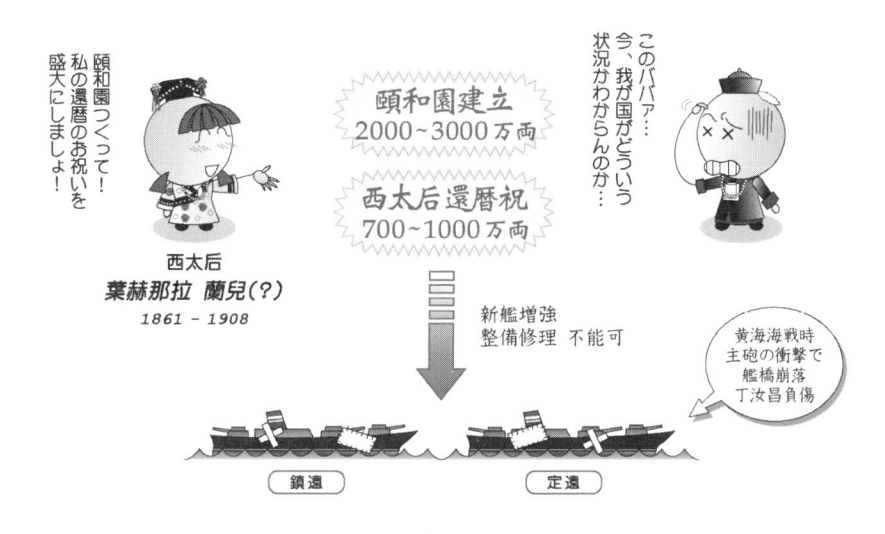

西太后
葉赫那拉 蘭兒(?)
1861 - 1908

頤和園つくって!
私の還暦のお祝いを盛大にしましょ!

頤和園建立
2000~3000万両

西太后還暦祝
700~1000万両

新艦増強
整備修理 不能可

このババア…
今、我が国がどういう状況かわからんのか…

黄海海戦時
主砲の衝撃で
艦橋崩落
丁汝昌負傷

鎮遠    定遠

---

(*08) このころ、ある死刑囚が死刑執行の際、「私の全財産2円は寄付いたします。どうかお国のために使ってください」と言い残したといいます。

(*09) 清朝第6代乾隆帝の聖母。西太后は、つねに彼女を意識していました。
彼女の大寿の祝いは、頤和園のあったその場所で盛大に執り行われていました。

## Column 西太后と北洋艦隊

　西太后が横流しした金額がどれほど清国に深刻な影響を与えたか、ここでは、もう少し詳しく検証してみましょう。

　当時、北洋艦隊全体の維持費(メンテナンス)が150万両(テール)。

　甲申事変の直後に導入し、日本がどんなに願ってもあまりに高価すぎて買えなかった、当時最新鋭艦「定遠」「鎮遠」が170万両。

　これと比較してみていきますと…。

　西太后が建立(こんりゅう)させた頤和園(いわえん)の建設費が、なんと、2000～3000万両。

　この西太后の還暦(大寿)祝いにかかった経費が、700～1000万両。

　もう、まさに文字通り「ケタ違い」です。

　もし、これをそっくりそのまま海軍費に投入していれば、なんと、「定遠」「鎮遠」級の巨大戦艦を20隻も増強できてしまいます。

　さすれば、日清戦争において、日本の勝利などあり得ませんでした。

　日本が貧乏ながらもツメに火を灯し、官民一体となって、死に物狂いで海軍増強に邁進していた10年、北洋艦隊は、増強どころかメンテナンスすらままならず、アッという間に老朽化してしまいます。

　のちに日清戦争が勃発したとき、それを象徴する事件が起こります。

　日清戦争の最大局面となった黄海海戦において、号砲一発、最初にその砲を放ったのは「定遠」でした。

　ところが、その刹那、主砲発射の衝撃でいきなり「定遠」の艦橋が崩落し、艦長丁汝昌(ていじょしょう)以下、艦の首脳部が重傷を負い、開戦した瞬間、いきなり指揮が執れなくなってしまいます。

　それもこれも、すべては、メンテナンスをサボっていた悲劇。

　いや、サボっていたわけではありません、その費用を捻出できなかったのです。

　日本は、知らず知らずのうちに、「定遠」「鎮遠」が束になっても勝てない最終兵器を保有していたのでした。

　「西太后」という名の最終兵器を。

# 第3章 日清戦争

## 第8幕

## 日清両軍出兵、そして「最後通牒」
### 甲午農民戦争

それは朝鮮から始まった。朝鮮は、国家存亡の危機にあって、政府は私腹を肥やすことしか頭にない汚吏で満たされ、その怒りがついに爆発したのである。10年前のことで日本を甘く見ていた袁世凱は、ただちに出兵。日本もこれに対応し、朝鮮をはさんで、日清両軍が睨み合う。一触即発の状態はやがて…。

天津条約第3款違反！

天津条約第3款「先互行文知照」というのは、「事前に、お互いに公文書を取り交わし了解を得る」という意味だろうが！

外務大臣 第8代
陸奥 宗光

## 〈甲午農民戦争〉

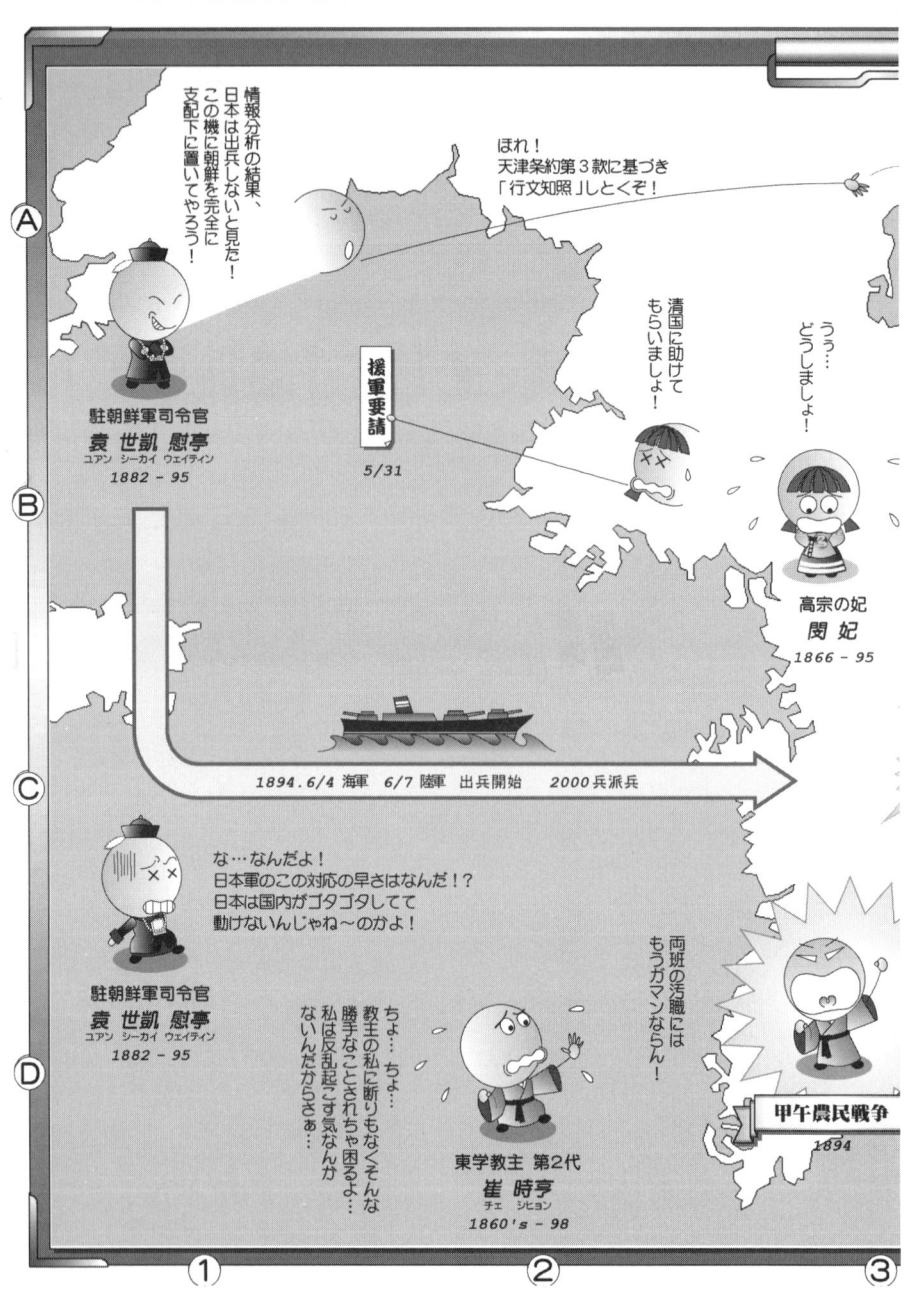

情報分析の結果、日本は出兵しないと見た！この機に朝鮮を完全に支配下に置いてやろう！

ほれ！天津条約第3款に基づき「行文知照」しとくぞ！

清国に助けてもらいましょ！

うぅ…どうしましょ！

駐朝鮮軍司令官
**袁 世凱　慰亭**
ユアン　シーカイ　ウェイティン
1882 - 95

援軍要請
5/31

高宗の妃
**閔 妃**
1866 - 95

1894.6/4 海軍　6/7 陸軍　出兵開始　2000兵派兵

な…なんだよ！日本軍のこの対応の早さはなんだ！？日本は国内がゴタゴタしてて動けないんじゃね〜のかよ！

駐朝鮮軍司令官
**袁 世凱　慰亭**
ユアン　シーカイ　ウェイティン
1882 - 95

ちょ…ちょ…教主の私に断りもなくそんな勝手なことされちゃ困るよ…私は反乱起こす気なんかないんだからさぁ…

東学教主 第2代
**崔 時亨**
チェ　シヒョン
1860's - 98

両班の汚職にはもうガマンならん！

**甲午農民戦争**
1894

① ② ③

A B C D

164

第8幕　甲午農民戦争

1894年

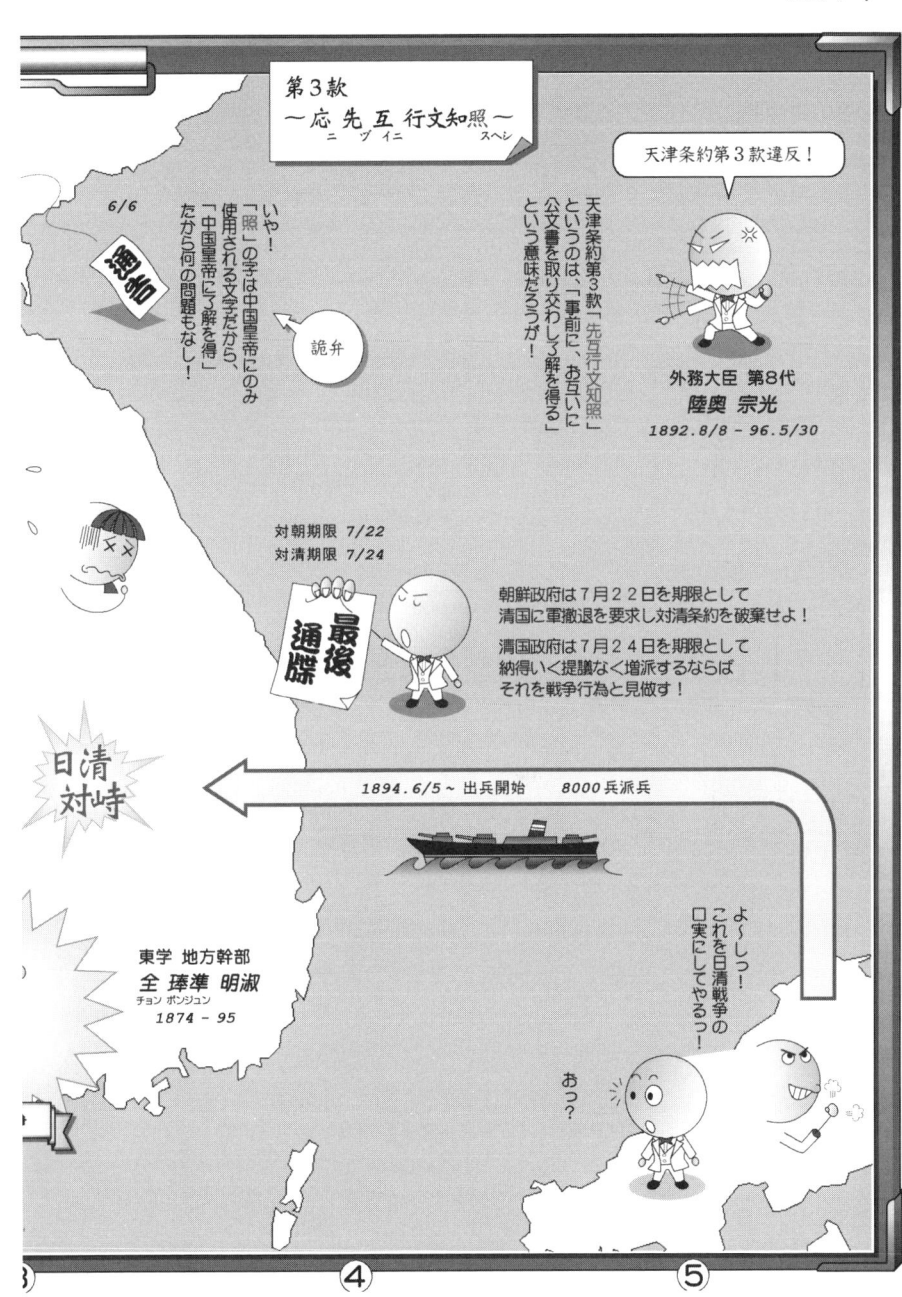

第3款
〜応先互行文知照〜
ニ ヅ イニ　　スヘシ

天津条約第3款違反！

天津条約第3款「先互行文知照」というのは、「事前に、お互いに公文書を取り交わし了解を得る」という意味だろうが！

いや！「照」の字は中国皇帝にのみ使用される文字だから、「中国皇帝に了解を得る」だから何の問題もなし！

6/6
宣布

詭弁

外務大臣 第8代
陸奥 宗光
1892.8/8 - 96.5/30

対朝期限 7/22
対清期限 7/24

最後通牒

朝鮮政府は7月22日を期限として清国に軍撤退を要求し対清条約を破棄せよ！
清国政府は7月24日を期限として納得いく提議なく増派するならばそれを戦争行為と見做す！

日清対峙

1894.6/5〜出兵開始　8000兵派兵

東学 地方幹部
全 琫準 明淑
チョン ボンジュン
1874 - 95

よ〜しっ！これを日清戦争の口実にしてやるっ！

おっ？

第1章 清朝の混迷
第2章 日本開国
第3章 日清戦争
第4章 清朝分割と日露対立
第5章 日露戦争

**甲** 申事変から指折り数えて10年。

日本は、あの政変（クーデタ）以来、死に物狂いで「軍拡」と「練兵」をつづけ、そして、ついに機は熟します。

その間、朝鮮の社会・経済は、どんどん紊乱（びんらん）し悪化の一途をたどっていったのに、閔氏（ミン）政権はなんら策を講じることはありませんでした。

それどころか、閔氏一族は、この10年、ただひたすらに私腹を肥やすことに汲々（きゅうきゅう）としていただけ。(＊01)

ここに、閔氏政権の無能が、そして、それに何ひとつ対処できなかった、しようとすらしなかった高宗（ユジョン）の無能が、はっきりと表れています。

ついに、虐（いた）げられつづけた民衆の怒りが、全羅道（チョルラ）(D-3)(＊02)から「反乱」となって爆発します。

それこそが、かの有名な甲午（こうご）農民戦争(D-3)(＊03)です。

一応、名目上の指導者は、東学教主崔時亨（チェシヒョン）(D-2)ですが、これはお飾り。

---

(＊01) むしろ、国が乱れているときの方が、汚職はしやすかったりします。
　　　 国が安定しているときは、政府にもこれを摘発する余裕がありますので。

(＊02) 朝鮮半島の南西部に位置する行政区（日本の都道府県に相当）。

(＊03) 1882年「壬午軍乱」、84年「甲申事変」、94年「甲午農民戦争」、この3つは、名前が似ていて、よく混同してしまうので注意が必要。

事実上の指導者は、あくまで全琫準（D-3/4）(＊04)でした。

彼率いる反乱軍はまたたくまに拡大、これに狼狽した閔氏政権は、ただちに清に援軍を請います。(A/B-1/2)(＊05)

要請を受けた駐朝軍司令官の袁世凱（A/B-1）は、野心の塊のような男。

「ふん！　壬午軍乱のときも、甲申事変のときも、日本など、事が起これば
しっぽを巻いて島へ逃げ帰るような貧乏弱小国！
しかも、今、日本国内はゴタゴタがつづき、動ける状態ではあるまい！
兵を出すにしろ、100ほどの兵で日本公使館を守るのが精一杯だろう。
よし、出兵だ！！」

情報分析の結果、日本は出兵しないと見た！
この機に朝鮮を完全に支配下に置いてやろう！

駐朝鮮軍司令官
袁世凱　慰亭
ユアン　シーカイ　ウェイティン

天津条約第3款違反！

天津条約第3款「先互行文知照」というのは、「事前に、お互いに公文書を取り交わし了解を得る」という意味だろうが！

外務大臣　第8代
陸奥　宗光

袁世凱は、援軍要請を受けた2日後（6月2日）には、出兵準備に入り、さらに2日後（4日）には、巡洋艦2隻を仁川に出撃させます。

---

(＊04) 彼は、東学の地方幹部にすぎませんでしたが、東学の教主（崔時亨）の許可もなく、独断で東学を利用して反乱を起こしてしまいます。

(＊05) 普段は私腹を肥やすことに汲々とし、何か問題が起こればすぐに外国（清）に頼る。閔氏政権が、すでに統治能力を失い、"売国奴の巣窟"となっていることが見て取れます。現代の"どこぞの国"の政府とウリふたつです。

しかし、これは明らかな「天津条約違反」。

なんとなれば、その「第3款」（A-4）には、「もし将来、朝鮮に変乱が起こって、日清両国またはその一方が、朝鮮に出兵する必要が生じた場合には、事前かつ相互に、外交文書を取り交わし、相手国に了解を得なければならない」(＊06)と明記されていましたから。

> 第3款
> ～応　先　互　行文知照～
> 　　ニ　ヅイニ　　　　スベシ

袁世凱（えんせいがい）は、出撃命令の2日後（6日）になってから「出兵通告」を出しますが、「事前」ではなく「事後」、「相互」ではなく「一方的」でしたから、条約違反は明白。

もちろん、袁世凱（えんせいがい）も、これが条約違反であることは重々承知していましたが、日本を甘く見ていたため、よもや日本がこれを問題視するとは夢にも思っていなかったのです。

しかし、その思惑ははずれ、日本は毅然（き）としてこれに抗議してきました。

イタいところを突かれた袁世凱（えんせいがい）は、もはや言い逃れのしようがない…

…かと思いきや。

「そもそも"行文知照（こうぶんちしょう）"の『照』の字は、中国皇帝に対して了解を得るときにのみ使用される文字である。

したがって、中国皇帝に対してのみ了解を得ればよい！　問題なし！」

もはや、開いた口が塞がらないほどの詭弁です。(＊07)

話にならない。交渉決裂。

---

(＊06) 原文は、「将来、朝鮮国、若シ変乱重大ノ事件アリテ、日中両国、或ハ一国、兵ヲ派スルヲ要スルトキハ、応ニ先ヅ互ニ行文知照スベシ」となります。
- 先ヅ ＝ 事前に
- 行文 ＝ 外交文書を取り交わし
- 互ニ ＝（日清両国が）相互に
- 知照 ＝（出兵の意を）通知し了解を得る

(＊07) これでは、「日本が出兵する際も、清国皇帝に許しを請わなければならない」という意味になってしまいます。ほとんど意味不明です。

第 8 幕　甲午農民戦争

日本は、清国の巡洋艦が仁川(インチョン)に到着した日（5日）に動員令を発令。
その数、一個混成旅団8000。これには、袁世凱も仰天！(C/D-1)
「8000だと！！　我が軍の4倍ではないか！？
日本はゴタついてて、出兵どころの騒ぎじゃないんじゃないのか！？」

> な…なんだよ！
> 日本軍のこの対応の早さはなんだ！？
> 日本は国内がゴタゴタしてて
> 動けないんじゃね〜のかよ！
>
> 駐朝鮮軍司令官
> **袁 世凱 慰亭**
> クアン　シーカイ　ウェイティン

袁世凱も7日には陸軍2000を牙山(アサン)に出兵させるも、劣勢は否めない。
しかし、動揺したのは袁世凱だけではありません。
こうして、日清両軍が陸軍を朝鮮に上陸させたとき（9日）には、すでに反乱は沈静化し、平時に戻ってしまっていたのです。(＊08)
これでは出兵の大義名分が立ちません。
とはいえ、軍隊というものは、ひとたび動きだしてしまえば、なんらかの"成果"がなければ、退けない特性を持っています。(＊09)
日清両軍は、お互い退くに退けず、朝鮮でにらみ合いをつづけ、打開策もないまま、時間だけが過ぎてゆきます。
そこに、「清国が増派の準備に入った！」との情報がもたらされます。
まずい！！

---

(＊08) 日清両国の大軍派兵に狼狽した朝鮮政府は、反乱軍と和解（全州和約）していました。
　　　ただし、全州和約の一次史料は発見されておらず、真偽のほどは不明。
(＊09) いったん動き出した機関車がすぐには止められないのに似ています。
　　　巨大な構造物というものは、動かすのに莫大なエネルギーを必要とするのは当然、止めるにも「動かすためにかかった同量のエネルギー」を必要とするものです。

所詮、日本は小国。

　現時点では、日本8000に対して清国2000で、優位に立っているものの、清国が本格的に増派するとなれば、日本はたちまち形勢逆転されてしまいます。

　そうはさせじ！

　日本は、ついに7月19日、事実上の最後通牒(＊10)を突きつけます。

　朝鮮政府に対しては、

「7月22日を期限とし、清国軍を国外追放し、対清条約を破棄せよ！」

　清国政府に対しては、

「ただちに朝鮮への増派を中止せよ。

7月24日を期限とし、以降も増派をつづけるならば、戦争行為と見做(みな)す」

```
対朝期限 7/22
対清期限 7/24
　　　最後通牒
朝鮮政府は7月22日を期限として
清国に軍撤退を要求し対清条約を破棄せよ！
清国政府は7月24日を期限として
納得いく提議なく増派するならば
それを戦争行為と見做す！
```

　一応、「条件付き」ではありましたが、清・朝両国がこれに応じるはずもなく。

　したがって、これは実質的には宣戦布告(＊11)であり、日清両国は、7月25日より「開戦」する覚悟に至ったことを意味していました。

　いよいよ、次幕から「日清戦争」に突入します。

---

（＊10）名目上は「覚え書き（署名すらない略式の外交文書）」でした。

（＊11）正式な宣戦布告は、8月1日です。

# 第3章 日清戦争

## 第9幕

### 一進一退の激戦！
日清戦争

日本が突きつけた期限付き最後通牒。しかし、清国はこれも無視。これにより戦争は勃発した。貧乏弱小国・日本に対し、圧倒的物量を誇った清国。しかし、フタを開けてみれば、陸に海に、清国の無惨な連戦連敗であった。どれほどの物量を誇ろうとも、それを動かすのは「人間」であることを歴史は語っている。

李鴻章閣下には「大勝利」と伝えておこっと！

逃げ将軍

直隷提督
葉 志超

〈日清戦争〉

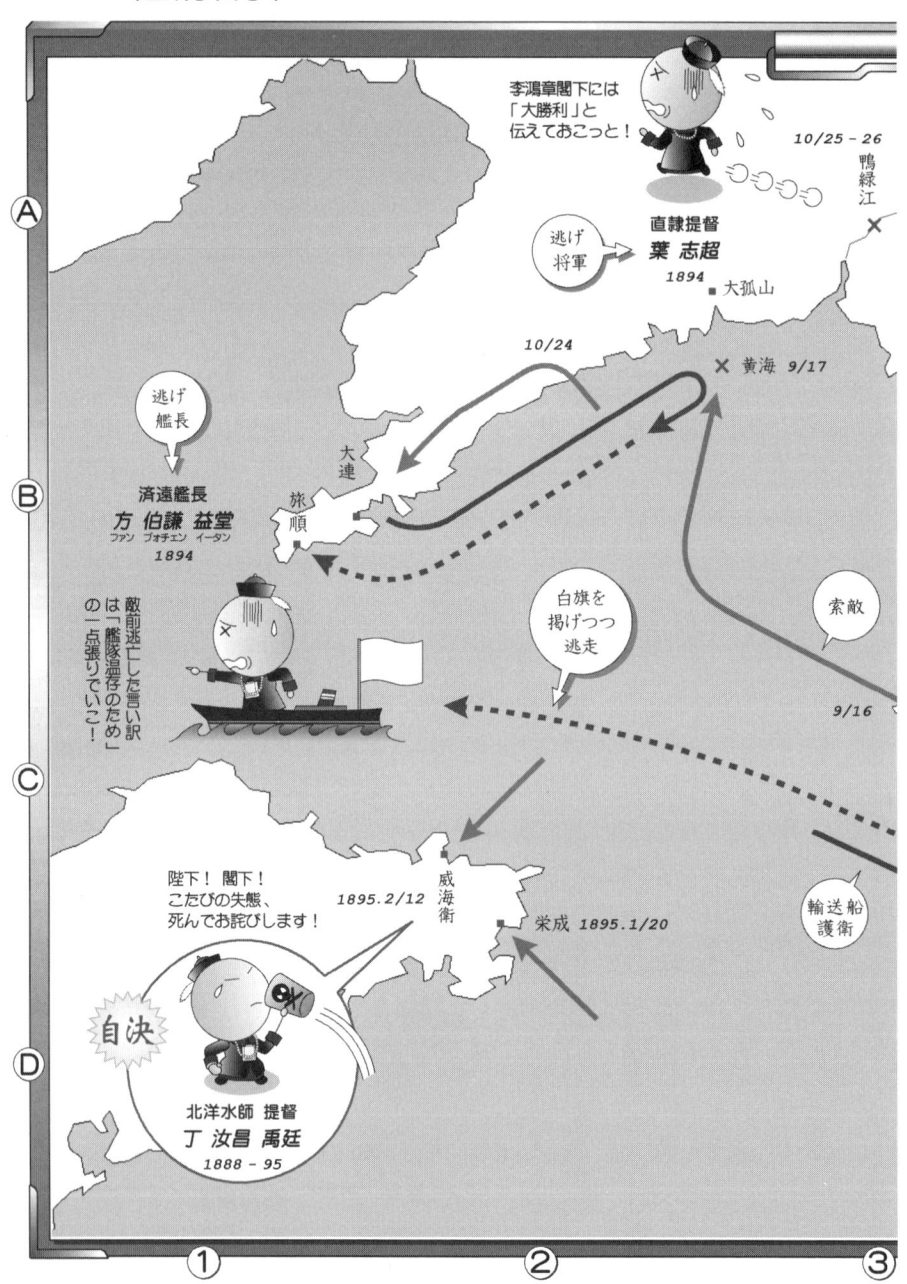

第9幕　日清戦争

1894年

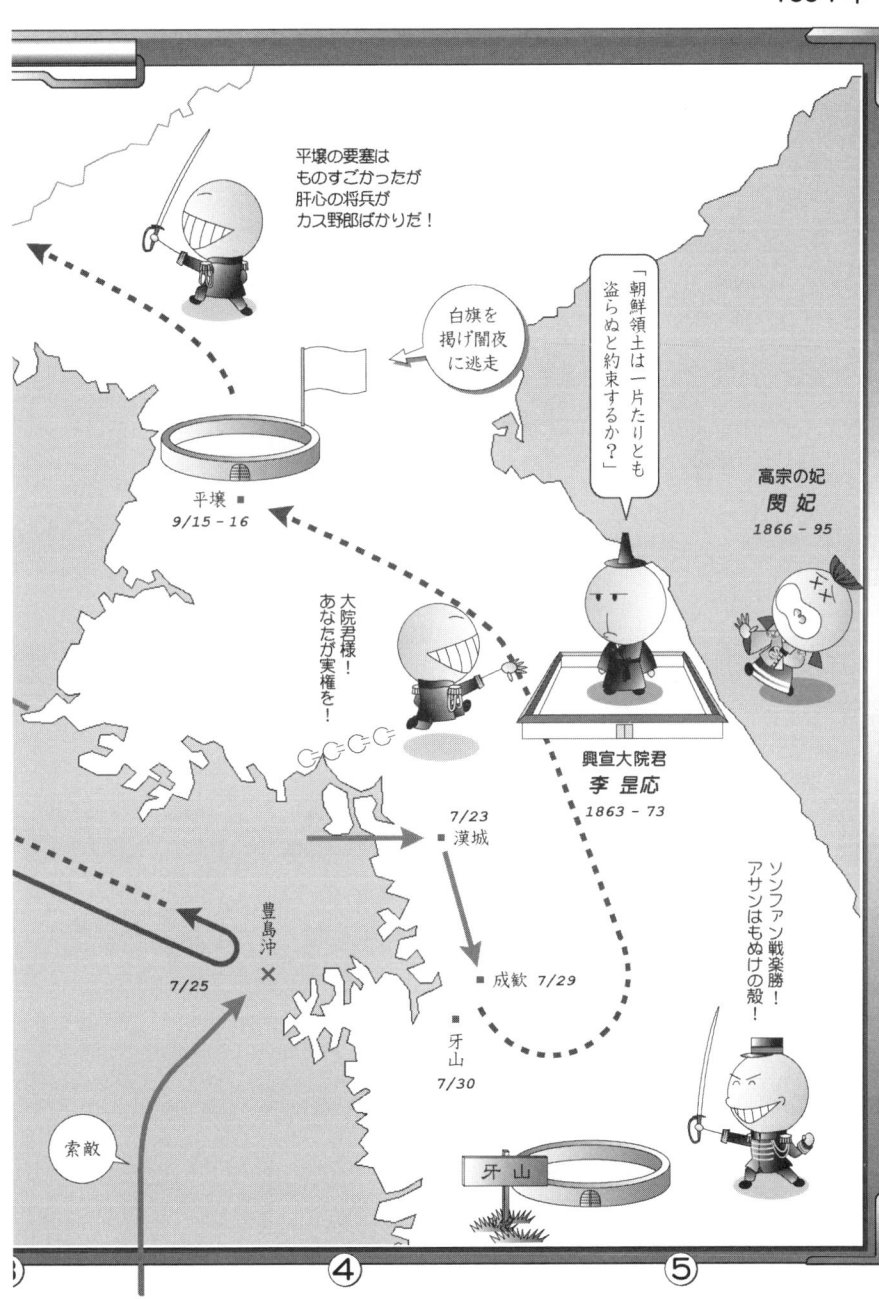

平壌の要塞は
ものすごかったが
肝心の将兵が
カス野郎ばかりだ！

白旗を
掲げ闇夜
に逃走

「朝鮮領土は一片たりとも盗らぬと約束するか？」

高宗の妃
閔妃
1866 - 95

平壌
9/15 - 16

大院君様！
あなたが実権を！

興宣大院君
李昰応
1863 - 73

7/23
漢城

成歓 7/29

牙山
7/30

豊島沖
7/25 ×

索敵

牙山

ソンファン戦楽勝！
アサンはもぬけの殻！

④　⑤

第1章　清朝の混迷
第2章　日本開国
第3章　日清戦争
第4章　清朝分割と日露対立
第5章　日露戦争

173

**最**後通牒（覚え書き）で朝鮮に伝えた期限7月22日が過ぎても、案の定、朝鮮政府からはなんの返答もありませんでした。(＊01)

　そこで翌23日、日本は首都漢城（ハンソン）（C-4/5）(＊02)を制圧、閔妃（ミン）（B/C-5）を失脚させ、大院君（デウォングン）（B/C-5）(＊03)を擁立しようとします。

　しかし、大院君（デウォングン）はこれを拒絶。

「日本（イルボン）の思い通りになどならぬわ！　今すぐここから去ねぃ！」

　しかし、閔妃（ミン）がこの国をガタガタにしたのは事実。

　その閔妃（ミン）を追い、自分がこの国を立て直せるチャンス！　という想いもある。

　そこで、大院君（デウォングン）は条件を出します。

「朝鮮（チョソン）領土は一片たりとも盗らぬと約束するか？」

──お約束いたします。

　日本のこの言葉はウソではありません。

「朝鮮領土は一片たりとも盗らぬと約束するか？」

大院君様！あなたが実権を！

高宗の妃
閔 妃
1866 - 95

興宣大院君
李 昰応

---

(＊01) ペリーに「1年」という猶予を与えられながら、なんの決定もできなかった幕府と同じで、閔氏政権もまた、完全に統治能力を失っていました。

(＊02) 古くは「漢陽（ハニャン）」と呼ばれ、日本統治時代では「京城（キョンソン）」と改称。現在では「ソウル」と呼ばれる韓国の首都です。

(＊03) 彼は、このときすでに齢74を数えていました。

繰り返しになりますが、日本は、朝鮮を植民地にしたいのではなく、近代化してほしかっただけなのですから。

　こうして、漢城(ハンソン)一帯を勢力下におくことに成功した日本軍は、ここを拠点として、次に、清国軍の拠点となっていた成歓(ソンファン)・牙山(アサン)一帯（D-4/5）を制圧すべく、軍を南下させはじめます。

　当時、漢城(ハンソン)の日本軍8000に対し、成歓(ソンファン)・牙山(アサン)の清国軍は4000。

　劣勢の清国軍としては、どうしても増派する必要がありました。

　そうはさせるか！

　日本艦隊は、成歓(ソンファン)・牙山(アサン)への補給船を血眼になって索敵(*04)していましたが、25日(*05)、ついにを豊島沖(プンド)（C/D-4）でこれを発見！

　ただちに交戦状態に突入します。

　これが日清戦争最初の海戦、豊島沖海戦(プンド)(*06)です。

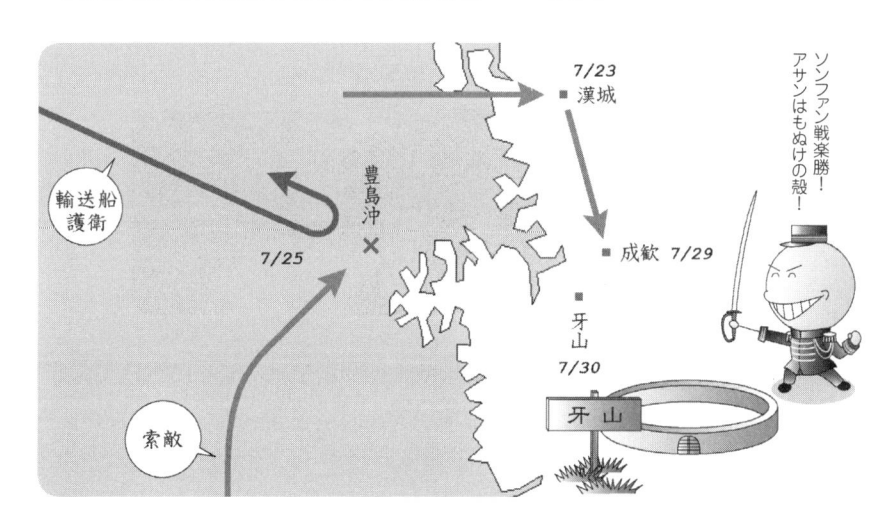

（*04）当時はレーダーもないため、すべて「目視」による索敵でした。

（*05）日本が清国に突きつけた最後通牒の期限が7月24日でしたから、国際法規上24日までが「平時」、25日以降は、自動的に「戦時」でした。

（*06）史上初の「蒸気鉄甲船同士の海戦」でもありました。

戦争というのは、その「初戦」がたいへん重要です。

　その勝敗が、戦争全体の勝敗を左右することも珍しくありません。

　その点、こたびの海戦における敵方艦長（方伯謙）（B/C-1）が腰ヌケだったことは、日本にとって幸運でした。

　なにしろ、この方伯謙という男は、ただ逃げることしか能のない男。

　ついた渾名が「逃げ艦長」。

済遠艦長
方 伯謙 益堂
ファン ブオチェン イータン

敵前逃亡した言い訳は「艦隊温存のため」の一点張りでいこ！

白旗を掲げつつ逃走

　味方が危機に陥ろうが、戦況がどうだろうが、日本艦隊と見れば逃走！

　追いつかれそうになれば、白旗を掲げる！

　白旗を見た日本艦隊が砲撃を止め、減速しているすきに逃走。

　この男に、恥も外聞も体裁も誇りもない。

　そして、味方を見棄て、大損害を出しておきながら、おめおめ自分だけ逃げ帰ってきたときの言い訳は、いつも同じ「艦隊温存のため！」。(＊07)

　背を向ける敵を仕留めるはたやすい。

　「逃げ艦長」のおかげで、この豊島沖海戦では、日本はただの1艦の損失も出なかったどころか、戦死者すらゼロ。

---

（＊07）後世、この「逃げ艦長」のたわいもない言い逃れを真に受け、「深謀遠慮の名提督」と評する人もいるのですが。
　　　詳しくは、次ページのコラム「逃げ艦長は名提督か」を参照のこと。

## Column 「逃げ艦長」は名提督か

　日本艦隊と見れば、ただちに踵(きびす)を返して、全力で「逃げ」つづけた北洋水師の巡洋艦「済遠(さいえん)」艦長、方伯謙(ほうはくけん)。

　豊島沖海戦では、「広乙(こうおつ)」も「高陞(こうしょう)号」も見棄てて、単身敵前逃亡！

　結果、見棄てられた「広乙(こうおつ)」「高陞(こうしょう)号」はともに撃沈。

　黄海海戦でも、激戦の最中(さなか)、独断で逃走開始！

　それを契機として、艦隊運動が乱れ、日本艦隊の集中砲火を浴び、清国艦隊はつぎつぎと沈没、炎上、残った者は敗走。

　これでは、後世「逃げ艦長」として誹(そし)りを受けるのもやむを得ません。

　彼は、逃げ帰ってくると、いつも同じ言い訳をしていました。

「艦隊温存のため！」

　ばかばかしい！　稚児(ちご)のごとき言い逃れ。

　ところが、後世、この戯言(たわこと)を真に受ける人が現れるようになります。

「清国艦隊の存在意義はあくまでも日本の海上輸送路を脅(おびや)かすこと！

　そのことをよく理解していた方伯謙(ほうはくけん)は、"目先"の小さな局地戦の勝利に囚われることなく、あくまで"大局"を見て、清国艦隊の温存に尽力したのだ！　なんたる深謀遠慮！　名提督である！」と。

　それとて、時と場合に拠(よ)りけり。

　方伯謙(ほうはくけん)が逃走したことで、幾度となく味方艦隊が危機に陥り、実際、多数の艦隊が撃沈されている事実を忘れています。

「多数の艦隊を犠牲」にしてまで「ちっぽけな巡洋艦1隻を温存」することが、日本の海上輸送を脅(おびや)かすことにつながるのか。

　そもそも日本艦隊と見れば、一目散に逃げ出す艦隊が脅威となるのか。

　そんなことを繰り返せば、「腰ヌケ艦隊」のイメージが世界に定着してしまい、「清国」自体が国際社会の中で軽んじられ、このことが与える外交上のダメージの方がよっぽど甚大であるが、それはいいのか。

　ただただ「艦隊温存！」の"目先"に囚われ、そうした"大局"がまったく見えていない。

　筆者は、やはり、方伯謙(ほうはくけん)は口先三寸の無能だと考えます。

対する清国側は、戦艦「広乙」「操江」のみならず、清兵1000名・大砲14門満載の「高陞号（＊08）」まで撃沈され、戦死者1100名の大損害を出します。
　さァ、この海戦の勝利により、日本は、国際世論を味方につける（＊09）と同時に、牙山への補給を封じることに成功しました。
　これで漢城の日本軍は、安心して成歓を攻めることができます。
　豊島沖海戦の5日後、成歓の戦が始まりますが、ちょっとした小競り合いがあっただけで、清国軍はすぐに敗走。
　気をよくした日本軍は、ただちに牙山に向かって追撃開始！
　ところが！
　翌日、日本軍が牙山に着いてみると、そこはもぬけの殻。
　「むむ！　清国兵がひとりもいないじゃないか！　どこへ行きやがった！？」
　ここで日本軍は、清国軍を完全に見失う、という大失態を演じます。
　じつは、すでに葉志超（＊10）率いる清国軍は、武器も何もかもかなぐり捨てて、脱兎のごとく、はるか北方の平壌まで逃走していたのでした。（＊11）
　これにより、ぞくぞくと陸路から平壌に入城してきている清国軍と、牙山の軍が合流し、その数2万に膨れあがってしまいます。

李鴻章閣下には「大勝利」と伝えておこっと！

逃げ将軍

直隷提督
葉　志超

---

（＊08）イギリス船籍の輸送船。次ページのコラム「高陞号撃沈事件」を参照のこと。

（＊09）次ページのコラム欄「高陞号撃沈事件」を参照のこと。

（＊10）この将軍が、これまた何かというと逃げることしか頭にないため、「逃げ将軍」と呼ばれていました。海にあっては「逃げ艦長・方伯謙」、陸にあっては「逃げ将軍・葉志超」。
　　　　清国にはロクな人材がいない。貧乏小国日本が清に勝てた理由がここにも垣間見えます。

（＊11）兵站もなく、兵糧はわずか5日分のみで、400kmを約20日間かけて走破しています。

## Column 高陸号撃沈事件

　成歓（ソンファン）・牙山（アサン）に駐留している清国軍が劣勢であったため、清国は開戦する前に、どうしてもここに十分な兵員・武器・弾薬の補給をしておく必要がありました。

　日本が指定した24日の期限までに兵員を送り込んでしまえば問題なかったのですが、清国も準備に手間取り、間に合いませんでした。

　そこで、清は策を講じます。

　清国兵の輸送に自国の船を使わず、あえてイギリスの輸送船（高陸号（こうしょうごう））をチャーターしたのです。

　こうしておけば、もし日本がこれを撃沈しても、イギリス世論を敵に回すことになり、その振り上げた拳（こぶし）を下ろさざるを得なくなるだろう。

　まさに「虎（イギリス）の威を借る狐（チャイナ）」戦術というべきか。

　そこに「中華帝国」たる誇りはカケラもありません。

　ところが、たまたま高陸（こうしょう）号に対応した「浪速」艦長の東郷平八郎は、国際法に明るく、これに毅然と対処し、堂々これを撃沈します。

　一時、イギリス世論が沸騰、伊藤博文は狼狽し、李鴻章（りこうしょう）はほくそ笑みましたが、事の詳細が次第に明らかになると、日本には一点の非もなく、むしろ、最後通牒の期限（24日）を切っているのにもかかわらず、清はそれを無視して増派していることが全世界に明らかとなり、「清国こそが侵略者（インベーダー）」という国際世論が定着することになります。

　19世紀以降、国際世論を味方につけるかどうかは、戦争の勝敗に大きく寄与してきました。

　こうして、こちらがキチンと国際外交法規を守って行動するならば、どんな圧力にも対応することができる、と歴史は教えてくれています。

　しかし、現在の日本は、どれほどの酷遇を受けようとも、ただただ「たいへん遺憾です」を繰り返すことしかできなくなっています。

　これは、国際法を理解できている政治家が皆無となっていることを如実に表しています。

日本軍は、増派された分を含めても１万そこそこ。
　一気に形勢逆転です。
　あせった日本軍はただちに北上、平壌(ピョンヤン)を包囲します。
　そして、ついに９月15日未明、平壌(ピョンヤン)に突撃した日本軍は愕然(がく)！！
　日本軍の眼前には、とてつもない隠し要塞がそびえていたからです。
「なんだ、これはっ！！」
　日本軍が驚く間もなく、要塞から火を吹くガトリング機関砲！(＊12)
　片や、日本兵が使用する小銃は単発式。(＊13)
　要塞に立てこもる相手に、日本兵は隠れるところすらない。
　あれよあれよという間に日本兵の死体の数だけが膨れあがっていく。(＊14)
　これでは、要塞に近づくことすら至難！
　このままでは持久戦を覚悟しなければなりませんが、じつは、短期決戦、背水の陣で臨んでいた日本軍に残された兵糧(ひょうろう)・弾薬は、１～２日分しかありませんでした。
　弾薬尽きれば、「銃剣突撃」しか残されていませんが、そんなものでこの大要塞が陥(お)ちるはずもありません。
　ここが陥ちなければ、このままズルズルと日清戦争は敗北へと向かっていくことになります。
　もはや万策尽き果て、絶望感の中で打ちひしがれる日本軍の眼前に、信じられないものが翻(ひるがえ)ります。
「白旗」でした。
　我が目を疑う日本軍。

---

(＊12) １秒間に３～４発発射できたという、当時、最先端の機関砲。

(＊13) 日本軍に配備されていた小銃は、１発撃つたびに、「排莢」「弾込め」「薬室閉じ」「構え！」を繰り返さなければない、という火縄銃に毛の生えた程度の旧式銃でした。

(＊14) そもそも攻城戦には、攻め側に３倍の兵力が必要とされていますが、このとき日本兵は、清国軍の半分にすぎませんでした。

「なんだ？　何が起こっている？？？」

じつは、要塞内では、保身と私腹を肥やすことしか頭にない総大将葉志超(ようしちょう)が決断していました。

「降伏だ！　白旗を掲げよ！　そのすきに鴨緑江（A-3）まで撤退する！」(＊15)

まさに日本にって、神助天佑(ゆう)！(＊16)

もはや陥とすこと不可能！　と思われた平壌(ピョンヤン)要塞は、たった1日で陥ちてしまいました。

葉志超は、白旗を掲げているすきに城を棄て、逃げ出していきましたので、翌16日は掃討戦に入ります。

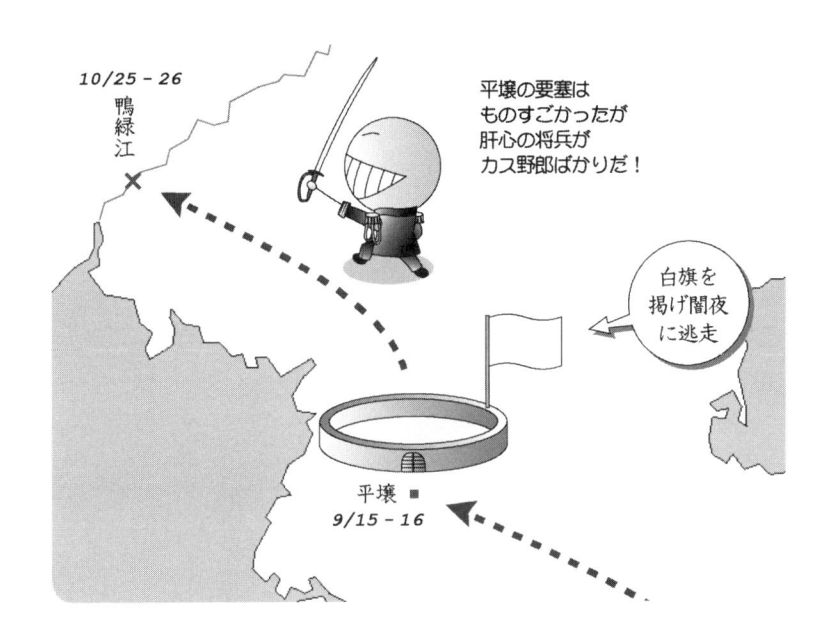

```
10/25 - 26
鴨緑江
×

平壌の要塞は
ものすごかったが
肝心の将兵が
カス野郎ばかりだ！

白旗を
掲げ闇夜
に逃走

平壌 ■
9/15 - 16
```

（＊15）そういえば、おなじ「逃げ艦長」の方伯謙も白旗を掲げながら逃げていきました。
葉志超は、逃げた言い訳として「平壌で日本軍をさんざんに打ちのめしたあと、戦略的撤退をいたしました」と報告しています。方伯謙の方が少しは説得力があります。

（＊16）「神助」は「神様の助け」、「天佑」は「天の佑（たす）け」という意味です。
敵総大将が「逃げ将軍」葉志超であったことは、まさに日本にとって「天佑」でした。

さて、ちょうどその日（16日）の黄海に目を向けますと。

あの平壌(ピョンヤン)要塞がまさか1日で陥ちるなどと、夢にも思っていなかった清国は、平壌(ピョンヤン)へさらなる増援を送り込むため、大連（B-1/2）から大孤山（A-2/3）へ兵員輸送をしていました。(＊17)

その船団が、まさに索敵中の日本艦隊に発見されたのが、平壌(ピョンヤン)掃討戦の翌日（17日）のことで、これこそが、あの有名な「黄海海戦」（A/B-3）です。

このとき、日本艦隊には、戦艦1隻もなく、鉄甲船すら「扶桑」1艦のみ。

対する清国艦隊（北洋艦隊）は、"不沈艦"の誉れも高い巨大戦艦「定遠(ていえん)」「鎮遠(ちんえん)」に加え、巡洋艦も鉄甲船揃い。

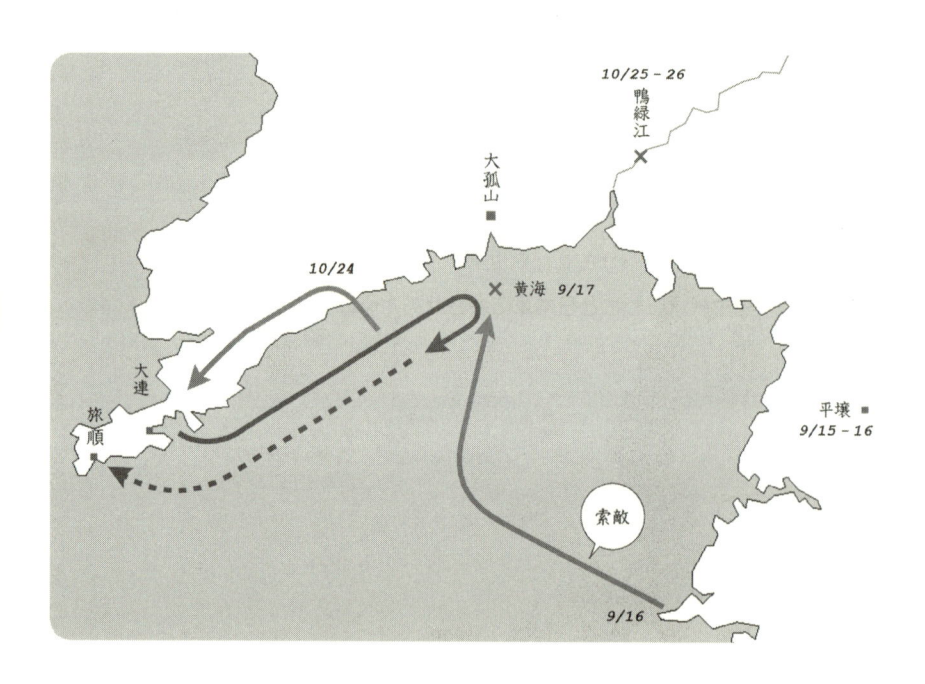

---

(＊17) 大孤山から平壌までは陸路で進軍させる予定でした。
　　　大連から平壌まで、直接海上輸送した方がラクに決まっていますが、東に行けば行くほど、日本艦隊との遭遇確率が急速に高まります。
　　　日本との艦隊決戦を避けるためには、これ以上東には行けませんでした。

## Column 「逃げ将軍」葉志超

「平壌(ピョンヤン)要塞攻防戦」では、清国側は、絶対有利の立場にありました。

清側の武器・弾薬・食料は潤沢(じゅん)、そして、難攻な要塞。

どんな難攻不落の大要塞だろうと、包囲して「時間」をかけさえすれば陥ちない要塞はありませんが、当時の日本には、弾薬・食料はたった1～2日分しかなく、その「時間」がまったくなかったのです。

ところが、日本にとって「天佑(てんゆう)」だったのは、敵総大将が「逃げ将軍」葉志超(ようしちょう)だったこと。

この男は、ただただ「逃げる」ことしか頭にない。

清側にも勇将・左宝貴(さほうき)がおり、彼は、断固籠城(ろう)、徹底抗戦を叫びましたが、意見は平行線(もし、籠城作戦を実行されていたら、日本は無惨な敗北を喫しているところでした)。

やがて、彼が戦死すると、葉志超(ようしちょう)は、この勇将の死を喜ぶ始末。

さらに、撤退に反対する兵たちにのみ「正面突撃」を命じます。

ジャマな主戦派をわざと日本軍に殺させるために。

こうして、あらかた「主戦派」を日本軍に始末させたあと、白旗を掲げて撤退していったのです。

振り返れば。

牙山(アサン)で葉志超(ようしちょう)を逃したのは、日本軍の大失態でした。

しかし、そのことが巡り巡って、日本を救ったわけです。

もし、あのとき、牙山(アサン)で葉志超(ようしちょう)をきっちり仕留めていたら…。

日本は、日清戦争に大敗北を喫していたことでしょう。

まさに、「禍福はあざなえる縄のごとし」「失敗は成功の元」「塞翁(さいおう)が馬」です。

何が災いし、何が幸いするのか、誰にもわかりません。

「目の前の失敗」にしょげる必要などまったくない、それが次の大成功の原因かもしれないのだ、ということを歴史が教えてくれているかのようです。

巨艦・巨砲の清国艦隊に正面からまともにぶつかったのでは、とても勝ち目はありません。
　日本艦隊としては、唯一の強みであるスピードを活かし、日本艦隊がもっとも有利な距離（1500ｍ）を保ちつづけることでした。
　しかし、それをしても、小船・小砲のハンデはあまりにも大きい。
　緒戦において、清艦「揚威（よう）」が戦線離脱し、「超勇（ちょうゆう）」が沈没するも、日本側も「比叡」「赤城」が大破。
　一進一退の激戦が繰り広げられ、なかなか勝敗の趨勢（すうせい）も明らかにならない。
　両軍ともに、苦しい！
　ここが踏んばりどころ！
　ここを耐え抜いた方が勝つ！
　そんな刹那、突如として、清国巡洋艦「済遠（さいえん）（＊18）」が敵前逃亡を始めます。
　艦隊戦は、何よりも「足並みそろえた全体行動」が重要です。
　全体の艦隊運動を無視したこの独断行動により、清国の艦隊運動は乱れ、分断され、これを機に、戦況の均衡が破れはじめます。
　清国艦隊の足並みの乱れを突き、日本艦隊が集中砲火を浴びせるや、「致遠（ちえん）」「経遠（けいえん）」などがつぎつぎと沈没し、加えて、「来遠（らいえん）」「靖遠（せいえん）」も炎上、果ては、旗艦「定遠（ていえん）」までもが炎上、ついに清国艦隊は敗走しはじめます。
　そう、日本に勝利をもたらしてくれたのは、またしても、あの「逃げ艦長」方伯謙でした。
　日清戦争で、日本はさも「楽勝」したかのように伝えられますが、じつは、かように薄氷を踏むがごとき「辛勝」の連続であり、しかも、いつも敵の失態に救われる形でした。

---

（＊18）豊島沖海戦で白旗をあげながら逃亡した、あの方伯謙が艦長を務める巡洋艦です。
　　　海戦激戦の真っ最中、総司令官の命令なく独断で敵前逃亡など、近代海戦史上、まったく例のない出来事で、この事実は、清国艦隊のフヌケを世界に知らしめることになります。
　　　そして、いつの時代でも、どこの国でも「戦場における敵前逃亡」は死刑です。
　　　方伯謙は、帰国後、処刑されていますが、当然でしょう。

敗走した清国艦隊は、旅順（B-1/2）、および威海衛（C-2）に逃げ込みます。
逃してなるものか！
　日本は、威海衛を封鎖し、栄成（C/D-2）に陸軍を上陸させ、北からは海軍の砲撃、南からは陸軍の侵攻を行い、ついに、北洋艦隊はここに潰滅。
　丁汝昌も責任を取って自決します。
　李鴻章が心血を注ぎ込んで創りあげた北洋艦隊は、西太后によって骨抜きにされ、方伯謙がトドメを刺しました。
　清国は、日本に敗れたのではなく、「獅子身中の虫」に喰い殺されたのです。
　組織にとって一番こわいのは、外敵ではなく、内なる腐敗。
　歴史はそう物語っています。

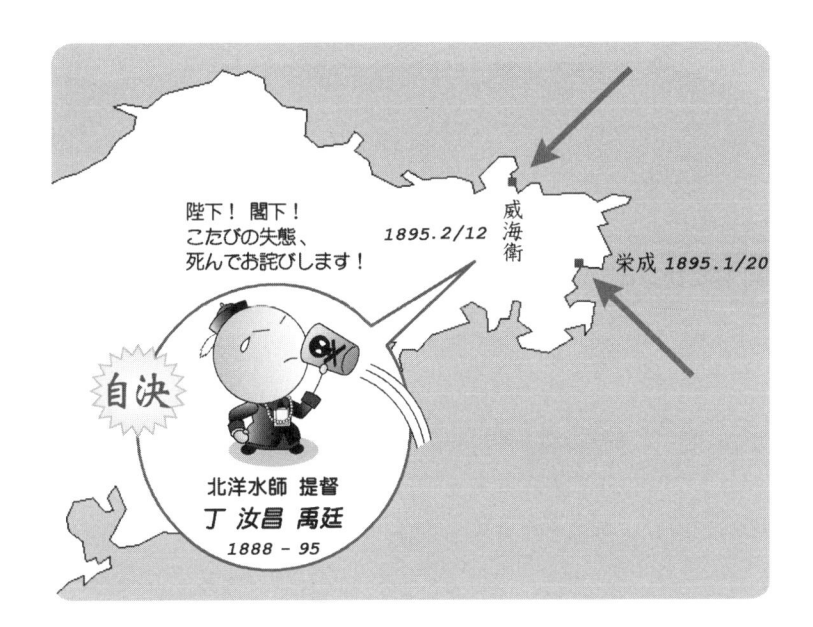

陛下！閣下！
こたびの失態、
死んでお詫びします！

1895.2/12
威海衛

栄成 1895.1/20

自決

北洋水師　提督
丁　汝昌　禹廷
1888 - 95

## Column 李鴻章 vs 小村寿太郎

　日清戦争の端緒となったのが豊島沖海戦。
　その際、日本海軍は、清国兵1000名と武器弾薬を牙山(アサン)へ輸送中のイギリス船籍の輸送船「高陞(こうしょう)号」と遭遇、これを撃沈しています。(高陞(こうしょう)号撃沈事件)
　清国は、兵を送り込むにあたって、イギリス籍の船をチャーターすることで、日本が手出しできぬよう画策したのですが、日本(東郷平八郎)は、国際法規に則って堂々これを撃沈した事件です。
　話は、その直後のこと。
　とあるパーティで、小村寿太郎(じゅたろう)と李鴻章(りこうしょう)が対面したことがありました。
「あんな卑劣なマネをしておいて、よくもまぁ、恥ずかしげもなくここに顔を出せたものですな(嘲笑)」
　小村は、動ずることなく、臆することなく、答えます。
「我が国は、自国の兵くらい、正々堂々、自国の船で運びます。
　どこぞの国のように、大国の旗の下から銃を撃つような卑劣なマネこそ、恥ずかしくてとてもできません」
　まったくの正論。さしもの李鴻章もグゥの音も出ず。
　そこで、李(180cm)は、話題を変え、小村(156cm)に言います。
「それはさておき、閣下はお小さいことですなぁ。
　そなたの国の人は、皆かくもチビばかりなのですかな？(嘲笑)」
　小村は、これにも動じず答えます。
「はぁ。残念ながら、日本人はたいてい小そうございます。
　無論、閣下のような大柄な者もいないこともないのですが、そのような輩(やから)は我が国では"ウドの大木"と申しましてな、図体ばかり大きくて智恵が回らぬと相場が決まっております。
　そのような者に国家の大事を託せられません」
　かように、明治期の政治家は、優秀な人材を多く擁していました。
　現代日本の政治家に彼の爪の垢(アカ)を煎(せん)じて呑んでもらいたいものです。

# 第3章 日清戦争

## 第10幕

## 喜びも束の間のうちに
### 下関条約と三国干渉

戦争は日本の大勝利に終わり、清国の北洋艦隊は消滅した。ただちに下関条約が締結され、日本は、2億両もの賠償金と、遼東半島・台湾などの領地を得る。しかし、喜びはすぐに暗転した。おなじく遼東半島をいざなっていたロシアがフランス・ドイツをいざなってインネンをつけてきたのだ。日本は、これを手放すより他なかった。

## 〈下関条約と三国干渉〉

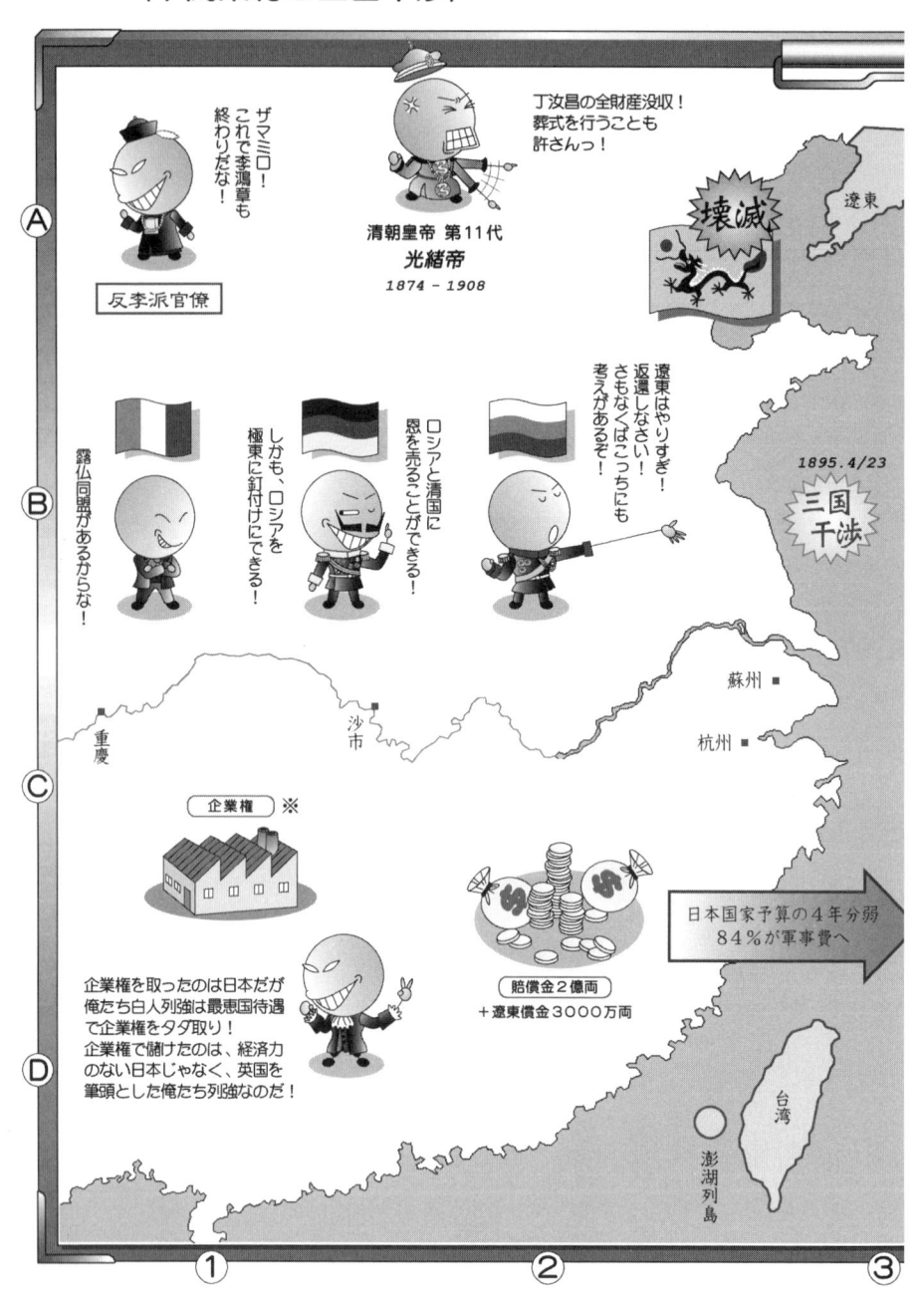

**清朝皇帝 第11代 光緒帝** 1874-1908

丁汝昌の全財産没収！葬式を行うことも許さんっ！

ザマミロ！これで李鴻章も終わりだな！

反李派官僚

壊滅

遼東

1895.4/23 三国干渉

露仏同盟があるからな！

しかも、ロシアを極東に釘付けにできる！

ロシアと清国に恩を売ることができる！

遼東はやりすぎ！返還しなさい！さもなくばこっちにも考えがあるぞ！

蘇州

杭州

重慶

沙市

企業権 ※

企業権を取ったのは日本だが俺たち白人列強は最恵国待遇で企業権をタダ取り！
企業権で儲けたのは、経済力のない日本じゃなく、英国を筆頭とした俺たち列強なのだ！

賠償金2億両
＋遼東償金3000万両

日本国家予算の4年分弱
84％が軍事費へ

台湾

澎湖列島

188

第10幕　下関条約と三国干渉

1894年〜95年

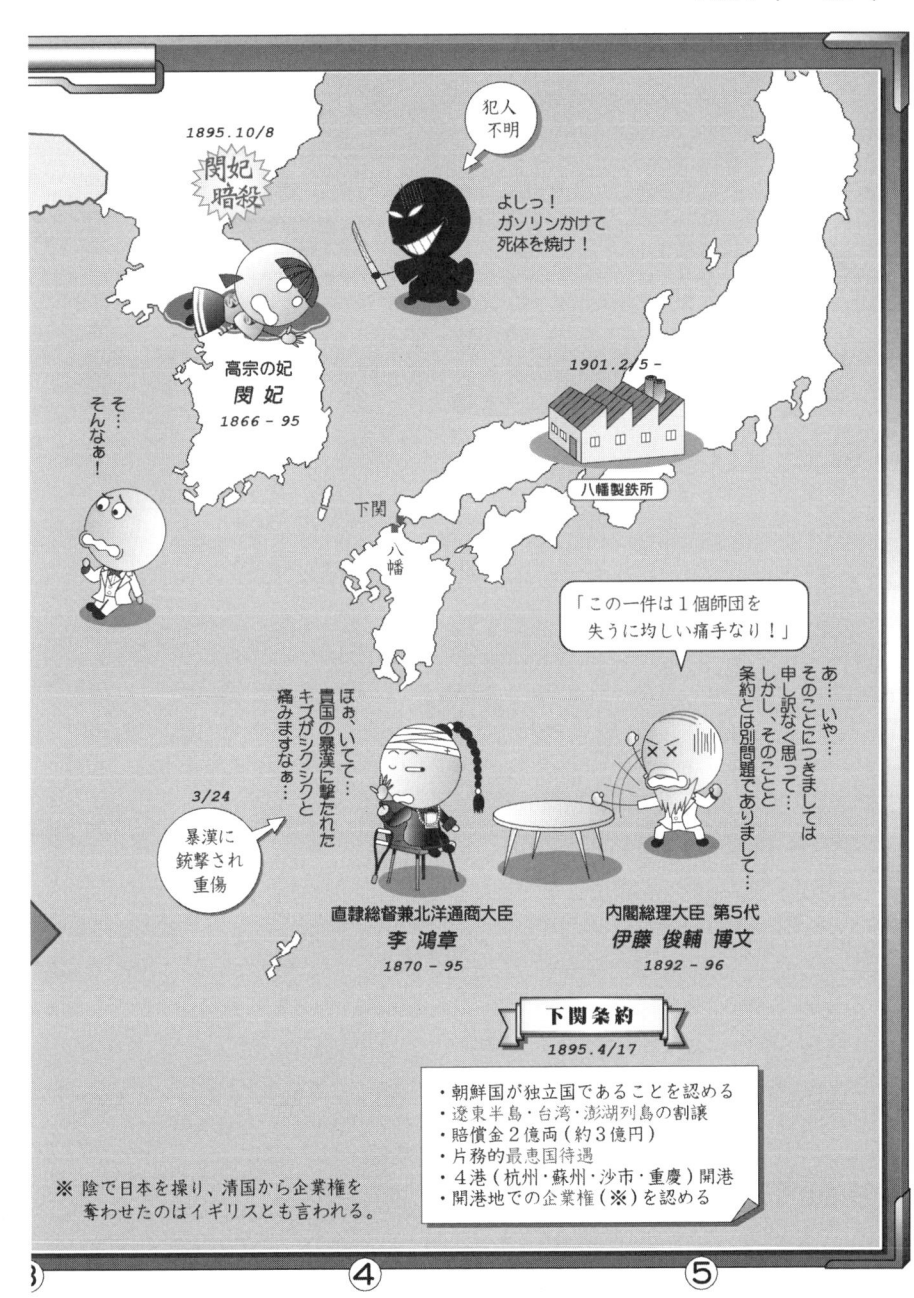

1895.10/8
閔妃暗殺

犯人不明

よしっ！ガソリンかけて死体を焼け！

高宗の妃
閔妃
1866-95

そ…そんなぁ！

1901.2/5-
八幡製鉄所

下関
八幡

「この一件は1個師団を失うに均しい痛手なり！」

あ…いや…そのことにつきましては申し訳なく思って…しかし、そのことと条約とは別問題でありまして…

3/24
暴漢に銃撃され重傷

ほぉ、いてて…貴国の暴漢に撃たれたキズがシクシクと痛みますなぁ…

直隷総督兼北洋通商大臣
李鴻章
1870-95

内閣総理大臣　第5代
伊藤俊輔博文
1892-96

**下関条約**
1895.4/17

・朝鮮国が独立国であることを認める
・遼東半島・台湾・澎湖列島の割譲
・賠償金2億両（約3億円）
・片務的最恵国待遇
・4港（杭州・蘇州・沙市・重慶）開港
・開港地での企業権（※）を認める

※ 陰で日本を操り、清国から企業権を奪わせたのはイギリスとも言われる。

第1章　清朝の混迷
第2章　日本開国
第3章　日清戦争
第4章　清朝分割と日露対立
第5章　日露戦争

**黄**「海海戦敗戦の報を聞いた光緒帝は、激怒します。
「なんたるザマだ！ 丁汝昌はその全財産を没収！ 葬式を行うことすら赦さん！」と。

ザマミロ！
これで李鴻章も
終わりだな！

反李派官僚

丁汝昌の全財産没収！
葬式を行うことも
許さんっ！

清朝皇帝 第11代
**光緒帝**
1874 - 1908

壊滅

　もう、哀しいまでに、怒りをぶつける相手が間違ってます。
　丁汝昌は優秀な人物であり、敗因は丁汝昌にあるのではないことは、これまで見てきたとおりです。
　そもそも、李鴻章は一貫して「避戦派」でした。
　にもかかわらず、決戦に至ってしまったのは、光緒帝のまわりに侍る「反李鴻章派官僚（A-1）」が李鴻章を陥れるために讒言したからでした。
　「陛下！ 李鴻章は大清帝国の恥さらしです。
　貧乏弱小国・日本を相手に、ただ逃げ回ってばかりです！」

---

（＊01）当時の日本には「常備艦隊」と「西海艦隊」の2セットしかありませんでしたが、挙国一致で臨むため、これをまとめて「連合艦隊」として決戦に臨みました。
　これに引き換え、清国は「北洋」「南洋」「福建」「広東」の4セットも保有していたにもかかわらず、他はこれを見棄て、「北洋艦隊」は孤軍奮闘を強いられました（もっとも、清仏戦争の際、北洋艦隊は福建艦隊を見棄てていますから、意趣返しの側面もありましたが）。

そう耳打ちされると、光緒帝も、李鴻章を追及したくなります。
「なにゆえ日本艦隊を撃滅せぬ！？
　いや！　言い訳など聞きとうはない！　戦果だけを持って参れ！！」と。
　清国の置かれた状況も理解できず、佞奸（口先だけでは従順を装いながら、じつは心ゆがみ悪心に満ちている者）の言葉を真に受けた皇帝に責めたてられ、李鴻章も抗しきれなくなってしまったのです。
　乾坤一擲、挙国一致で臨む日本(＊01)に対し、官僚や軍人同士がお互いに足を引っ張り合い、潰しあう清国。
　果ては、北洋艦隊が敗れたことを喜ぶ始末。
「いい気味だ！　べつに"李鴻章の私軍"が敗れただけで、我が"大清帝国"が敗れたわけでもなんでもないしな！（A-1）」(＊02)
　これで「勝て」という方がムリというものだったのかもしれません。
　さて。
　戦争が終われば、次に条約締結をしなければなりません。
　それが「下関条約」。（D-4/5）
　清国全権が李鴻章（C-4）、日本全権が伊藤博文（C-5）。(＊03)
　伊藤は、強気で条約交渉を押し進め、順調に事を進めていました。
　ところが、それをすべてご破算にする事件が起こります。
　なんと、李鴻章が日本人の暴漢に銃撃され、重傷を負ってしまったのです！
　いつの時代にもどこの国にもバカはいるものですが、このたったひとりのバカのもたらした国家損失は甚大でした。
　伊藤は、この一報を聞き、絶望に打ちひしがれます。

---

(＊02)「日清戦争」ではなく、「日李戦争」と表現されることもあるくらいです。
　　　賠償金を払ったのは「清国」であって、「李鴻章」じゃないんですが。

(＊03) 10年前の天津条約の際の清国全権と日本全権が、やはりこの2人でした。
　　　勝者と敗者は入れ替わっていましたが。
　　　10年サボった国と、10年努力した国の差が結果として顕れた、と言えるかもしれません。

「こたびの一件は、1個師団を失うに等しい痛手である！」(B-5)

　せっかく有利に事を進めていた条約交渉がたちまちご破算となり、伊藤は大幅な譲歩を余儀なくされてしまいます。(＊04)

> 「この一件は1個師団を
> 失うに均しい痛手なり！」

> ほぉ、いてて…
> 貴国の暴漢に撃たれた
> キズがシクシクと
> 痛みますなぁ…

> あ…いや…
> そのことにつきましては
> 申し訳なく思って…
> しかし、そのことと
> 条約とは別問題でありまして…

直隷総督兼北洋通商大臣
李　鴻章

内閣総理大臣 第5代
伊藤　俊輔　博文

　では、その結果として、下関条約は、どのような内容として実を結んだのでしょうか。
　当時の日本の置かれた状況を鑑みれば、自然とわかります。
　遡る(さかのぼ)こと30年ほど前、日本はむりやり開国させられました。
　開国させられてしまった以上、この"神州"を守るために、日本は何をしなければならなかったのか。
　地図をよくご覧ください。

---

(＊04) 犯人の名は小山豊太郎と言います。当時25歳の政治活動家でした。
　　　たったひとりの暴走のせいで、日清戦争における幾千もの英霊がムダになったのですから、おそろしいことです。
　　　国家を危機に陥れたのですから、感情論でいえば、八つ裂きの上、獄門さらし首でも軽いと思いますが、そこは法治国家、単なる「傷害罪」で処理されます。

日本は、ぐるりと海に囲まれ、これが自然要害となっています。
　いかな白人列強といえども、これを乗り越えて日本を侵略するのは至難です。
　侵略するなら、島から島へと「島づたい」にひとつずつ橋頭堡（最前線基地）を確保しながらジワジワと侵寇するでしょう。
　となると、危ないのは、
① 朝鮮半島（A-4）を橋頭堡として北九州に侵寇してくるルート
② 台湾（D-3）から沖縄列島をつたって南九州に上陸してくるルート
…の２つを緊急に防衛強化しておかなければなりません。(＊05)
　だからこそ、日本は、我が身を守るために、朝鮮に亡びてもらっては困る。
　朝鮮が安泰なら、これが防波堤（バリア）となってくれます。
　そのためには、朝鮮には、一刻も早く清国から自立して、近代化してもらわねば困ります。
　それが「日朝修好条規」となって帰結したわけですが、朝鮮は、清国に頼るばかりで、結局、元の木阿弥となってしまったことは、すでに見てまいりました。
　とにかく、清国と朝鮮を切り離させねば！
　そこで、下関条約の「第１条」です。
「朝鮮国が完全無欠の自主独立国であることを認めること」（D-5）
　言い換えれば、「たとえ朝鮮の方からすがってきたとしても、二度と朝鮮に手を出すなよ？」ということです。
　そして、この「第１条」をさらに現実的なものとするためには、どうしても遼東半島（A-3）が必須となります。(＊06)

---

(＊05) もうひとつ、千島列島・樺太方面もありますが、当時まだロシアの進出もゆるく、ここは優先順位としては低いものでした。

(＊06) その理由は、前幕で見てまいりました日清戦争の清国軍の動きを思い出していただければ、一目瞭然です。
　　　　中国から朝鮮に軍を送り込むために、遼東半島はその重要な橋頭堡となるからです。

遼東さえ押さえておけば、朝鮮もひと安心。

　さらに、もうひとつ、南西方面も何とかしておかなければ。

　南西方面では、台湾出兵の折、すでに先島諸島(＊07)までの日本領有権を認めさせていました。

　今回は、この先島諸島を守るために、さらにその西に防波堤(バリア)を欲します。

```
　　　　　下関条約
　　　　　1895.4/17

・朝鮮国が独立国であることを認める
・遼東半島・台湾・澎湖列島の割譲
・賠償金2億両(約3億円)
・片務的最恵国待遇
・4港(杭州・蘇州・沙市・重慶)開港
・開港地での企業権を認める
```

　そこで、「第2条」。

　「遼東半島・台湾・澎湖列島(D-2/3)を割譲すること」

　つまり、遼東半島は、朝鮮の防波堤(バリア)、台湾・澎湖列島は、先島諸島の防波堤(バリア)としようというわけです。

　さらに、莫大にかかった軍事費や損害を回収しなければなりません。

　そこで、第4条にて、「賠償金2億両(テール)」(＊08)を認めさせることに成功します。(C/D-2/3)

---

(＊07) 沖縄諸島の西にある、宮古諸島(宮古島など)・八重山諸島(石垣島、西表島など)・尖閣諸島(魚釣島など)の総称。

(＊08) 清国の国家予算なら2年半分、国家財政を傾けた「頤和園」なら8つ分、巨大戦艦「定遠」「鎮遠」なら100隻購入してもおつりがくる、という莫大な額でした。

日本は、その84％を新たなる軍事費に投入し、残りの資本で、いよいよ産業革命に取りかかります。(＊09)

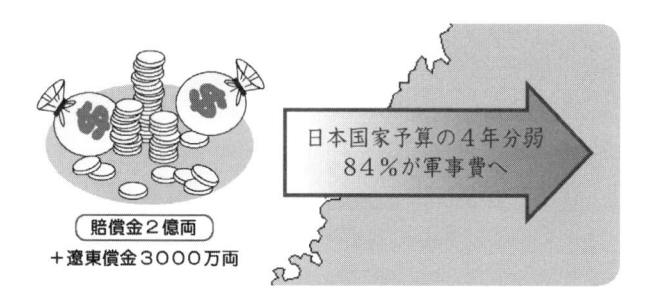

賠償金2億両
＋遼東償金3000万両

日本国家予算の4年分弱
84％が軍事費へ

あの有名な八幡製鉄所（A/B-5）もこのときの賠償金で建設されました。
ところで、この戦争結果に仰天したのが、白人列強諸国です。
まさかよもや、貧乏弱小国家・日本がこれほど大勝するとは夢にも思っていませんでしたから。
「日本もなかなかがんばっておる。まぁ、善戦はするかもしれんが、所詮は小国の哀しさ、勝てはしないだろう。
ま、いずれにせよ、日清がつぶし合ってくれれば、我々にとっても都合がよいというものじゃわい」
ところが、フタを開けてみれば、日本の圧勝。(＊10)
しかも、ロシアが虎視眈々と狙っていた遼東半島を日本がブン捕るという。
ロシアは激怒します。
「マカーキー(＊11)どもが図に乗りおって！　許さんぞ！」

---

(＊09) 清はすでに産業革命を興していましたが、日本はまだ興していませんでした。
　　　理由は、言わずもがな、貧乏すぎてこれを興すお金がなかったからです。
(＊10) 結果的には。そこに至るまでの道程は、辛勝につぐ辛勝でした。
(＊11) 当時のロシア人は、日本人のことを「ヤポンスキ」とは呼ばず、こう呼んでいました。
　　　ロシア語で「サル」という意味です。

そこで、ロシア（B-2）は、当時同盟国であったフランス（B-1）と、複雑な利害が絡むドイツ（B-1/2）(＊12)を誘って、日本に干渉してきます。

「遼東半島はやりすぎ。これは清国に返してあげなさい」

これがあの有名な「三国干渉（B-3）」です。(＊13)

　　　　　　　　　　　　　　　　　　　遼東はやりすぎ！
　　　　　　　　　　　　ロシアと清国に　返還しなさい！
　　　　　　　　　　　　恩を売ることができる　さもなくばこっちにも
　　　　　しかも、ロシアを　　　　　　　考えがあるぞ！
露仏同盟が　極東に釘付けに
あるからな！　できる！

　この30年、日本が苦心惨憺！　全身全霊！　一心不乱！　ドロ水をすすりながら心血を注いで、やっと手に入れたこの成果を、「たった一言」で奪い去ろうというのです。

　日本国中、上から下まで右から左まで、怒り心頭、憤懣やるかたない思いでしたが、当時の日本は、3国どころか、たとえロシア1ヶ国が相手でも、まるで話にならないほどの国力の差があり、これに逆らうことなどできようはずもありませんでした。

　日本は、断腸の思いで、遼東半島を返還するしかありませんでした。

　しかし、怒りは収まりません。

---

(＊12) 当時、ドイツは、ロシアを極東問題に釘付けにしておきたい、という思惑がありました。清国に恩を売っておき、中国侵略を円滑にしたい、という打算もありました。

(＊13) 譬えるなら、引退直前の巨漢力士（清）になんとか勝利した若手小兵力士（日本）の前に、突然、ベジータ（スーパーサイヤ人2）・フリーザ・セルが現れて、巨漢力士をやさしく抱き起こし、「やりすぎだぞ、こら？」とスゴむようなものです。

「なんでこんなことになった！？」
「我が国が弱いからさ！　今は弱肉強食の時代！！
　弱者は何をされても文句を言えぬのだ！」
「ならば、もっと強い国にならねば！！」
「臥薪嘗胆！」「臥薪嘗胆！」「臥薪嘗胆！」
　これをスローガンに、日本は、さらなる軍拡に邁進することになります。
　ところで。
　朝鮮では、事の次第を見ていた、かの閔妃。
「日本に敗けるなんて！　清も頼りにならないこと！！」
「あら？　日本はロシアが怖いのね？
　じゃあ、頼りない清国に代わって、ロシアさんに護ってもらいましょ！」
…とばかりに、ロシアに接近しはじめます。(＊14)
　しかし、その直後、閔妃は、何者かに暗殺されます。(A-4)
　犯人は現在に至るまでわかっていません。(＊15)

1895.10/8
閔妃暗殺
高宗の妃
閔妃
犯人不明
よしっ！
ガソリンかけて
死体を焼け！

(＊14)　国を保つためには「自主独立」しかない、他国にすがっている時点ですでに「詰んでいる」
　　　ということに、死ぬまで気づくことのなかった閔妃でした。
(＊15)　駐朝公使三浦梧楼首謀説や興宣大院君首謀説などがありますが、いずれも決定的な証拠が
　　　なく、また、閔妃は多方面にうらみを買っていたため、犯人をしぼりきれずその真偽は不
　　　明のままです。

## Column　尖閣諸島問題

　本文でもチラリと触れましたが、尖閣諸島は、歴史的に一点の曇りもなく、「日本固有の領土」です。

　日本は、台湾出兵（１８７４年）のあと、清国から、台湾すら「化外の地（中国領ではない）」との言質（げんち）を得ました。

　さらにその先にある尖閣諸島が中国領のはずもありませんが、それでも念には念を入れて、日本は、さらに１０年以上にもわたってここを調べあげ、完全に無主の土地であることを確認、日清戦争が終わった年（１８９５年）に、これを正式に日本領に編入しています。

　もし、ここが中国領なら、清国は、この時点で抗議をするはずです。

　それが何よりの証拠には、日本が台湾西方の東沙諸島に進出したときには、中国はただちに抗議し、それにより日本は退いています。

　この時点で抗議していないこと自体が「中国領でない」ということを認めている意思表示そのものなのです。

　それ以前もそれ以降も、中国は、有史以来一瞬たりとも尖閣諸島を実効支配した事実もなければ、領有権を主張したことすら、一度たりともありませんでした。

　ところが、そんな中国が、２０世紀も半ばになって初めて、突如として、その領有権を主張しはじめます。

　それは、このあたりに海底油田があることが発見された１９６８年直後のことでしたから、あまりに露骨すぎて、その理由は子供でもわかります。

　ここで、中国の領有権主張の内容を、ここでいちいち論（あげつら）うつもりはありません。

　どれも議論するにも値しない、と筆者は感じるからです。

　「貧すれば鈍する」

　古来、圧倒的な超大国として東アジアに君臨し、つねに周辺諸国の"先生"であり、"理想"であった「聖人様の国」は、どこへ行ってしまったのでしょうか。

# 第4章 中国分割と日露対立

## 第1幕

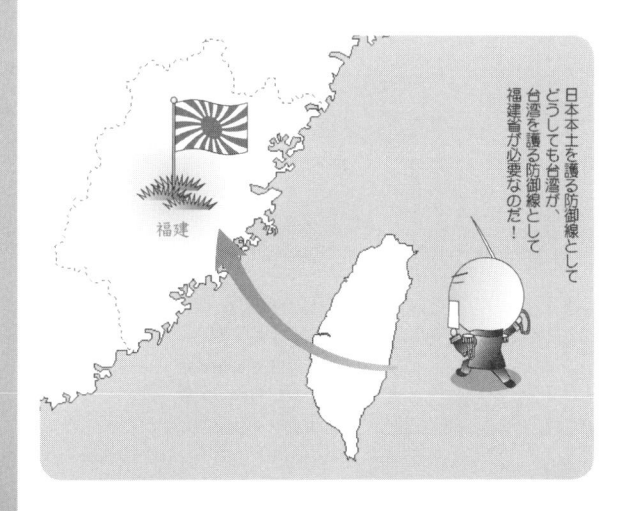

## ハイエナがごとく、我先に！
中国大陸の勢力範囲争奪戦

日清戦争による清の敗北は、日本の国際的地位を高めたというよりは、清の国際的地位を著しく下げることになる。「清国は日本ごときに敗れたのか？」「眠れる獅子とは買いかぶりすぎたか！」それまで潜在的な恐れを抱いていた白人列強は、死肉に群がるハイエナがごとく、我先に！と中国を蚕食していくこととなる。

福建

日本本土を護る防御線としてどうしても台湾が、台湾を護る防御線として福建省が必要なのだ！

## 〈中国大陸の勢力範囲争奪戦〉

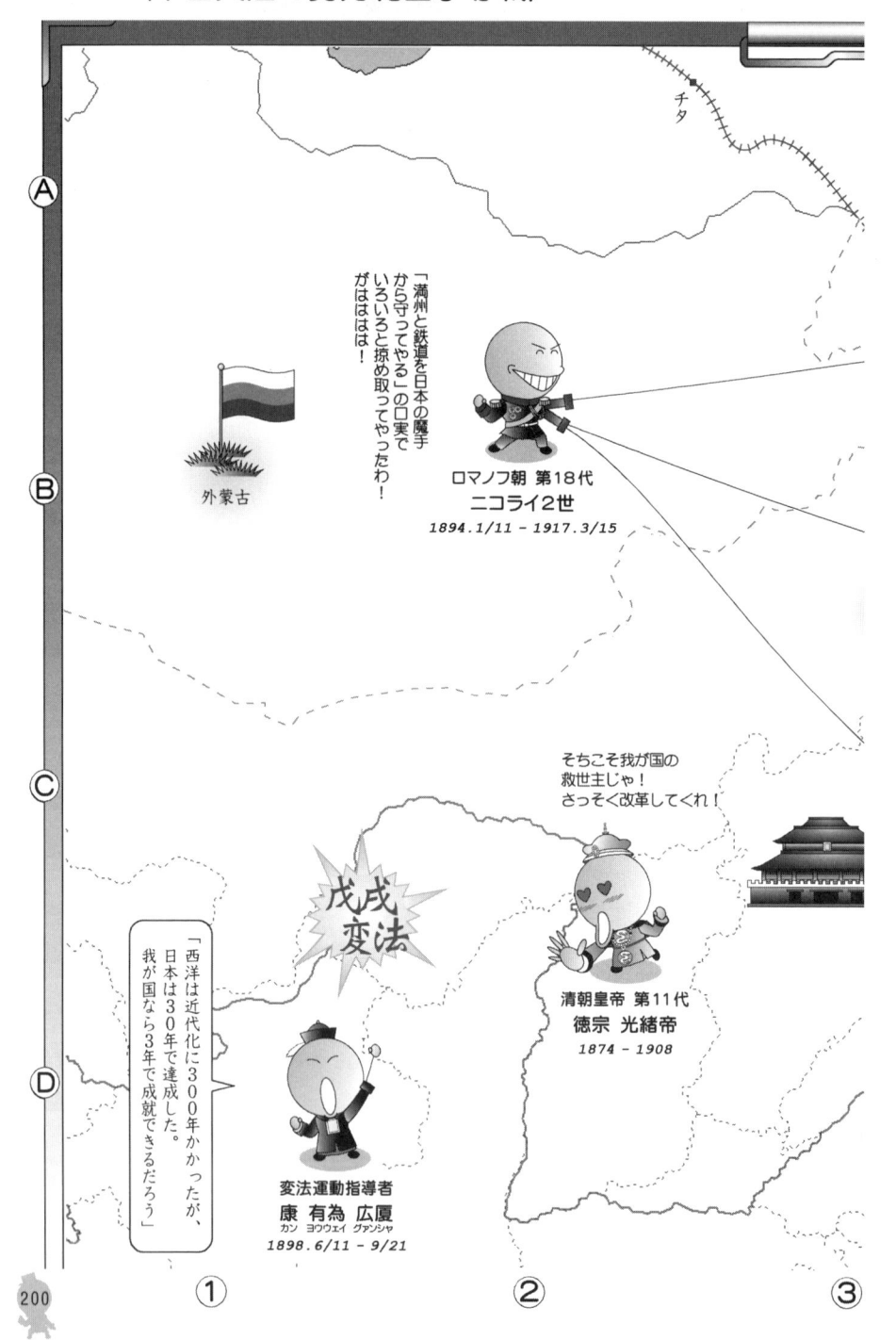

外蒙古

「満州と鉄道を日本の魔手から守ってやる」の口実でいろいろと掠め取ってやったわ！がはははは！

ロマノフ朝 第18代
**ニコライ2世**
*1894.1/11 - 1917.3/15*

戊戌変法

そちこそ我が国の救世主じゃ！さっそく改革してくれ！

清朝皇帝 第11代
**徳宗 光緒帝**
*1874 - 1908*

「西洋は近代化に300年かかったが、日本は30年で達成した。我が国なら3年で成就できるだろう」

変法運動指導者
**康 有為 広厦**
カン ヨウウェイ グァンシャ
*1898.6/11 - 9/21*

第1幕　中国大陸の勢力範囲争奪戦

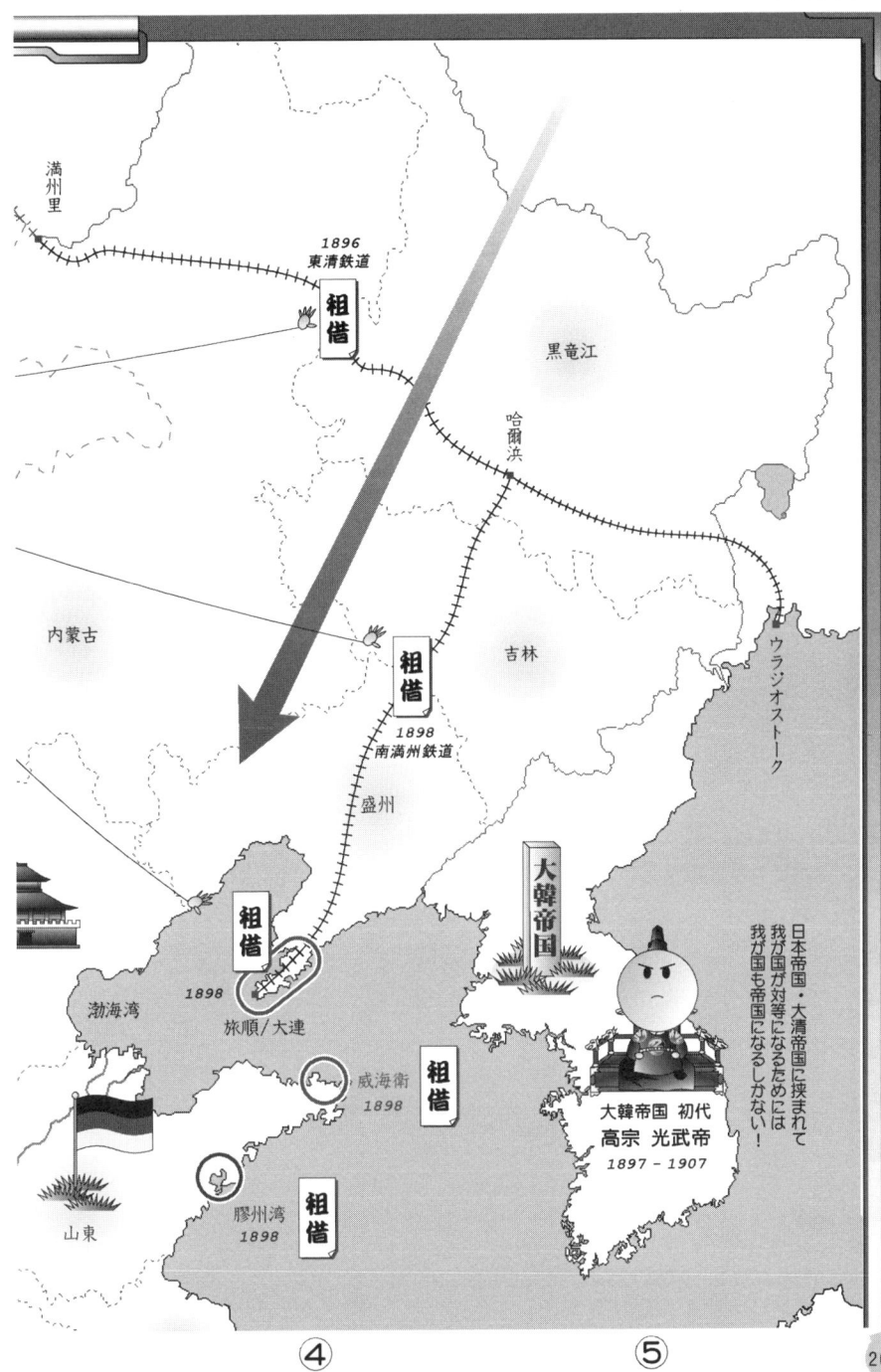

## 1890年代後半

満州里

1896
東清鉄道

租借

黒竜江

哈爾浜

内蒙古

租借

吉林

1898
南満州鉄道

盛州

ウラジオストーク

大韓帝国

租借
1898
旅順/大連

渤海湾

威海衛
1898
租借

膠州湾
1898
租借

山東

大韓帝国 初代
高宗 光武帝
1897 - 1907

日本帝国・大清帝国に挟まれて
我が国が対等になるためには
我が国も帝国になるしかない！

第1章 清朝の混迷

第2章 日本開国

第3章 日清戦争

第4章 中国分割と日露対立

第5章 日露戦争

④　　⑤

201

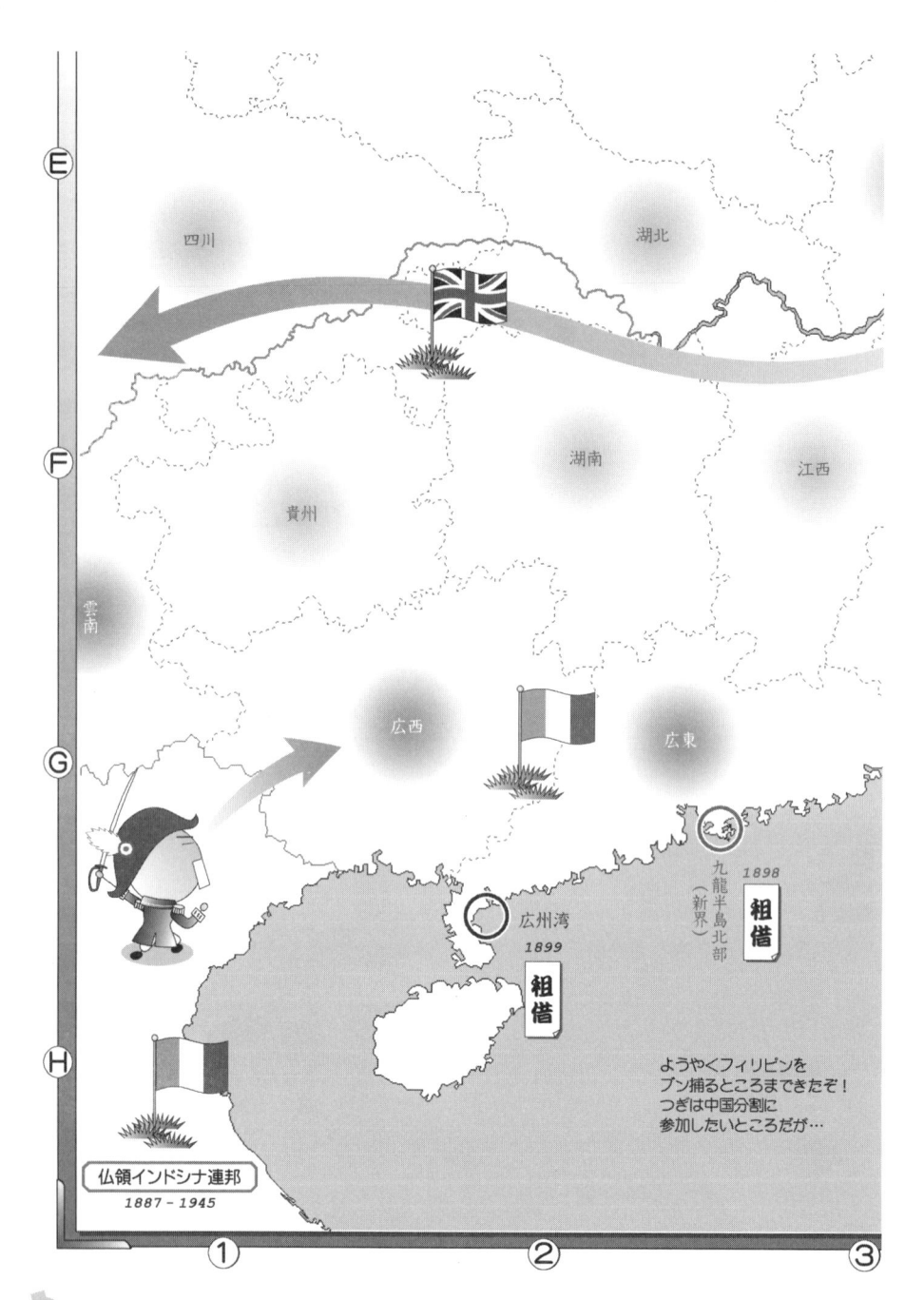

仏領インドシナ連邦
1887 - 1945

広州湾
1899
租借

九龍半島北部
(新界)
1898
租借

四川　湖北
湖南　江西
貴州
雲南
広西　広東

ようやくフィリピンを
ブン捕るところまできたぞ！
つぎは中国分割に
参加したいところだが…

第1幕 中国大陸の勢力範囲争奪戦

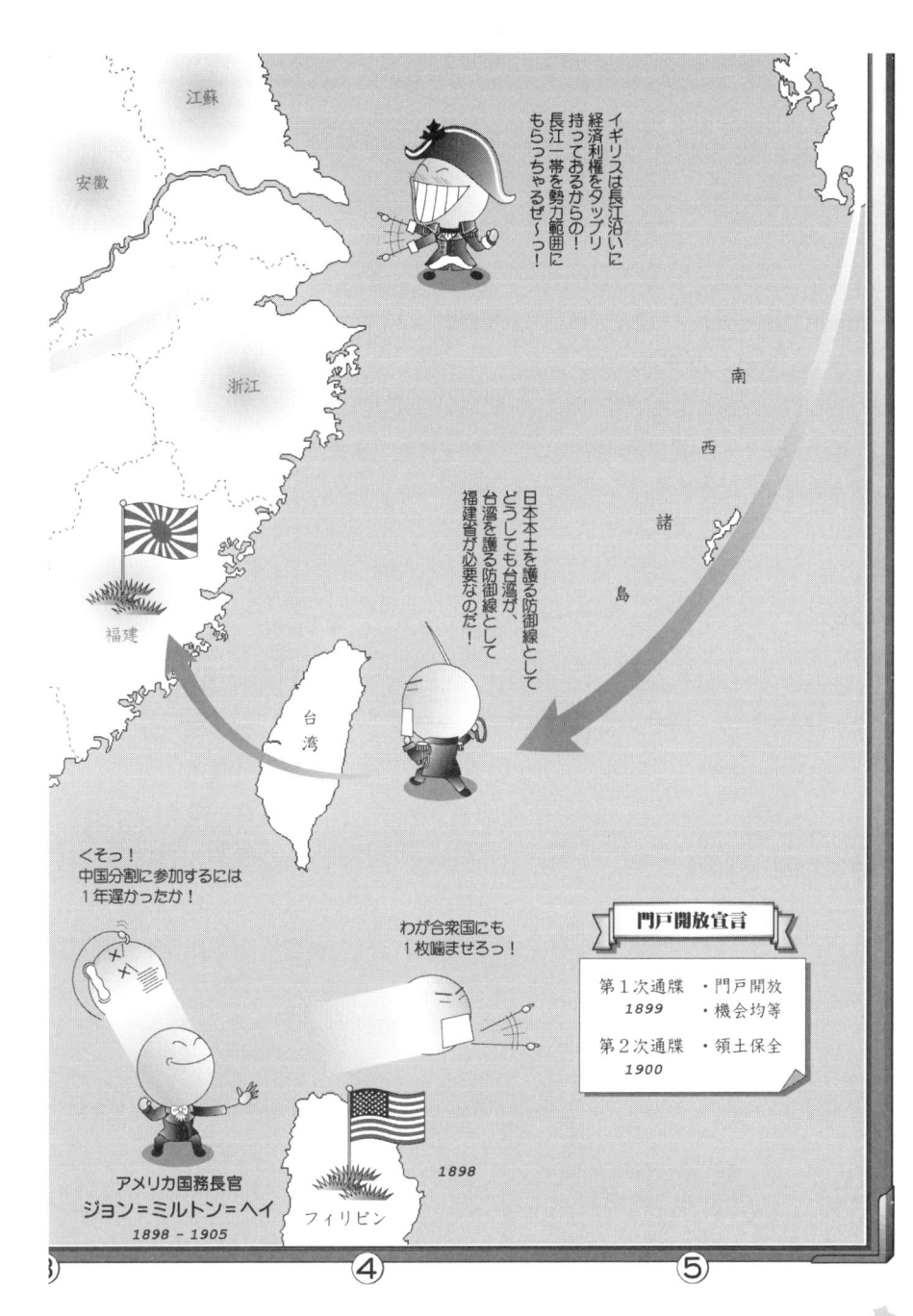

江蘇

安徽

浙江

イギリスは長江沿いに経済利権をタップリ持っておるからの！長江一帯を勢力範囲にもらっちゃうぜ〜っ！

南西諸島

福建

台湾

日本本土を護る防御線としてどうしても台湾が、台湾を護る防御線として福建省が必要なのだ！

くそっ！
中国分割に参加するには1年遅かったか！

アメリカ国務長官
ジョン＝ミルトン＝ヘイ
1898 - 1905

わが合衆国にも1枚噛ませろっ！

フィリピン
1898

**門戸開放宣言**

第1次通牒　・門戸開放
　1899　　・機会均等

第2次通牒　・領土保全
　1900

第1章 清朝の混迷

第2章 日本開国

第3章 日清戦争

第4章 中国分割と日露対立

第5章 日露戦争

203

三国干渉によって、遼東半島を返還させることに成功したロシア（B-2）は、さっそく清国と交渉します。

「日本野郎から遼東半島返してもらえてよかったね」

—— ありがとうございます。

「うんうん。ところで、遼東半島が返ってきたのは誰のおかげ？」

—— え!?

「え？ じゃねぇ！ 誰のおかげだ？ と訊いておるのだ！」

「え？ あ、いや… ロシアさんのおかげで…」

「そうだ。我がロシアのおかげだ。
　もちろん、恩には恩で報いるであろうな？」(＊01)

　こうして、ロシアは満州里からウラジオストークまでの鉄道敷設権（A-4）の貸与を要求してきます。(＊02)

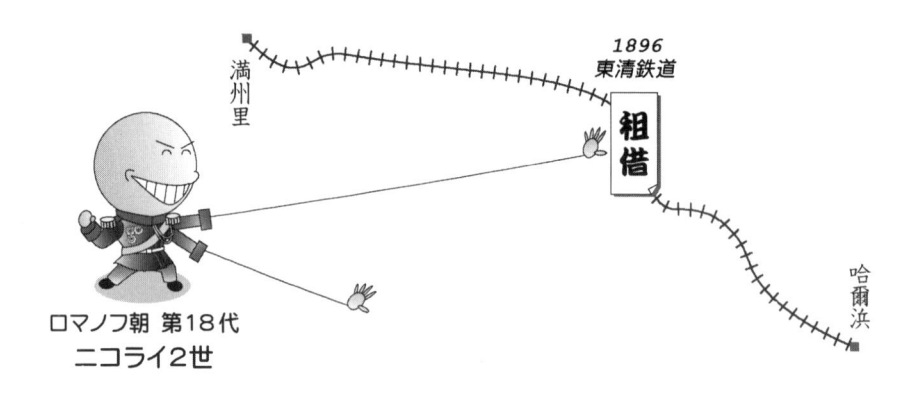

満州里

1896
東清鉄道

租借

哈爾浜

ロマノフ朝 第18代
ニコライ2世

---

(＊01) 古今東西、ひとつの国が「やさしさ」で他国に親切にすることなどけっしてありません。
　　　そこにはかならず「打算」「下心」が働いているものです。

(＊02) 一応、名目上は、「借款供与の担保として」でしたが。

(＊03) 鉄道を所有している国は、「自国の鉄道を守るため」という大義名分の下、いつでも鉄道沿線に軍を進駐させることができたため、沿線は事実上の「治外法権地帯」となりました。

これが所謂「東清鉄道」（A/B-4）です。
　「鉄道敷設権の貸与」といえば聞こえがいいですが、これは事実上の「領土割譲」に等しいものでした(＊03)ので、「はい、差しあげましょう」というわけにはいきません。
　さっそく李鴻章がペテルブルクまで飛び、折衝が行われました。
　「大国ロシアの恫喝」と「海千山千の李鴻章」の対決です。
　どのような駆け引きが見られるか。
　その動向が注目されましたが、フタを開けてみれば、李鴻章はいともあっさりとこれを認めてしまいます。(＊04)
　あれ？　意外にあっけなかったな？…と思いきや。
　なんと、李鴻章は50万ルーブルもの賄賂を受け取って、これを認めたといいます。
　これにより、李鴻章は「カネで祖国を売り渡した売国奴」というレッテルが貼られ、後世、その評価がガタ落ちになってしまいます。(＊05)
　しかし、国際社会には、「同情」というものは存在しません。
　これを手に入れたから、「もう満足」などとロシアが言うはずもなく。
　ほんの少しでも弱みを見せれば、寄って集ってアッという間に丸裸にされる、それが国際社会というものなのです。
　あっさりと「東清鉄道敷設権を認めた」ことで、これを境に、一気に列強諸国に食いモノにされ、分割されていくことになります。
　まず、翌年には渤海湾（C/D-3/4）あたりにロシア艦隊が示威・恫喝し、その翌98年には、哈爾浜（B-4/5）から旅順（C/D-4）までの鉄道(＊06)敷設権と、

---

(＊04) これを露清条約（1896年）と言います。不平等条約でした。

(＊05) とはいえ、彼は30年以上にわたって、心血を注いでお国のために尽くしてきたにも関わらず、なんら報われることなく、このたび、日清戦争では孤立無援、北洋艦隊は潰滅してしまいました。このことで、彼の「何か」がプツンと切れてしまったのかもしれません。

(＊06) この支線の「長春」から南は、日露戦争後、「南満州鉄道」と呼ばれるようになります。

その南端の旅順・大連の租借権 (C/D-4)(＊07)を手に入れます。

この事態に狼狽したのがイギリスでした。

これを看過すれば、やがて、ロシア艦隊が旅順港に配備され、黄海から東シナ海に出没するようになるに決まっています。

7つの海の制海権を握りつづけたいイギリスは断固としてこれを封じ込めなければいけません。

そこで、イギリスは、清国に迫って威海衛（D-4）の租借権を手に入れます。

将来、ロシア艦隊が旅順港から出てくるような事態となっても、ここ威海衛で封じ込めるためです。

じつはこのとき、イギリスは、ついでに、九龍半島北部（クーロン）(＊08)も租借しています。(＊09)

日清戦争後、ロシア・イギリス

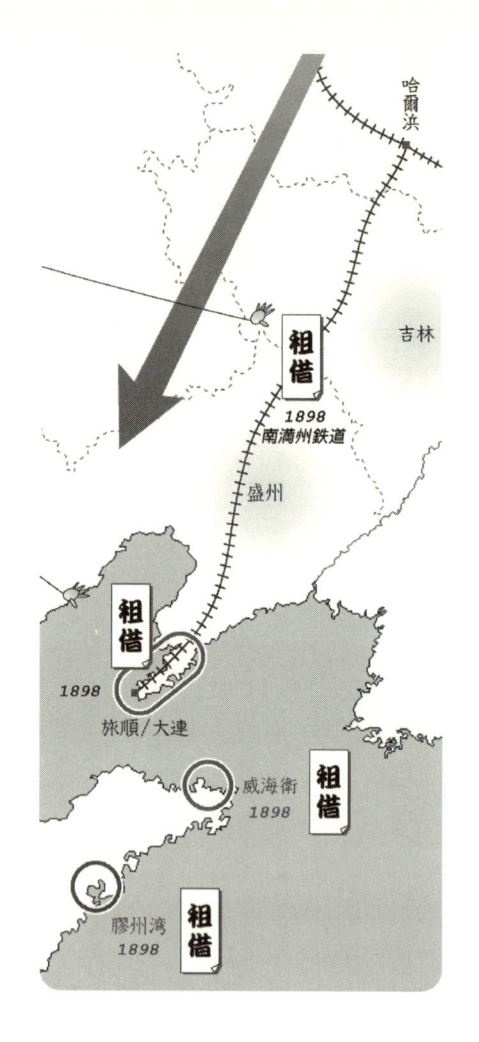

---

(＊07) いわば「期限付きの領土割譲」でした。
　　　形式的には、主権は「清」にありますが、統治権・立法権・司法権など一切が「列強」側にありましたし、「期限」などは名目にすぎませんでした。
　　　なんとなれば、期限が近づけば「延長しろ」と要求するだけのことだからです。

(＊08) これが、あの有名な「新界」となります。

がつぎつぎと清国から利権を奪っていく様をはたから見ていたドイツとフランスは、指をくわえて黙って見ているタマではありません。
「我々だって、ロシアとともに三国干渉に加わっている。
　ロシアにだけウマイ汁を吸わせてなるものか！」
　そこで、ドイツは、たまたま山東半島（D-4）で起こったドイツ人宣教師殺害事件を口実として、膠州湾（D-3/4）の租借権をブン獲り、フランスは、「石炭の補給基地とするため」というほとんど意味不明な口実(＊10)で、広州湾を奪います。

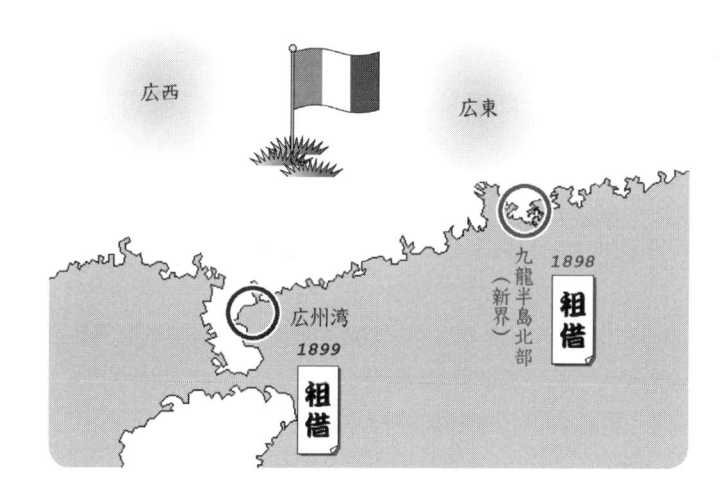

　このように、ぞくぞくと租借地を得た列強諸国は、次に、自分が得た既得権を守るために、「勢力範囲」というものを設定しはじめます。

---

(＊09) 当時、租借期間は「99ヶ年間」が相場でした。
　　　このときのイギリスも、香港から九龍までを「99ヶ年間」で租借する契約をしています。
　　　時、1898年。だから、このときの1898年に99年を足すと「1997年」。
　　　これが、実際に「香港返還の年」となりました。

(＊10) 当時、フランスがここに「石炭補給基地」をつくる必然性はあまりありませんでした。

まず、ロシアは、東清鉄道を守りたいのですから、満州一帯(*11)を勢力範囲に設定するに決まっています。

イギリスは、これまで、長江一帯に利権を広げていましたので、長江沿いの各省(*12)を勢力範囲に設定していきます。

ドイツは、膠州湾を守りたいのですから、山東省（D-3/4）を。

フランスは、ヴェトナムを足がかりに、広州湾を守りたいのですから、雲南省（F/G-1）・広西省（G-1/2）・広東省（G-2/3）を。

そして、なんと言っても日本。

日本だって、後れを取るわけにはいきません。

日本は、列強諸国の隙間を縫って、福建省（F/G-3/4）を勢力範囲とします。

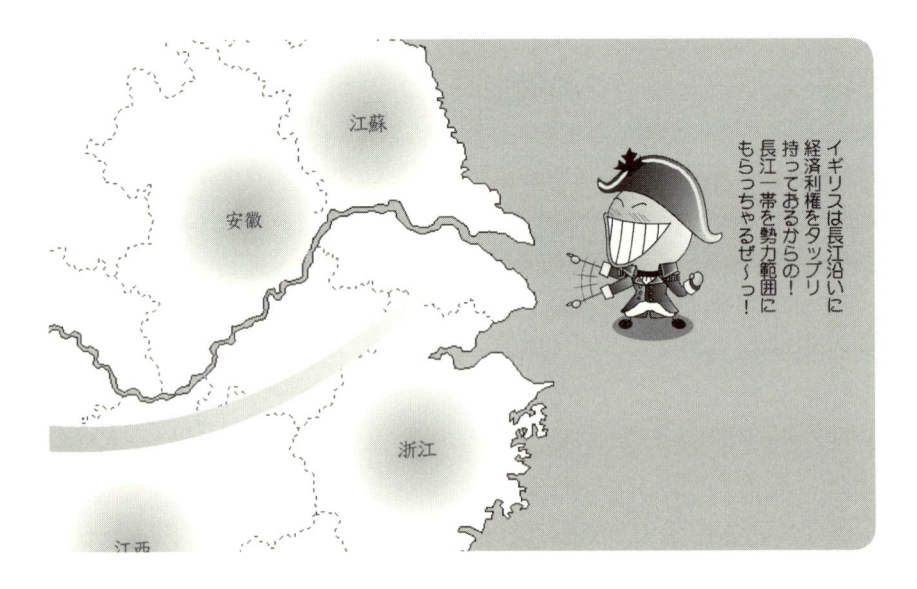

---

(*11) 現在では、「中国東北地方」と呼ばれているところです。
省の名前でいえば、内蒙古（B/C-3）・盛京省（C-4）・吉林省（B/C-5）・黒龍江省（A-5）のあたりです。パネルにぬり絵をしてイメージをふくらませましょう。

(*12) 具体的に列挙いたしますと、東から順に、江蘇省（E-3/4）・浙江省（F-3/4）・安徽省（E-3）・江西省（F-3）・湖北省（E-2/3）・湖南省（F-2）・四川省（E-1）・貴州省（F-1）です。

なんとなれば、日本本土（D/E-5）を守るためには沖縄（F-5）を絶対死守しなければなりませんでしたし、その沖縄を守るためには南西諸島（F/G-4/5）を、南西諸島を守るためには台湾（G-4）を、そして、台湾を守るために、その対岸にある福建省を勢力範囲に設定しておく必要があったからです。
　さて。
　このように「中国分割」がほとんど完了したのが1898年。
　じつはその年、地球の裏側では、ある戦争の真っ最中でした。
　それが「米西戦争」。(＊13)
　これに勝利したアメリカは、スペインからプエルトリコ・グァム・フィリピン（H-4）を奪い、太平洋までを勢力範囲に置くことに成功します。
　「よし！　我が国もとうとうここまで来たか！　次はいよいよ中国だ！」
　そう思って、中国を覗いてみると…。
　中国分割はほぼ完了し、アメリカが割り込むスキがもう残っていません。

ようやくフィリピンを
ブン捕るところまできたぞ！
つぎは中国分割に
参加したいところだが…

アメリカ国務長官
ジョン＝ミルトン＝ヘイ
1898 - 1905

1898

　「くそ！　1年遅かったか！」
　そこで、ただちに国務長官のジョン＝ヘイ（H-3/4）が通牒を出します。

───────────────
（＊13）カリブ海の制海権を欲していたアメリカが、スペインにインネンをつけて起きた戦争。

それこそが、あの「門戸開放宣言(＊14)」。(H-5)

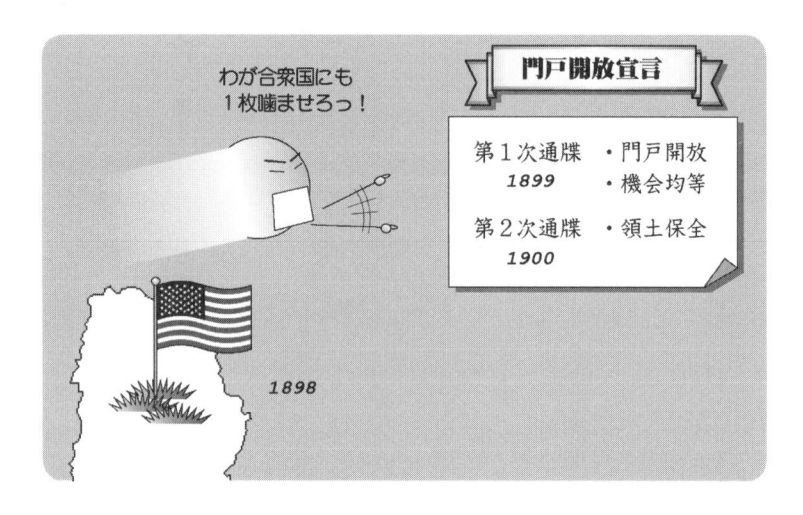

```
         わが合衆国にも        門戸開放宣言
         1枚噛ませろっ！
                         第1次通牒  ・門戸開放
                           1899    ・機会均等
                         第2次通牒  ・領土保全
                           1900
              🇺🇸
                1898
```

「扉は閉ざされるべきでなく、広く開かれなければならない！（門戸開放）」
「チャンスは誰にでも平等に与えられなければならない！（機会均等）」
　なにかしら、すごくご立派なことをおっしゃっているかのようです。
　しかし、これ、少し言葉を噛みくだいてご説明いたしますと。
「おまえら、自分らばっかりウマイ汁独り占めすんなよぉ！（門戸開放）
　俺もいっしょにしゃぶらせてくれよぉ！（機会均等）」
…と言っているにすぎません。(＊15)
「今ごろノコノコやってきて、なにをチョーシのいいことをヌカすか！
　てめぇの分なんか残ってね〜よ！」
…というのが各国の本音ですが、まさかそうは言えませんので、アメリカの通牒はそのまま黙殺されます。

---

（＊14）一般的に「門戸開放宣言」と言い習わされていますが、実際には「宣言」ではなく「通牒」。
　　　なので、最近では「門戸開放通牒」とも呼ばれるようになってきています。
　　　ちなみに、「通牒」とは、相手国に一方的に自国の意思を示す文書を送りつけること。
　　　「宣言」とは、国家が国際社会に向けて自国の意思を表明すること。

ところで。

じつは、この1898年は、中国国内に目を向けますと、戊戌の変法（C/D-1）（変法自強運動）が起こった年でもありました。

30年にわたって行われた「洋務運動」は、たかが日本ごときの貧乏小国にコテンパンに敗れたことによって、その失敗が明らかとなり、潰えていたため、今度は、康有為（D-1/2）らが中心となって、洋務運動につづく2度目の近代化運動を起こそうします。

それこそが変法自強運動です。

それでは、この清朝2回目の近代化運動「変法自強」はどういう展開を見せたのでしょうか？

次幕では、この点について、詳しく見ていくことにいたしましょう。

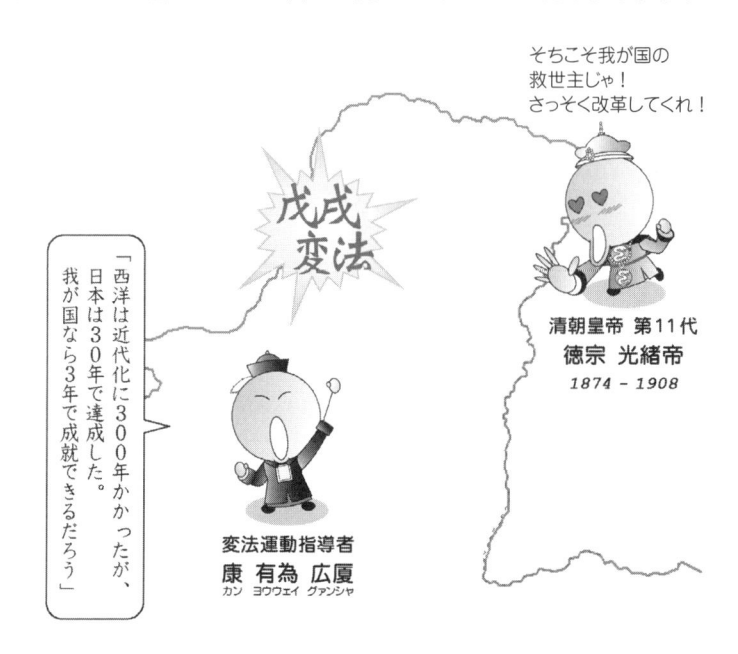

戊戌変法

そちこそ我が国の救世主じゃ！
さっそく改革してくれ！

清朝皇帝 第11代
徳宗 光緒帝
1874 - 1908

「西洋は近代化に300年かかったが、日本は30年で達成した。我が国なら3年で成就できるだろう」

変法運動指導者
康 有為 広厦
カン ヨウウェイ グァンシャ

---

（＊15）ことほど左様に、彼らは自分が行う悪逆非道をオブラートに包み、さも「いいこと」をしているかのごとく演出するのが、たいへんお上手です。

## Column 香港返還

　20世紀も末の1997年は、「香港返還」が世間を賑わせました。
　なぜ、1997年だったのでしょうか。
　記念すべき、1000年代最後の年1999年でもなく、キリのいい2000年ジャストでもなく、21世紀最初の年、2001年でもなく。
　イギリスは、1842年の「南京条約」で香港を割譲させたのを皮切りに、1860年の「北京条約」では、九龍半島の南部も割譲させました。
　それだけでは飽きたらず、さらに、中国分割のドサクサの中で、九龍半島北部（新界）をも「99ヶ年間」の期限付きで租借します。
　それが、1898年7月1日のことでしたから、ここから数えてジャスト「99年後」が、1997年7月1日だったというわけです。
　でも、どうして「100年」とかキリのいい数字ではなく、「99」という中途半端な数字なのでしょうか。
　じつは、「99」は、「永遠」という意味の中国語（久々）と同音。
　そのため、「99ヶ年の租借」というのは、建前上は「あくまで期限付き」と謳いながら、実質的には「永久だぞ！　返還するつもりなんか、これっぽっちもないからな！？」という意味合いを含んでいたのです。
　しかし、時の流れとともに、時代はうつろいゆきます。
　イギリスは100年で見る影もないほど衰え、中国は力をつけました。
　「建前」が通るか「実質」が通るかは、国の力関係で決まります。
　「建前」にすぎなかった「99」という数字は「現実」となり、「約束」通り99年後の1997年7月1日に、返還が実現することになったのです。
　しかし、香港・九龍南部は「永久割譲地」、新界は「99ヶ年租借地」。返ってくるのは「期限付き租借地」の新界だけのはず？
　じつは、100年にわたって新界と香港は「表裏一体」、ひとつの経済区として活動してきたため、もはやこれを切り離すことは不可能となっていました。そこで、新界・香港あわせて「一括返還」ということになったのでした。

# 第4章 中国分割と日露対立

## 第2幕

## 光緒帝の希望の星、康有為

### 変法自強運動

日清戦争の敗北は、清国に衝撃を与えた。有史以来、見下しつづけてきた「日本ごとき」に敗れたのだ。ショックであると同時に、これは、30年にわたって行われてきた「洋務運動」がものの見事に失敗していることを意味していた。新たな、次なる近代化運動が急務となる。こうして、変法自強運動は始まった。

変法運動指導者
**康 有為 広厦**
カン ヨウウェイ グァンシャ
1898.6/11 - 9/21

『新学偽経考』
1891

古文はすべて
偽書である！
「公羊伝」こそ真伝！

『孔子改制考』
1898

孔子様は旧い周制の復古を
意図していたのではない！
新しい制度の構築者であった！

# 〈変法自強運動／戊戌の変法／百日維新〉

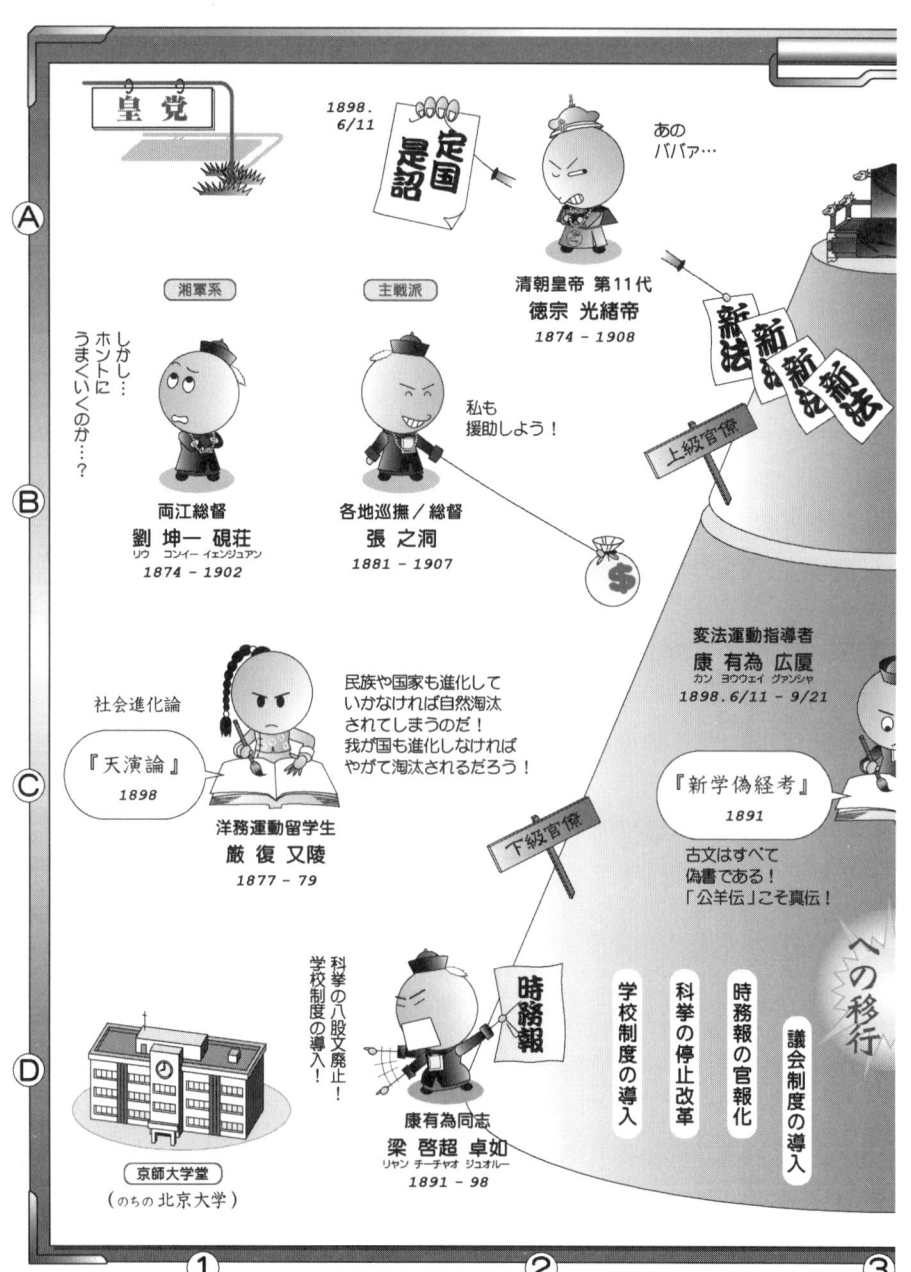

皇党

1898.6/11
定国是詔

清朝皇帝 第11代
徳宗 光緒帝
1874 - 1908

あのババア…

新法 新法 新法

上級官僚

湘軍系

両江総督
劉 坤一 硯荘
リウ コンイー イェンジュアン
1874 - 1902

しかし…ホントにうまくいくのか…？

主戦派

各地巡撫／総督
張 之洞
1881 - 1907

私も援助しよう！

変法運動指導者
康 有為 広廈
カン ヨウウェイ グァンシャ
1898.6/11 - 9/21

社会進化論

『天演論』
1898

民族や国家も進化していかなければ自然淘汰されてしまうのだ！
我が国も進化しなければやがて淘汰されるだろう！

洋務運動留学生
厳 復 又陵
1877 - 79

下級官僚

『新学偽経考』
1891

古文はすべて偽書である！
「公羊伝」こそ真伝！

への移行

議会制度の導入

時務報の官報化

科挙の停止改革

学校制度の導入

京師大学堂
（のちの北京大学）

科挙の八股文廃止！
学校制度の導入！

時務報

康有為同志
梁 啓超 卓如
リャン チーチャオ ジュオルー
1891 - 98

① ② ③

1898年

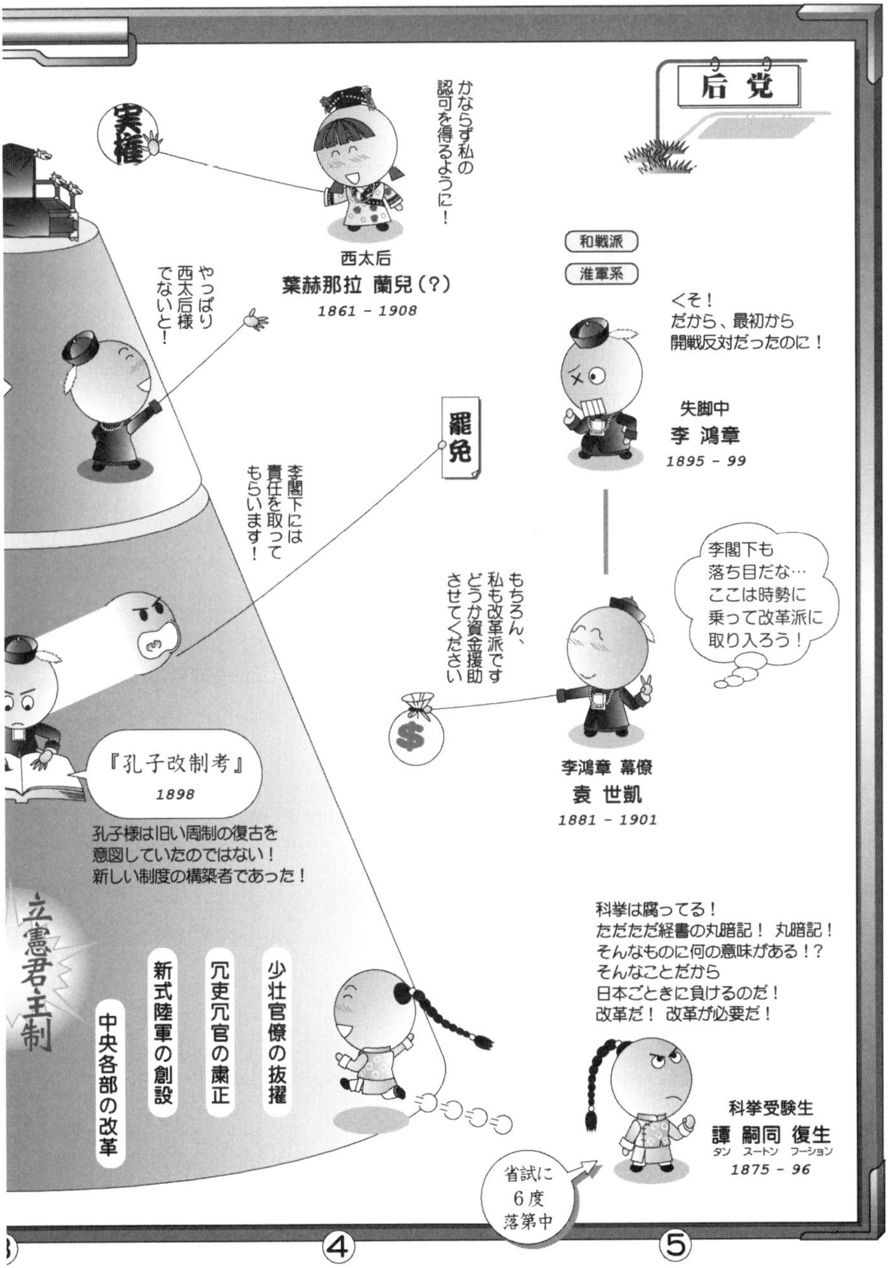
后党
実権
かならず私の認可を得るように！
西太后
葉赫那拉 蘭兒（？）
1861 - 1908
やっぱり西太后様でないと！
罷免
李閣下には責任を取ってもらいます！
和戦派
淮軍系
くそ！
だから、最初から開戦反対だったのに！
失脚中
李 鴻章
1895 - 99
李閣下も落ち目だな…ここは時勢に乗って改革派に取り入ろう！
もちろん、私も改革派です どうか資金援助させてください
$
李鴻章 幕僚
袁 世凱
1881 - 1901
『孔子改制考』
1898
孔子様は旧い周制の復古を意図していたのではない！
新しい制度の構築者であった！
立憲君主制
少壮官僚の抜擢
冗吏冗官の粛正
新式陸軍の創設
中央各部の改革
科挙は腐ってる！
ただただ経書の丸暗記！ 丸暗記！
そんなものに何の意味がある！？
そんなことだから
日本ごときに負けるのだ！
改革だ！ 改革が必要だ！
科挙受験生
譚 嗣同 復生
タン スートン フーション
1875 - 96
省試に6度落第中
③
④
⑤

**前**幕では、どうしても「中華思想」の夢から覚めることができず、これにしがみつきつづけた中国が、ついに列強によって分割され、蚕食されていく様を見てきました。

　まさにその「中国分割」が行われていた1898年、こうした屈辱的状況の真っ只中、清国では洋務運動につづく「2回目の近代化運動」が決行されていました。

　これを、時代の名前から「戊戌の変法」、スローガンから「変法自強運動」、内容から「百日維新」などと呼びます。

　時の皇帝は、光緒帝(A-2)(＊01)。

1898.
6/11

定国是詔

あの
ババァ…

主戦派

清朝皇帝 第11代
徳宗 光緒帝

　光緒帝が即位したときは3歳でしたので、当然のごとく「垂簾聴政」が敷かれていましたが、元服(＊02)(1887年)の時を迎えると、そういうわけにもいきません。

---

(＊01) 忘れてしまった方は、第1章 第2幕のパネル(C/D-2)をもう一度ご覧ください。
　　　 先々帝(咸豊帝)の甥(弟の子)で、先帝(同治帝)の従弟で、西太后の甥(妹の子)。
(＊02) 現代でいうところの「成人式」です。昔はだいたい16～17歳で元服しています。「成人としての義務と責任」を与え、また、それを自覚させる厳粛な儀式でした。
　　　 現代日本のように、「子供が乱痴気騒ぎをする場」ではありません。

しかたなく西太后は、表向きは「西太后は隠居し、頤和園に入る」という形を取りましたが、もちろん実際には、"院政"のごとく頤和園で実権を握りつづけ（A-4）<sup>(＊03)</sup>、上級官僚たちは、「紫禁城に鎮座する皇帝」にではなく、「頤和園で隠居している西太后」に決裁を仰ぎに行きました。

これでは、光緒帝は玉座に座っているだけの"お飾り"にすぎません。

それでも、西太后が有能な政治家として政務に勤しむなら、そこに救いもありましたが、彼女の頭の中にあるのは、ただただ、「旧き良き中華思想」と「おのれの贅沢三昧」を堅持することのみ！　でした。

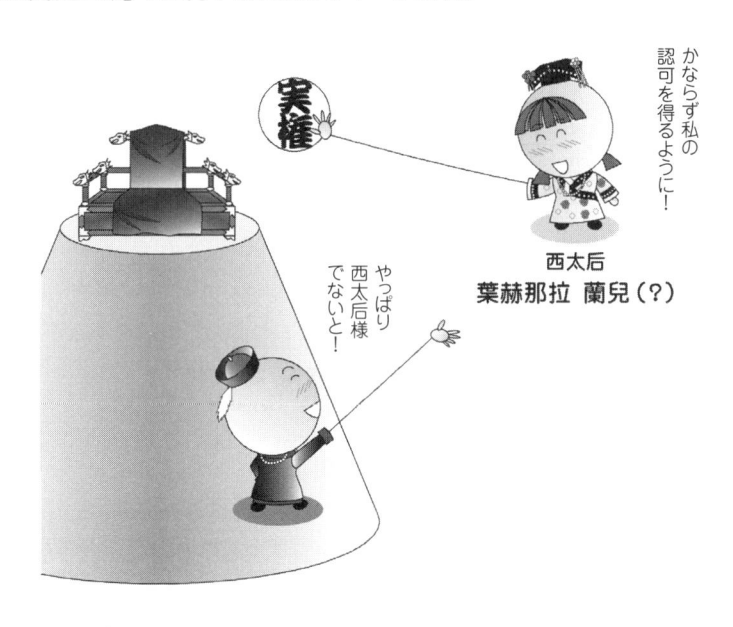

実権

かならず私の認可を得るように！

西太后
葉赫那拉　蘭兒（？）

やっぱり西太后様でないと！

---

(＊03) 将軍職を秀忠に譲って、駿府に隠居した家康に似ています。
　　　彼もまた「隠居」とは名ばかり、死ぬまで実権を手放すことはありませんでした。
　　　人は、一度握った権力を自ら手放すことは、けっしてありません。

光緒帝は、「皇帝」でありながら何もできずにただ見ているしかない、それが歯がゆく、もどかしく、腹立たしい。
　当然、西太后と光緒帝の関係がギクシャクしてきます。
　ひとつの組織において、2人のトップが対立すれば、それは下々まで影響するものです。
　これに呼応するようにして、官僚たちも上級官僚（B-2/3）と下級官僚（C-2）が真っ二つに分かれて対立します。

　　　　　皇党　　　　　　　　　　　后党

　上級官僚たちは、従来どおり、西太后に付き「后党（A-5）」を形成。
　下級官僚たちは、改革を願い、光緒帝に付き「皇党（A-1）」を形成。<sup>（＊04）</sup>
皇党「皇帝はあくまで光緒帝陛下にあらせられる！
　　　西太后様にはさっさとご隠居いただき、一刻も早く親政<sup>（＊05）</sup>を！」
后党「いや、これまでどおり西太后様にご院政を！」
　しかし、これまで西太后に任せてきた結果が、このザマ。
　前幕で見てまいりましたように、日清戦争では日本ごときに敗れ去り、中国は列強に分割され、その惨状は目を覆わんばかり。
　これまで清国を牽引してきた上級官僚らのメンツは丸つぶれ。

---

（＊04）日本語発音ではどちらも「こうとう」で紛らわしいので、中国語発音を付しておきました。
（＊05）その国の君主（皇帝・王）が直々に政治を執ることを言います。
　　　　ちなみに、よく勘違いされますが、明治以降の天皇も「親政」ではありません。
　　　　政治そのものは「内閣」が行い、天皇は「事後承認」するだけの「親裁」でした。
　　　　その意味において、光緒帝と西太后の関係にも似ています。

「それ見たことか！」
　下級官僚たちは、にわかに勢いづき、康有為(B/C-3)は訴えます。
「陛下！　洋務運動のようなやり方ではダメなんです！
　日本のようなちっぽけな貧乏弱小国が、いまや列強の仲間入りです！
　これは、あきらかに明治維新がすぐれていたことを証明しています！
　日本の明治維新に倣った近代化を推進しなければなりません！
　西洋は、近代化に300年を要しました。
　日本は、明治維新でそれを30年で成し遂げたのです。
　我が国なら3年(＊06)で達成できましょうぞ！」

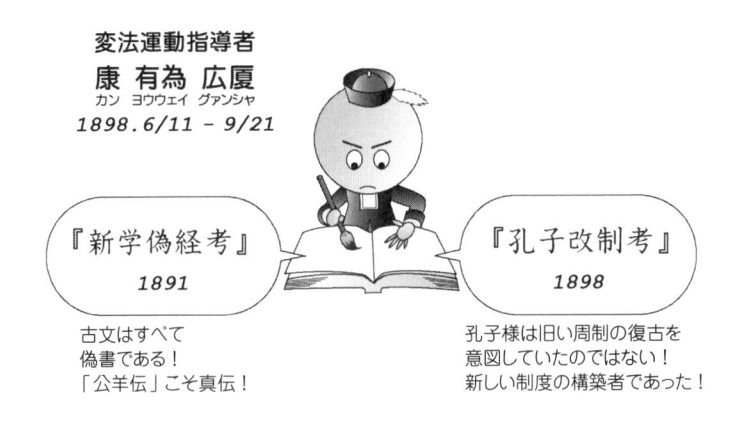

変法運動指導者
康　有為　広厦
カン　ヨウウェイ　グァンシャ
1898.6/11 - 9/21

『新学偽経考』
1891

古文はすべて
偽書である！
「公羊伝」こそ真伝！

『孔子改制考』
1898

孔子様は旧い周制の復古を
意図していたのではない！
新しい制度の構築者であった！

　しかしながら、康有為は、"お目見え(＊07)"でなかったため、直接自分の考えを皇帝に訴えることができませんでした。
　そこで、『新学偽経考』『孔子改制考』など、書物をつぎつぎと発刊し、これを皇帝に読んでいただくことで、自分の主張を皇帝に伝えようとします。

---

(＊06) この数字、もし彼が本気で言っているなら、彼が「政治」というものをまるで理解できていなかったことを断定してもいいほど、浅はかな発言です。
　　　政治改革というのは、時間を短くすればするほど、等比級数的に困難になるものです。
　　　明治維新の30年ですら奇蹟的に短いのに、それを3年とは。呆れてモノも言えません。

(＊07) お目見えとなるためには、ある一定以上の成績で科挙に合格しなければなりませんでした。

康有為の本を読んだ光緒帝は、彼に執心し、彼にすべてを任せ、改革を図りたい！　と熱望するようになります。
　そしてついに、光緒帝は、決断します。
　1898年6月11日、「定国是詔」を発布し、康有為に国運を委ねることにしました。
　彼が、単なる口先だけの扇動者(アジテーター)にすぎないことに気づかず…。
　皇帝の後盾を得て、宮廷内もにわかに動揺が走ります。
「ついに、張柬之(＊08)が現れたか！」
　もし、このまま西太后の時代が終わりを告げ、光緒帝親政時代に入るのなら、康有為には今のうちに媚びを売っておかなければ！
　そこで、張之洞(B-2)、劉坤一(B-1)、袁世凱(C-5)という錚々たるお歴々が"スポンサー"を買って出てくれます。
　さらには、厳復(C-1/2)が『天演論』(＊09)という書物を著し、彼の改革を後押しします。

社会進化論
『天演論』
1898

民族や国家も進化していかなければ自然淘汰されてしまうのだ！
我が国も進化しなければやがて淘汰されるだろう！

洋務運動留学生
厳　復　又陵

(＊08) 唐の中期、則天武后という女傑が国を乗っ取り、自ら女帝として「周」を建国したことがありましたが、これを打ち倒し、「唐」を復活させた宰相が張柬之です。

(＊09) 「天演」とは「進化(evolution)」の訳語。「社会もまた、動物同様に"進化"するものであり、進化に取り残された社会は「淘汰」されていく。中国とて例外ではない。亡びたくなければ、「進化(改革)」しなければならないのだ！」と論じました。

第２幕　変法自強運動

　さらに、梁啓超（D-2）、譚嗣同（D-5）の同志も得、改革は、当初、順風満帆の船出でした。

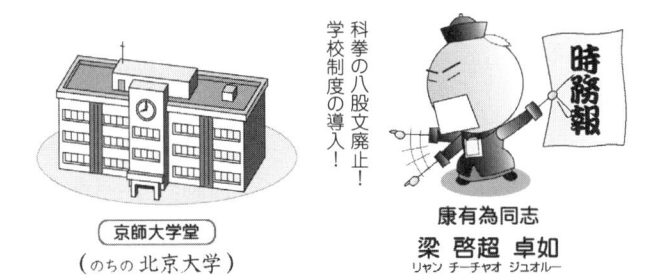

科挙の八股文廃止！
学校制度の導入！

京師大学堂
（のちの北京大学）

康有為同志
梁　啓超　卓如
リャン　チーチャオ　ジュオルー

　いよいよこれから「明治維新」を模範とし、近代化を推進していきます。
　議会制度の導入、中央各部の改革、新式陸軍の創設、冗吏冗官の粛正、少壮官僚の抜擢、科挙の停止、学校制度の導入 etc…。
　しかし、この改革運動は、アッという間に破綻を迎えます。
　なぜでしょうか。
　そのことに関しては、次幕にて、詳しく見ていくことにいたしましょう。

科挙は腐ってる！
ただただ経書の丸暗記！　丸暗記！
そんなものに何の意味がある！？
そんなことだから
日本ごときに負けるのだ！
改革だ！　改革が必要だ！

科挙受験生
譚　嗣同　復生
タン　スートン　フーション

## Column 康有為の思想

　本コラムでは、康有為の思想について、少し説明したいと思います。
　はるか昔、秦の始皇帝のころ、「焚書事件」が起こり、儒学書がことごとく焼き払われてしまったことがあります。
　その結果、「焚書事件」以前に書かれた儒学書（古文）はその数が激減、稀少化し、以降に書かれた儒学書（今文）と区別するようになりました。
　「古文」は、孔子の生きていた時代に近いころに著されているため、信用性が高く、これを重視する古文派と、信用性は落ちるが、数が多くて研究しやすい「今文」を重視する今文派に、儒学が分かれてしまいます。
　とはいえ、「古文は信用性が高い」という点に関しては、「今文派」ですら異論ないところ…にもかかわらず、康有為は『新学偽経考』にて、「古文こそがすべて偽書、今文こそが真伝である！」と主張します。
　また、孔子という方は、「旧き良き西周王朝を理想」として掲げ、復古主義を唱えた方なのですが、『孔子改制考』では、「孔子様は、民権主義・平等社会など、西欧的制度改革・社会改革をすることこそ正義と唱えておられる！」と主張します。
　彼の主張は、どれも「暴論」に近いものですが、なぜ、彼はこんな主張をしたのでしょうか。
　じつは、新しく西洋から入ってきた学問・制度・価値観をなんとか「孔子様の言葉で説明しよう！」として、ドツボにはまってしまったのです。
　つまり、中国の近代化・西欧化を夢見た康有為もまた、中華思想に凝り固まり、その色眼鏡を通してでしか、理解できない人物だったのです。
　中国人は、上から下まで右から左まで、「中華思想」の呪縛から脱することができず、どんなに西洋の先進文物を取り入れようとしても「中華思想」というフィルターを通すため、換骨奪胎してしまい、どうしてもうまく機能させることができませんでした。
　「洋務運動」も「変法自強運動」も、うまくいかなかった原因の一端が、ここにも垣間見えます。

# 第4章 中国分割と日露対立

## 第3幕

## 改革の壁と裏切りと
### 戊戌の政変

光緒帝の「定国是詔」から変法自強運動は始まった。指導者の康有為は信じていた。自分の頭の中だけで描いた「理想」どおりに事を進めれば、必ずうまくいく！と。しかし、現実は康有為の理解をはるかに超える複雑なものであった。つぎつぎと想定外の出来事に見舞われ、変法派はアッという間に破局へ向かっていくことになる。

西太后様の裁可のない法令は実施できませんな！

上級官僚
懿旨

## 〈戊戌の政変〉

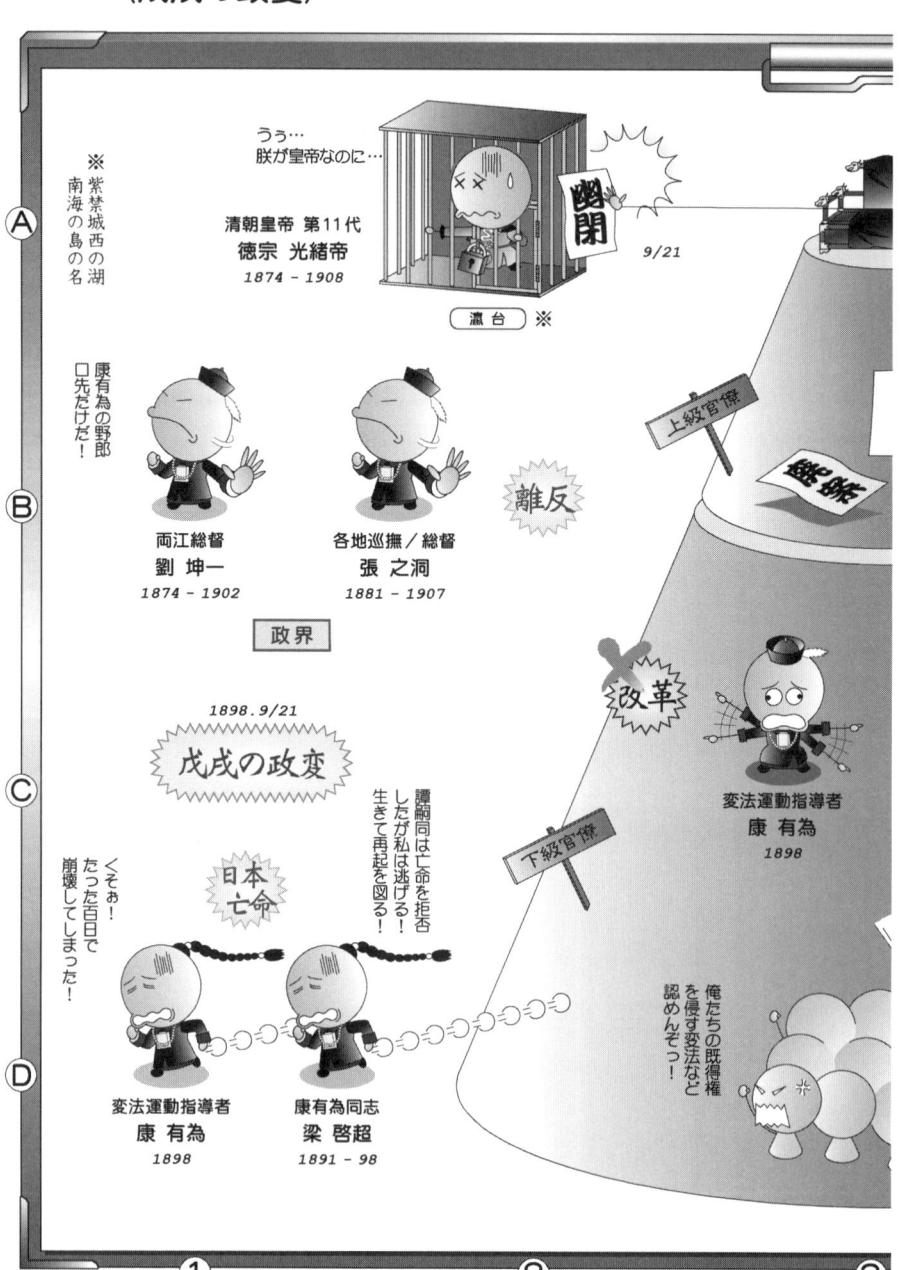

※紫禁城西の湖 南海の島の名

うぅ…
朕が皇帝なのに…

清朝皇帝 第11代
徳宗 光緒帝
1874 - 1908

幽閉
9/21

瀛台 ※

康有為の野郎
口先だけだ！

両江総督
劉 坤一
1874 - 1902

各地巡撫／総督
張 之洞
1881 - 1907

離反

政界

上級官僚

辞職

1898.9/21
戊戌の政変

譚嗣同は亡命を拒否
したが私は逃げる！
生きて再起を図る！

日本亡命

改革

下級官僚

変法運動指導者
康 有為
1898

くそぉ！
たった百日で
崩壊してしまった！

変法運動指導者
康 有為
1898

康有為同志
梁 啓超
1891 - 98

俺たちの既得権
を侵す変法など
認めんぞっ！

A　B　C　D
①　②　③

224

1898 年

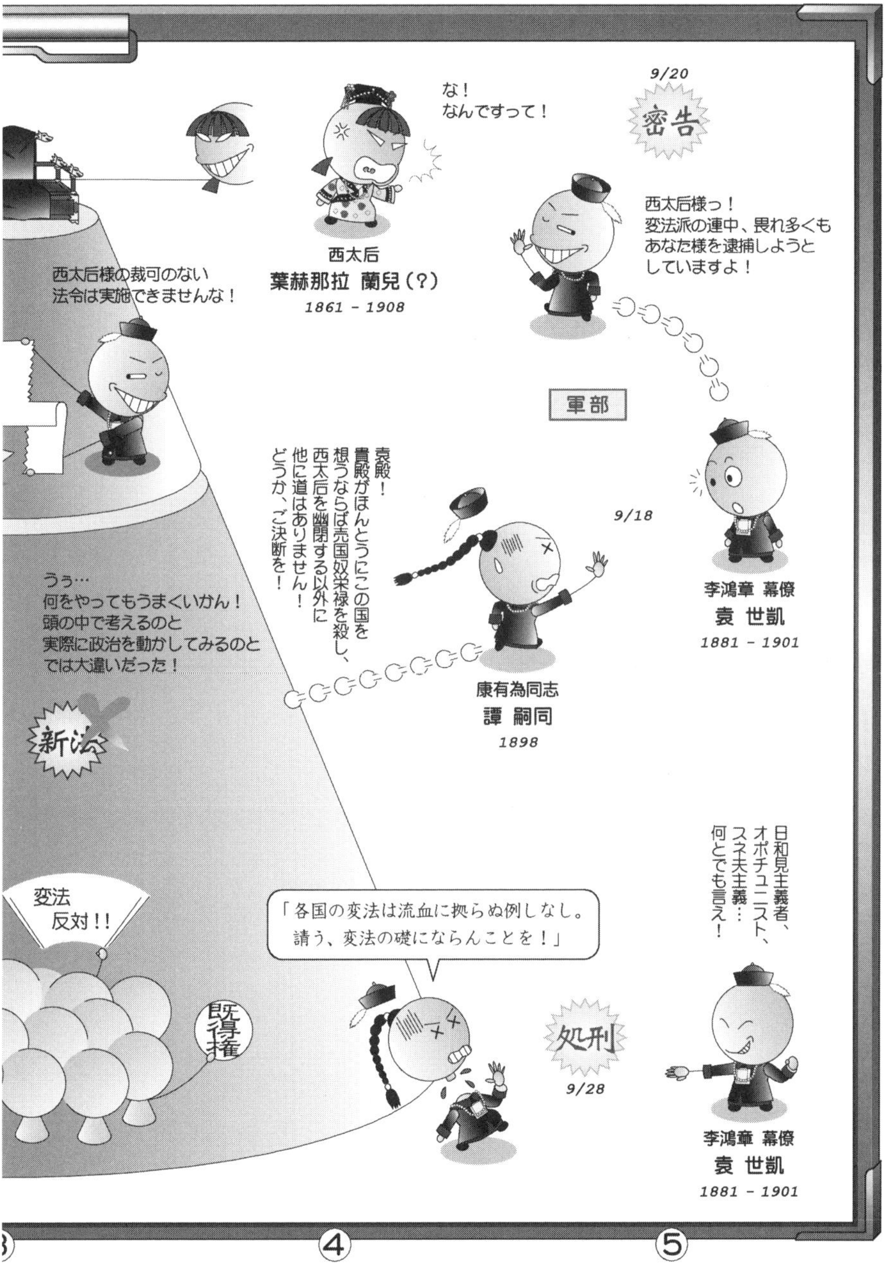

な！
なんですって！
西太后
葉赫那拉 蘭兒（?）
1861 - 1908
9/20
密告
西太后様っ！
変法派の連中、畏れ多くも
あなた様を逮捕しようと
していますよ！
西太后様の裁可のない
法令は実施できませんな！
軍部
袁殿！
貴殿がほんとうにこの国を想うならば売国奴栄禄を殺し、
西太后を幽閉する以外に
他に道はありません！
どうか、ご決断を！
9/18
李鴻章 幕僚
袁 世凱
1881 - 1901
うぅ…
何をやってもうまくいかん！
頭の中で考えるのと
実際に政治を動かしてみるのと
では大違いだった！
新法
康有為同志
譚 嗣同
1898
日和見主義者、
オポチュニスト、
スネ夫主義…
何とでも言え！
変法
反対!!
「各国の変法は流血に拠らぬ例しなし。
請う、変法の礎にならんことを！」
既得権
処刑
9/28
李鴻章 幕僚
袁 世凱
1881 - 1901
④
⑤

**初**めこそ、順風満帆かに見えた変法自強運動は、たちまち暗礁に乗り上げ、見るも無惨な失敗に終わります。

洋務運動は30年かけて行われましたが、変法自強運動はわずか「3ヶ月」で破綻してしまうのです。

なぜか。

原因はいろいろありますが、やはり、最大の原因は、指導者康有為(こうゆうい)（C-3）の無能でした。[*01]

うぅ…
何をやってもうまくいかん！
頭の中で考えるのと
実際に政治を動かしてみるのとでは
大違いだった！

×改革

×新法

変法運動指導者
康 有為

そもそも政治改革を推進するためには、大きく分けて2つの方法があります。

ひとつには「合法改革」、もうひとつが「非合法政変(クーデタ)」です。

前者は、つねに既存勢力の過半数を味方につけつつ、合法的に抵抗勢力を少しずつ潰していく方法。[*02]

これは、「合法」なので、多くの血を流すことはないメリットがありますが、ものすごく改革に時間がかかる上、注意深い根回しが必要なので、指導者に破格の「政治手腕」と「忍耐」が必要となります。

---

(＊01) 朝鮮の甲申事変の失敗も、指導者（金玉均）の無能が最大の原因でした。
「危急存亡の秋」にあって、すぐれた指導者が現れない。
これが中国・朝鮮を滅亡に追い込んだ最大の理由です。

(＊02) 政敵を倒したら、次に同志の中から異分子をあぶりだし、過半数を取ってこれを潰す。
これを繰り返して、同志を「純化」させます。口で言うのは簡単ですが至難の業です。

これに対して、後者は、軍事力を背景にして、一気に旧勢力・旧体制を叩き潰す方法。

これは手っ取り早いし、時間も短くて済みます。

ただし、大量の血が流れることになりますし、そもそも「軍」を完全に掌握していなければ、はなからこの選択肢は使えません。

康有為(こうゆうい)は、軍を掌握していませんでしたので、選択の余地なく、彼に与えられた選択肢は「合法改革」しかありませんでした。

「合法改革」で推進するということになれば、この近代化を成功させるための必須条件は、「康有為(こうゆうい)がすばらしく優秀で忍耐強い政治家」であること、そして「云(うん)十年単位（またはそれ以上）の時間」となります。

ところが。

哀しいかな、康有為(こうゆうい)は「無能」で、上のような認識がまるでなく、与えられる時間を自ら「3年」と期限を切ってしまう愚を犯しています。(＊03)

つまり、変法自強運動は、最初から成功する要件がまるで存在せず、「始める前から失敗」することがわかっていたような改革だったのです。

彼は、こうした「改革成功のための要件」をまるで理解できず、せっかくスリ寄ってきた「旧洋務派」の張之洞(ちょうしどう)（B-2）、劉坤一(りゅうこんいつ)（B-1）、袁世凱(えんせいがい)（C-5）らを、なんと門前払いにしています。

愚かな！！

彼が「政変(クーデタ)」をするつもりだったのなら、それもあり得ますが、「合法改革」をするつもりなら、絶対に味方につけておかなければならない者たちでした。

彼は、ただ光緒帝(こうちょ)（A-2）の信任を得ただけのことで、「千軍万馬を手に入れた」と勘違いし、有頂天となってしまっていたのです。

---

（＊03）なぜ彼は、自分で自分の首を絞めるような「3年」というきわめて短い期限を、自ら設けてしまったのでしょうか。

じつは、彼の頭の中には、「日本ごとき貧乏弱小国に30年でできたことなら、我が偉大なる中国なら3年もありゃ十分だろ？」という短絡思考しかありませんでした。

それ以外、「3年」という数字の具体的根拠は皆無だったのです。

そして、康有為(こうゆうい)はまったく理解できていませんでした。

そもそも「権力」というものは、「肩書(*04)」に付帯するものではなく、「恩恵を与えてくれる者(*05)」に集まるのだ、ということに。

西太后は、疑いの余地なく、政治家として無能で、国を亡ぼす元凶でした。

しかし、そんな彼女が長期政権を維持できたのは、「自分を支持する者には際限なく"恩恵"を与えつづけた」からです。(*06)

人は「肩書」に忠誠を誓うのではなく、「恩恵」に忠誠を誓うのです。

光緒帝(こうちょ)が、次から次へと「新法」を発布しても、これは后党官僚(ホーダン)によって握り潰されるだけでした。(A/B-3/4)

「西太后様の裁可のない法令は実施できませんな！」
「文句がおありでしたら、
　西太后様に言っていただ
　きましょうか？」

こうして、「皇帝直々の
勅令が黙殺される」という
"異常事態"に陥ります。

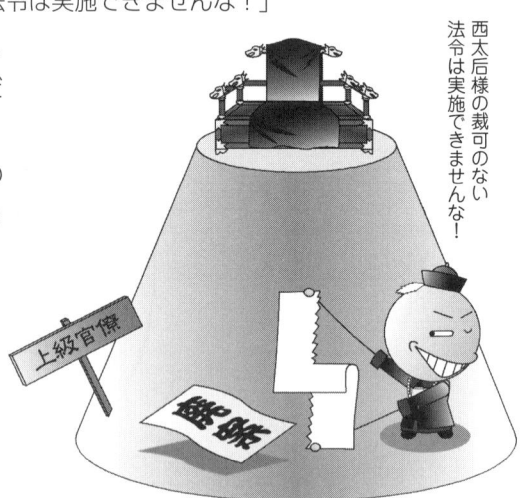

西太后様の裁可のない法令は実施できませんな！

上級官僚

---

(*04) この場合、「皇帝」という肩書のこと。

(*05) この場合、「西太后」のこと。

(*06) これまで「皇帝という肩書を持つ者」が、すなわち「恩恵を与える者」でした。
　　　その事実が背景にあってこそ、「皇帝＝権力者」であったにすぎません。
　　　それがなくなれば、たちまち「皇帝」という肩書は、権力者でも何でもなくなるのです。

"想定外"の事態に狼狽し、追い詰められていく康有為。<sup>(＊07)</sup>

「もはや合法改革が成らぬ！」と判明した今、残された途は「非合法軍事クーデタ」しかありません。

　そのためには、軍部を味方に取り込まねば！

　最後の望みをかけて、譚嗣同（B-4/5）が袁世凱（B-5）<sup>(＊08)</sup>の説得に向かいます。

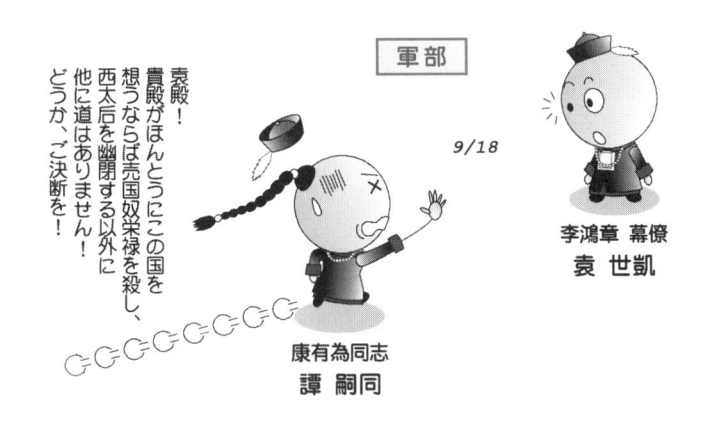

```
                    軍部
                                    9/18

袁殿！
貴殿がほんとうにこの国を
想うならば売国奴栄禄を殺し、
西太后を幽閉する以外に
他に道はありません！
どうか、ご決断を！

                                    李鴻章 幕僚
        康有為同志                    袁 世凱
        譚 嗣同
```

「袁世凱閣下！

　貴殿にこの国を憂う気持ちが少しでもあるなら、売国奴の栄禄<sup>(＊09)</sup>をただちに殺し、西太后を幽閉していただきたい！　どうかご決断を！」

　変法自強運動が始まってから、ジャスト100日目のことでした。

　もし、ここで袁世凱に断られたら、その時点で、変法派は破滅です。

　彼は、差し違える覚悟で、短刀を胸に直談判したといいます。

---

（＊07）これを「想定外」と思っていること自体が、彼の政治的無能を表しています。

（＊08）日清戦争により軍部の実力者・李鴻章が失脚したのち、彼がその後任に抜擢され、軍（新しく創設された「新建陸軍」）を掌握していました。

（＊09）袁世凱を抜擢した満州貴族にして、西太后の親戚にして、幼なじみ。
このころの官職は直隷総督。ラストエンペラー宣統帝の母方の祖父でもあります。

袁世凱は、その「覚悟」を敏感に察知し、その場はお茶を濁します。
「うむ、わしも陛下に忠誠を誓う者だ。善処しよう」(＊10)
そして、彼は、そのまま、その足で西太后に密告しています。(A-5)

な！
なんですって！

9/20
密告

西太后
葉赫那拉 蘭兒(？)
1861 - 1908

西太后様っ！
変法派の連中、畏れ多くも
あなた様を逮捕しようと
していますよ！

さきにも触れましたように、いつの時代でもどこの国でも、政変(クーデタ)というものは、軍を味方につけた方が勝ちます。
「袁世凱が裏切った！」
21日、その報が伝わるや、康有為、梁啓超は取るものもとりあえず、命からがら日本に亡命し(D-1)(＊11)、なんとか事なきを得ましたが、「ともに逃げよう！」と誘われた譚嗣同は答えました。
「私は逃げない！」(＊12)

---

(＊10) 政治家の「善処します」は、「まったくやる気なし」という意味の婉曲表現です。
(＊11) ほんとうに官憲に捕縛される寸前で逃げ切ることができました。
(＊12) 筆者はこういういさぎよさは嫌いではない、というか、むしろ好きですが、死んでしまっては元も子もないとも思います。
　　　ので、筆者なら、康有為たちとともに全力で逃げます。

「そもそも改革というものは、流血に拠らずして成功したためしがない。
されど、我が中国では、いまだに変法のために血を流した者がおらぬ。
私がその最初となり、その礎となりましょう！」
こうして彼は、自ら刑場の露と消えていくことになりました。(D-4/5)
その日(21日)のうちに、光緒帝も瀛台(*13)に幽閉されます。(A-2)

「各国の変法は流血に拠らぬ例しなし。
請う、変法の礎にならんことを！」

処刑
9/28

こうして、変法自強運動は、「3年」どころか、わずか「3ヶ月」という短期間で挫折します。
　清朝滅亡まであと13年。
　こうして、滅亡のカウントダウンが始まります。

---

(*13) 紫禁城の西側には、北から順に「北海」「中海」「南海」という3つ並んだ湖がありますが、その「南海」の真ん中にある、小さな島の名前が瀛台です。
　光緒帝は、死ぬまでの10年間、この小さな島の中から出ることを許されず、この島の宮殿「涵元殿」で亡くなります(おそらく西太后による暗殺)。
　ちなみに、西太后が亡くなったのは、光緒帝が亡くなった翌日です。

# Column 袁世凱

　変法派を裏切り、潰滅に追い込んだ張本人、袁世凱。

　彼は、野心の塊のような人物で、おのが立身出世のためなら、その場、その時々において、つねに強い方につき、変節することも厭わない。

　まず、22歳のとき、当時、軍の最高実力者だった李鴻章の幕下となって出世するも、その彼が日清戦争の敗北で発言権が後退すると、すぐに、皇帝の支持を得た変法派にすり寄ります。

　しかし、これも3ヶ月と保たず傾くや、たちまち、宮廷の最高実力者だった西太后に「密告」という手土産を持って寝返りました。

　さらに、まもなく義和団の乱が起こり、西太后も落ち目とみるや、西太后の命にも従わなくなり、保身に汲々とします。

　そしてついに、辛亥革命が勃発すると、朝廷から「革命政府を討伐するため」に軍権を与えられたにもかかわらず、その軍事力を背景に、革命政府「中華民国」を乗っ取り、逆に、清国を亡ぼしてしまいます。

　そして、そのわずか3年後には、ついに「中華帝国」の建国を宣言し、その初代皇帝、洪憲帝を僭称したのでした。

　まさに、寝返りと裏切りと変節と日和見を重ね、「皇帝」の位にまで昇り詰めるまでになった袁世凱。

　それにしても、彼の人生は、後漢末に割拠した武将のひとり、「袁術」のそれと奇妙なほど重なります。

　袁術と袁世凱は、ともに、同じ「袁」姓でしたし、ともに名族の生まれであり、野心家であり、混迷の世にあって群雄割拠の一翼を担いました。

　そのうえ、両名とも、その野望に見合った人望がありませんでした。

　にもかかわらず、時勢に乗り、皇帝を僭称するまでに至っています。

　しかし、それが命取りとなって孤立化し、家臣からも見放され、帝位に就いてまもなく、失意のうちに死亡したことまでソックリ。

　結局、「人望なき者が分不相応な野望を抱く」と、平穏な最期は訪れない、ということでしょうか。

# 第4章 中国分割と日露対立

## 第4幕

### 「扶清滅洋」を叫びつつ
#### 義和団の乱

またしても近代化運動は圧殺された。これにより宮廷は「保守反動派」で占められることとなる。折悪く、外国排斥運動の「義和団の乱」が勃発するや、保守反動に染まっていた政府は、むしろこれを支援し、列強に宣戦布告してしまう。これにより、列強による「八ヶ国共同出兵」を招くこととなり、自ら墓穴を掘っていった。

西太后
葉赫那拉 蘭兒(?)

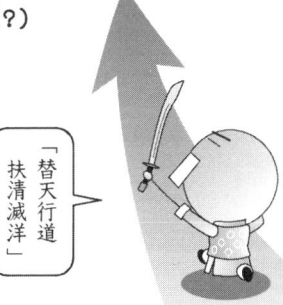

「替天行道
扶清滅洋」

## 〈義和団の乱〉

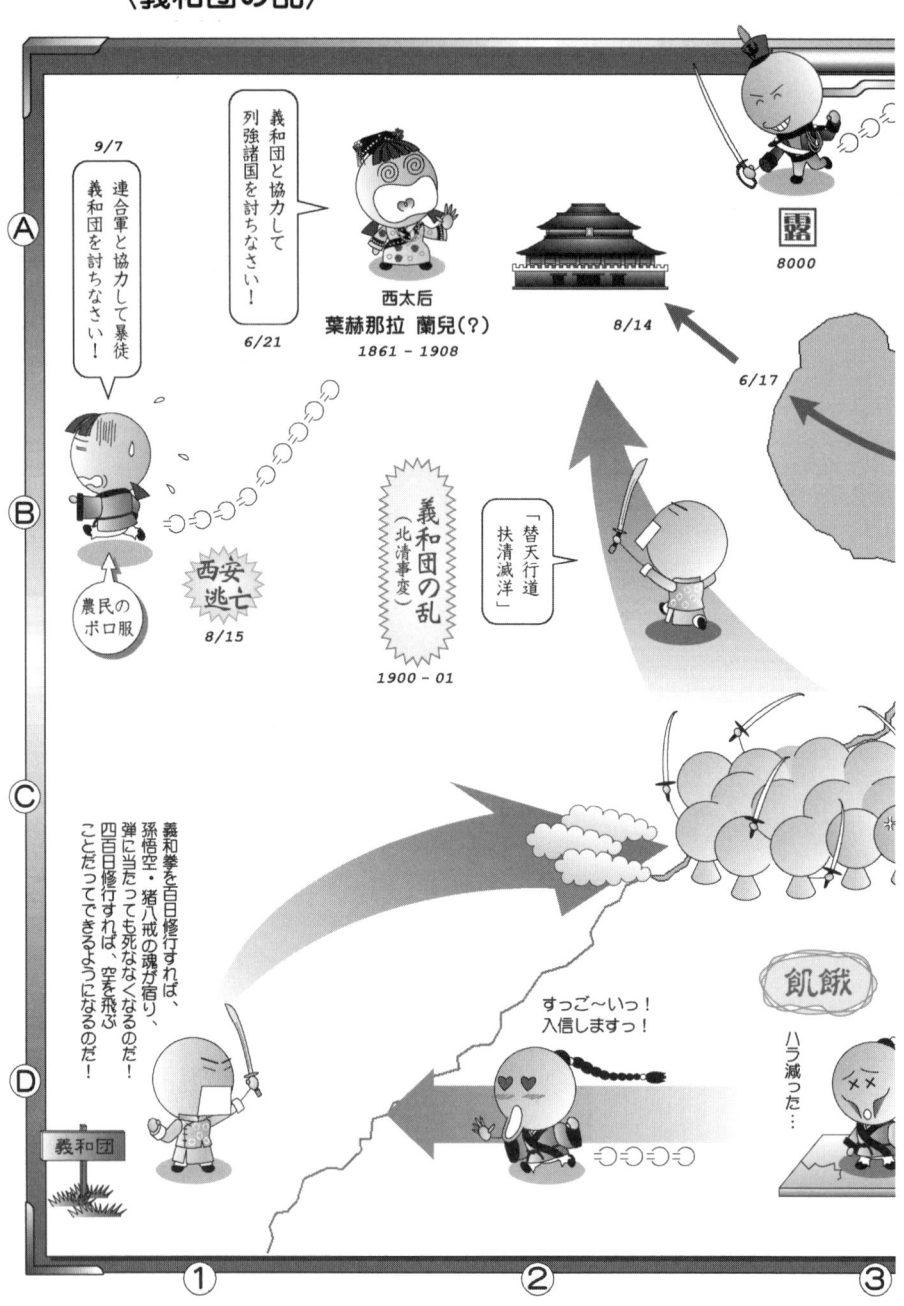

9/7
連合軍と協力して暴徒義和団を討ちなさい！

義和団と協力して列強諸国を討ちなさい！

西太后
葉赫那拉 蘭兒(?)
1861 - 1908
6/21

露
8000

8/14

6/17

西安逃亡
8/15

農民のボロ服

義和団の乱
(北清事変)
1900 - 01

「替天行道 扶清滅洋」

義和拳を百日修行すれば、孫悟空・猪八戒の魂が宿り、弾に当たっても死ななくなるのだ！四百日修行すれば、空を飛ぶことだってできるようになるのだ！

義和団

すっご〜いっ！
入信しますっ！

飢餓

ハラ減った…

A B C D
① ② ③

第4幕 義和団の乱

1899年〜1900年

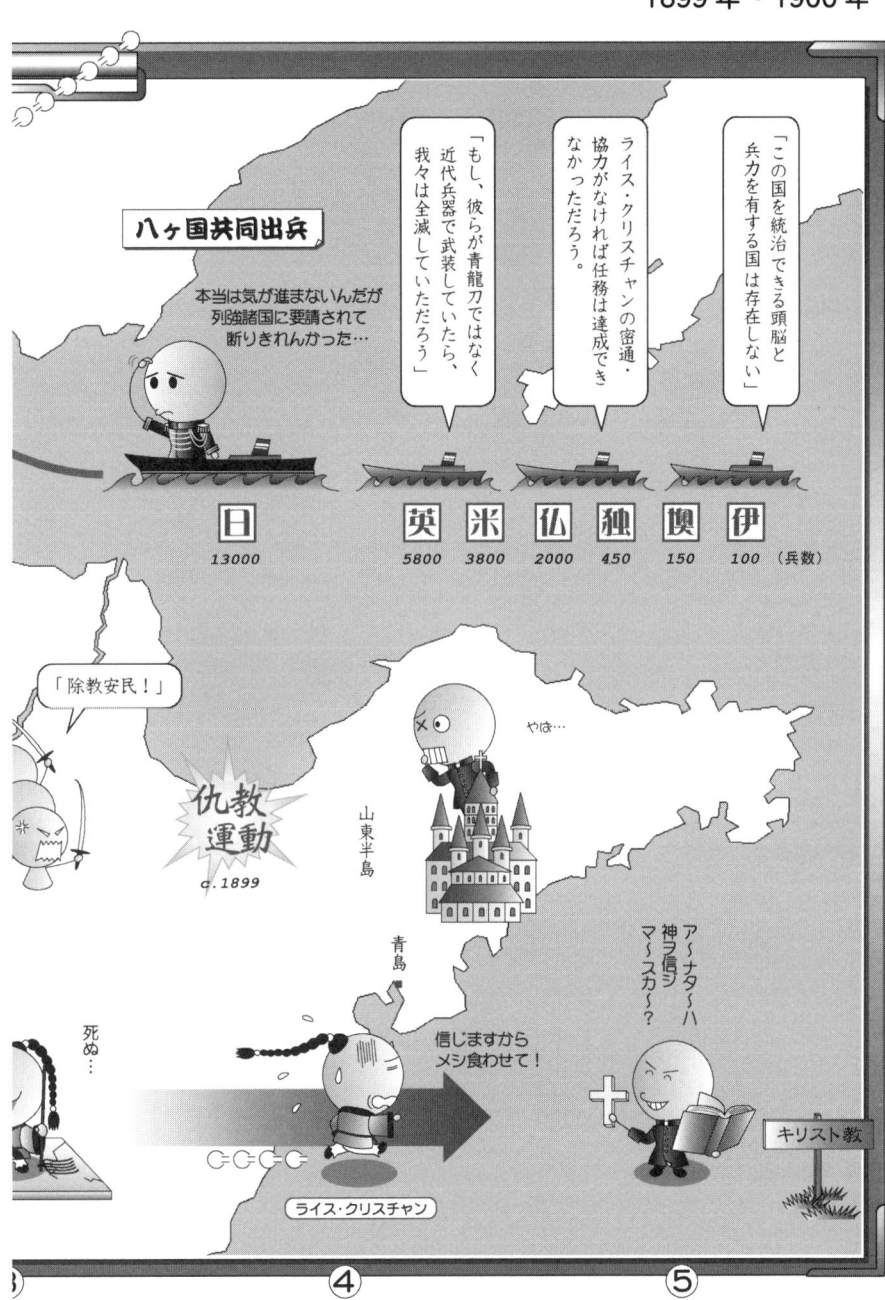

八ヶ国共同出兵

本当は気が進まないんだが
列強諸国に要請されて
断りきれんかった…

「もし、彼らが青龍刀ではなく
近代兵器で武装していたら、
我々は全滅していただろう」

「ライス・クリスチャンの密通・
協力がなければ任務は達成でき
なかっただろう。」

「この国を統治できる頭脳と
兵力を有する国は存在しない」

| 日 | 英 | 米 | 仏 | 独 | 墺 | 伊 | (兵数) |
| 13000 | 5800 | 3800 | 2000 | 450 | 150 | 100 | |

「除教安民！」

仇教運動
c.1899

山東半島

やば…

青島

死ぬ…

信じますから
メシ食わせて！

アーナタ〜ハ
神ヲ信ジ
マ〜スカ〜?

キリスト教

ライス・クリスチャン

④  ⑤

第1章 清朝の混迷
第2章 日本開国
第3章 日清戦争
第4章 中国分割と日露対立
第5章 日露戦争

235

**清** 国が再生する最後のチャンス、といってもよかった「変法自強運動」は、モノの見事に失敗に終わりました。

皇帝ですら、湖の上に浮かぶ小さな島(＊01)に閉じ込められる有様となり、もはや国内に西太后に逆らえる者などまったくいなくなります。

うぅ…
朕が皇帝なのに…

清朝皇帝 第11代
徳宗 光緒帝
1874 - 1908

幽閉

9/21

瀛台

事ここに至り、彼女の立場は「女帝(＊02)」となんら変わらなくなります。

西太后という人は、とにかく感情的に「白人が嫌い」。

「白人なんか大っ嫌い！！ 白人のモノマネなんて、とんでもないわ！」

まぁ、「白人が嫌い」なのは、彼女の勝手。

でも、その「個人的感情」と「政策」の区別も付かないのが、彼女。

清国はふたたび「中華思想サイコ〜」「中国が一番！」「何ひとつ変える必要なし！」「今までどおりで！」というガチガチの保守政権に戻ってしまいます。

一刻も早く近代化しなければならないこのご時世に！

日本で譬(たと)えれば、明治維新が失敗して、幕府が復活したようなものです。

---

(＊01) 前幕でも触れました「瀛台」という名前の南湖に浮かぶ小さな島です。
　　　　ちなみに、上のイラストでは光緒帝が牢屋に入ってますが、これはイメージです。
　　　　実際には、宮殿に住んでいます。島から出られなかっただけです。誤解なきよう。

(＊02) これまでも似たようなものでしたが。
　　　　ただし、正式に「女帝」の位に就いたのは、後にも先にも唐の「則天武后」だけです。

政府がそんな状態ですから、庶民の生活は窮乏の一途をたどり、人民は、飢餓に苦しみ、もはやまともな生活が営めなくなります。
　そうなれば、人間、メシさえ食わせてくれるなら、信条・プライドなどかなぐり棄てて、どんなことでもするようになります。
　こういうところに声をかけてくるのが、いつの時代でも宗教です。
「ア〜ナタ〜ハ　神ヲ信ジマ〜スカ〜？」。(D-5)
　中国に入植してきているキリスト教宣教師たちは、食べ物をチラつかせながら、そう言います。
　こちとら、明日をも知れぬ飢餓状態にありますから、
「んもぉ、メシさえ食わせてくれるなら、なんでも信じます！」
…となります。
　このように、本心から信心したのではなく、今日の食いブチにありつくために入信した信者のことを「ライス・クリスチャン(D-4)(＊03)」と言います。

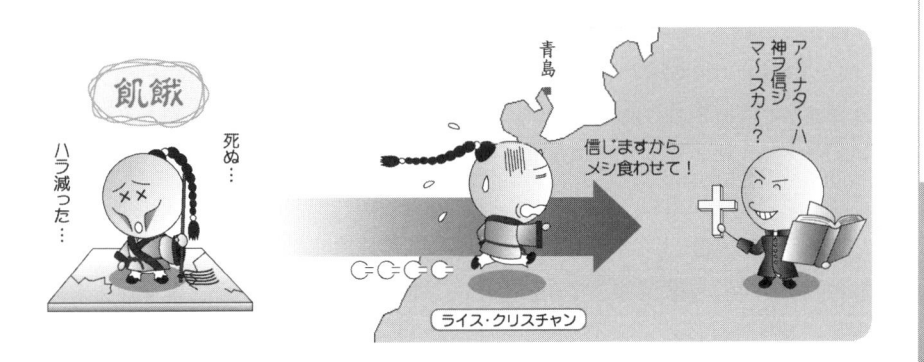

---

(＊03) 白人列強は、自分が植民地にするべく目をつけたアジア・アフリカの各地において、かならずこうした「ライス・クリスチャン」をつくります。
　　　彼らを、「白人列強の先兵」として、「スパイ」として、存分に働かせるためです。
　　　「ライス・クリスチャン」たちは、まさに「自民族を亡ぼす売国奴」となってゆくのですが、詳しくは、本幕のコラム「ライス・クリスチャン」をご参照ください。

この対極にあったのが、義和拳(*04)というカンフーを使う「義和団」という仏教系の宗教教団。(D-1)

飢餓にあえぐ民の中には、こちらに入信する者も多く出ます。(D-2)

義和拳を百日修行すれば、孫悟空・猪八戒の魂が宿り、弾に当たっても死ななくなるのだ！四百日修行すれば、空を飛ぶことだってできるようになるのだ！

すっご〜いっ！
入信しますっ！

飢餓

ハラ減った…

死ぬ…

義和団

ところで。

1898年、中国分割が本格化する中で、山東半島(C-4)がドイツの勢力下に置かれたことはすでに触れました。

ところが、もともとここ山東半島は、儒教の開祖・孔子の生誕の地「曲阜」がある地域で、特に儒教が盛んなところ。

にもかかわらず、ドイツは、現地の人々の感情を圧殺するようにして、強引なキリスト教の布教活動を推進したため、とうぜん彼らとの間に軋轢が生まれます。

そうした軋轢がやがて、仇教事件(*05)となって具現化すると、あとはもう、燎原の火のごとく、あれよあれよ。

---

(*04)「100日修行すれば、孫悟空・猪八戒の霊が宿り、銃弾に当たっても死ななくなる！」
　　　「400日修行すれば、空を自由自在に飛べるようになる！」と謳う拳法。あやしすぎる。

(*05) 中国人とキリスト教徒との対立事件のこと。1860年の北京条約でキリスト教の布教が認められたころから、すでに起こっていましたが、特に社会問題になるのはこのころから。

最初こそ小さな単発の「事件」にすぎなかったものが、みるみる大きく、そして頻発するようになり、アッという間に常態化して、「除教安民」(*06)とスローガンを掲げた「運動」へと発展していくことになります。(*07)

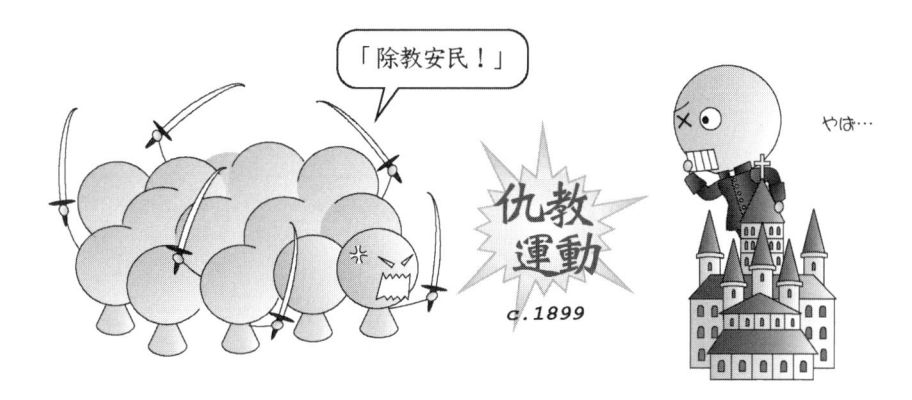

「除教安民！」

仇教運動
c.1899

やれ…

　これが「仇教運動」(C-4)です。
　それは時を経ずして、キリスト教を「共通の敵」とする義和団(D-1)と結びつき、中国の北部一帯を巻き込む大反乱「義和団の乱」(B-2)へと発展していきます。
　「てめぇら、孤児院など作って、善人ヅラして孤児を引き取ってやがるが、ホントは子供を食べてやがるんだろっ！！」
　最初こそ、袁世凱を送り込んで鎮圧しようとした清朝政府でしたが、彼らが「扶清滅洋」(*08)とスローガンを掲げていることを知るや、むしろこれを支援するようになります。

---

(*06)「キリスト教徒どもを叩き出して、民の暮らしを安らかにしよう！」という意味。
(*07)雪山において、一発の銃声が、たちまち雪崩を引き起こすことがあるように、臨界点に達したものは、そのキッカケがどんなに小さなものであっても、大きな暴発を生むことがあります。このときの中国は、もはや臨界点に達していたということです。
(*08)「清をお扶(たす)けし、洋(ヨーロッパ)を滅ぼすべし！」という意味。

「義和団と協力して、列強諸国を討ちなさい！」
　西太后のこの言葉をもって、宣戦布告（６月２１日）となります。
「これ、勿怪の幸い！」と、やる気マンマンだったのがロシア。
　ロシアは、これを機に、満州を併呑しようと目論んでいたからです。(＊09)
「まずい！　それだけは何としても食い止めねば！」
　そう願う米英でしたが、当時、イギリスはブール戦争(＊10)で、アメリカは米比戦争(＊11)で忙殺され、今回、極東に軍を割く余裕がありません。
「まずい！　このままではロシアがひとり勝ちしてしまう！」
　そこでイギリスは、背に腹は替えられず、ワラにもすがる思いで、日本に出兵を要請します。
　しかし、当の日本政府は、今回の出兵にあまり乗り気ではなかった(＊12)のですが──
① なんといっても、イギリスの要求には逆らえませんでしたし、

西太后
葉赫那拉　蘭兒（？）

「義和団と協力して列強諸国を討ちなさい！」

---

（＊09）1896と98年、すでに「東清鉄道」敷設権を得ていたロシアは、その鉄道が走る満州（現在の中国東北地方）を土地ごとごっそり奪い取ることを虎視眈々と狙っていました。その先にあったのは、朝鮮、そして、日本でした。

（＊10）イギリスが、南アフリカを植民地化する過程で起きた戦争。

（＊11）アメリカが、フィリピンを植民地化する過程で起きた戦争。

② ロシアが満州を押さえることは日本にとっても不利益でしたし、
③ ここでイギリスに恩を売っておくことは悪いことでもありませんでした
…ので、出兵することになります。
　これこそが、あの「八ヶ国共同出兵」です。(A-4)
　さような裏事情により、一応、名前にこそ「八ヶ国」と冠がつきますが、実際には、ほとんど「日露連合軍」に近いもので、他の6ヶ国はほとんど「名を連ねただけ」といった感じのものでした。
　（日露以外の6ヶ国の全軍を足しても、日本1ヶ国にも及びませんでした。）

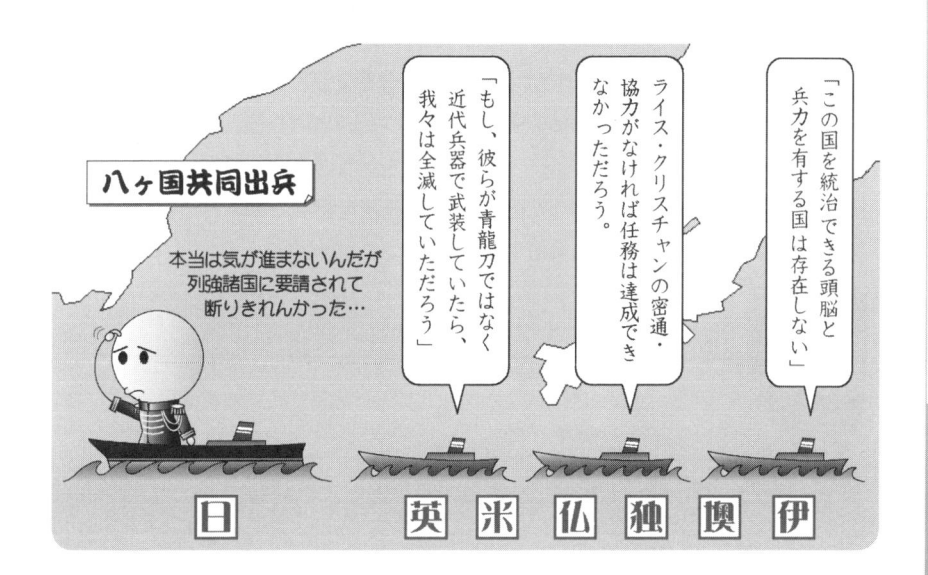

八ヶ国共同出兵

本当は気が進まないんだが
列強諸国に要請されて
断りきれんかった…

「もし、彼らが青龍刀ではなく近代兵器で武装していたら、我々は全滅していただろう」

ライス・クリスチャンの密通・協力がなければ任務は達成できなかっただろう。

「この国を統治できる頭脳と兵力を有する国は存在しない」

日　英　米　仏　独　墺　伊

(＊12) たとえば、当時のマスコミの論調を見ても、「容易ならざる清廷の大事を聞き、先づ、十二分の同情なきを得ざるなり。(『東日新聞』明治33年1月27日付)」などのように、清朝に同情を寄せつつも、あくまで「北京朝廷の難件なるべし。(同紙明治33年2月2日付)」と、傍観する態度を貫いており、これは他紙も同様の論調でした。

さて。
この際、「列強8ヶ国」は近代兵器。
かたや「義和団」は、青龍刀と義和拳法。
彼らは、青龍刀片手に、
「アチョ〜〜〜ッ!! 義和拳を窮(きわ)めた者は、弾(タマ)に当たっても死な〜〜ん!」
…と叫びながら、近代兵器を構える軍に向かっていくのですから、それはもう、バッタバッタと死人の山を築くことになります。

これじゃあ、列強は楽勝だったんだろうなぁ、と思いきや。
じつは、震えあがっていたのは列強の方です。
「もし、彼らが青龍刀ではなく近代兵器で武装していたら、我々は全滅していただろう」(A-4/5)
「もし、ライス・クリスチャンたちの密通・協力がなかったら、我々は任務を達成できなかっただろう」
まるで敗者の弁です。(＊13)

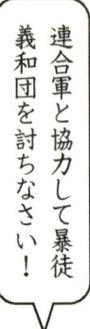

連合軍と協力して暴徒義和団を討ちなさい!

---

(＊13) 太平洋戦争においても、追い詰められた日本は「神風特攻」をかけました。
その当初こそ、大きな損害を出したアメリカでしたが、すぐに対策を立て、レーダー網を張り巡らせました。その結果、日本は戦果をあげられなくなります。
しかし、心理的にはアメリカを震えあがらせました。
今回の義和団たちの「突撃」は、これに似た恐怖を白人列強たちに与えたのです。

しかし、所詮、青龍刀で近代兵器に敵(かな)うはずもなく、義和団は敗退していきます。
　すると、ついさきほど、
「義和団と協力して、列強諸国を討ちなさい！」
と言った、あの女が、3ヶ月(みっき)と経たないうちに、
「連合軍と協力して、暴徒義和団を討ちなさい！」（A-1）
と言い残し、自分は紫禁城を棄て、西安(シーアン)に逃亡してしまいます。(＊14)
　なんという感情的で、行き当たりばったりな政治…。
　そして、
「国民がどうなろうが、国家がどうなろうが、自分さえ助かればよい」
という政治家として最低最悪の行動。
　さてもさても、つくづく痛感させられます。
　中国のほんとうの不幸は、この西太后に政権を預けたことであった、と。

---

（＊14）このとき、西太后は「農民のボロ服」を身にまとって、紫禁城から脱出しています。

# Column ライス・クリスチャン

　帝国主義段階に入って、白人列強が有色人種の国々を征服すべく、侵略活動を始めたとき、彼らは、たいへん巧妙な手口を思いつきます。

　まず、目をつけた地域に、いきなり軍隊を派遣するのではなく、宣教師を派遣し、彼らに慈善事業（学校・病院・孤児院の建設、教会による社会奉仕など）を行わせ、現地人の警戒心を解かせます。

　学校では、無償教育が施され（という名目でキリスト教洗脳教育が行われ）、病院では無償治療を施し（つつ、病人に対して執拗に布教し）、孤児院では孤児を無償で育て上げ（ガチガチのキリスト教徒として）、教会では改宗者に対して施し（食べ物）を与えます。

　こうして、所謂「ライス・クリスチャン」たちを増殖させておき、頃合いを見計らい、次に、商人を派遣、現地の社会・経済を破綻させるようなメチャクチャな商売をして、ボロ儲けさせます。

　ここにきてようやく、現地の人たちの中から「ダマされた！」と気づく者が現れ、白人勢力を排斥すべく、反乱が起きるようになりますが、もはや、時すでに遅し。

　白人たちは、反乱に対して、自ら武器を取って戦うのではなく、「ライス・クリスチャン」らを先頭に立たせ、同じ民族同士で殺し合わせます。

　白人はこれを高見の見物。「あ〜か勝〜て」「し〜ろ勝〜て」

　こうして、さんざん同じ民族同士で殺し合わせ、疲弊しきったころを見計らい、本国軍がやってきますが、もはや、現地人には抵抗する力は残っておらず、簡単に制圧されます。

　わずかな数のヨーロッパ人たちが、広大なアフリカ・アジアを制圧することができたのは、こうした陰湿な侵略が功を奏したからでした。

　ただし。唯一、このやり方が通用しなかった国があります。

　白人のこの汚いやり口にいち早く気づき、未然にこれを排除することに成功した国が。

　それこそが我が国、日本です。

# 第4章 中国分割と日露対立

## 第5幕

## ロシアの脅威、迫る！
北京議定書

義和団の乱は鎮圧され、和議は成った。列強諸国は和議に基づいて順次撤兵していく。ところが、ロシアだけが満州から撤兵しようとしない。ドサクサに紛れて、満州を併呑するつもりなのだ。満州がロシアの手に陥ちたとき、日本は滅び去るときである。日本は強硬に抗議するも、暖簾に腕押し。日本は悲壮感に呑みこまれていく。

北京議定書に基づいてロシアは満州から撤退しろっ！しろったらしろっ！

このままでは日本は亡びてしまう〜〜っ！

## 〈北京議定書（辛丑和約）〉

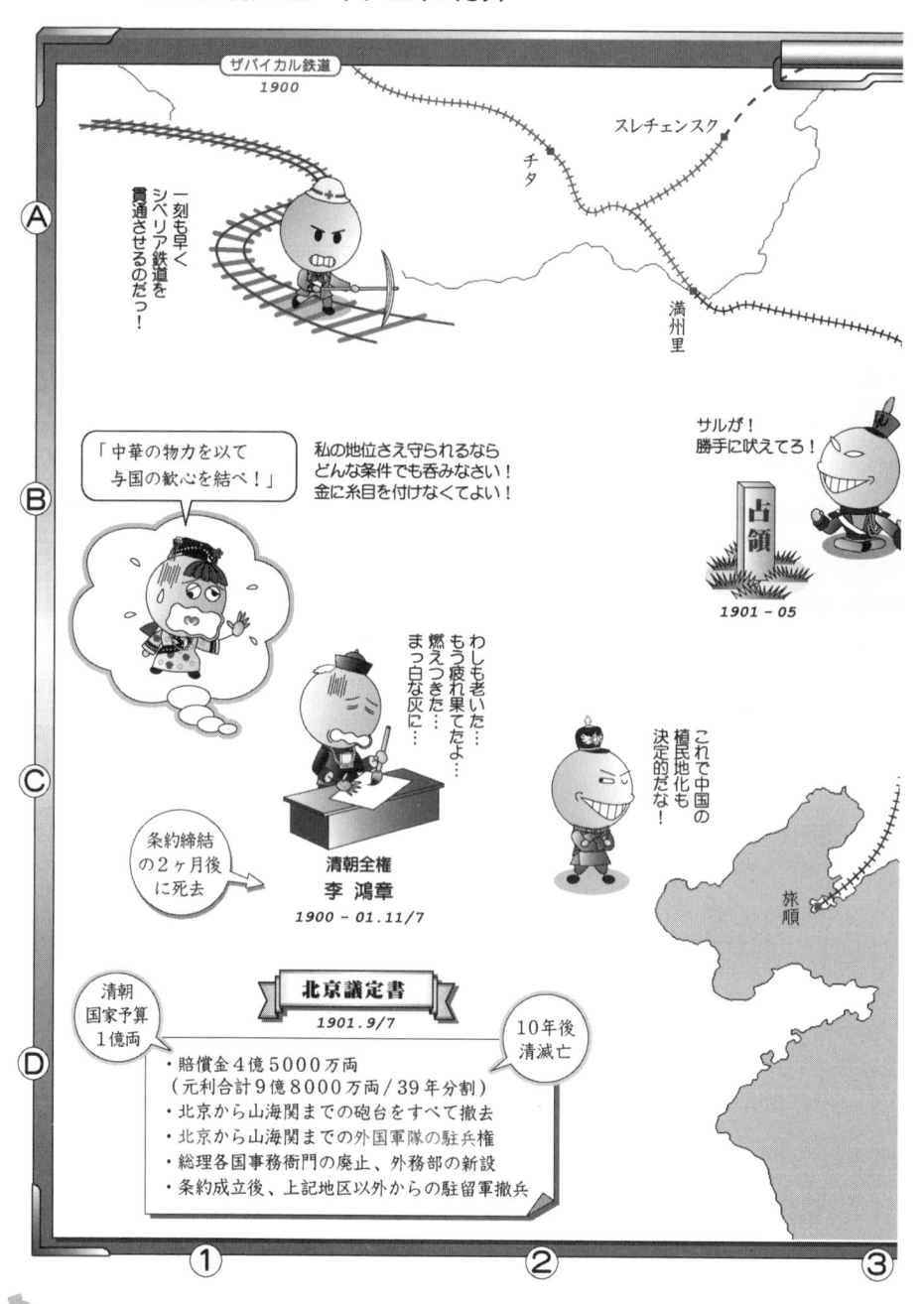

ザバイカル鉄道
1900

スレチェンスク

チタ

一刻も早くシベリア鉄道を貫通させるのだっ！

満州里

サルが！勝手に吠えてろ！

占領
1901-05

「中華の物力を以て
　与国の歓心を結べ！」

私の地位さえ守られるならどんな条件でも呑みなさい！
金に糸目を付けなくてよい！

わしも老いた…
もう疲れ果てたよ…
燃えつきた…
まっ白な灰に…

条約締結の２ヶ月後に死去

清朝全権
李　鴻章
1900 - 01.11/7

これで中国の植民地化も決定的だな！

旅順

清朝国家予算１億両

北京議定書
1901.9/7

10年後清滅亡

・賠償金４億5000万両
　（元利合計９億8000万両／39年分割）
・北京から山海関までの砲台をすべて撤去
・北京から山海関までの外国軍隊の駐兵権
・総理各国事務衙門の廃止、外務部の新設
・条約成立後、上記地区以外からの駐留軍撤兵

第 5 幕　北京議定書

1901 年

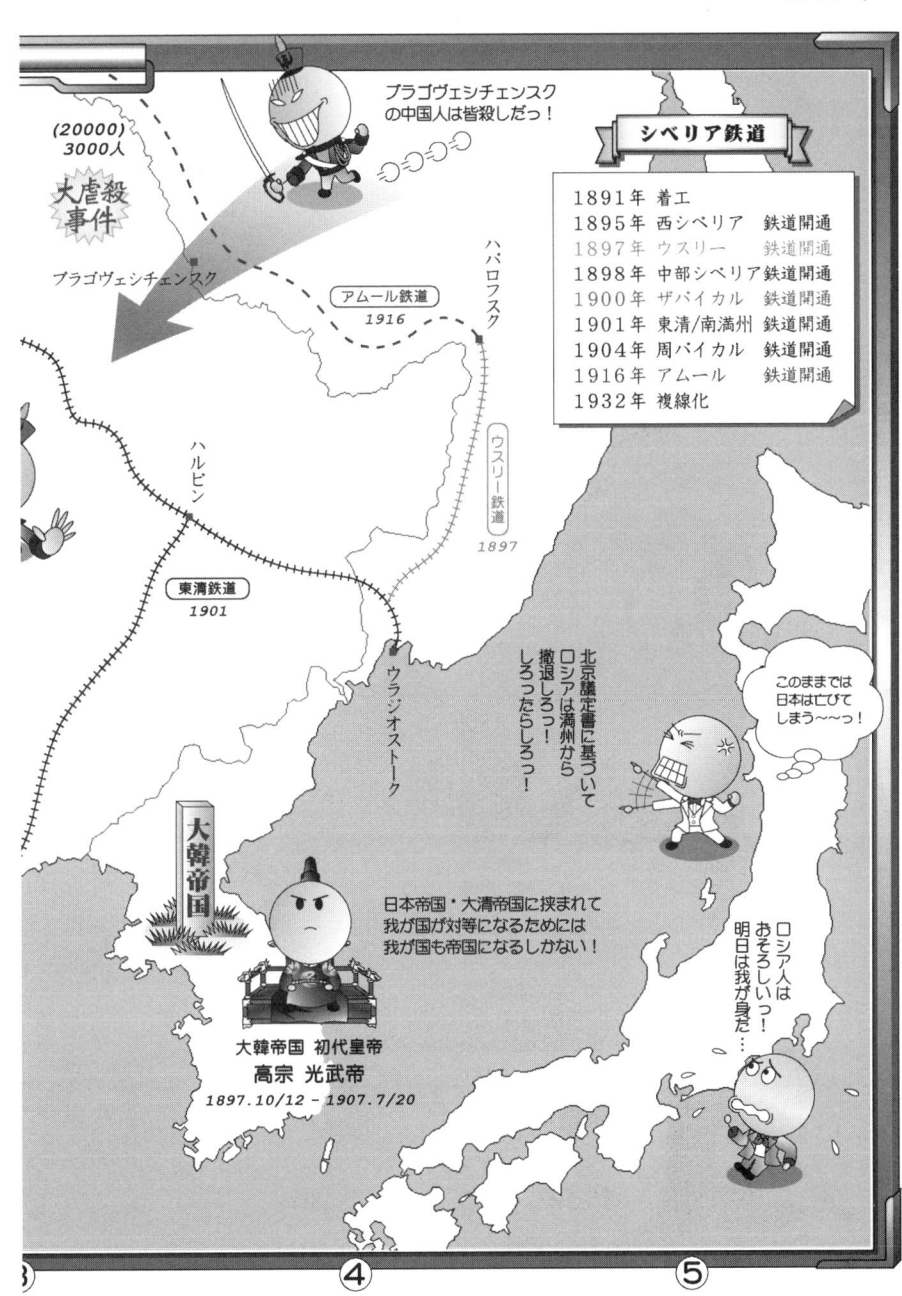

プラゴヴェシチェンスク
の中国人は皆殺しだっ！

(20000)
3000人

大虐殺
事件

プラゴヴェシチェンスク

ハバロフスク

アムール鉄道
1916

ウスリー鉄道
1897

ハルビン

東清鉄道
1901

ウラジオストーク

| シベリア鉄道 | | |
|---|---|---|
| 1891年 | 着工 | |
| 1895年 | 西シベリア | 鉄道開通 |
| 1897年 | ウスリー | 鉄道開通 |
| 1898年 | 中部シベリア | 鉄道開通 |
| 1900年 | ザバイカル | 鉄道開通 |
| 1901年 | 東清/南満州 | 鉄道開通 |
| 1904年 | 周バイカル | 鉄道開通 |
| 1916年 | アムール | 鉄道開通 |
| 1932年 | 複線化 | |

北京議定書に基づいて
ロシアは満州から
撤退しろっ！
しろったらしろっ！

このままでは
日本は亡びて
しまう～～っ！

大韓帝国

日本帝国・大清帝国に挟まれて
我が国が対等になるためには
我が国も帝国になるしかない！

大韓帝国 初代皇帝
高宗 光武帝
1897.10/12 - 1907.7/20

ロシア人は
おそろしいっ！
明日は我が身だ…

③　④　⑤

第 1 章　清朝の混迷
第 2 章　日本開国
第 3 章　日清戦争
第 4 章　中国分割と日露対立
第 5 章　日露戦争

247

さて、こうして義和団の乱は鎮圧されました。

北京に各国全権が集まり、和議が結ばれることになります。

これが「北京議定書（辛丑和約）」です。(D-1/2)

清国全権は、やっぱり李鴻章。(C-1/2)(＊01)

その内容は？

まず、賠償金は4億5000万両（テール）。

しかも、これはあくまで一括で支払った場合の額ですので、今回は、これを39年分割（ローン）(＊02)で支払うことになったため、元利合計9億8000万両（テール）。

清朝の国家予算のゆうに10年分です。

「中華の物力を以て　与国の歓心を結べ！」

私の地位さえ守られるならどんな条件でも呑みなさい！金に糸目を付けなくてよい！

わしも老いた…もう疲れ果てたよ…燃えつきた…まっ白な灰に…

条約締結の2ヶ月後に死去

清朝全権
李　鴻章

これで中国の植民地化も決定的だな！

---

(＊01) このとき、すでに78歳。彼は、永年の心労で、すでに心身ともにボロボロでした。
日清戦争で大敗しても、すぐに復権、いつまで経っても宮廷が頼りにするのは、「李鴻章」「李鴻章」「李鴻章」。いかに、清国には「人材」がいないかを露呈しています。

(＊02) 清国自体が、この10年後に滅亡していますので、残りの29年分は中華民国が引き継いで支払わされることになります。（完済）

さらに、北京に外国の軍隊が駐兵することを認めさせられます。
　日本で譬えれば、東京の街を、米兵が我がもの顔に闊歩することを認めたようなもので、これはもはや、独立国家とは言えません。(＊03)
　李鴻章も、よくもまぁ、こんな条件を呑んだものですな？　と思いきや。
　じつは、これ、西太后のご下命でありました。
　西太后曰く。
「中華の物力を以て、与国の歓心を結べ！」(B-1)
　要するに、「私（西太后）の地位・身分さえ守られるなら、どんな条件でも呑んでよい。金に糸目を付けなくともよい」という意味です。
　まさに、保身のためだけに、国を売り渡したのです。
　西太后の本性見たり！
　これを「売国奴」と言わずして、誰を売国奴と呼ぶのでしょうか。
　さて。
　和睦は成りました。
　さすれば、列強8ヶ国は、規定に基づいて撤兵しなければいけません。
　ところが。
　和睦成立後も1ヶ国だけ、中国国内に進駐しつづけ、不法占領をしつづける国がありました。
　それこそがロシアです。
　じつは、ロシアという国は、昔から「狙った土地を、ドサクサに紛れて、強引、なし崩し的に不法占領し、既成事実化してかすめ取る」ということを常套手段としてきたお国柄。(＊04)

---

(＊03) もっとも、現代日本の方がもっとひどい。戦後何十年経とうとも、国内に外国軍の軍事基地がいすわりつづけ、あまつさえ、その外国占領軍の維持費まで支払わされています。理不尽なことこの上なし。歴史を学べば、現代日本はまちがいなく、「独立国」などではなく、「米軍の軍事占領下の属国」だということがわかります。

(＊04) 現在も、戦後のドサクサにまぎれて、北方4島を不法占領しつづけ、知らぬ存ぜぬです。

ですから、このこと自体はめずらしいことでも何でもありません。
　しかし、今回だけは、日本はこれを黙って見過ごすわけにはいきません。
　断固として、激情的(ヒステリック)に抗議します。(C-5)
「ロシアは北京議定書を遵守し、ただちに満州から撤兵せよ！」
「日本は、ロシアの不法を断じて認めない！」
　なぜ、日本はこれほど激しく抗議するのでしょうか。
　それは、この事実が「日本滅亡」に直結するからです。

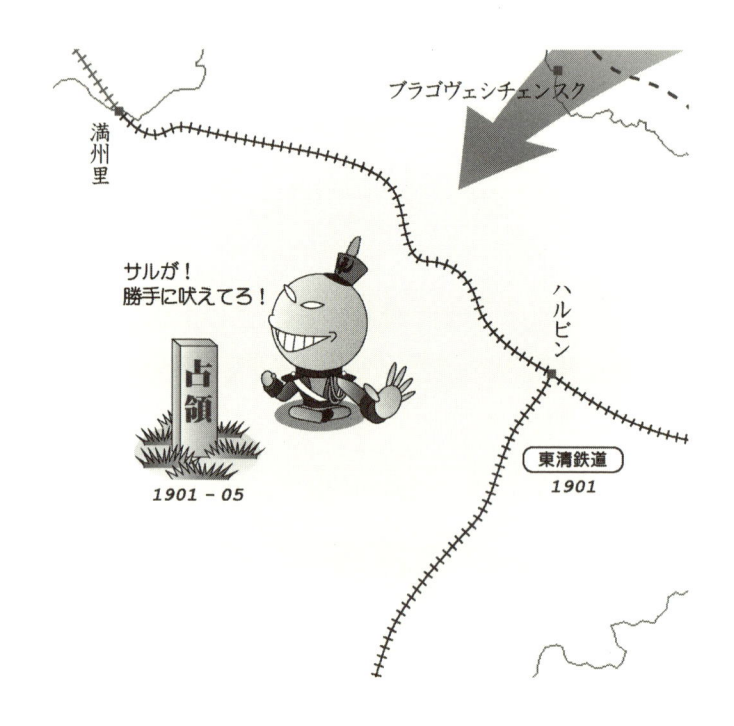

地図中:
満州里
ブラゴヴェシチェンスク
ハルビン
サルが！勝手に吠えてろ！
占領 1901-05
東清鉄道 1901

　ロシアが満州を"我がモノ"とすれば、まちがいなく次は、そこを橋頭堡(きょうとうほ)にして、朝鮮を攻め陥(お)とすに決まっています。
　そして、朝鮮が陥ちれば、日本の滅亡は決定的だからです。
　ロシアは、当時世界最大の陸軍大国（世界最大の海軍大国はイギリス）。
　日本はといえば、哀しいほどの貧乏弱小国。
　とてもとても、まともに戦って勝てる相手ではありませんが、しかし、ここ

にくるまで、日本はそれほどロシアに脅威を持っていませんでした。

なんとなれば、ロシアの拠点が、日本から見て地球の裏側にあったからです。

もし、ロシアが本気で日本と戦うとなると、地球を半周して陸軍を極東まで輸送しなければなりませんが、現実的にムリです。

ところがロシアは、1891年から、国力の大半をシベリア鉄道建設に投入し、ものすごい勢いで極東へ延ばしてきます。(A-5)

中国で義和団の乱が勃発していたちょうどそのころ(1900年)には、ついに、ザバイカル鉄道(A-1/2)を完成させ、満州里(A-2/3)まで到達、翌1901年には、東清鉄道(B-3/4)を完成させています。

これで、周バイカル鉄道(A-5)が開通すれば、シベリア鉄道全体が貫通し、そうなれば、地球の裏側から、世界一のロシア陸軍が津波のごとく満州に、朝鮮に、そして、日本に押しよせてくるのは、火を見るより明らかです。

そうなったら、もはや、日本に勝機はまったくなくなってしまうのです。

今回ロシアが、条約違反をしてでも、強引に満州を不法占拠したのには、こうした背景がありました。

つまり、「日本を滅ぼす気マンマン！」という意思表示でもあるわけです。

日本が、烈火のごとく抗議するのも道理です。

しかし、そんな日本の抗議など、聞く耳を持つはずもありません。

日本としては、「絶対に認められない！　ロシアは満州から出て行け！」

ロシアは、「モンクあんならかかってこいや？　ん〜？」(B-3)
　事ここに至り、日本に残された途は、たった2つとなります。
選択肢1：ロシアと戦って、ロシアに滅ぼされる。
選択肢2：ロシアと戦わず、ロシアに滅ぼされる。
　二者択一。
　第3の選択肢はありません。
　日本だって弱くはありません。
　日清戦争にも勝利しました。
　産業革命も興しました。
　しかし、あまりにも相手が悪すぎます。
　ロシアと戦って、勝ち目など微塵もないことは、明治政府の文武百官、誰もが痛感していました。
　しかし、ロシアは一歩も退いてくれない。

「一矢でも報いてから亡びるのか！」
「ただ座して亡びるのを待つのか！」

　日本全土を悲壮な空気が漂いはじめます。

# 第5章 日露戦争

## 第1幕

### 戦争は避けられるか、一縷の望み
#### 日英同盟の成立

もはやロシアが日本を亡ぼす心づもりであることは明白であった。しかし、戦って勝てる相手ではない。まさに「戦って亡びるか」「戦わずして亡びるか」の二者択一を迫られることに。山縣有朋率いる「主戦派」と、伊藤博文の「穏和派」の熾烈な駆引きが行われたが、日英同盟が成立したことで、主戦派に傾いていくことになる。

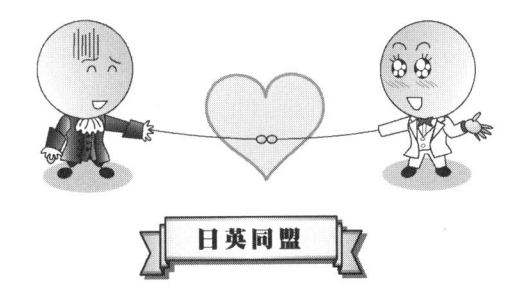

日英同盟

## 〈日英同盟の成立〉

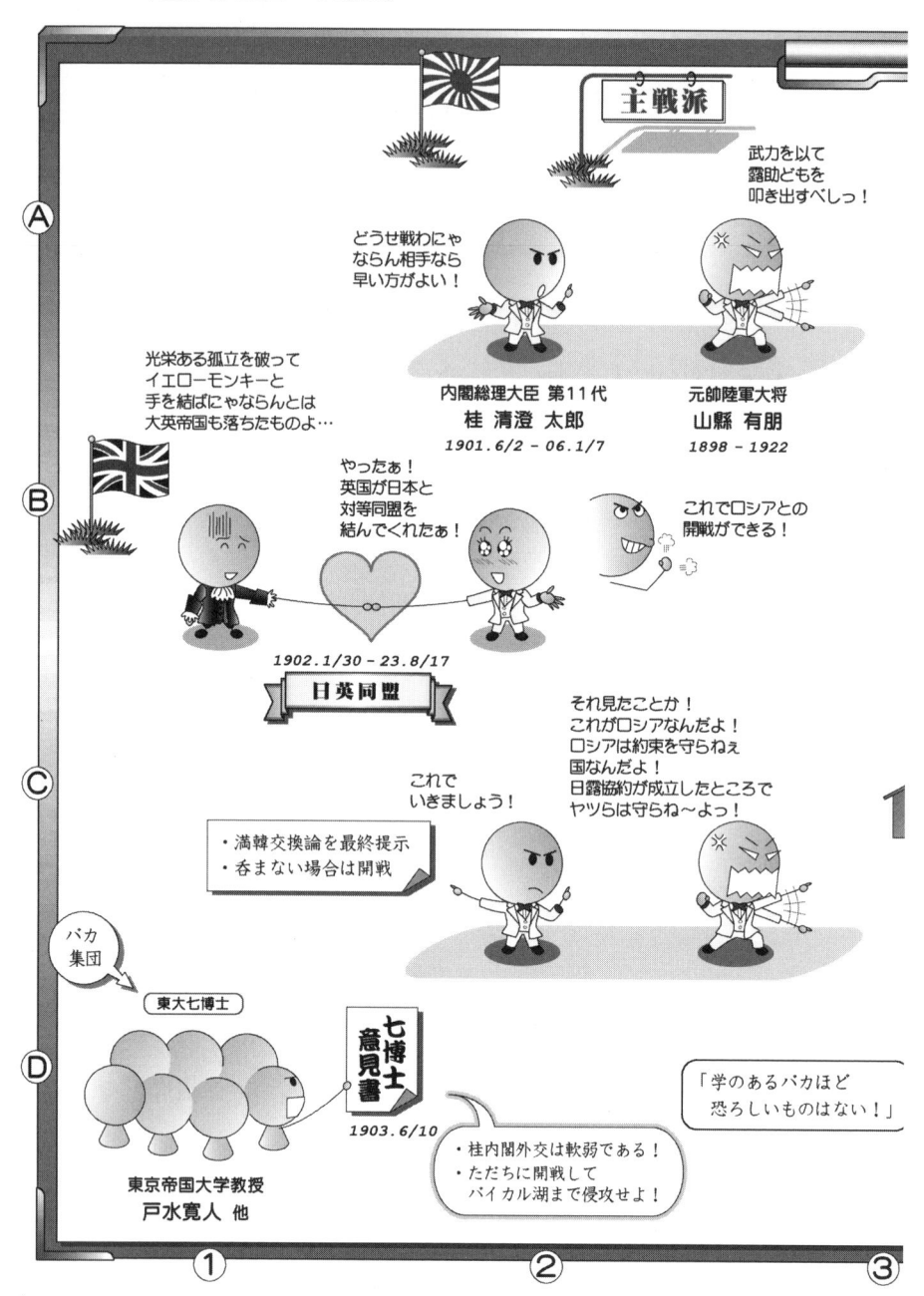

**主戦派**

武力を以て
露助どもを
叩き出すべしっ！

どうせ戦わにゃ
ならん相手なら
早い方がよい！

内閣総理大臣 第11代
**桂 清澄 太郎**
1901.6/2 - 06.1/7

元帥陸軍大将
**山縣 有朋**
1898 - 1922

光栄ある孤立を破って
イエローモンキーと
手を結ばにゃならんとは
大英帝国も落ちたものよ…

やったぁ！
英国が日本と
対等同盟を
結んでくれたぁ！

これでロシアとの
開戦ができる！

1902.1/30 - 23.8/17

**日英同盟**

これで
いきましょう！

それ見たことか！
これがロシアなんだよ！
ロシアは約束を守らねぇ
国なんだよ！
日露協約が成立したところで
ヤツらは守らね～よっ！

・満韓交換論を最終提示
・呑まない場合は開戦

バカ
集団

東大七博士

**七博士意見書**
1903.6/10

東京帝国大学教授
**戸水寛人** 他

・桂内閣外交は軟弱である！
・ただちに開戦して
　バイカル湖まで侵攻せよ！

「学のあるバカほど
　恐ろしいものはない！」

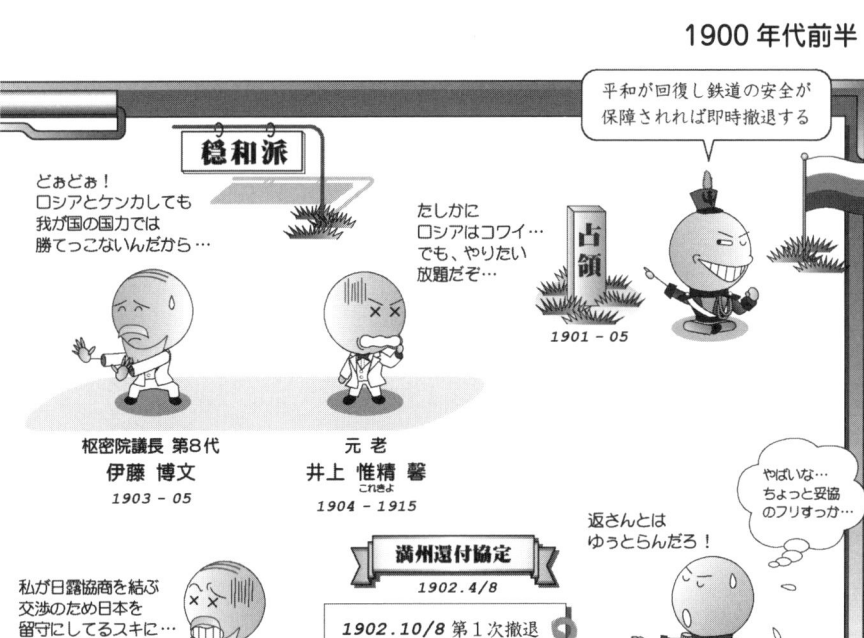

第1幕 日英同盟の成立

1900年代前半

平和が回復し鉄道の安全が保障されれば即時撤退する

穏和派

どぉどぉ！
ロシアとケンカしても
我が国の国力では
勝てっこないんだから…

たしかに
ロシアはコワイ…
やりたい
放題だぞ…

占領
1901 - 05

枢密院議長 第8代
伊藤 博文
1903 - 05

元老
井上 惟精馨
（これきよ）
1904 - 1915

私が日露協商を結ぶ
交渉のため日本を
留守にしてるスキに…

満州還付協定
1902.4/8

1902.10/8 第1次撤退
1903.04/8 第2次撤退
1903.10/8 撤退完了

返さんとは
ゆうとらんだろ！

やばいな…
ちょっと妥協
のフリすっか…

ロマノフ朝 第18代
ニコライ2世
1894.1/11 - 1917.3/15

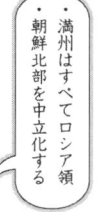

1903.4/21
無鄰菴
会議

でもロシアには
勝てんわけだし…
なんとかこれで…

満韓交換論

・満州はすべてロシア領
・朝鮮北部を中立化する

マカーキーの分際で
我がロシア人と
対等と思うなよ！
これならまぁガマン
してやってもいい！

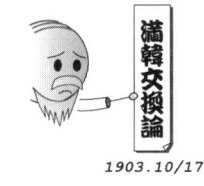

満韓交換論
1903.10/17

代替案
1903.10/29

④　⑤

第1章 清朝の混迷

第2章 日本開国

第3章 日清戦争

第4章 中国分割と日露対立

第5章 日露戦争

255

**北**京議定書の約定を破り、満州を不法占領しつづけるロシア。
そのうえ、一歩も退かぬ態度。
日本では、元勲(＊01)たちによって、侃々諤々の議論が交わされます。
主戦派は、山縣有朋や桂太郎(＊02)ら。(A-2/3)
「このまま座して滅亡を待つつもりか！？
もはや、来るところまで来ておる！　戦うしかないのだ！」

どうせ戦わにゃ
ならん相手なら
早い方がよい！

武力を以て
露助どもを
叩き出すべしっ！

主戦派

内閣総理大臣 第11代
桂 清澄 太郎

元帥陸軍大将
山縣 有朋

対する穏和派は、伊藤博文や井上馨(＊03)ら。(A-4)
「戦って勝てるのか？　勝つ見込みが、ホンの僅かでもあるのか？
最初から敗けるとわかっている戦をするわけにはいかん！
敗けたが最期、この神州(＊04)は亡びてしまうのだぞ！
ここはなんとしても話し合いで…」
主戦派も退きません。
「話し合いでどうにかなる相手ではないことはわかっておろう！！」

---

(＊01) 明治維新に偉大な功績があり、明治以降も重きをなした政治家たちのこと。
(＊02) ときの内閣総理大臣(第11代)。「ニコポン宰相」の異名を持つ。桂がニコっと笑って、
　　　ポンと肩を叩くだけで、政界・財界が彼の支持者となっていったため。
(＊03) 井上馨は、ロシアとの和解は不可能と悟り、まもなく主戦派に鞍替えしますが。
(＊04) 日本の国土のこと。「神の統べる土地」の意。

「シベリア鉄道は日々刻々と完成に近づいている！」（＊05）
　あれが単線でも勝ち目はうすいというのに、複線化でもされようものなら、それこそ勝ち目はゼロだ！（＊06）
　開戦が1日遅れれば、そのぶん我が国は不利となり、幾千幾万の将兵がムダ死にをすることになります！　閣下！　ご決断の時ですぞ！」
「いや、ロシアと『将来的には撤退する』(A-5)との約束を取りつけた」

どぉどぉ！ロシアとケンカしても我が国の国力では勝てっこないんだから…

たしかにロシアはコワイ…でも、やりたい放題だぞ…

穏和派

枢密院議長 第8代
伊藤 博文

元老
井上 惟精馨

「そんなもの、シベリア鉄道が開通するまでの時間稼ぎのウソに決まっておろうが！」
　まさに丁々発止（ちょうちょうはっし）。
　しかし、主戦派とて、単独で戦ったのでは、ロシアとは勝負にも何もならないことは重々承知。
　そこで、なんとかイギリスを味方につけんと、水面下で「日英同盟」の締結に奔走します。

---

（＊05）全線開通したのが、日露戦争が勃発した年、1904年でした。ただし、単線。
（＊06）単線の場合、往路も復路も1本の線路を使うため、送った列車が戻ってくるまで、次の列車が送れません。したがって、単線と複線とでは輸送力がケタ違いです。
　そのため、日本は、シベリア鉄道の「複線化」を恐れました。
　複線化されたら、もはや、日本にはまったく勝ち目がなくなってしまうからです。

伊藤は伊藤で、なんとしても戦争を避けるため、「日露協約」の締結に奔走します。
　こうして、伊藤が「日露協約」を取りつけるため、日本を離れたスキに、「日英同盟」が成立します。(＊07)

やったぁ！
英国が日本と
対等同盟を
結んでくれたぁ！

これでロシアとの開戦ができる！

1902.1/30 - 23.8/17
日英同盟

　当時、イギリスは「光栄ある孤立」と言い、どこの国とも同盟を結ばないことを誇りとしていました。
　その誇りを護るため、フランスやドイツからのラブコールも突っぱねていたのに、それがよりにもよって、心の底では「Yellow Monkey」と蔑視している日本と同盟を結んだのですから、世界は仰天します。
　じつは、当時、イギリスもドイツに追い詰められており、日本を味方につける必要があったからでした。

---

(＊07) 伊藤は、このことを訪問先のパリで知り、愕然としています。
　　　「これではロシアを刺激することになり、開戦してしまうかもしれんではないか！」
　　　しかし、伊藤の予想に反して、むしろこのことでロシアからの妥協を得ることになります。

一番驚いたのはロシアです。
「イギリスが日本と軍事同盟？　それはちょっとマズいな…」
　そこで、さしものニコライ２世も、妥協してきます。(B-5)
「だから、撤退しないとは言っておらんだろう？
　これから、半年ごとに３段階に分けて、順次撤退しようではないか」

**満州還付協定**
1902.4/8

1902.10/8　第１次撤退
1903.04/8　第２次撤退
1903.10/8　撤退完了

やばいな…
ちょっと妥協
のフリすっか…

ロマノフ朝　第18代
ニコライ２世

　これに胸をなでおろしたのが伊藤博文。
「一時はどうなることかと思ったが。これでなんとか戦争回避を！」
「伊藤さん、そんな御為ごかし、ロシアの時間稼ぎに決まっていよう！」
　案の定、ロシアは第１次撤退こそ形式的に履行したものの、第２次ではいきなり履行せず、それどころか、増派する姿勢すら見せます。
「それ見たことか！」
「ヤツらは我々との約束など、ハナから護る気はないのだ！」
「伊藤さん、いい加減、覚悟を決めてくれ！」
　事ここに至り、もはや意志決定に一刻の猶予もならず、元勲たちが「無鄰庵（C-3/4）[*08]」に集まって最終調整に入ります。

---

(＊08) 山縣有朋の別荘の名前です。「ちかくに隣家がない、ポツンと佇む別荘」の意。
　　　じつは「無鄰庵」は３つあり、ここで会議が開かれたのは、「第三無鄰庵」です。

すでに元勲たちの意志は「開戦」で一致していましたが、それでも伊藤だけがあくまで孤軍奮闘、「避戦」を主張します。
　下級武士に生まれた伊藤は、日本の貧しさを骨身に染みて感じていました。
「こんな貧乏小国が、ロシアを相手にして勝てるわけがない」
　そんな想いが、伊藤を突き動かします。
「もう一度だけ、もう一度だけチャンスをくれ」
　伊藤を「腰ヌケ」と揶揄する者もいたようですが、伊藤とて日本の行く末を案じ、勝てる見込みのない戦、しかも「敗けたら即滅亡」という戦に賛同することはどうしてもできなかったのでしょう。
　ここで伊藤が提示したのが「満韓交換論（C-4）」。
「こうなったら、満州などロシアにくれてやろうではないか。
　日本は、満州が欲しいわけではない、そこを橋頭堡として、ロシアが朝鮮に侵攻して来ることが恐いだけだ。
　ならば、『朝鮮には手を出さない』という確約が得られれば、我が国は満州にこだわることもないではないか。

　　それで戦争を回避できる！」
「あのロシアがそんな約束守るはずがない」
　誰もがそう思いましたが、伊藤の顔を立てながらも、伊藤に黙ってもらう策に出ました。

「伊藤さん、じゃ、こうしましょう。
　伊藤さんの『満韓交換論』を提示して、ロシアがそれを100％呑んだなら、我々もそれに賛同しようではありませんか。
　ただし！
　もし、ロシアがひとつでも条件を出してきたら、破談です。
　そのときには閣下にも覚悟を決めてもらいますよ？」(C-1/2)
　通常、外交交渉で「相手の要求を100％呑む」などということは、無条件降伏でもない限りありません。(＊09)
　ましてや、当時ロシアは日本のことを「Makaku（猿）」と呼んでバカにしきっていた(＊10)のですから、そのロシアが、日本が提示した条件を100％呑むなど、あり得ないことでした。
　つまり、この時点で、「開戦は定まった」ということを意味していました。
　それでもなお、伊藤はこれに一縷の望みを賭けます。

---

(＊09) 通常、敗戦国だって、戦勝国の出す条件を100％呑むことはしません。
(＊10) ニコライ2世自身、日本人のことを言うときに「Японский（ヤポンスキ/日本人）」とは言わずに、「Makaku（マカーキー/猿）」と発言していましたし、なんと、れっきとした公文書にすら「Makaku」と記されていた、と言われています。

しかし。
「やはり」というべきか、「当然」というべきか、ロシアはこれを受け容れず、「代替案」を出してきます。
「満州はすべてロシア領。この点に異存はない。
　そのうえで、朝鮮北部は中立ということにしようではないか」
　これは、噛みくだいて言えば、
「満州はもちろん全部俺のモンだし、その先にある朝鮮も当然俺のものだ。
　いずれは日本、キサマも滅ぼしてやるさ！」
…という意味です。
　はい、決裂。
　こうして、ついに伊藤も「和平」の途を断念、「開戦」を決意します。

　日露戦争は、日本にとって、絶望的でありながら避けられず、前に進めなければならない、しかも、その先にあるのは、限りなく「死」あるのみ。
　そんな、悲壮な想いばかりが募る戦争だったのです。

「学のあるバカほど
　恐ろしいものはない！」

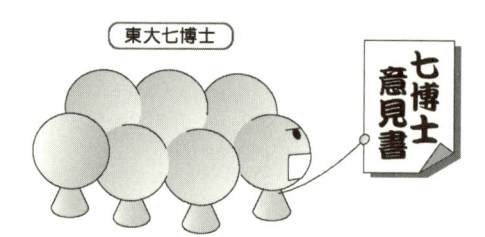

東大七博士

七博士意見書

東京帝国大学教授
戸水寛人　他

## Column 東大七博士の意見書

避けられるものなら避けたかったが、どうしても避けられなかった戦争、それが日露戦争。

その先には、悲惨な末路しか見えてこない。

しかし、悲壮な想いに包まれながらも、進むしかない。

そんな状況にありましたが、下々の者にはこれが理解できず、威勢のいいことをわめきます。

「三国干渉ほか積年の怨み、今こそ晴らすべし！」

しかし、これも無知なるが故。

学がないのですから、ある種、致し方ない面もあります。

ところが、開戦の前の年（1903年）、東大教授を中心とした7人の教授たちが、連名で桂太郎内閣に意見書を提出しましたが、それが驚くべき内容でした。

「桂内閣の外交は軟弱である！
　ただちに開戦して、バイカル湖まで侵攻せよ！」

バ… バイカル湖？？？

この教授たちは、地図を見たことがあるのか？？？

その筆頭、東大教授 戸水寛人（とみずひろんど）は、言います。

「侵略戦争に邁進（まい）せよ！　世界のことごとくを併呑せよ！」

もはや、開いた口が塞がらない。

後世まで永く笑い種（ぐさ）にするに値するほどの無教養ぶり。

この「意見書」を目にした伊藤は嘆きました。

「なまじ学のあるバカほど恐ろしいものはない！」（D-3）

それにつけても、日本の頭脳が結集する帝国大学トップの教授たちがこの「誇大妄想狂」に近い無教養ぶりをさらすとはなんとしたことか。

この事実は、「知識量」と、「教養」「分別」「理解力」とはまったく次元が違うものであることを教えてくれます。

「学歴」と「オツムの出来」は、なんら因果関係はありません。

## Column　ブラゴヴェシチェンスク事件

　日露戦争直前、日本全土が上から下まで悲壮感に襲われたのには、じつは、もうひとつ大きな理由がありました。
　それが「ブラゴヴェシチェンスク虐殺事件」です。
　本文でも述べましたように、「八ヶ国共同出兵」に参加した日本でしたが、これはべつに中国人が憎かったわけではなく、むしろ同情的でした。
　明日は我が身…。
　本来（明治維新直後）なら、日・清・朝の3国連合で、白人列強に立ち向かいたいと願っていた日本です。
　歴史のうねりの中で、今はこのような状況になってしまっていますが、心重いところもありました。
　しかし、白人列強、特にロシアは違います。
　彼らは、その行軍路上にあった「ブラゴヴェシチェンスク（海蘭泡）」という町の住民を、戦闘員、非戦闘員関係なく、男も女も赤子も子供も老人も、お構いなし！問答無用！で皆殺しにしたのです。
　まさに、旧約聖書にある"神の命令"を実行するがごとく。
　「男も女も若者も老人も、牛も羊もロバも、すべて息ある者はことごとくこれを剣にかけ、滅ぼし尽くすべし！」（ヨシュア記）
　軍事戦略上、そんな必要性などなかったにもかかわらず、です。
　命乞いをする娘、泣き叫ぶ子供を、眉ひとつ動かすことなく、まるで殺戮をたのしむかのように 虐殺！殺戮！惨殺！
　その殺戮された中国人の数たるや、2万とも2万5000とも言われ、これを伝え聞いた日本人は、震えあがりました。
　「ロシア人とはなんと恐ろしい、残虐な民族なんだ！」
　「あんな残忍な民族に国を奪われたら、我が日本民族はどうなる!?」
　「ほんとうに文字通り、ひとり残らず虐殺されてしまうぞ！」
　義和団の乱を境に、日本国全体が上から下まで、「対露決戦！」で急速に結束していったのには、こうした出来事が背景にあったのです。

# 第5章 日露戦争

## 第2幕

## 絶望的な見通しの中で
日露戦争 準備

ついに、御前会議において開戦が決定した。最後の最後まで「戦争回避」を叫びつづけた伊藤博文も、いったん開戦となれば、勝てぬまでも負けぬ最善の努力に奔走する。金子堅太郎はアメリカへ、高橋是清はイギリスへ。児玉源太郎は陸軍で、山本権兵衛は海軍で、小村寿太郎は外交で、それぞれ最善最大の努力を積み重ねていく。

御前会議 1904.2/4

「決議通りでよい」

ホントはヤだけど…

## 〈日露戦争 準備〉

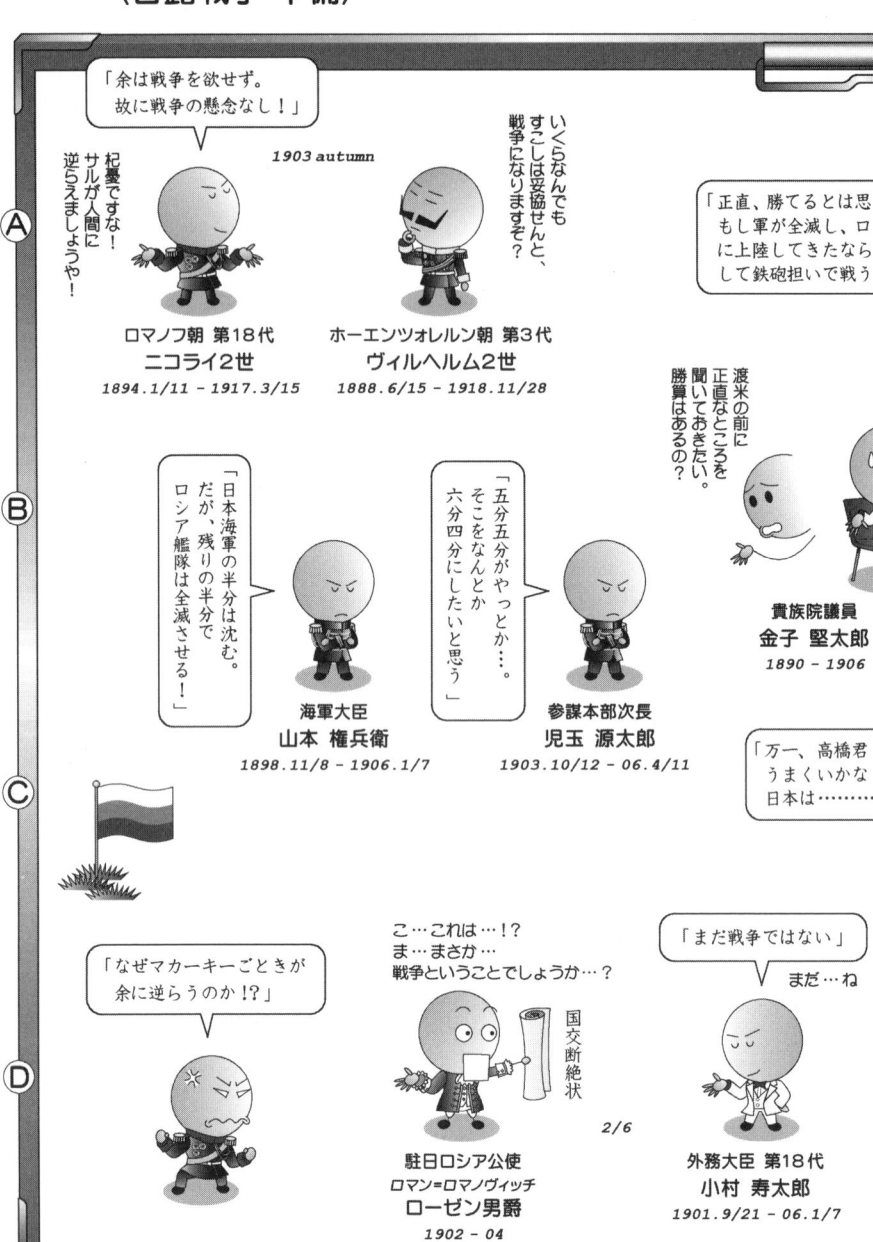

「余は戦争を欲せず。故に戦争の懸念なし！」

いくらなんでもすこしは妥協せんと、戦争になりますぞ？

杞憂ですな！サルが人間に逆らえましょうや！

1903 autumn

**ロマノフ朝 第18代 ニコライ2世**
1894.1/11 - 1917.3/15

**ホーエンツォレルン朝 第3代 ヴィルヘルム2世**
1888.6/15 - 1918.11/28

「正直、勝てるとは思もし軍が全滅し、ロに上陸してきたならして鉄砲担いで戦う

渡米の前に正直なところを聞いておきたい。勝算はあるの？

「日本海軍の半分は沈む。だが、残りの半分でロシア艦隊は全滅させる！」

「五分五分がやっとか…。そこをなんとか六分四分にしたいと思う」

**貴族院議員 金子 堅太郎**
1890 - 1906

**海軍大臣 山本 権兵衛**
1898.11/8 - 1906.1/7

**参謀本部次長 児玉 源太郎**
1903.10/12 - 06.4/11

「万一、高橋君うまくいかな日本は………

「なぜマカーキーごときが余に逆らうのか！？」

こ…これは…！？ま…まさか…戦争ということでしょうか…？

国交断絶状

2/6

「まだ戦争ではない」

まだ…ね

**駐日ロシア公使 ロマン=ロマノヴィッチ ローゼン男爵**
1902 - 04

**外務大臣 第18代 小村 寿太郎**
1901.9/21 - 06.1/7

1904 年

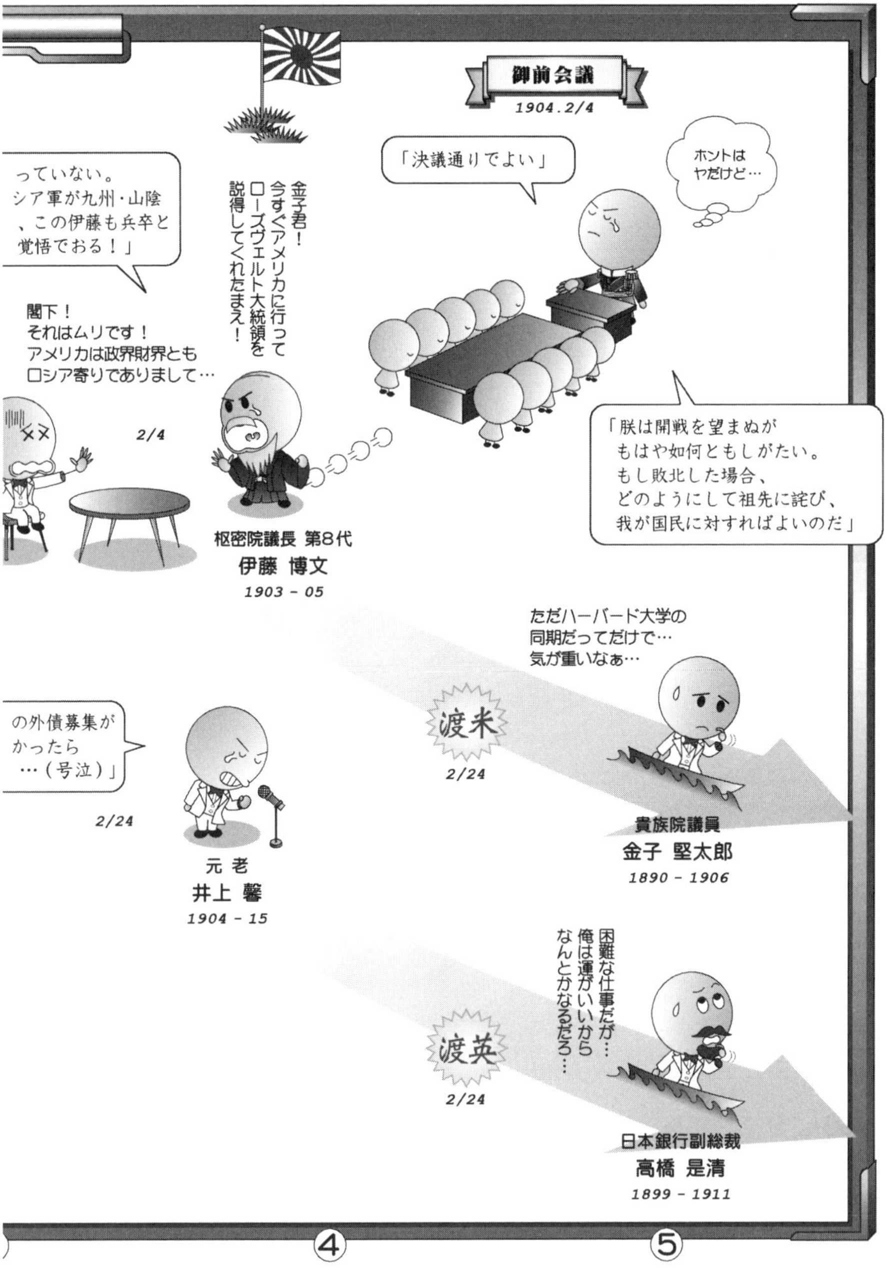

っていない。
シア軍が九州・山陰
、この伊藤も兵卒と
覚悟でおる！」
金子君！
今すぐアメリカに行って
ローズヴェルト大統領を
説得してくれたまえ！
閣下！
それはムリです！
アメリカは政界財界とも
ロシア寄りでありまして…
2/4
枢密院議長 第8代
伊藤 博文
1903 - 05
御前会議
1904.2/4
「決議通りでよい」
ホントは
やだけど…
「朕は開戦を望まぬが
もはや如何ともしがたい。
もし敗北した場合、
どのようにして祖先に詫び、
我が国民に対すればよいのだ」
の外債募集が
かったら
…（号泣）」
2/24
元 老
井上 馨
1904 - 15
ただハーバード大学の
同期だってだけで…
気が重いなぁ…
渡米
2/24
貴族院議員
金子 堅太郎
1890 - 1906
困難な仕事だが…
俺は運がいいから
なんとかなるだろ…
渡英
2/24
日本銀行副総裁
高橋 是清
1899 - 1911
④
⑤

ついに、1904年2月4日、御前会議（A-5）<sup>(＊01)</sup>が開かれ、「開戦」が決議されます。

「御前会議」とは申しましても、天皇陛下が発言することはほとんどなく、実際には、すでに決定した内容の「事後承認」にすぎませんでした。

「決議どおりでよい」

**御前会議 1904.2/4**

「決議通りでよい」

ホントは
やだけど…

　一貫して開戦に反対だった明治天皇にとって、意に反した苦渋の言葉だったに違いありません。

　勝つ見込みなど、限りなくゼロに近く、しかも、敗ければ、即、ロシアの隷属国家に転落するのですから。

　日本人を「Макаки（猿）」と蔑み、ブラゴヴェシチェンスク虐殺事件にも表れているように、有色人種を人間扱いしない、あのロシア人の、です。

---

（＊01）天皇陛下がご出席される会議のこと。

「朕は開戦を望まぬ。
　しかし、事ここに至っては、もはや如何ともしがたい。
　万が一にも敗北を喫した場合、朕はどのようにして祖先に詫び、
　そして、どのようにして我が国民に対すればよいのだ…」(B-5)
　明治天皇の苦悩と絶望感に満ちた言葉です。
　かように、日本は戦争なんか、したくありませんでした。
　避けられるものなら避けたい。
　にもかかわらず、自らの意志とは関係なく、戦争に向かって驀進していく。
　ということは、ロシア側が戦争やる気マンマンだったのでしょうか？
…と思いきや、じつはそうでもありませんでした。
　それは、日露戦争が始まる直前、1903年の秋のこと。
　ロシア皇帝ニコライ2世が、時のドイツ皇帝ヴィルヘルム2世と会談したことがありました。(A-1)(＊02)
　このとき、ヴィルヘルム2世がニコライ2世に忠告をしています。
「いくらなんでも少しは妥協しないと、このままでは戦争になりますぞ？
　それとも、陛下は日本との戦争をお望みなのですか？」
　ロシアが一歩も妥協していないのは、ヴィルヘルム2世の目から見ても明白で、これは「外交」と呼べるモノではありませんでした。(＊03)
　しかし、ニコライ2世は鼻で笑って答えます。

---

(＊02) この2人は親戚関係（いとこ同士）にありました。
(＊03) そもそも外交というものは、折衝の中で、ジョークを交えながらお互いに相手の腹を探りつつ、妥協点を探りながら、こちらも多少の妥協は覚悟の上、なんとか合意に持っていくよう駆け引きをしあう、そういうものです。
　ニコライ2世は、政治・外交というものがまるでわかっていなかったということです。

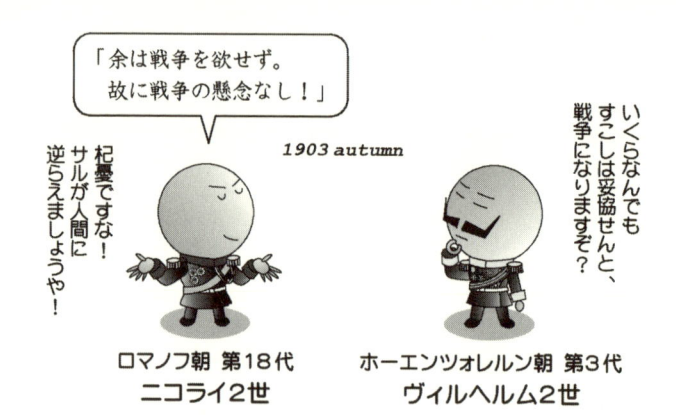

「余は戦争を欲せず。
故に戦争の懸念なし！」

1903 autumn

杞憂ですな！
サルが人間に逆らえましょうや！

いくらなんでも
すこしは妥協せんと、
戦争になりますぞ？

ロマノフ朝 第18代
ニコライ２世

ホーエンツォレルン朝 第３代
ヴィルヘルム２世

「余は戦争を欲せず。ゆえに戦争の懸念なし！」（A-1）
　もう少し言葉を補って解説すると、
「私は日本との戦争などまったく考えておりません。
　私が戦争を考えていない以上、戦争になるわけがないでしょう。
　相手はサルですぞ？　サルが人間に逆らえましょうや？
　杞憂(きゆう)ですな」(＊04)
　この発言は、ちょうど、「満韓交換論」が拒否され、伊藤ですら戦争を決意したころの話です。
　ニコライ２世は、日本のことを心底バカにしきっていたため、「日本と対等」などと夢にも思ったことなく、したがって「妥協」などありえず、「これでは戦争になってしまう」と想像すらできないほどでした。
　つまり露帝ニコライ２世も戦争を考えておらず、ましてや日本もそれを望んでいませんでしたが、こうして両国は戦争に突入することになります。(＊05)

---

(＊04) ニコライ２世は「窮鼠猫を噛む」ということを知らなかったんでしょうか。
(＊05) そして、「このサルめが！」と蔑みつづけた日本に、ロシアはコテンパンに敗れ去り、これが遠因となって、ニコライ２世とその一家は、革命派に惨殺されることになるのですが。あまり相手を見くびりすぎると、とんでもないシッペ返しを食らうことがある、ということを歴史が教えてくれています。

さて、最後の最後まで開戦に反対していた伊藤も、ひとたび開戦となれば、勝てないまでも敗けないように最善の努力を始めます。
　「御前会議」が終わるや否や、伊藤は、その日のうちに貴族院議員の金子堅太郎を呼び出します。(B-3/4)

金子「閣下。今日は何用で？」
伊藤「金子君、君を呼んだのは他でもない。
　　　君には、今すぐアメリカに飛んでほしいのだ」
金子「閣下。私、アメリカで何をすればよいのでしょうか」
伊藤「金子君。君はたしかハーバード大学出だったな？
　　　ハーバードじゃ、ローズヴェルト大統領と学友だったそうじゃないか。
　　　今すぐアメリカに飛んで、ローズヴェルト大統領に会い、こたびの戦争の仲介の労を取ってもらえるよう、説得してきてくれたまえ！」

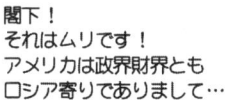

閣下！
それはムリです！
アメリカは政界財界ともロシア寄りでありまして…

2/4

金子君！
今すぐアメリカに行ってローズヴェルト大統領を説得してくれたまえ！

貴族院議員
金子 堅太郎

枢密院議長 第8代
伊藤 博文

　アメリカを説得？　伊藤の言葉の真意はいかなものだったのでしょうか。
　じつは、貧乏弱小国日本が、わずかな勝機を見いだす可能性があるとするならば、それは「短期決戦」しかありませんでした。
　わずかな国力を出し惜しみせず、短期間のうちに一気にロシアにぶつける。
　それにより、緒戦において一矢でも二矢でも報い、なんとか引き分けの状態に持ち込む。
　しかし、戦争が長引けば、日本はアッという間に国力が枯渇してしまいますので、そうなる前のタイミングでアメリカに仲介の労を取ってもらうのです。

それだけが日本ができる唯一の戦争のやり方であり、それだけが日本が見いだしうる唯一の「勝機」でした。
　そのためには、なんとしてもアメリカを説得し、仲介の労を取ってもらわねばなりませんでした。
　そこで、金子堅太郎に白羽の矢が立ったのです。
金子「閣下。お言葉ですが…。
　　アメリカの財界はロシアとの縁戚関係にある者が多うございますし、さきの南北戦争(＊06)の折には、ロシアに助けてもらった義理もございます。
　　政治的にも経済的にも社会的にもアメリカはロシア寄りです。
　　まさかよもや、日本に利することをしてくれるとは思えません。
　　まったく成功の見込みがないのに安請け合いすることはできません。
　　閣下、これはお断りさせて下さい」
　金子のこの言葉に、伊藤は激昂(げきこう)します。
伊藤「ダメだ、ダメだ、ダメだ！！
　　金子君！　君はね、成功しようと思うからダメなんだ！
　　こたびの戦(いくさ)、正直、勝てるとは思っていない。
　　日本帝国陸軍、海軍が全滅し、ロシア軍が九州・山陰に上陸してくる事態になるやもしれぬ。
　　もしそうなったら、この伊藤、生命・財産・地位・名誉、すべてを擲(なげう)って、一兵卒として鉄砲担いで戦う覚悟でおる！
　　この伊藤の目の黒いうちは、あの露助野郎に一歩たりとも神州の地は踏ませぬぞ！」

---

(＊06) このほんの30年ほど前、A.リンカーン大統領就任とともに始まった、4年間（1861～65年）にもおよぶ、アメリカ合衆国史上、唯一の内乱。
　　その最大の激戦地ゲティスバーグで行われた、彼の追悼演説はあまりにも有名です。
　　「人民の人民による人民のための政治を、この地上からけっして消滅させないため、我々はこの身を捧げなければならない」

伊藤は涙を流しながら、金子に訴えます。

金子「か… 閣下…！」

伊藤「私ゃね、この国のために命を賭けて戦おうと思っておる！

　　　金子君！　君もこの国のために命を賭けたまえ！

　　　命を賭けてやった結果が成功であろうが失敗であろうが、そんなことは考えずともよい！(＊07)

　　　金子君、行ってくれ！　君が行かねば、日本は亡びるのだ！」

　伊藤の涙、伊藤の覚悟に心を動かされ、金子はアメリカに渡ります。(C-5)

　とはいえ、やはり金子は不安でした。

　そこで彼は、渡米直前、陸軍参謀児玉源太郎と、海軍大臣山本権兵衛の下を訪れ、尋ねています。

金子「渡米の前に、貴殿らの忌憚ない意見をお聞かせ願いたい。

　　　日本に勝ち目はあるのか？」

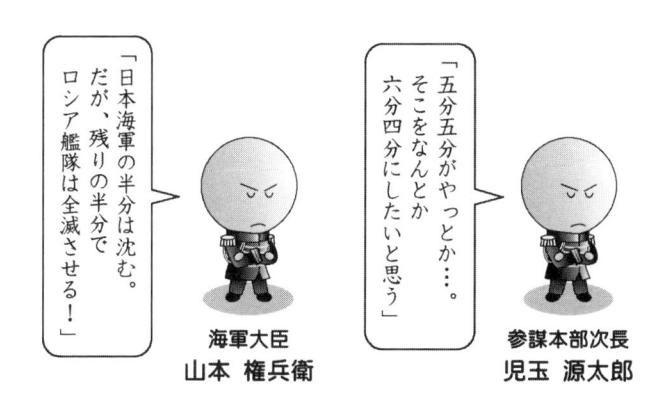

「日本海軍の半分は沈む。
だが、残りの半分で
ロシア艦隊は全滅させる！」

海軍大臣
山本　権兵衛

「五分五分がやっとか…。
そこをなんとか
六分四分にしたいと思う」

参謀本部次長
児玉　源太郎

---

（＊07）やってもみないうちに、失敗を想定して尻込みしているうちに、追い詰められる。
　　　　筆者も含め、凡人がよく陥る落とし穴です。
　　　　「石橋を叩いて割って、渡りたくても渡れなくなる」
　　　　歴史を学んでいますと、偉大な業績を残した歴史上の人物は、すべからく「成功するしないは二の次、とにかく動く！　努力する！」という行動パターンをとっています。

児玉「正直を申さば、勝算はありません。
　　　今のところ、死力を尽くしても五分五分がやっとか。
　　　それをなんとか六分四分に持っていけないものかと、日夜、寝食を忘れて考えあぐねておるところだ」(B/C-2)
山本「日本海軍の半分には沈んでもらうことになろう。
　　　しかし、残りの半分でロシア艦隊を全滅させてみせよう」(B/C-1)
　海軍はまだ見込みがありそうな言葉でしたが、陸軍はこれでも贔屓目の内容です。
　こんな絶望的な言葉をもらって渡米しなければならなかった金子の心中やいかばかりであったことでしょうか。
　さらに問題は山積しています。
　日本のような貧乏弱小国がロシアと戦うとなれば、軍資金がまったく足りませんでしたので、開戦当初からいきなり借款(＊08)に走らなければなりませんでした。(＊09)
　そこで白羽の矢が立ったのが、日本銀行副総裁の高橋是清(D-5)です。

　　　　　　　　　　　　　　　　　困難な仕事だが…
　　　　　　　　　　　　　　　　　俺は運がいいから
　　　　　　　　　　　　　　　　　なんとかなるだろ…

　　　　渡英

　　　　　　　　　　　　　　日本銀行副総裁
　　　　　　　　　　　　　　髙橋　是清

―――――――――――――――――――――――――――――――――
(＊08) 国家と国家の間の借金のこと。

(＊09) 日本は、結局9億円の借款を行いました(戦費は合計で17億円)。
　　　これは当時の日本の国家予算(2.6億円)の3倍をはるかに凌駕します。

しかし、当時、世界中で「日本が勝つ」と思っている国などどこにもありません。(＊10)

負けるとわかっている国、滅亡するとわかっている国、貸し倒れるとわかっている国にカネを貸すバカがどこにいるでしょうか。

しかし、それでも借款を得られなければ、日本は緒戦からして戦えません。

このとき、高橋是清を送り出すパーティの席において、元老の井上馨がスピーチをしました。

彼は、そのスピーチの中で、

「万一、高橋君の外債募集がうまくいかなかったら、日本は……」

ここまで言うと、込み上げる感情を抑えきれず、嗚咽と変わり、言葉とならなくなってしまいます。

> 「万一、高橋君の外債募集が
> うまくいかなかったら
> 日本は…………（号泣）」

元老
井上　馨

もちろん、その後につづく言葉は「滅亡」の2文字でしたが、しかし、それを口にすることは憚られることでした。

金子同様、高橋も日本の国運を一身に背負ってイギリスに旅立ちます。(＊11)

---

(＊10) 帝国主義段階に突入して以来、この時点まで、「有色人種の国」が白人列強に勝ったことなど、一度たりともありませんでした。
まさかよもや、極東の小さな小さな島国が、当時世界最大の陸軍大国ロシアに勝つなど、ゆめにも考えられないことでした。

(＊11) しかし、当の高橋是清本人は超楽観主義者で「なんとかなるだろ」と思っていたそうです。

しかし、それでも、日本は戦争に向かって進むしかありませんでした。

外相の小村寿太郎(＊12)は、駐日ロシア大使に「国交断絶状」を渡します。

事実上の「宣戦布告状」です。

これを受け取った駐日大使ローゼン男爵は、狼狽し、

「こ…これは…？　まさか、戦争ということでしょうか？」

…などと、ヤボな質問をしています。

この時点においてもなお、ロシアは「窮鼠猫を噛む」とは予想だにしていなかったからです。

このローゼン男爵の問いに対して、小村寿太郎は、謎の言葉を発します。

「まだ戦争ではない」(＊13)

いよいよ開戦です。

こ…これは…!?
ま…まさか…
戦争ということでしょうか…？

国交断絶状

駐日ロシア公使
ロマン＝ロマノヴィッチ
ローゼン男爵

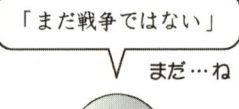

「まだ戦争ではない」

まだ…ね

外務大臣 第18代
小村 寿太郎

---

(＊12) 日清戦争のときにも登場した、あの人物です。
　　　 詳しくは、第3章第9幕のコラム「李鴻章vs小村寿太郎」を参照のこと。

(＊13) このときの小村寿太郎の言葉の真意は、現在までわかっていません。
　　　 とはいえ、筆者の察するところ、「今の時点では、立場上、それを肯定することはできないけど、でも、そのとおりだよ」という意味合いだと思われます。

# 第5章 日露戦争

## 第3幕

### 快進撃は続くか
#### 日露戦争 緒戦

ついに日露戦争は始まった！高橋の借款を円滑にさせるためにも、日本にとって、その初戦はきわめて重要な意味を持つ。仁川沖海戦、鴨緑江の戦、南山の戦、遼陽の戦と、日本は連戦連勝をつづけていった。しかし、快進撃のように見えながら、すでに破局への序曲は現れ始めていた。「南山の戦の死傷者の数が多すぎるぞ！」

ケタをひとつ間違えてるんじゃないか？

被害がデカすぎる！

〈日露戦争 緒戦〉

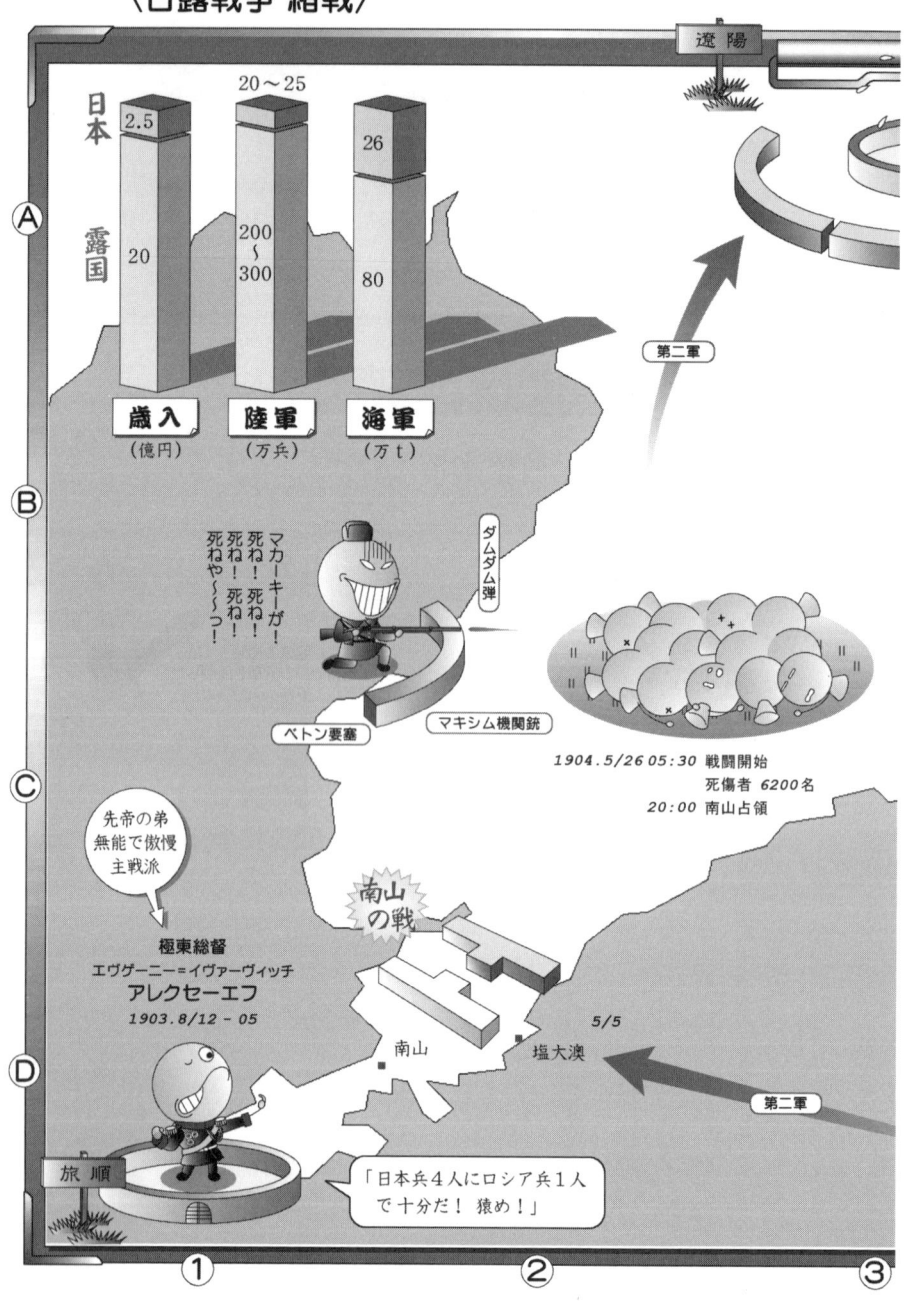

遼陽

日本
2.5
20〜25
26

露国
20
200〜300
80

歳入（億円）　陸軍（万兵）　海軍（万t）

第二軍

マカーキが！
死ね！死ね！
死ね！死ね！
死ねや〜っ！

ダムダム弾

ベトン要塞　マキシム機関銃

1904.5/26 05:30 戦闘開始
死傷者 6200名
20:00 南山占領

先帝の弟
無能で傲慢
主戦派

極東総督
エヴゲーニー＝イヴァーヴィッチ
アレクセーエフ
1903.8/12 - 05

南山の戦

南山　塩大澳
5/5

第二軍

旅順

「日本兵4人にロシア兵1人
で十分だ！ 猿め！」

278

第3幕 日露戦争 緒戦

1904年

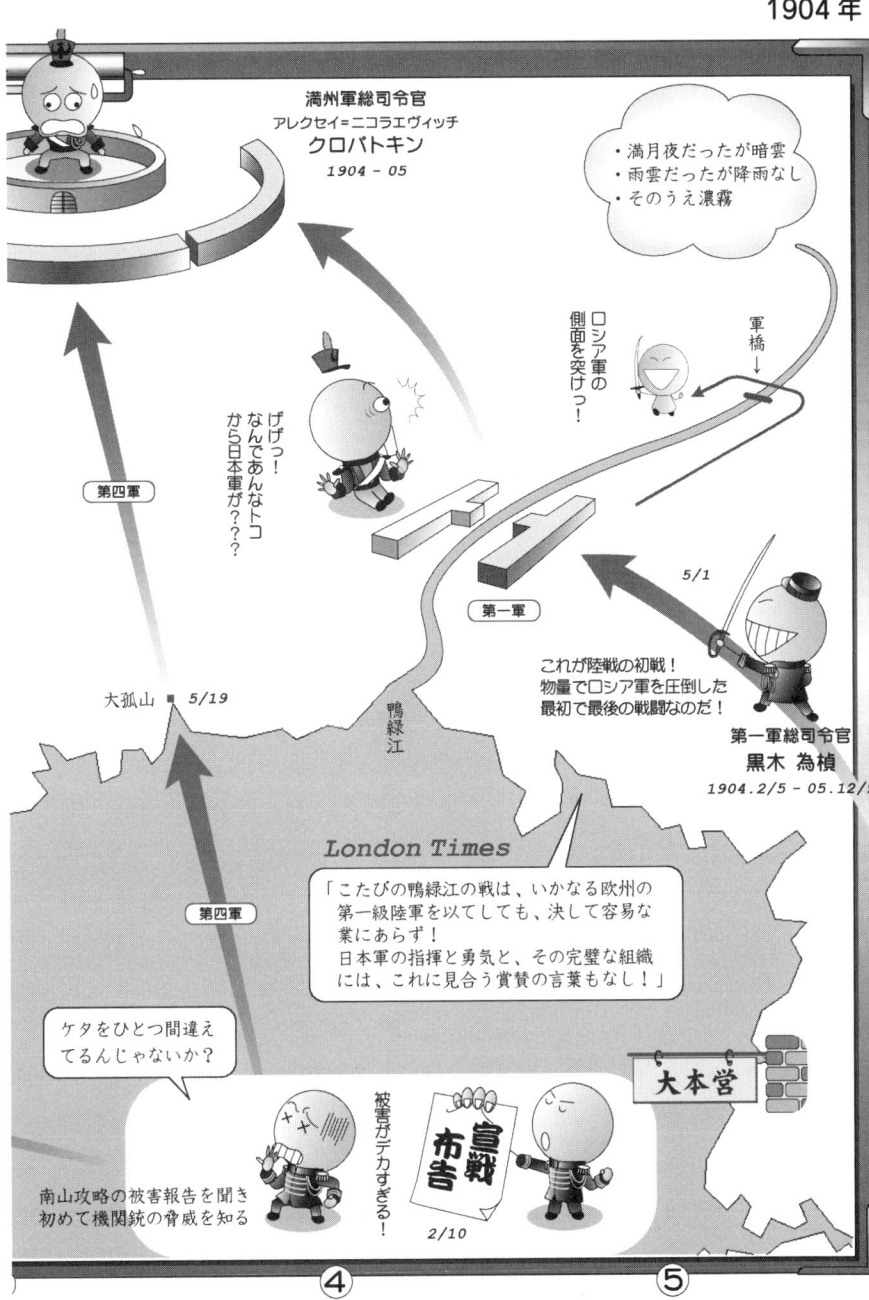

満州軍総司令官
アレクセイ＝ニコラエヴィッチ
**クロパトキン**
1904 - 05

・満月夜だったが暗雲
・雨雲だったが降雨なし
・そのうえ濃霧

ロシア軍の側面を突けっ！

軍橋

第四軍

げげっ！
なんであんなトコ
から日本軍が？？？

第一軍

5/1

これが陸戦の初戦！
物量でロシア軍を圧倒した
最初で最後の戦闘なのだ！

第一軍総司令官
**黒木 為楨**
1904.2/5 - 05.12/9

大孤山 ■ 5/19

鴨緑江

第四軍

*London Times*

「こたびの鴨緑江の戦は、いかなる欧州の
第一級陸軍を以てしても、決して容易な
業にあらず！
日本軍の指揮と勇気と、その完璧な組織
には、これに見合う賞賛の言葉もなし！」

ケタをひとつ間違え
てるんじゃないか？

南山攻略の被害報告を聞き
初めて機関銃の脅威を知る

被害がデカすぎる！

宣戦布告
2/10

大本営

④　⑤

さぁ、小村寿太郎が「国交断絶状」を提示してからたった3日後、ついに戦端が開かれました。

これを知ったニコライ2世は、信じられない想いで叫びます。

「マカーキー(猿)ごときが、なぜ、余に逆らうのか！！」(＊01)

その「猿」ごときにコテンパンにやられるロシア人の立場は？

…と問い詰めたくなりますが。

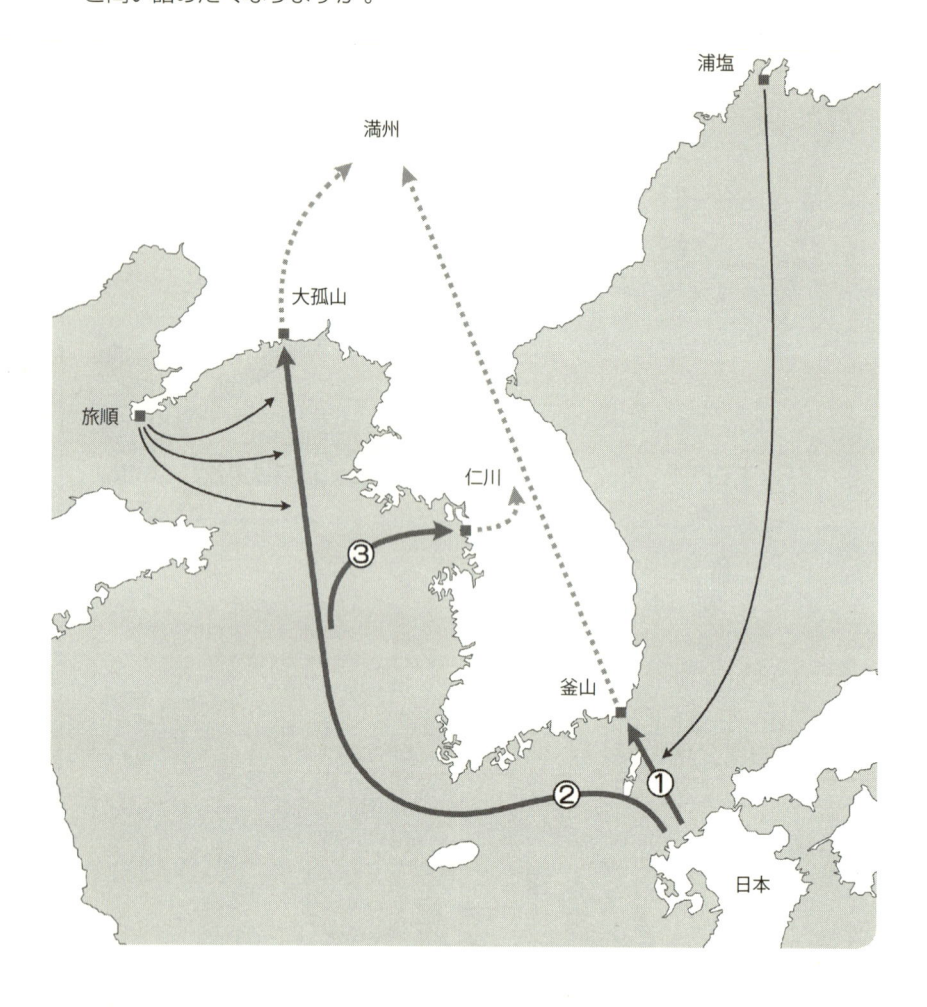

---

(＊01) まるでニコライ2世はホントに本気で日本人が「猿」だと思っていたかのような発言です。

さて、まずは、左ページの地図をご覧ください。

こたびの主戦場は満州ですが、まず、どうやってそこまで兵を送り込むか、その兵站(*02)に日本軍は頭を抱えます。

ロシア艦隊は、すでに旅順と仁川と浦塩(*03)に入港していました。

海軍は、とにかく陸軍を大陸へ海上輸送中に、ロシア艦隊に襲撃されるのが一番こわいので、海上輸送路はなるべく短くしたい。

とすると、その最短ラインは釜山へ上陸させるルート（地図のルート①）。

しかし、それでは陸軍が困ります。

釜山に上陸した陸軍は、満州まで延々と徒歩で行軍しなければなりません。

これではあまりにも行軍距離が長すぎます。

戦地に着いたころには、兵が疲弊しきってしまい、戦になりません。

陸軍としては、大孤山に上陸させてほしい（地図のルート②）。

これなら、主戦場は目の前、陸軍はラクができますが、これでは、上陸する前に、旅順艦隊に襲撃される可能性がひじょうに高いため、海軍が渋ります。

そこで、中を取って、仁川に上陸するルート（地図のルート③）が採用されました。

しかし、すでに述べましたように、仁川にもロシア艦隊は停泊しています。

これをなんとかせねば！

そこで、まずは、敵の仁川艦隊を殲滅する！

それこそが、日露戦争を始めるための条件となります。

さようなわけで、ここ、仁川から日露戦争の火蓋が切られることになったのでした。

---

(*02) 前線に武器・弾薬・食料・その他物資・兵員などを送り込むシステム全般のこと。
戦争の勝敗は、この兵站の確保にかかっていると言ってもよいほど重要な要素。

(*03) 「ウラジヴォストーク」の日本名。ちなみに、「ウラジ」は「征服する」という意味の動詞で、「ヴォストーク」は「東方」。つまり、「東の国を征服せよ」という意味。
「日本を滅ぼすための最前線基地」として造られた軍港であることは明白です。

２月９日、日本艦隊は、巡洋艦６隻を伴い、仁川沖(インチョン)に現れます。

　これに対して、ロシアの仁川艦隊は、巡洋艦と砲艦が１隻ずつついただけでした。

　多勢に無勢、これではロシア艦隊に勝ち目はありません。

　しかしながら、ロシア艦隊が日本艦隊の挑発を前に、湾内に閉じこもっていたとなれば、「大国ロシアともあろうものが、貧乏小国日本に恐れをなしたのか！」と見くびられるのでこれを嫌い、出撃してきます。(＊04)

　これが「仁川沖(インチョン)海戦」です。

　そして、その翌日、日本は宣戦布告します。(＊05)

　これで仁川(インチョン)を押さえることに成功した日本は、ここからぞくぞくと陸軍を上陸させることが可能となりました。

　しかし、一難去ってまた一難。

　仁川(インチョン)から満州まで、朝鮮半島のド真ん中を通過しなければなりませんので、当然、朝鮮(＊06)の協力は欠かせません。

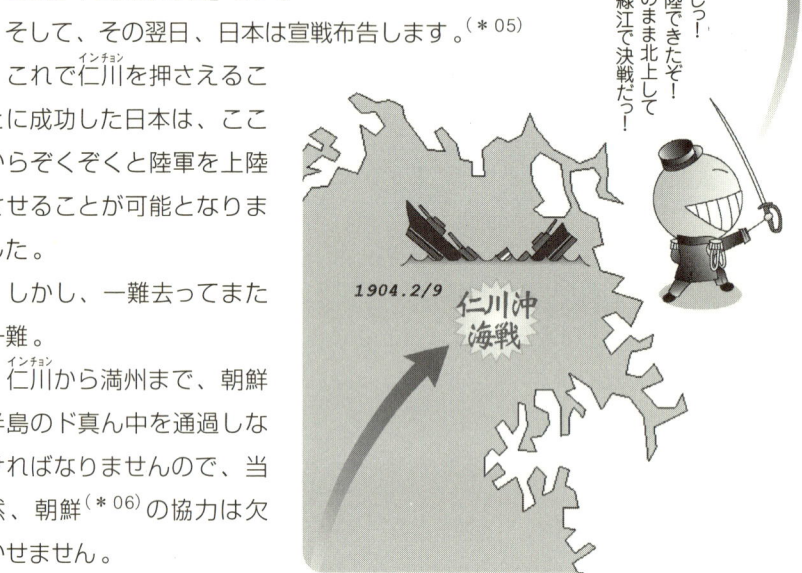

よっ！
上陸できたぞ！
このまま北上して
鴨緑江で決戦だっ！

1904.2/9
仁川沖
海戦

---

（＊04）勝てる見込みがない、とわかっていながら、それでもプライドを賭けて出撃する、という態度は、戦略的にはダメですが、筆者は嫌いではありません。

（＊05）これを「攻撃してから宣戦布告をするとは卑怯な！」と勘違いをされる方はたいへん多いです。このことに関しましては、本幕のコラム「宣戦布告なき開戦」を参照のこと。

（＊06）当時（1897〜1910年）は、「朝鮮国」改め、「大韓帝国」と名乗っていました。

たとえば、突然、朝鮮がロシアと軍事同盟など結んだら、アウトです。
そこで、日本は「第1次日韓協約」を結び、その「外交権」を掌握します。

**第1次日韓協約**

これで事実上韓国の外交権を押さえたぜ！

さて、仁川(インチョン)から上陸した日本陸軍「第一軍」はぞくぞくと北上し、満州と朝鮮の国境を流れる鴨緑江(おうりょくこう)(B-4/5)で対峙します。
これが「鴨緑江の戦」です。
このときの「第一軍司令官」が、あの黒木為楨(ためもと)(B/C-5)。(＊07)
海における初戦(仁川沖海戦)は勝利した。
今度は「陸における初戦」も、是が非でも勝利せねば！(＊08)
しかし、ロシア軍は決戦を望まず、川の向こう岸で構えるだけでした。
こちらが無理押しをすれば、渡河中に狙い撃ちをされ、全滅するだけです。
だからといって、ここでジッとしているわけにはいきません。
とにかく日本に許された針の穴のような勝機は「短期決戦」。
貧乏弱小国の日本は、アッという間に国力を消耗してしまうのです。

---

(＊07) 彼は「ジェネラル・クロキ」として世界に名を馳せ、「これほど優秀な人物が劣等人種の日本人のわけがない」と、「じつはポーランド系？」「いや、ロシア系？」と噂され、スラヴ人っぽい名前、「クロキンスキー」という名で呼ばれていたほどです。

(＊08) 前幕でも触れましたように、このころイギリスでは高橋是清が借款に奔走しています。これに成功するのも失敗するのも、すべては「初戦の勝利」にかかっていました。

こうしている間にも、刻一刻と国力を消耗していきます。
　それがわかっているからこそ、ロシア軍は持久戦に持ち込もうとしているのです。
　１日過ぎれば、それだけ日本の敗色は濃くなっていくのです。
「もはや、１日たりともここで留まっているわけにはいかぬ！
　明日にも総攻撃をかけるぞ！」
──閣下！　しかし、どうやって？
「今夜のうちに、川の上流に軍橋（A/B-5）をかけるのだ！
　さすれば、ロシア軍に側面攻撃をかけられよう！」
──しかし閣下。ロシア軍もバカではありません。
　　そんなことはつねに警戒しておりますぞ。
「だから、闇夜にまぎれて構築するのだ」
──されど、今宵は満月ですぞ！
　　暗雲がたれこめるでもないかぎり…。
　　それに、闇夜だとしても、ロシアはサーチライトで警戒しています。
　　ロシア軍に気づかれず軍橋を造るのは至難の業かと…
　ところが。
　その晩は、みるみる暗雲たれこめてきました。
　まさに、天祐（天の助け）！
　そのうえ、濃霧となります。
──閣下！　濃霧です！　これならロシアのサーチライトも効きません！
「うむ！　だが、この雨雲…　いったん雨が降ったが最後、チャチな軍橋など
　一気に流されてしまう。作業を急がせよ！」
　やがて、軍橋が完成し、日本軍がこの渡河を完了した途端、待ってましたとばかり雨が降り始めました。
　危機一髪。なんなる幸運。
「天祐じゃ。まさに天祐じゃ」
　こうして、側面攻撃をかけられたロシア軍は、大混乱に陥り、潰走、北へ退いていくことになりました。
　この戦闘が世界のマスコミに知れ渡りますと、黒木の采配に驚嘆します。

第3幕 日露戦争 緒戦

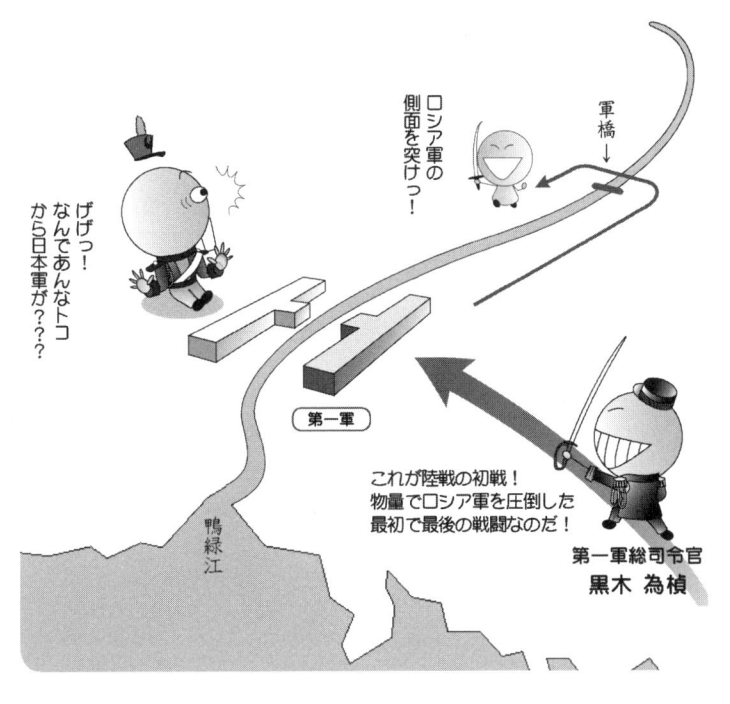

> 「こたびの鴨緑江の戦は、いかなるヨーロッパの第一級陸軍をもってしても、けっして容易な業にあらず。日本軍の指揮と、勇気と、その完璧な組織には、これに見合う賞賛の言葉もなし」(C/D-4/5)<sup>(＊09)</sup>

まさに手放しの絶賛です。<sup>(＊10)</sup>

こうして、「第一軍」は華々しい戦果を挙げましたが、これに対して「第二軍」は、旅順に立てこもるロシア軍を封じ込めておく役目を担いました。

---

(＊09) イギリスのタイムズ紙（5月9日付）の記事より。

(＊10) ただし、この記事が「タイムズ」だということを考えあわせますと、日英同盟による同盟国・日本に対する「ヨイショ記事」という側面も垣間見えます。
当時、イギリスとしては、政治的にも経済的も、日本に敗けてもらっては困る事情がありました。

そこで、「第二軍」は、塩大澳（D-2）から上陸し、旅順（D-1）に向かい、その途上の南山を"通過"しようとします。
「南山など、日清戦争では、ほとんど被害もなくたった1日で陥とした。
なんということもないわ！」
ところが、そこは、分厚いベトン(*11)で固められた要塞に、マキシム機関銃とダムダム弾(*12)が配備されていました。

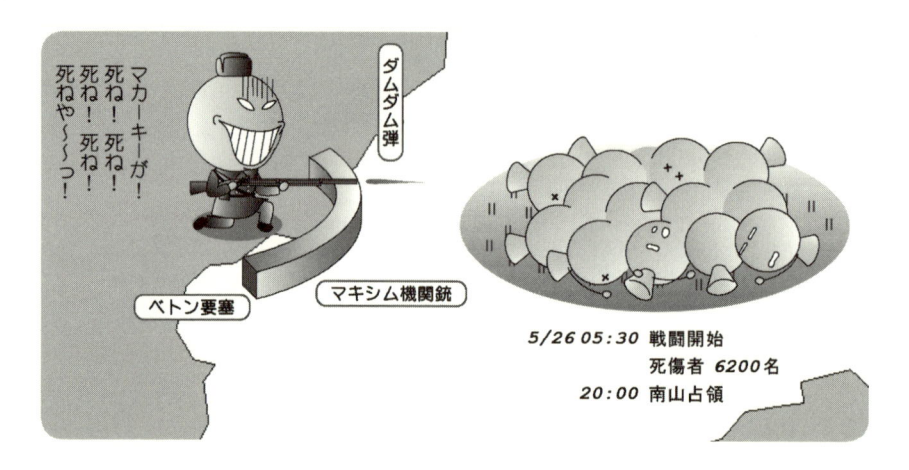

マカーキーが！
死ね！死ね！
死ね！死ね！
死ねや〜っ！

ダムダム弾

ベトン要塞

マキシム機関銃

5/26 05:30 戦闘開始
死傷者 6200名
20:00 南山占領

日本軍は、なんと、この日たった1日の局地戦で、日清戦争で消費した全砲弾量と、その戦死者数を超えてしまったのです。
「死傷者6200だと！？　ケタをひとつ間違えてないか？」（D-3/4）
被害報告を聞いた大本営は愕然とします。
日本軍が、機関銃のおそろしさに気づいた瞬間でもありました。

---

（*11）当時は「コンクリート」のことを「ベトン」と言い習わしました。
　　　当時の日本陸軍は、基本的にはドイツに学び、騎兵・工兵技術はフランスに学んでいたため、使用される用語にも、それぞれの国の言葉の影響が表れました。

（*12）「ハーグ宣言」（1900年）で禁止されていた「残虐兵器」でしたが、ロシアはこのとき、なんのためらいなく「ダムダム弾」を投入しています。

さて。

それでもなんとか南山を陥とすと、乃木希典を大将として「第三軍」が編制され、旅順を押さえておくことになりました。

旅順など、日清戦争では、たった1日（戦死者280名）で陥としたところ。

児玉は、「旅順など竹の柵で囲んでおけばよい」（*13）と言い放ったほど、当初、これをまったく重視していませんでした。

こちらから危険を冒してムリ押しせずとも、ロシア軍が「第二軍」の背後を突かないように押さえておくだけでよい。

それで、「第二軍」は安心して北上でき（A/B-2/3）、遼陽（A-3）で「第一軍」と合流できます。

さらに、「第四軍」も大孤山に上陸し、遼陽を、東から「第一軍」、南から「第四軍」、西から「第二軍」が包囲し、ここに立て籠もるクロパトキン大将を狼狽させ（A-3/4）、ほとんど戦わずして奉天まで軍を駆逐しました。

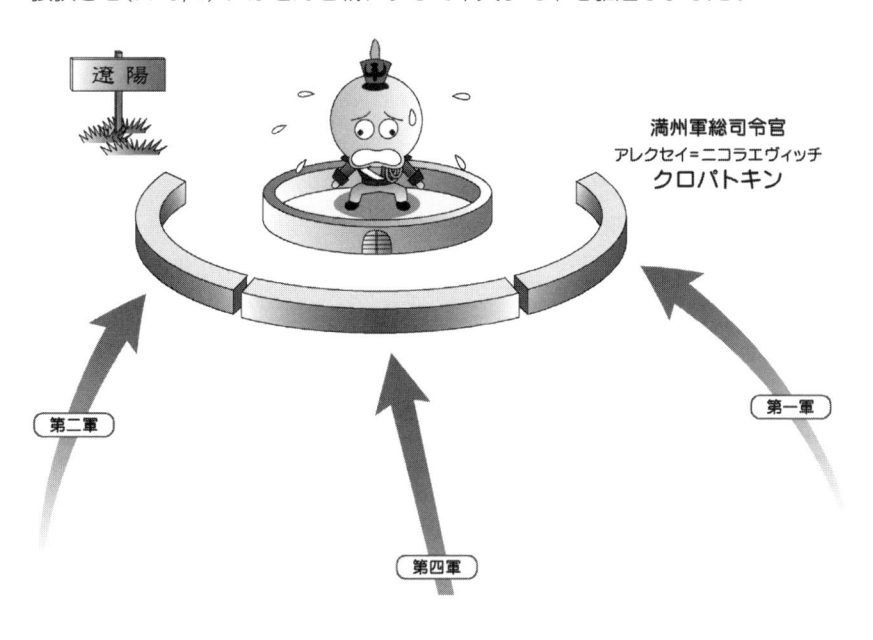

満州軍総司令官
アレクセイ＝ニコラエヴィッチ
**クロパトキン**

第二軍

第四軍

第一軍

---

（*13）これは「冗談」でも「言葉のあや」でもなく、彼は、大真面目。
　　　実際に、必要な竹や縄の量を計算させ、資材を調達させようとしていたほどでした。

## Column  宣戦布告なき開戦

　日露戦争において、日本が仁川(インチョン)を急襲した翌日になってから宣戦布告をしたことに関して、「卑怯(ひきょう)な！」と思う方もおられるようです。
　しかしこれ、微塵(みじん)たりとも卑怯ではありません。
　そもそも明治政府は、「国際社会では日本の常識などまったく通用しない。一刻も早く国際社会における外交や戦争の方法・常識などを学び取らねば！」と、ヨーロッパから多くの教官を招聘(しょうへい)しています。
　このときの軍事教官のひとりにクレメンス＝メッケル少佐という方がいましたが、彼はこう教えています。
　「宣戦布告をしてから戦争を始めるなど、そんな愚かきわまりない行為はけっしてしてはならない。先手必勝。宣戦布告など、奇襲をかけ、緒戦の有利を確保してから、そのあとでゆっくりとすればよい」
　このとき、まだ「武士道」が生きていた日本軍人は反発したものです。
　「先生！　それは卑怯ではありませんか？　武士道に反します！」
　しかし、当時は、それこそが「常識」だったのです。
　では、いつからこれが「卑怯」だということになったのでしょうか。
　じつはこれ、太平洋戦争勃発後（「前」ではありません）です。
　日本は、明治維新以来、ヨーロッパから学んだ「当時の国際常識」を、厳粛に遵守しながら外交を行っています。
　それはもうバカ正直なほど。
　もちろん、太平洋戦争も、です。
　このとき、アメリカはなんとしても日本を「悪の帝国」に仕立て上げたいと思い、日本の国際外交法規上の不備を糾弾しようと、これを徹底的に調べ上げましたが、何ひとつ見つかりませんでした。
　困り果てたアメリカは、「宣戦布告なき奇襲攻撃したのは卑怯！」と、当時まったくない概念をムリヤリ捏造(ねつぞう)し、日本を糾弾したのです。
　アメリカ合衆国自身が、建国以来、数々の「宣戦布告なき奇襲攻撃」を繰り返している事実には知らぬ顔をして。

# 第5章 日露戦争

## 第4幕

## 旅順要塞の死闘

日露戦争 激戦

緒戦、快進撃を見せた日本軍だったが、それもすぐにほころびが顕れはじめる。海では、練りに練った秋山真之自信の「丁字戦法」がものの見事に肩すかしを喰らい、陸では、開戦当初、歯牙にもかけていなかった旅順の攻略に苦しみ、戦争全体を揺るがさんばかりの被害を出してしまう。やはりロシアに挑んだのが愚かだったのか…。

〈日露戦争 激戦〉

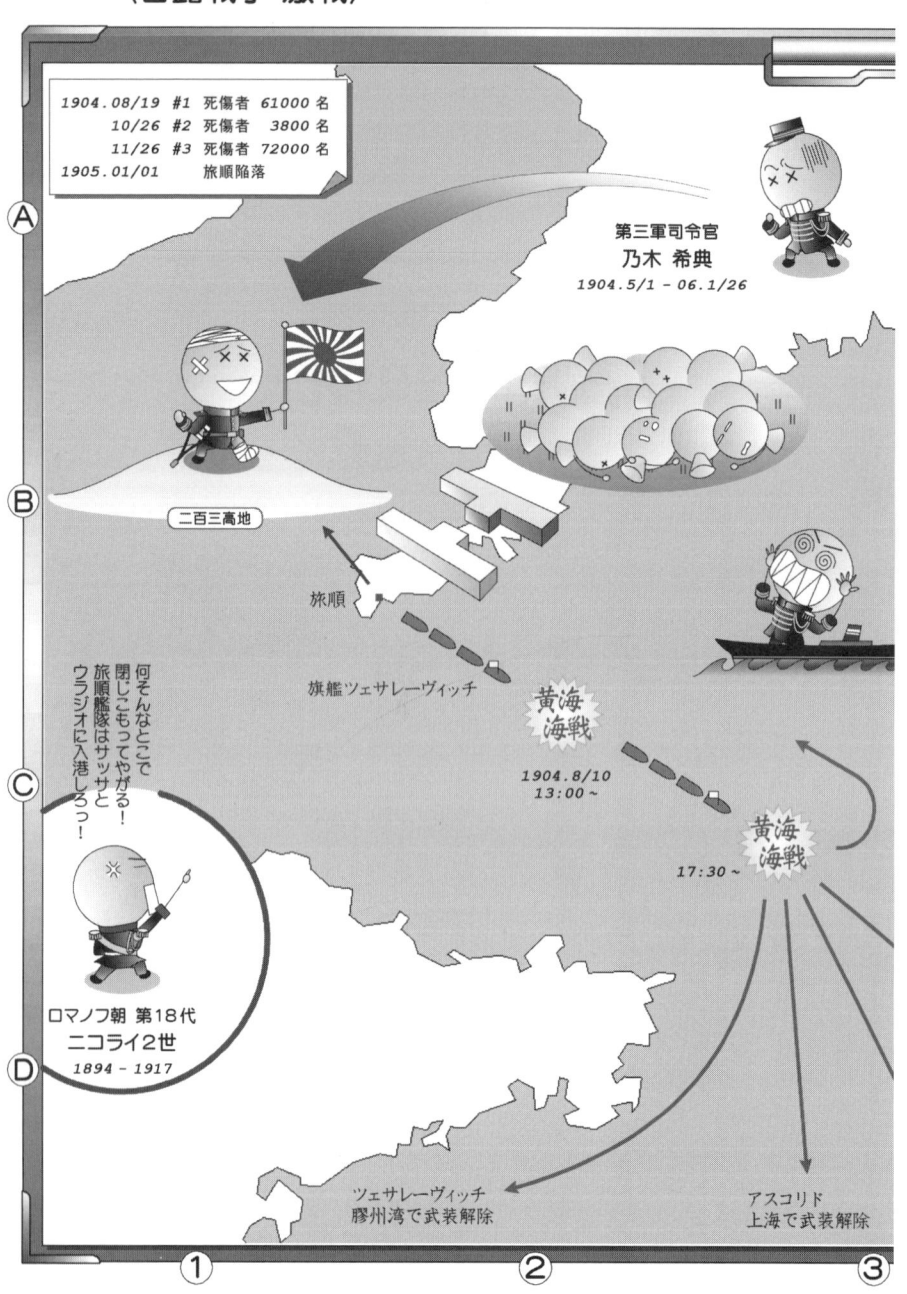

```
1904.08/19  #1  死傷者  61000 名
      10/26  #2  死傷者   3800 名
      11/26  #3  死傷者  72000 名
1905.01/01      旅順陥落
```

第三軍司令官
乃木 希典
1904.5/1 - 06.1/26

二百三高地

旅順

旗艦ツェサレーヴィッチ

黄海海戦
1904.8/10
13:00～

黄海海戦
17:30～

何そんなとこで閉じこもってやがる！
旅順艦隊はサッサとウラジオに入港しろっ！

ロマノフ朝 第18代
ニコライ2世
1894 - 1917

ツェサレーヴィッチ
膠州湾で武装解除

アスコリド
上海で武装解除

第4幕　日露戦争 激戦

1904年

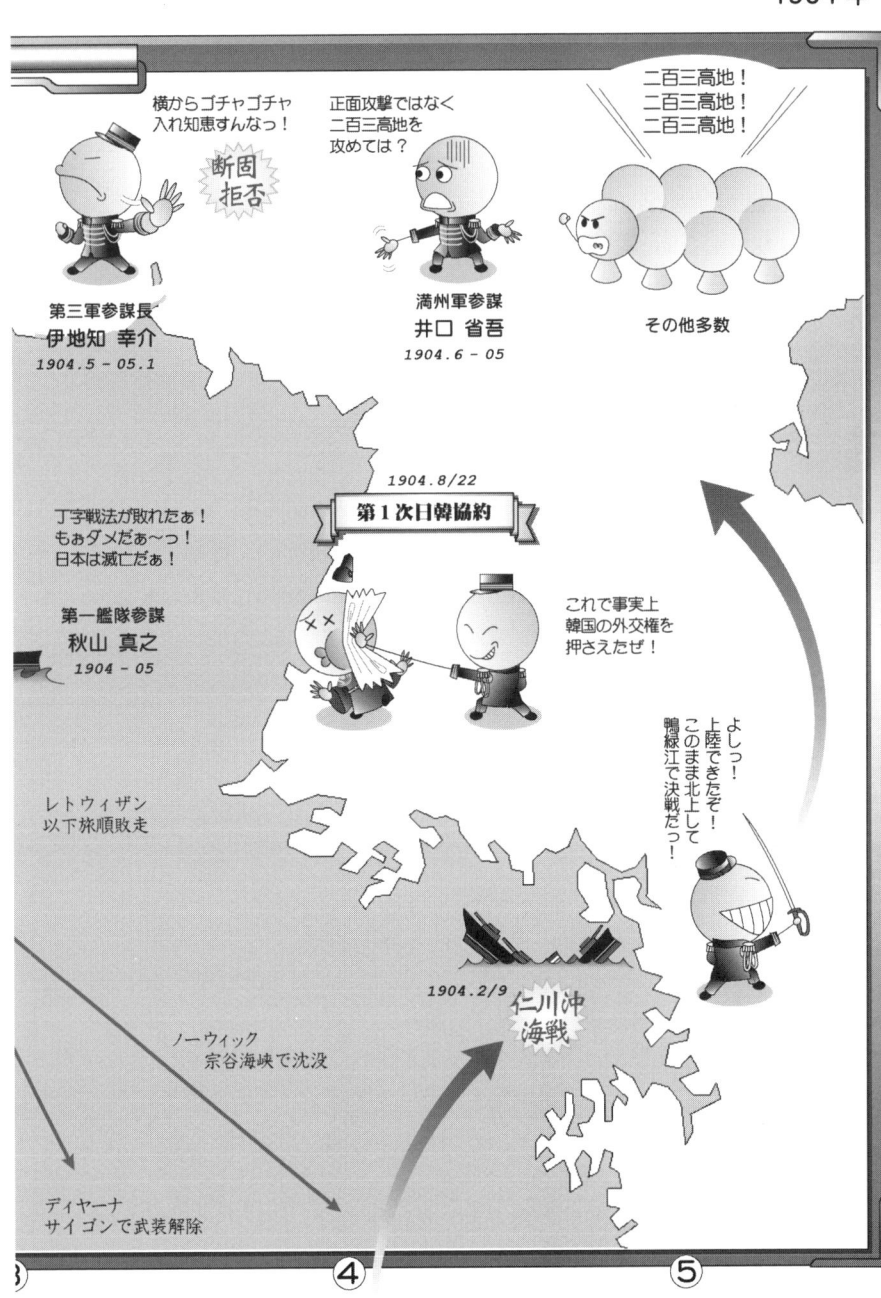

二百三高地！
二百三高地！
二百三高地！

横からゴチャゴチャ入れ知恵すんなっ！

断固拒否

正面攻撃ではなく二百三高地を攻めては？

第三軍参謀長
伊地知 幸介
1904.5 - 05.1

満州軍参謀
井口 省吾
1904.6 - 05

その他多数

丁字戦法が敗れたぁ！
もぉダメだぁ～っ！
日本は滅亡だぁ！

第一艦隊参謀
秋山 真之
1904 - 05

1904.8/22
第1次日韓協約

これで事実上韓国の外交権を押さえたぜ！

よしっ！
上陸できたぞ！
このまま北上して
鴨緑江で決戦だっ！

レトウィザン
以下旅順敗走

1904.2/9
仁川沖海戦

ノーウィック
宗谷海峡で沈没

ディヤーナ
サイゴンで武装解除

③　④　⑤

第1章 清朝の混迷

第2章 日本開国

第3章 日清戦争

第4章 中国分割と日露対立

第5章 日露戦争

291

さて、ここで、連戦連敗にイラだっていたロシア皇帝ニコライ２世が、勅令を下しました。
「旅順艦隊はマカーキーごときに何をビビっておるか！！
　ただちに出港し、ウラジヴォストークに入港せよ！」(C/D-1)
　そうして、旅順艦隊がとうとう港から出てきました。
　よし！　こいつを叩けば、戦争はグッと楽になる！
　第一艦隊参謀であった秋山真之(＊01)は、ここで、かねてより研究していた「丁字戦法」をしかけます。
　しかし、これが大失敗でした。
　秋山は「丁字戦法」の陣形にこだわるあまり、のちに「不可解な艦隊運動」と酷評される"ブラウン運動"のような動きをしてしまい、こちらがフラフラしている間に、旅順艦隊に逃げられてしまいます。(＊02)
　ここに来て初めて、「丁字戦法は、戦意のない敵には通用しない」ということが判明しましたが、それに気づいたときには、敵艦はすでに大洋の彼方。
　レーダーのないこの時代、日没の後は、海は漆黒の闇に包まれ、もはや追跡は不可能です。
　日本艦隊は全速力で15.5ノット、旅順艦隊は14ノット。
　日本艦隊の方がわずかに速いとはいえ、このとき日没まであと４時間。
　戦闘時間も考えれば、追尾に割ける時間は最大でも３時間が限界。
　３時間ぽっちで追いつくのは、どう計算しても不可能な距離にまで、すでに引き離されていました。
　まさに、取り返しのつかない大失態でした。

---

(＊01) 司馬遼太郎の『坂の上の雲』の主人公として有名な人物。
　　　 彼を知る者は、一様に彼のことを絶賛しており、島村速雄大将の「その知謀、湧くがごとし」という賛辞は特に有名です。

(＊02) この艦隊運動の動きも詳しく見ていくとたいへんおもしろいのですが、紙面の都合上、割愛せざるを得ませんでした。

このまま、旅順艦隊が無傷でウラジヴォストークに入港してしまえば、日本の海上輸送はズタズタにされてしまい、戦争は敗北に終わり、ひいては、日本の滅亡が決定します。

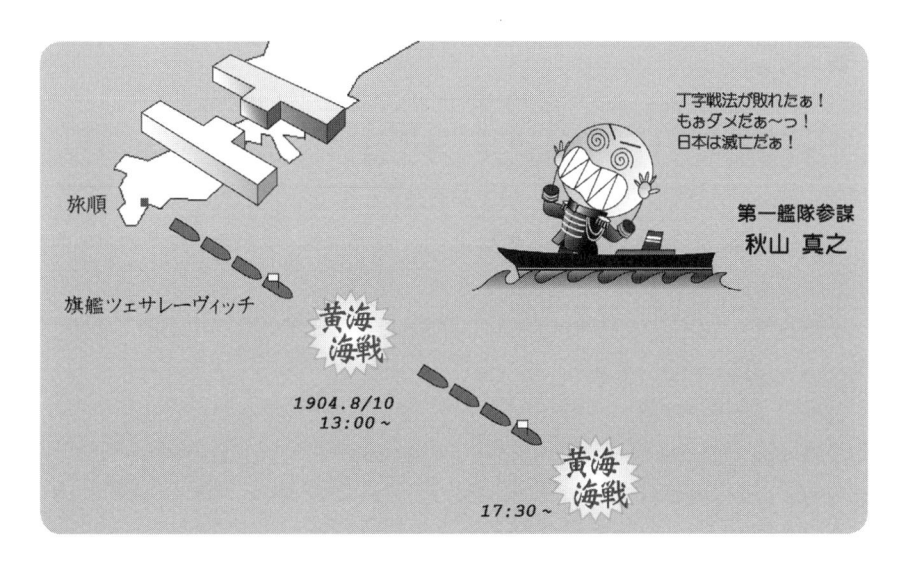

絶望感に包まれる中、艦長の東郷平八郎は命令を下します。
「全速前進！　敵艦隊を追え」
──しかし、もはや追いつくのは不可能かと。
「…追え」
──大檣（メインマスト）が折れそうです！　速度を落としましょう！
「全速力で　追え」
　もはや追いつくのは絶望的、そのうえ全速を出すための命綱である大檣（メインマスト）が被弾し、根本がもげ、ミシミシと音を立てて今にも折れそうになっていました。
　しかし、それでも速度を落とすわけにはいきません。
　そうすれば、その時点で、日本の滅亡が決定してしまうからです。
　おのれの失態のせいで、日本が亡びる。
　東郷平八郎、秋山真之（さねゆき）の心中や、いかばかりであったでしょう。
　ところが。
　ここで奇蹟が起きます。

なんと、追尾開始から３時間後、水平線の彼方に敵艦を発見したのです。
　まさに天祐！　まさに奇蹟！
　それにしても、なぜ？？？
　どうして、追いつくことができたのでしょうか。
　論理的に不可能なはずです。
　じつは、旅順艦隊も逃げるのに必死。
　全速力で飛ばしていましたため、それが仇（あだ）となり、なんと、二番艦レトウィザンにエンジントラブルが発生、速度が落ちてしまっていたからでした。(＊03)
　しかし、これで解決ではありません。
　日没はすぐそこに迫ってきています。
　一刻も早くカタをつけなければなりませんが、まともに戦っても勝てるかどうか。
　じつは、当時の戦艦の大砲というのは、「狙って当たる」というものではなく、何十発、何百発撃っても、あの大きな艦体にカスリもしない、なんてこともザラでした。(＊04)
　ですから、そういう事情を知らない方の中には、「分厚い装甲の胴体に当てなくても、司令室にブチ込んでやればイッパツじゃん！」と思われる方もおられるようですが、そんなことはまったく不可能でした。
　したがって、海戦というものは時間がかかるのが常識。
　にも関わらず、日本には時間が残されていない、という厳しさ。
　ところが！
　ここで、またしても奇蹟が起きます。

---

(＊03) ここで、旅順艦隊の艦長イワノフは、「速度の低下したレトウィザンを見棄てて、自分たちだけウラジオへ逃げる」という選択肢を選ぶ道もありました。
　　　しかし、彼には「仲間を見棄てて逃げる」ということはどうしてもできませんでした。
　　　もし、彼がそれをしていたら、日本はロシアに滅ぼされていたことでしょう。

(＊04) マンガのように、「百発百中！」「敵艦は一発で撃沈！」というわけにはいきません。

旗艦「三笠」の主砲から放たれた「運命の一弾」が、敵旗艦ツェサレーヴィチの司令室に見事命中したのです。

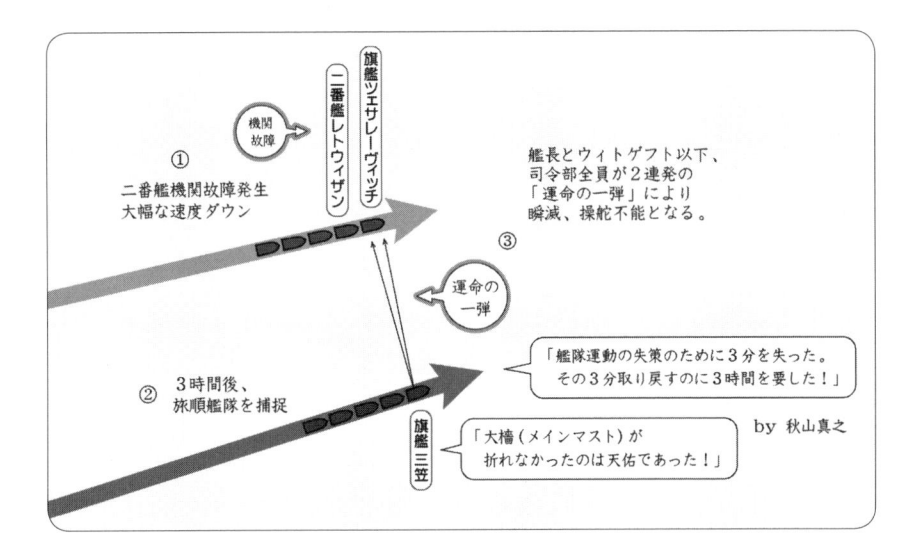

```
①
二番艦機関故障発生
大幅な速度ダウン

機関故障
二番艦レトウィザン
旗艦ツェサレーヴィチ

艦長とウィトゲフト以下、
司令部全員が2連発の
「運命の一弾」により
瞬滅、操舵不能となる。

③
運命の一弾

②
3時間後、
旅順艦隊を捕捉

旗艦三笠

「艦隊運動の失策のために3分を失った。
その3分取り戻すのに3時間を要した！」

「大檣（メインマスト）が
折れなかったのは天佑であった！」

by 秋山真之
```

　これにより、敵旗艦は、ウィトゲフト提督以下、司令部の人間が一瞬で消し飛んでしまいます。
　しかし、まだ艦長イワノフはかろうじて生きていました。
　このように、旗艦がその機能を失った場合には、ただちに「旗艦権委譲信号」を二番艦に送ることになっていましたので、艦長は、信号を送るべく作業に入ったところ……！！
　もう一発、三笠の主砲弾が司令室に飛び込んできます。
　なんと、「運命の一弾」と呼ばれる奇蹟が2連発で起きたのです。
　これにより、司令部に生き残っていた者たちもすべて即死！
　なんと、旗艦の司令室は瞬間的に消滅し、二番艦以降がまったくそれに気がつかない、という常識では考えられない状況が生まれます。
　こうして、旗艦ツェサレーヴィチは、操舵が不能となり、突如、回頭しはじめましたが、二番艦以下、なぜ旗艦がとつぜん回頭しはじめたのか、まったく理解できません。
　しかし、航行不能に陥ったのなら、その旨の信号が来るはず。

まさか旗艦司令室が一瞬で消滅しているなど、想像すらできず、これに追従していきます。

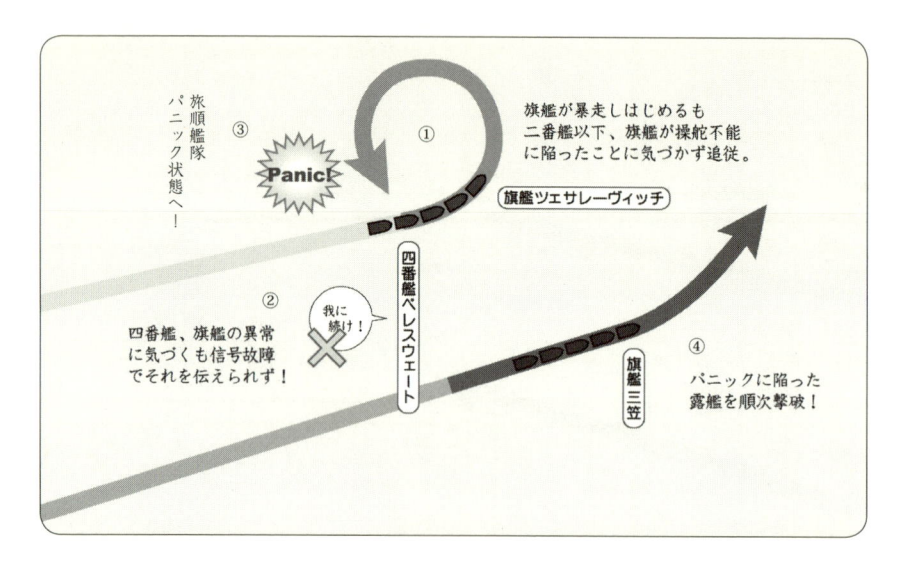

```
① 旗艦が暴走しはじめるも
  二番艦以下、旗艦が操舵不能
  に陥ったことに気づかず追従。
  旗艦ツェサレーヴィッチ

③ 旅順艦隊パニック状態へ！
  Panic

② 四番艦、旗艦の異常に気づくも信号故障でそれを伝えられず！
  四番艦ペレスウェート
  我に続け！

④ パニックに陥った露艦を順次撃破！
  旗艦三笠
```

これにより、「頭を落とされたヘビ」状態となり、艦隊は大混乱に陥ります。

こうして、まさに「奇蹟」と「偶然」と「まぐれ」と「幸運」と「神助」と「天祐」が重なって、黄海海戦は薄氷を踏む思いの中、日本の勝利に終わりました。

ここに、旅順艦隊は事実上潰滅します。(＊05)

しかし、この時点では、日本海軍は、旅順艦隊にどれだけの打撃を与えたのか、わかっていませんでした。

ここからは、海軍は「旅順艦隊の亡霊」に怯えることになります。

---

(＊05) 旗艦ツェサレーヴィッチは、膠州湾まで逃げのびましたが、ここで武装解除。(D-1/2)
　　　アスコリドは上海、ディヤーナはサイゴンまで這々の体で逃げ、そこで武装解除。(D-3)
　　　ノーウィックは、宗谷海峡まで逃げましたが、そこで沈没。(D-4)
　　　レトウィザン以下、他の艦隊は、なんとか旅順に逃げ込みました(B-1/2)が、すでに艦隊は満身創痍、もうすでに戦える状態でなくなっていました。

そのうえ、黄海海戦の敗北を知ったニコライ２世は、ついに、バルチック艦隊の派遣を決意します。
　日本艦隊は、バルチック艦隊がやってきて、旅順艦隊と挟み撃ちになってしまうことを恐れました。
　バルチック艦隊がやってくる前に、何としても旅順艦隊を潰滅させねば！
　しかし、旅順港の奥深くに隠れてしまわれては、海軍は手が出せません。
　そこで、海軍は陸軍に泣きつきます。
　「第三軍」は、ここ旅順を封じ込めておけばよいだけのはずでしたが、海軍の要請により、どうしてもバルチック艦隊がやってくる前にこれを陥とさねばならなくなります。
　しかし。
　「旅順攻略」を任された「第三軍」司令官の乃木希典（A-3）は、人望厚く、謹厳実直で、明治天皇からも愛され、漢詩はうまかった(*06)のですが、軍人としては凡庸でした。
　とはいえ、これを補佐する参謀が優秀であればなんとかなるものです。
　「第三軍」参謀は伊地知幸介。（A-3/4）
　不幸にも、この男は、「砲術の専門家」というフレコミとは裏腹に、救いようのない無能でした。(*07)
　これにより、ここから日露戦争の惨憺たる悲劇が生まれます。
　この旅順要塞が、これまで伊地知が学んできた要塞とは"格"が違う、想像を絶する大要塞であり、旧来からの「要塞攻略法」など通用しない、ということに彼はついに死ぬまで気づかず、いえ、おそらく自分では気づいていたのでしょ

---

(＊06) 彼は、さきの南山の戦いで長男に戦死されています。
　　　その長男の死んだ南山にやってきたとき、彼が詠んだ歌はあまりにも有名です。
　　　「山川草木 転荒涼 十里風腥 新戦場 征馬不前 人不語 金州城外 立斜陽」

(＊07) 彼に対する「擁護論」もまた存在します。あの西太后にすら、擁護論はあるくらいですから、不思議でもありませんが、個人的な感情で歴史をねじ曲げてはなりません。

うが、断じてこれを認めませんでした。(＊08)

　大本営は、はやくから「東北方面からの正面突破」の至難を見抜き、手薄な「二百三高地」からの側背攻撃に着目していましたが、伊地知が頑としてこれを認めようとしない。

　そのため、彼の説得に当たり、同期で気心の知れた満州軍参謀の井口省吾が派遣されたこともありました。(A-4)

「貴公とは同期の仲だから率直に言うが、旅順はこれまで我々が見聞してきた
　要塞とはワケが違う。正面突破は不可能だ。
　ここは、手薄な二百三高地から側背を攻めた方がよいのではなかろうか」
　井口の気を遣った助言に対して、伊地知は吐き捨てるように言います。
「余計な横ヤリば入れてこんでよか！
　つまらん入れ知恵ば持ってくる暇ばあったら、大砲の弾ば、持ってこい！」
「入れ知恵とはなんだ、貴様っ！？」
　伊地知のあまりの傲岸不遜な態度に、井口も激昂し、

横からゴチャゴチャ
入れ知恵すんなっ！

断固
拒否

第三軍参謀長
伊地知 幸介

正面攻撃ではなく
二百三高地を
攻めては？

満州軍参謀
井口 省吾

二百三高地！
二百三高地！
二百三高地！

その他多数

---

(＊08) 彼は、戦後も「旅順が陥ちなかったのは、私のやり方が間違っていたからではない、弾薬の量が絶対的に足りなかったからだ！」と言い張りました。
　そもそも「与えられた条件で戦果を挙げるのが軍人」なのであって、児玉着任後はアッという間に旅順は陥ちたこともあり、この男の弁明は、言い訳にも何にもなっていません。
　この男は死ぬまで、自分の無能に気づくことすらできなかったのでした。

「こいつを殺して、俺も切腹しようか!?」とまで考えたといいます。
　ああ!!
　このとき、そうしてくれていたら!!
　そうしていれば、旅順で散った10万の英霊を救うことができただろうに!
「砲兵が耕し、歩兵が刈る」(＊09)
　彼は、「どんな要塞のベトンも砲撃で突破できる」と信じて疑わず、ついに「第一次攻撃」を敢行してしまいます。
　正面からの"一般要塞向け"の突撃を、失敗しても、失敗しても、ただただ頑迷に繰り返すのみで、「地形が変わるほど」の死体の山を築いていきました。

第三軍司令官
乃木 希典

旅順

---

(＊09)「まずは、大量の砲撃によって要塞のベトンを破壊し、そのあとで歩兵が突撃して、要塞を突破する」という意味。
　　　「大砲で破壊できる小規模な要塞」を攻略するときの方法であり、旅順のような「世界一」の大要塞には、まったく通用しない方法でした。

この「第一次攻撃」だけで、死傷者６１０００。(A-1)
　「ケタをひとつ間違えてるんじゃないか？」と愕然としたと言われる「南山の戦い」の、なんと１０倍です。
　狼狽した大本営、心配した海軍からもつぎつぎと伊地知の説得にやってきます。大本営陸軍部参謀次長の長岡外史、大本営海軍部参謀の上泉徳弥、連合艦隊参謀の秋山真之…その他もろもろ。
　その誰もが「二百三高地！」「二百三高地！！」「二百三高地！！！」と口をそろえているにもかかわらず、伊地知が、頑強にこれを拒否します。
　おそらく、ひっこみがつかなくなったのでしょうが、たったひとりの無能な男の意地のために国が滅ぼされたのではたまったものではありません。(＊10)
　しかし。
　伊地知をここまでのさばらせているのが、司令官たる乃木です。
　司令官たる乃木が伊地知を黙らせれば済むことです。
　そこで、「乃木更迭論」が噴出しますが、これに明治天皇がストップをかけます。(＊11)
　「乃木を替えてはならん！」
　そこで、満州総司令官の大山巌から全権を任され、あの児玉源太郎がやってきます。
　名目的には「相談役」。
　事実上の「第三軍総司令官」として。
　彼は、着任するや否や、重砲隊を高崎山に移動、陣地変換させ、二百三高地に集中攻撃させます。

---

(＊10)「清にとっての西太后」「朝鮮にとっての閔妃」が、「日本では伊地知幸介」となりかねない状況でした。

(＊11) 明治天皇は、乃木の人間性を深く愛しておられました。
　　　 乃木を更迭すればかならずや、彼は責を負って自決してしまうだろう。
　　　 そこで乃木は更迭させず、「相談役」を派奪させることで乃木の面目を保とうとの配慮がなされました。

「第三軍」はこぞって反対しましたが、児玉はこれを一蹴、強行します。
　こうした「強引さ」が、乃木にはなかったところでした。
　その結果、「旅順を越えることができるのは鳥しかいない」と言われた旅順要塞は、二百三高地越しの側背攻撃により、アッという間に陥落します。(B-1)
　それはなんと、児玉が赴任してからわずか4日後のことでした。(＊12)

二百三高地

　こうして、旅順艦隊を名実ともに無力化することに成功しました。
　これで、陸軍は、安心して奉天に全軍事力を投入することが可能になりましたし、海軍も、安心してバルチック艦隊との決戦に集中することが可能となります。
　日本は、莫大な犠牲を払って、ひとつの大きなヤマを越えることに成功したのでした。

---

(＊12) ただし、「半年間、14万もの死傷者を出しても陥ちなかった旅順が、児玉が赴任した途端、4日で陥落するのは不自然だ。旅順陥落は、第三軍の功績であり、児玉は、たまたま陥落の直前に赴任してきただけで、実際には何もしていない」と考える人たちもいます。
「正しい方法」でやれば、いとも簡単に成功するものを、「まちがった方法」でやれば、どれほどの労力と犠牲を払おうとも失敗するもの、ということを知らないようです。

## Column ロシアの日本人観

ここで、日露戦争当時のロシアの日本人観をまとめてみましょう。

- ロシア皇帝ニコライ2世
「あの小猿どもが、余に戦争を仕掛けてくるなんぞ、一瞬たりとも想像できぬ。万一、そんな畏れ多い(おそ)ことをしでかしおったら、帽子の一振りで片づけてやるわ！」

- 満州軍総司令官クロパトキン大将
「日本兵3人にロシア兵1人で間に合うだろう。こたびの戦(いくさ)は単なる軍事的な"散歩(ピクニック)"程度のものにすぎぬ」

- 極東総督アレクセーエフ大将
「日本兵4人にロシア兵1人で十分だ！　猿(マカーキー)めが！」

- 陸軍武官ゲ＝バノフスキー中佐
「日本陸軍がヨーロッパ最弱の軍と同等レベルになることですら、あと数十年、いや、100年はかかるだろう」

- 巡洋艦アスコリッド艦長グラムマチコフ大佐
「日本海軍も、形だけは近代海軍のごとく体裁を整えおったようだが、所詮その精神は我々には遠く及ばぬ。
ましてや、操船技術やその運用に至っては、幼稚極まりないわ！」

当時、日本とロシアでは、下記ほどの圧倒的国力の差がありましたから、仕方ないのかもしれませんが、それにしてもひどい。

- 歳入　　日本：2億5000万円　　ロシア：20億円　　　　（8倍）
- 陸軍　　日本：20〜25万兵　　　ロシア：200〜300万兵（10倍）
- 海軍　　日本：26万t　　　　　　ロシア：80万t　　　　（3倍）

しかし、じつはこれこそが、日本勝利の大きな要因になっています。
もし、これほどの差があるロシアが、慎重に、気を引き締めて臨んでいたなら、日本に勝ち目など微塵(みじん)たりともなかったでしょう。
相手がどんなに弱かろうとも、気を引き締めてかからねば、その足下をすくわれることになりかねないということを歴史は教えてくれています。

## 第5章 日露戦争

### 第5幕

## バルチック艦隊、現る！
#### 日露戦争 最終決戦

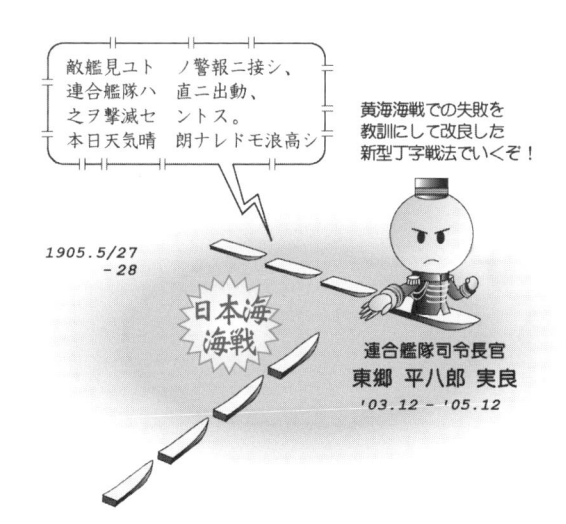

海では、かろうじて旅順艦隊をウラジオに入港させることを封じた。陸では、甚大な被害を出しながらも、ようやく旅順を陥とした。あとは、最終決戦を残すのみ。陸では奉天でクロパトキン軍と、海では対馬沖でバルチック艦隊と対峙する。日本はひとつの負けも許されないどころか、完勝することが求められる背水の陣であった。

敵艦見ユトノ警報ニ接シ、連合艦隊ハ直ニ出動、之ヲ撃滅セントス。本日天気晴朗ナレドモ浪高シ

黄海海戦での失敗を教訓にして改良した新型丁字戦法でいくぞ！

1905.5/27 -28

日本海海戦

連合艦隊司令長官
東郷 平八郎 実良
'03.12 - '05.12

## 〈日露戦争 最終決戦〉

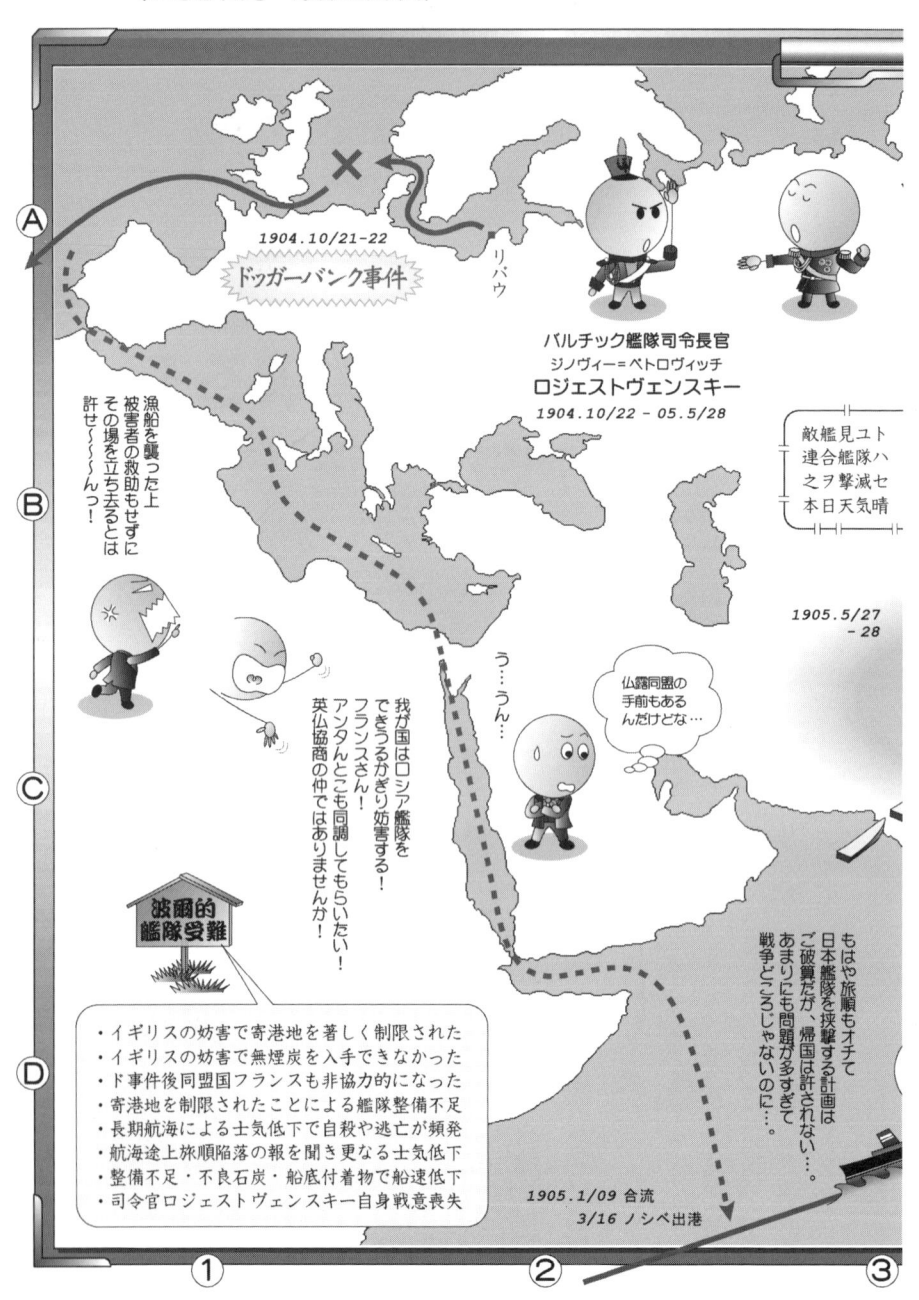

1904.10/21-22
ドッガーバンク事件

リバウ

バルチック艦隊司令長官
ジノヴィー＝ペトロヴィッチ
ロジェストヴェンスキー
1904.10/22 - 05.5/28

敵艦見ユト
連合艦隊ハ
之ヲ撃滅セ
ン本日天気晴

1905.5/27
-28

漁船を襲った上
被害者の救助もせず
その場を立ち去るとは
許せ〜〜ん！

我が国はロシア艦隊を
できうるかぎり妨害する！
フランスさん！
アンタとこも同調してもらいたい！
英仏協商の仲ではありませんか！

う…うん…

仏露同盟の
手前もある
んだけどな…

もはや旅順もオチて
日本艦隊を挟撃する計画は
ご破算だが、帰国も許されない…
あまりにも問題が多すぎて
戦争どころじゃないのに…。

波爾的
艦隊受難

・イギリスの妨害で寄港地を著しく制限された
・イギリスの妨害で無煙炭を入手できなかった
・ド事件後同盟国フランスも非協力的になった
・寄港地を制限されたことによる艦隊整備不足
・長期航海による士気低下で自殺や逃亡が頻発
・航海途上旅順陥落の報を聞き更なる士気低下
・整備不足・不良石炭・船底付着物で船速低下
・司令官ロジェストヴェンスキー自身戦意喪失

1905.1/09 合流
3/16 ノシベ出港

第5幕 日露戦争 最終決戦

1905年

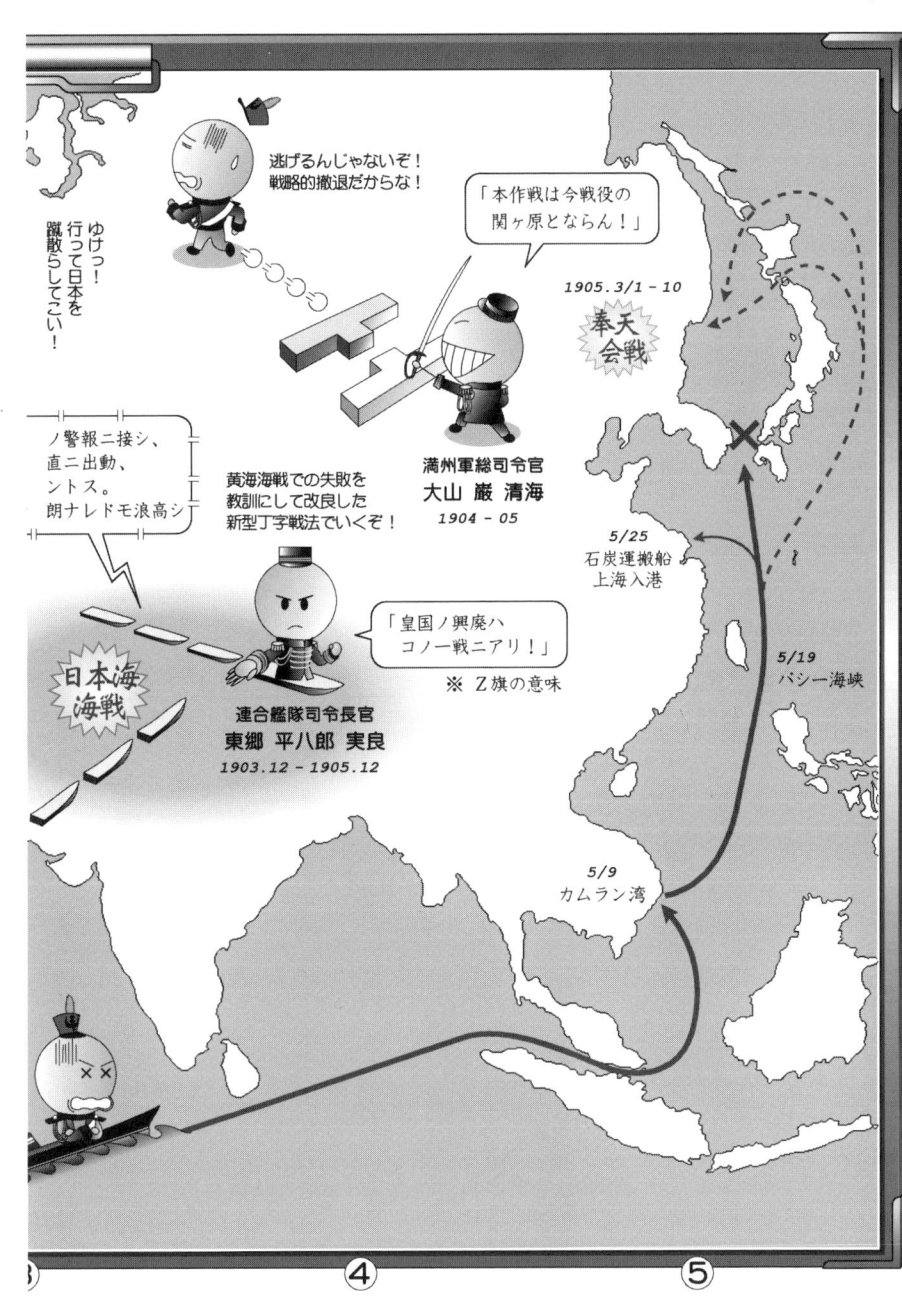

逃げるんじゃないぞ！
戦略的撤退だからな！

「本作戦は今戦役の
関ヶ原とならん！」

ゆけっ！
行って日本を
蹴散らして
こい！

1905.3/1 - 10

奉天会戦

ノ警報ニ接シ、
直ニ出動、
ントス。
朗ナレドモ浪高シ

黄海海戦での失敗を
教訓にして改良した
新型丁字戦法でいくぞ！

満州軍総司令官
大山 巌 清海
1904 - 05

5/25
石炭運搬船
上海入港

日本海
海戦

「皇国ノ興廃ハ
コノ一戦ニアリ！」
※ Z旗の意味

5/19
バシー海峡

連合艦隊司令長官
東郷 平八郎 実良
1903.12 - 1905.12

5/9
カムラン湾

第1章 清朝の混迷

第2章 日本開国

第3章 日清戦争

第4章 中国分割と日露対立

第5章 日露戦争

305

さぁ、いよいよこれで、陸軍は、背後の憂いなく、安心して奉天（A-5）に立てこもるクロパトキンを攻めることができるようになりましたし、海軍は、旅順から解放されて、バルチック艦隊との決戦に集中することができるようになりました。

しかし、試練はまだまだつづきます。

奉天にはまだクロパトキン率いる37万もの大軍が控えています。

これを「第一軍」「第二軍」「第四軍」に加えて、旅順を陥とした「第三軍」も奉天に駆けつけましたが、その総力が25万。(＊01)

日本の全陸軍力を結集しても、奉天軍に遠く及びません。

満州軍総司令官の大山巌（いわお）は、その決意のほどを、

「本作戦は今戦役の関ヶ原と言うも不可ならん！」（A-4/5）と表現しています。

まさに天下分け目。

ここで敗れるようなことになれば、すべての努力は水泡と帰します。

児玉も大山も奮戦しますが、いかんせん、兵力不足、物資不足は否めず、苦戦を強いられ、一時は、日本軍総崩れの危機に陥ります。

絶体絶命！！

ところが。

そのとき、突然、クロパトキンは「我、包囲されたり！」という電報を帝都ペテルブルクに送るとともに撤退を始めたのです。(＊02)

いずれにせよ、37万もの大軍は、撤退させるだけでもたいへんなことです。

撤退を知らされた軍の中にも動揺が走ります。

「おいおい、撤退ってことは、俺たち負けてんのかよ！」

---

(＊01)「37万対25万」というのは、世界史を紐解いても数少ない一大会戦。

(＊02) じつのところ、なぜクロパトキンがこのタイミングで撤退を始めたのか、よくわかっていません。クロパトキン本人は「戦略的撤退だった」と言っていますが、どうだか…。
旅順陥落後、「第三軍」が奉天包囲に加わりましたが、クロパトキンはこの「第三軍」を過大評価し、必要以上に怖れていたと言われています。

あまりに大きな会戦であったため、全体的に勝ってるのか負けてるのか、兵にはまったく把握できていません。
　奉天軍の軍規は乱れに乱れ、命令違反や、掠奪が起こり、もはや、いつパニックが起こっても不思議じゃない状況に陥ります。
　そんなとき、またしても「天祐」が起こります。
　いや、今度は「神風」といった方がよいか。
　動揺の中、撤退を始めた奉天軍に対し、日本軍の追撃とともに、「奉天有史以来の大砂塵」が襲いかかったのです。
　しかも、それが南風であったため、日本軍には追い風、ロシア軍には向かい風、ロシア軍は目を開けることすらままなりません。
　奉天軍はパニックに陥り、敗走しはじめます。
　クロパトキンは哈爾浜(ハルビン)まで軍を退きながら、「戦略的撤退」(*03)を強調しつづけましたが、ロシア政府は敗北と認め、クロパトキンを更迭(こうてつ)しました。

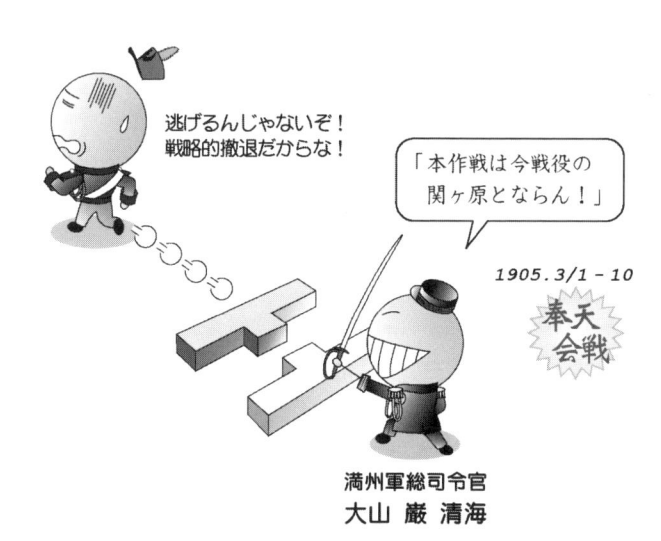

逃げるんじゃないぞ！
戦略的撤退だからな！

「本作戦は今戦役の関ヶ原とならん！」

1905.3/1 - 10
奉天会戦

満州軍総司令官
大山 巌 清海

---

(*03) 要するに、「敗走してるんじゃないぞ、作戦行動の一環だ」と言いたいわけです。
　　 そういえば、日清戦争の折、「逃げ艦長」方伯謙、「逃げ将軍」葉志超もおんなじことを言っていました。ロシア版「葉志超」といったところでしょうか。

しかし、日本の快進撃もここまで。
もはや、陸軍にこれ以上戦う力はまったく残っていませんでした。
日本としては、ここで戦争をやめたい。
というか、つづけたくても、つづけられない。
しかし、それでもニコライ2世の戦意は少しも揺らぎません。
やる気マンマン。
「ふん！ マカーキーが！ 図に乗りおって！
こっちにはまだバルチック艦隊があるわ！
あれがウラジヴォストークに入港すれば、一気に逆転だ！」

**バルチック艦隊司令長官**
ジノヴィー＝ペトロヴィッチ
**ロジェストヴェンスキー**

リバウ

ゆけっ！行って日本を蹴散らしてこい！

確かに、そのとおりでした。
リバウ港（A-2）にいるバルチック艦隊が、ウラジオに入港したが最後、もはや日本に勝ち目はありません。
しかし、逆にいえば、ロシア側にとって、これが"最後の切り札"。
この"切り札"を失えば、今度こそ、彼の意志も挫けるでしょう。
しかし、迎え撃つ連合艦隊には問題が山積みでした。
司令長官・東郷平八郎には、大きな苦悩が2つあったのです。
そのひとつが「バルチック艦隊の航路」。
ウラジヴォストークに入港するのに、バルチック艦隊がどこの海峡を通るのかがわかりませんでした。

第 5 幕　日露戦争 最終決戦

対馬海峡か、津軽海峡か、はたまた宗谷海峡か。(A-5)<sup>(＊04)</sup>

たとえば、対馬で待ち構えて、宗谷に抜けられたら、バルチック艦隊はまったく無傷でウラジオに入港してしまうことになります。

そうなれば、日本は滅亡です。

東郷を悩ませたもうひとつが「陣形」。

さきの黄海海戦で、「丁字戦法」は「戦意のない相手」にはまったく通用しない、ということが明らかとなりました。

今回のバルチック艦隊も、あのときの旅順艦隊と同じで「戦意ゼロ」。

とすると、「丁字戦法」は使えないのか…？

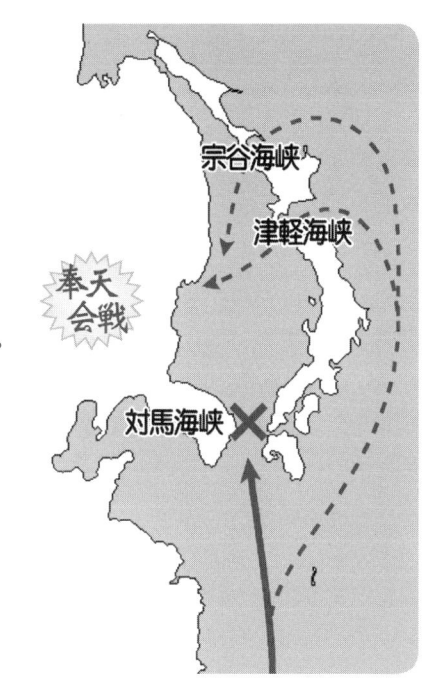

しかし、装備・規模の面から見て<sup>(＊05)</sup>、日本艦隊の方が劣っており、正攻法で戦ったのでは、勝ち目は薄い。

しかも、東郷に課された使命は、単に勝てばよいというものではなく、ウラジオに逃げ込まれないよう「敵艦全滅せよ」という苛酷なものでした。

東郷は、この2点について、熟慮に熟慮を重ねた上、決意します。

「バルチック艦隊を対馬で待ち受け、丁字戦法で撃破する」

---

(＊04) もし、バルチック艦隊が、艦隊を3セットに分けて3海峡を同時に通過させていたら、日本にこれを止める手立てはまったくありませんでした。

(＊05) バルチック艦隊は、最新鋭艦の戦艦4隻を含む、8隻の戦艦を先頭に、総数38隻もの大艦隊でした。
　　　これ対して、日本連合艦隊の保有する戦艦は4隻のみ。

かくして、日本連合艦隊は、対馬で演習を繰り返しつつ、また、バルチック艦隊の動向を探りつつ、その到着を待ち受けます。
- 5月 9日入電　バルチック艦隊、カムラン湾（C/D-5）に到着
- 5月14日入電　バルチック艦隊、カムラン湾　　　　を出港
- 5月19日入電　バルチック艦隊、バシー海峡（B/C-5）を通過

　刻一刻とバルチック艦隊が近づいてきている情報が入ってきました。
　ところが、バシー海峡を通過したとの入電を最後に、日本はバルチック艦隊を見失います。
　予定どおりなら、23日には対馬に着くはず。
　しかし、23日が過ぎても、さらに24日が過ぎても、いっこうにバルチック艦隊は現れません。
　秋山は狼狽えます。
「おかしい！！　まさか、津軽か宗谷に廻ったのでは！？
　だとするなら、一刻も早くそちらに艦隊を廻さねばならぬが…！
　いや、だが、もし、なんらかの事情で単に遅れているだけだったら…！！」
　秋山は、憔悴のあまり神経衰弱に陥ってしまいましたが、日本人全体も、似たような状態で固唾を呑んで見守っていました。(＊06)
　しかし、東郷の確信は揺らぎませんでした。
「バルチック艦隊は、かならず対馬を通る！」
　しかし、翌25日になっても、とうとうバルチック艦隊は姿を現さず。
　これはいよいよおかしい。
　そこで、さしもの東郷も「26日正午まで待って、敵艦が現れない場合、ただちに北上する」と決意します。

---

(＊06) 巷間、「皇后様の夢枕にひとりの武士の霊が立ち、『こたびの海戦、心配するに及ばず！』と告げて、消えたそうだ」という噂が立ったほどでした。そこで、「この武士は誰だ？」と詮索がなされ、「こたびのことは海軍のこと故、海軍の端緒を拓いた『坂本龍馬』に違いない！」ということになりました。じつは、このときまで坂本龍馬はまったく無名だったのですが、これをキッカケに一躍、現在のように知らぬ者なき有名人になったのです。

ところが、その26日になって、入電！
「バルチック艦隊は、25日、石炭運搬船を上海に入港させた模様」(B-5)
　あ、あぶなかった！
　もう少しで、北へ向かってしまうところでした。
　石炭運搬船を切り離したということは、バルチック艦隊が対馬を通ろうとしているに違いありません。(＊07)
　日本は、ようやく少し落ち着きを取り戻しましたが、しかし、まだ「現物」を確認したわけではないので、不安が拭い切れたわけでもありません。
　石炭運搬船のことも、ひょっとしたら「攪乱(フェイク)」かもしれないし、「誤報」の可能性もなきにしもあらず。
　やはり、バルチック艦隊が確かに対馬に向かっていることを、この目で確認しなければ、不安は拭いきれない。
　もし、翌27日正午まで待っても、バルチック艦隊の確認が取れなかった場合、津軽方面に急行しよう、という話にまでなりました。
　そして、その27日未明、索敵中の巡洋艦「信濃丸」が、暗闇の中、バルチック艦隊の灯火を発見します。(＊08)
「敵艦見ユ」
　このたった1本の入電が、どれほど秋山を、連合艦隊を、日本人を安心させたことでしょうか。
　もし、信濃丸がバルチック艦隊を発見できていなかったら、その数時間後には、連合艦隊は津軽に向かっていたかもしれません。

(＊07) もし、津軽や宗谷に向かうのなら、かなりの遠回りとなりますから、途中、どうしても燃料の補給が必要で、そのための「石炭運搬船」を上海で切り離すわけがないからです。
(＊08) 「そもそもロシアは、なんで灯火なんか点けてんだ？」と思われたかもしれませんが、ロシア人もバカではありません、もちろん灯火管制を敷いていました。
　　　 しかし、その命令を軽視して灯火を点けてしまった艦が1隻だけ現れてしまったのでした。

明け方、連合艦隊は大本営に向けて打電します。
「敵艦隊見ユトノ警報ニ接シ、連合艦隊ハ直チニ出動、コレヲ撃滅セントス。
本日、天気晴朗ナレドモ浪高シ」(＊09)

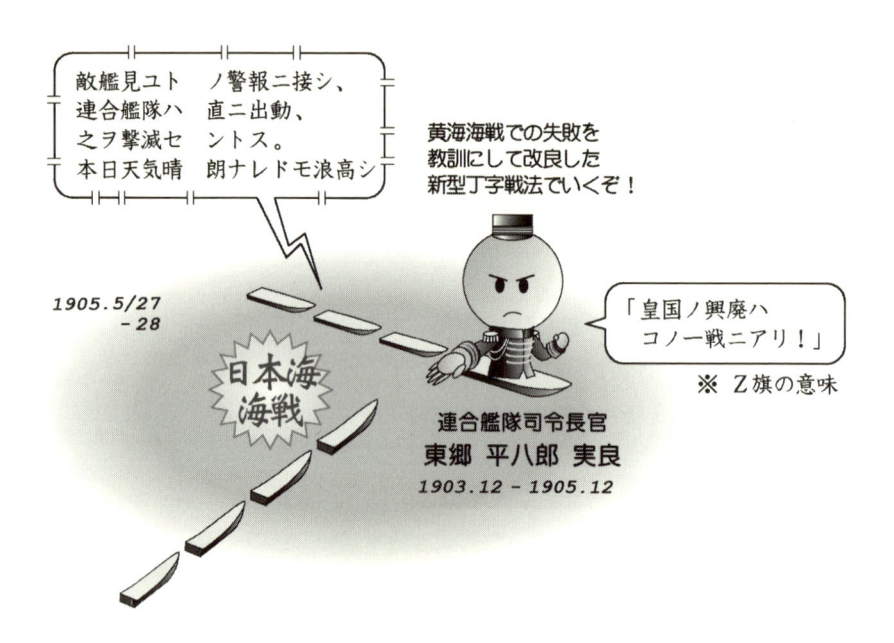

敵艦見ユト　ノ警報ニ接シ、
連合艦隊ハ　直ニ出動、
之ヲ撃滅セ　ントス。
本日天気晴　朗ナレドモ浪高シ

黄海海戦での失敗を
教訓にして改良した
新型丁字戦法でいくぞ！

1905.5/27
-28

日本海
海戦

「皇国ノ興廃ハ
コノ一戦ニアリ！」

※ Ｚ旗の意味

連合艦隊司令長官
東郷 平八郎 実良
1903.12 - 1905.12

あの有名な電文はこうした状況の中で発せられたのでした。
ところが。
この電文が打たれたとき、「天気晴朗」ではありませんでした。
「晴朗」どころか、霧がかかっていたのです。

---

(＊09) この最後の一文は、秋山真之が付け加えさせました。
「天気晴朗」というのは、「霧にまぎれて逃げられる心配がない」し、「敵を狙いやすい」と
いう意味を、「浪高し」というのは、「予定していた機雷作戦は使えなくなったので、砲撃
主体の作戦を行う」が、「波は喫水線の高い敵艦体に不利で、照準は定まらず、味方に有利
である」という意味を込めたと言われています。

バルチック艦隊司令長官のロジェストヴェンスキーは、ギリギリまで対馬を通るべきかどうか悩んでいましたが、27日未明、濃霧が発生したのです。
「しめたっ！！」
　これがロジェストヴェンスキーの背中を押すことになります。
「この霧がつづいてくれれば、たとえ日本艦隊が待ち伏せしていようと、霧にまぎれてその脇をすり抜けることができる！」
　日本にしてみれば、濃霧などもっての外ですが、じつは快晴でも困りました。
　なぜなら、濃霧では敵艦隊を捕捉できないし、快晴では湾に隠れている味方艦隊をバルチック艦隊に発見されやすいからです。
　早期に発見されれば、津軽方面へ迂回されてしまいます。
　日本にとっていちばん理想の気候は、「日本艦隊を隠してくれるが、敵艦隊は丸見え」という「薄霧」でした。
　すると、濃霧だった天候が、バルチック艦隊が接近するにつれ、す〜っと薄くなり、薄霧となります。
　まるで、「天」が日本を護ってくれているかのように！
　この薄霧のおかげで、バルチック艦隊は日本艦隊に気づくことなく、海戦領域まで接近してきました。
　さあ、開戦です！
　しかし、いったん開戦となれば、「薄霧」すらジャマです！
　敵艦をハッキリと見通せる「快晴」となってほしい！
　するとどうでしょう。
　開戦するや否や、待ってました！とばかりに霧はすっと消え去り、快晴となったのです。
　これを「天祐」と言わずして、何をか言わんや。
　東郷は、今回もまた「丁字戦法」で臨むつもりでした。
　黄海海戦で大失態を演じた、あの「丁字戦法」で。
　しかし、東郷は考えます。
「失敗したからといって、丁字戦法のすべてが悪かったわけではない。
　丁字戦法の基本理念は悪くない。というより、丁字戦法しかない。
　要は、失敗を分析し、欠点を補正すればよいのだ」

こうして、今回採用されたのは、丁字戦法は丁字戦法でも「改良型」というべきものでした。
　まずは、並航状態にもっていき、そこから日本艦隊のスピードを活かして、敵旗艦に覆い被さるようにして、これに集中砲撃を加える。
　陣形としては、「丁字」より「イの字」に近くなります。<sup>(＊10)</sup>
　しかし、敵艦発見時には、バルチック艦隊は正面から向かってきていました。これでは、「並航」になりません。
　そこで、ただちに面舵を取り、いったんバルチック艦隊と距離を取りつつ、Z旗<sup>(＊11)</sup>が掲げられます。(B/C-4/5)
　そして、ジワジワ距離を狭めていく中、日本艦隊には緊張が走ります。
　当時の艦隊の射程距離は8000。
　その圏内に入れば、敵の砲弾が雨あられと飛んできます。
「距離9000！」
　そろそろ回頭しないと、敵の弾幕下に入ってしまいます。
　しかし、東郷は動きません。
「距離8500！」
　東郷、依然として微動だにせず。
「閣下！」
「閣下！？」
　下々の者が動揺しはじめる。
「距離8000！」
　ここでついに、東郷は黙って右手をスッと動かしました。

---

(＊10) とはいえ、これを「イの字戦法」とは言わず、旧来のまま「丁字戦法」と呼びます。
　　　陣形は少しくずれますが、精神は「丁字戦法」ですし、それより何より「イの字戦法」ってカッコ悪いですから…。
(＊11) 「皇国ノ興廃ハコノ一戦ニ存リ！　各員一層奮励努力セヨ！」
　　　という意味が込められた信号旗です。
　　　「Z」すなわち、「もうあとがない」というところから、秋山真之が文案を興しました。

「取舵！ 150度回頭！！」

これがあの有名な「東郷ターン」です。(＊12)

これを目の当たりにした敵艦司令長官ロジェストヴェンスキーは、我が目を疑います。

「我、勝てり！ 東郷、狂せり！！」

ロジェストヴェンスキーは狂喜し、勝利を確信しました。

「東郷め、黄海海戦でも大ポカやらかしおったが、これほど無能だったか！」

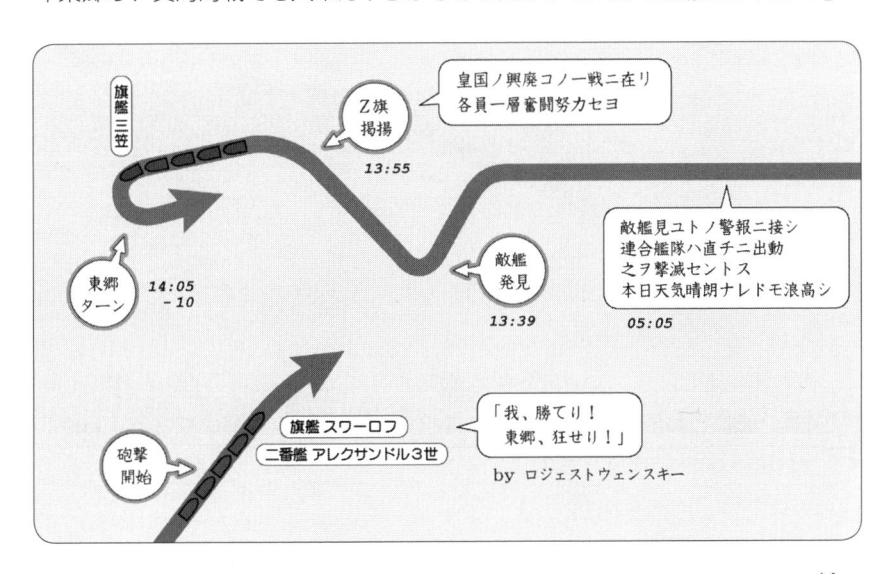

```
旗艦三笠
Z旗掲揚  13:55
皇国ノ興廃コノ一戦ニ在リ
各員一層奮闘努力カセヨ

東郷ターン 14:05-10

敵艦発見 13:39
敵艦見ユトノ警報ニ接シ
連合艦隊ハ直チニ出動
之ヲ撃滅セントス
本日天気晴朗ナレドモ浪高シ
05:05

砲撃開始
旗艦 スワーロフ
二番艦 アレクサンドル3世
「我、勝てり！
東郷、狂せり！」
by ロジェストウェンスキー
```

こうして、バルチック艦隊の砲撃が始まり、日本艦隊は敵艦隊の砲弾に晒されることになりました。

---

(＊12) 戦艦というものは、回頭作業中は、砲撃できません。
　　　敵の射程距離内にあるときに回頭するということは、その間、敵にどてっぱらを向けて撃たれ放題、ということを意味し、まさに自殺行為でした。
　　　東郷は、改良型「丁字戦法」を完成させるために、危険は覚悟の上。
　　　まさに「肉を切らせて骨を断つ」作戦でした。

しかし、連合艦隊はよくこれに耐え(＊13)、いよいよ並航させることに成功します。

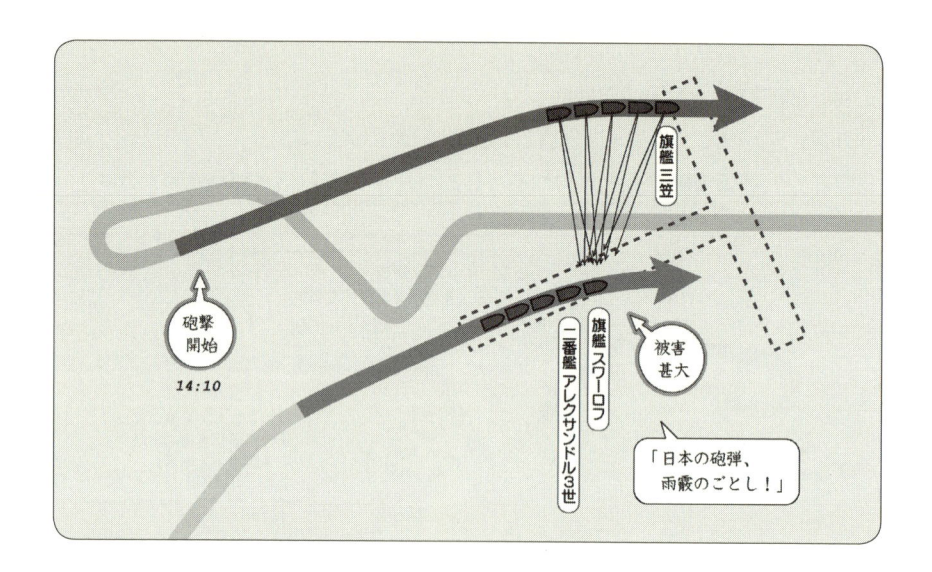

砲撃開始 14:10
旗艦三笠
旗艦スワーロフ
一番艦アレクサンドル3世
被害甚大
「日本の砲弾、雨霰のごとし！」

　ここからは、航行速度(スピード)を活かして、敵旗艦スワーロフに覆い被さるようにして、集中砲火を浴びせかけます。
「日本の砲弾、雨あられの如し！」
　たちまち、バルチック艦隊はつぎつぎと猛火に包まれていきます。
　大勢はわずか30分で決し、38隻もの威容を誇る大艦隊が、あっという間にほぼ全滅(＊14)という海戦史上例を見ない大戦果に終わります。

(＊13) 旗艦「三笠」は敵の砲火にさらされ、敵艦に向けていた右舷ばかりに40発もの大量被弾を受け、その突き刺さった敵砲弾の重みのために、艦体が右に傾くほどだったといいます。

(＊14) 沈没21隻、拿捕6隻、他はほとんど武装解除され、戦死者5000名、なんとかウラジオに逃げ込むことができた船は、ボロボロになった巡洋艦1隻と駆逐艦2隻のみで、戦艦は全滅でした。

これに対して、日本の損害は、わずかに水雷艇3隻、戦死者117名。

　歴史に記録されるほどの大海戦にしては、信じられないほど軽微なものでした。

　これにより、ついに、ニコライ2世の意志も挫け、セオドア＝ローズヴェルトの仲介(*15)を受け容れ、講和会議が開かれることになりました。

---

(＊15) あれほど「自信がない」「自信がない」と言っていた金子堅太郎でしたが、見事、大役を果たし、セオドア＝ローズヴェルトの説得に成功していました。

## Column 失敗は成功のもと

　本文でも見てまいりましたとおり、「丁字戦法」は、黄海海戦でものの見事に失敗しました。
　しかし、そのおかげで「丁字戦法」の欠点が明らかとなり、その「改良型」が生まれ、バルチック艦隊を沈めることができたのでした。
　むしろ、何かの加減で黄海海戦に勝利でもしていようものなら!!
　「さすがは秋山参謀!」「丁字戦法は無敵!」と驕り、日本海海戦でもまったく同じ戦法で臨み、致命的な大失態となっていた可能性は高い。
　そうなれば、日本は亡んでいたでしょう。
　まさに「失敗は成功のもと」です。
　逆に、日清戦争の際、旅順はたった1日で陥とすことができました。
　しかし、この経験こそが、日露戦争において、無策な突撃を繰り返し、戦争全体を揺るがすほどの大損害を出す結果になります。
　「成功は失敗のもと」でもあるわけです。
　まさに「禍福はあざなえる縄の如し」。
　こうして、日露戦争は、まさに「神懸かり的な幸運」の連続により、勝利することができましたが、今度は、この事実が日本全体を驕らせることになります。
　「我が国は神国だ!　誰が相手だろうが負けるはずがない!」
　こうして、日中戦争、そして太平洋戦争へと奈落の底へ転げ落ちていくことになったのは誰もがご承知のとおりです。
　しかし、じつは、そのおかげで、絶対に自浄できなかったであろう「軍部」という巨大な膿を吐き出すことができました。
　戦後、「奇蹟の復興」を経て、人類史上にも例を見ない、豊かで平和な日本を築きあげることができたのも、そのおかげと言ってよいでしょう。
　しかし。ということは。
　この平和こそが、次世代の"悪夢"の元凶となるに違いありません。
　本来、平和なときこそ、気を引き締めてかからねばならないのです。

# 第5章 日露戦争

## 第6幕

## 決裂寸前の講和会議
ポーツマス条約

ロシア自慢のバルチック艦隊が、日本海の藻屑と消えたと知ると、さしものニコライ2世の意志もくじけ、ついに講和会議に応じることとなった。しかしそれでもロシアの強気は収まらぬ。海に陸に連戦連敗しておきながら「ビタ一文とて支払わぬ」と主張する。もはや、日本には戦う力はない。不本意だろうが、呑むしかなかった。

〈ポーツマス条約〉

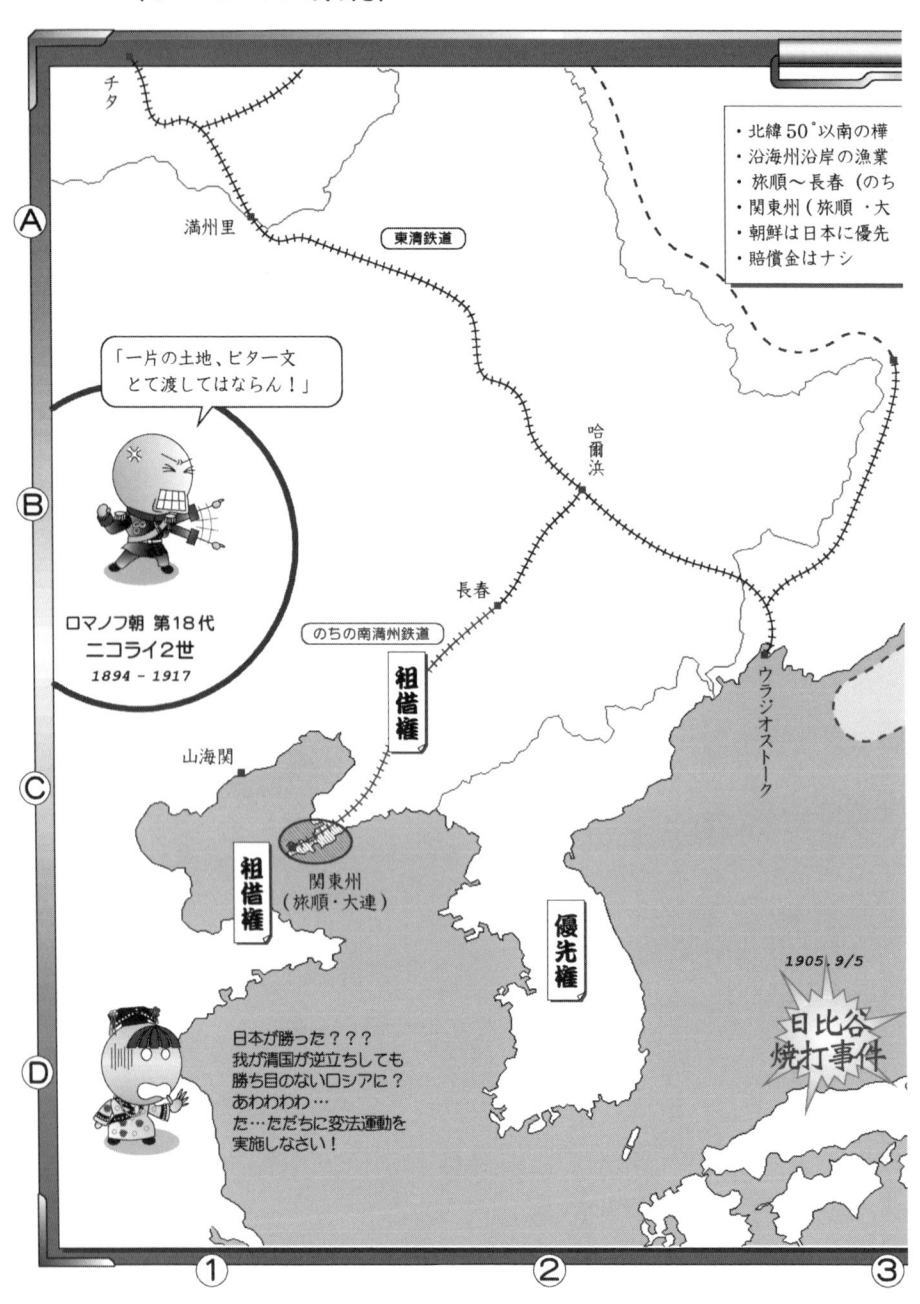

・北緯50°以南の樺
・沿海州沿岸の漁業
・旅順～長春（のち
・関東州（旅順・大
・朝鮮は日本に優先
・賠償金はナシ

チタ
満州里
東清鉄道
哈爾浜
長春
のちの南満州鉄道
山海関
租借権
租借権
関東州（旅順・大連）
優先権
ウラジオストーク

「一片の土地、ビタ一文とて渡してはならん！」

ロマノフ朝 第18代
**ニコライ2世**
1894 - 1917

日本が勝った？？？
我が清国が逆立ちしても
勝ち目のないロシアに？
あわわわわ
た…ただちに変法運動を
実施しなさい！

1905. 9/5
日比谷焼打事件

第6幕 ポーツマス条約

1905年

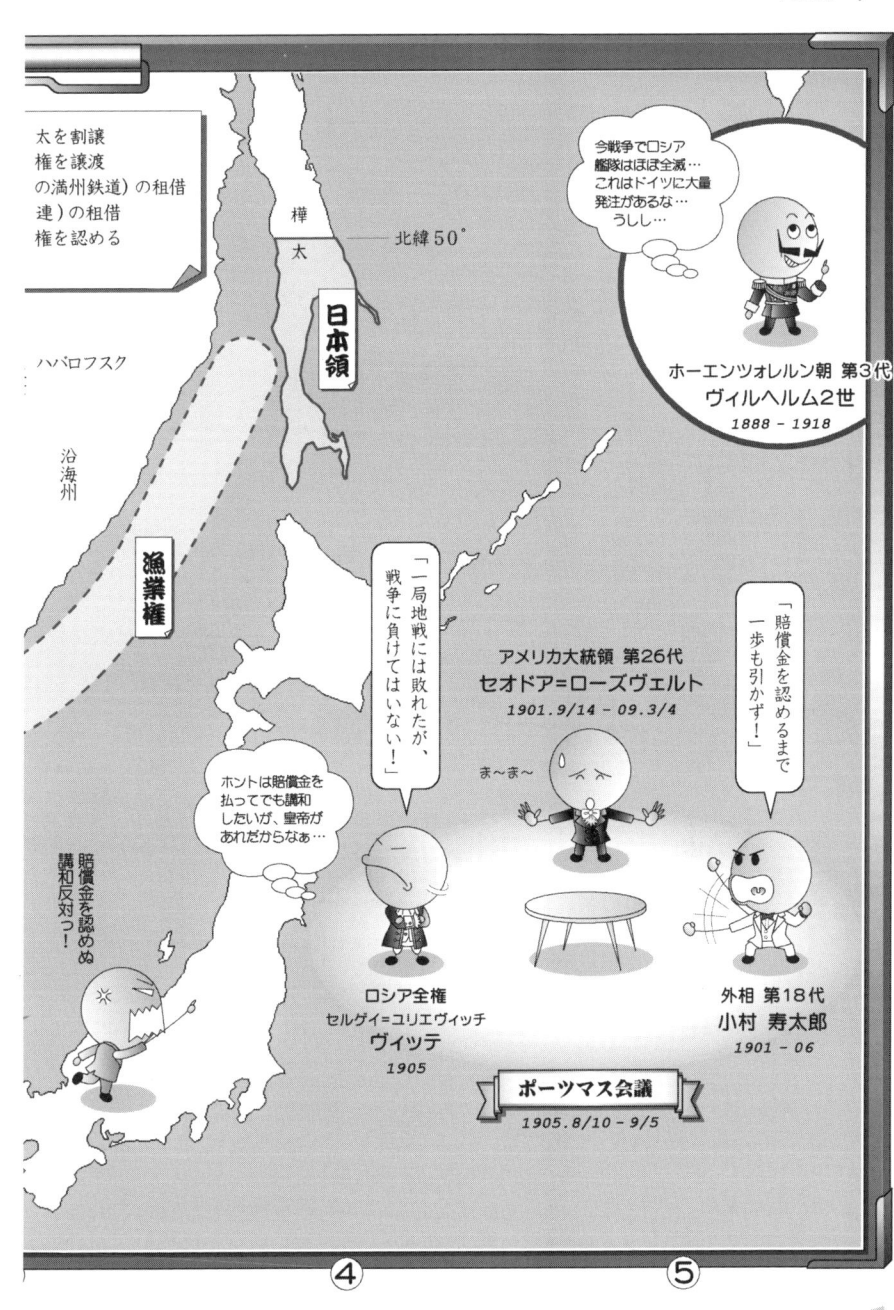

太を割譲
（の満州鉄道）の租借
連）の租借
権を認める

樺太

北緯50°

日本領

ハバロフスク

沿海州

漁業権

今戦争でロシア
艦隊はほぼ全滅…
これはドイツに大量
発注があるな…
うしし…

ホーエンツォレルン朝 第3代
ヴィルヘルム2世
1888 - 1918

「一局地戦には敗れたが、
戦争に負けてはいない！」

アメリカ大統領 第26代
セオドア＝ローズヴェルト
1901.9/14 - 09.3/4

ま〜ま〜

「賠償金を認めるまで
一歩も引かず！」

ホントは賠償金を
払ってでも講和
したいが、皇帝が
あれだからなぁ…

賠償金を認めぬ
講和反対っ！

ロシア全権
セルゲイ＝ユリエヴィッチ
ヴィッテ
1905

ポーツマス会議
1905.8/10 - 9/5

外相 第18代
小村 寿太郎
1901 - 06

④　　　　⑤

第1章 清朝の混迷

第2章 日本開国

第3章 日清戦争

第4章 中国分割と日露対立

第5章 日露戦争

321

**い** よいよ、講和会議が、アメリカの東海岸にあるニューハンプシャー州のポーツマスで開催される運びとなりました。(C/D-4/5)(＊01)

日本全権、小村寿太郎。(＊02)

ロシア全権、セルゲイ＝ヴィッテ。

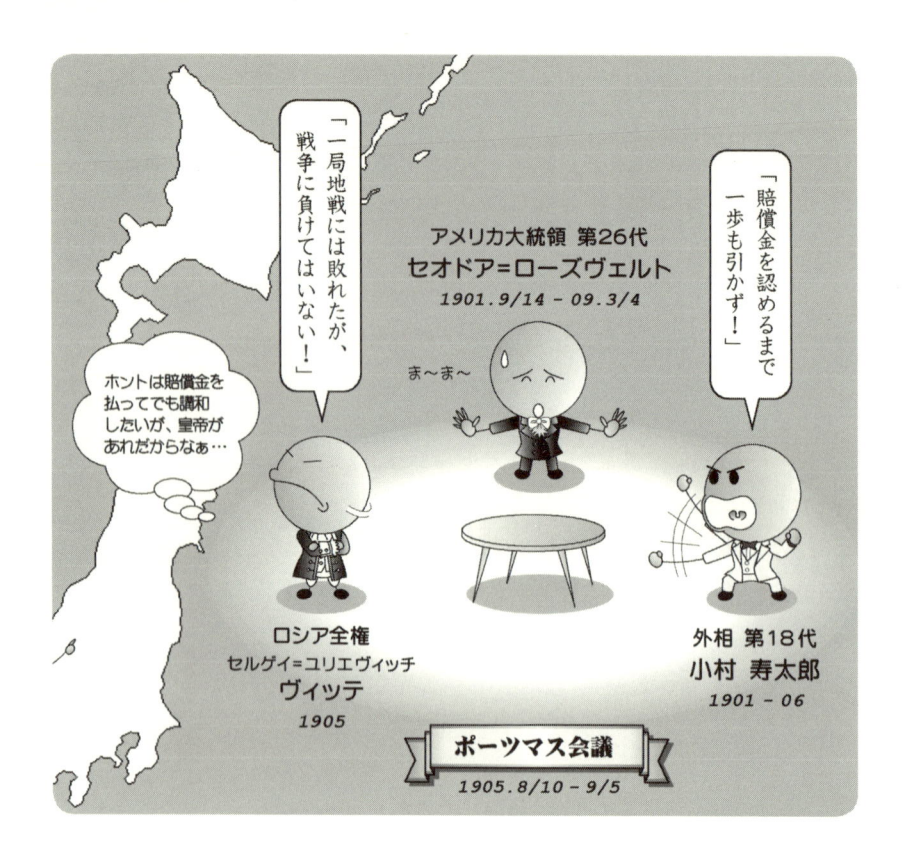

アメリカ大統領 第26代
セオドア＝ローズヴェルト
1901.9/14 - 09.3/4

ま～ま～

「一局地戦には敗れたが、戦争に負けてはいない！」

ホントは賠償金を払ってでも講和したいが、皇帝があれだからなぁ…

「賠償金を認めるまで一歩も引かず！」

ロシア全権
セルゲイ＝ユリエヴィッチ
ヴィッテ
1905

外相 第18代
小村 寿太郎
1901 - 06

ポーツマス会議
1905.8/10 - 9/5

(＊01) 講和会議というものは、通常、戦勝国で行われます。日清戦争で下関条約が締結されたことが、日本の勝利を表しています。しかし、今回は、あくまでロシアは負けを認めていませんので、仲介国のアメリカで開催されることになります。

(＊02) 彼が日本を出るとき、「歓送の市民潮の如くあふれ、万歳の声は天地を揺るがす」ほど歓喜の中で送り出されたといいます。しかし、会議の行く末を思えば、小村は憂鬱でした。

しかし、ロシア全権としてポーツマスに現れたヴィッテは、皇帝ニコライ２世から、ある命を受けていました。
「一片の土地、ビター文とて、マカーキーどもに渡してはならぬ！」(B-1)
あれだけさんざん、海に陸に、負けるだけ負けておいて、よくもまぁ！
…という気もしなくもありません。
しかし、「猿(マカーキー)」なんぞに「負け」を認めれば、それはすなわち、「ロシア民族こそが猿(マカーキー)以下」ということを認めることに直結するわけで、それだけは、どうしてもできなかったのでしょう。
ヴィッテ自身は和平派でしたので、「多少の賠償金、割譲地を与えてでも、この会議を成立させたい」と考えていましたが、皇帝からそう言われている以上、認めるわけにはいきません。
「一局地戦に敗れはしたが、戦争そのものに負けたわけではない！」(B/C-4)
「日本が我が帝都ペテルブルクを陥としたというなら、話は別だがね」
しかし、日本はこのたった１年間の戦争で、１７億円もの戦費を投入したのです。ロシアからの賠償金をこれに充てないと、たとえ戦争に勝っても、その後、日本は財政破綻を引き起こしてしまいます。
「賠償金を認めるまでは一歩も引かず！」
小村は小村で、政府から「樺太(カラフト)(A-4)の割譲」と「賠償金１５億円」を言い渡されていました。
会議は紛糾、決裂寸前まで及びます。
しかし、もし決裂したとなると、ロシアも困る、日本はもっと困る、仲介したアメリカもメンツ丸つぶれ…と三者三損ですから、こういうときは、たいてい水面下で根回し、秘密交渉が跋扈(ばっこ)し、まとまるものです。
その結果、ようやく合意がなされました。
まず、
── 懸案だった賠償金はなし。
この点については、日本の全面敗北。
しかし、その代わり、ロシアがあれだけ拒否した領土割譲については、
── 樺太(カラフト)の北緯５０度以南の割譲を認める。(A-4)
…というものになりました。

樺太は、ロシア領になってからまだ30年。(＊03)

　これなら譲歩したとしてもメンツは保たれる、というわけです。

　また、

── 日本に沿海州の漁業権を認める。(B-3/4)

　これは、もともと日本のものでしたが、ロシアが進出してきてからというもの、ロシアはこれをかすめ取ろうとしてモメていました。

　日本はこれを取り戻したにすぎません。

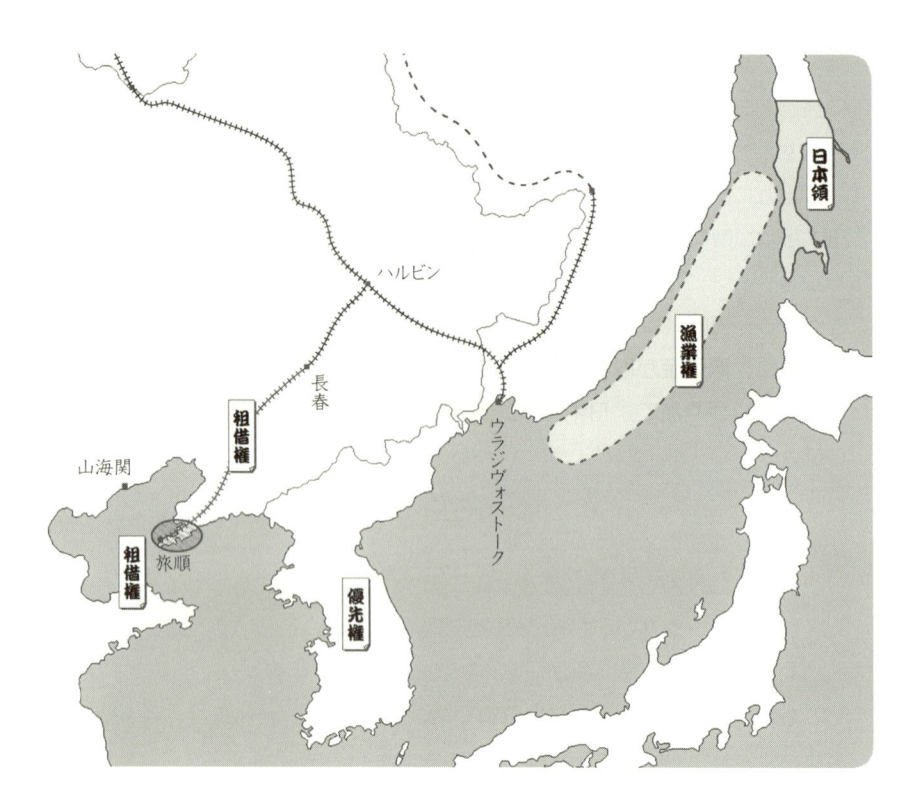

---

（＊03）1875年の「千島・樺太交換条約」のことです。
　　　　詳しくは、「第2章 第6幕」を参照のこと。

そして、
── 日本が戦争で占領した長春以南の東清鉄道支線（C-1/2）の租借権を譲る。
これが「南満州鉄道（通称・満鉄）」と呼ばれるようになる鉄道です。
加えて、
── 旅順・大連の租借権を譲る。（C-1）
以後、このあたりは「山海関（C-1）<sup>（＊04）</sup>」の東にあるということで、「関東州<sup>（＊05）</sup>」と呼ばれるようになります。
三国干渉で遼東をかすめ取られてから以降、日本国民のスローガンは「臥薪嘗胆！」。
これを見事に取り返した格好でした。
そして最後に、
── 日本に朝鮮についての優先権を認める。（C/D-2）
日本にとって、「朝鮮を白人列強から護ること」が「自国を護ること」に直結しましたので、これは大きい。
こうして、日露戦争は、ようやく終わりを告げました。
たしかに、賠償金が取れなかったことは、以降の日本に、塗炭の苦しみを味わわせ、それがやがて、日中戦争、太平洋戦争へと連なっていくことになりましたが、しかしそれでもなお！
この時点で、ロシアに国を滅ぼされなかったことを思えば！
「ブラゴヴェシチェンスク虐殺事件」からもわかるように、人を人とも思わぬ、あの恐ろしいロシアの奴隷民族となることを避けられたことを思えば！
この戦争および条約は上出来だったと言えましょう。

---

（＊04）万里の長城のスタート地点にある関所のことです。
　　　　満州から中国に入るときの入口にあたり、「天下第一関」と言われています。
（＊05）よって、日本の「関東地方」とは、何ひとつ関係ありません。
　　　　ここに進駐した軍を「関東軍」と言いますが、筆者が高校生時代、世界史の先生に「関東地方の人たちで構成された軍隊のこと」とデタラメを教えられたことが忘れられません。

しかし、当時の日本国民には、その条約の価値が理解できませんでした。
「なぜ賠償金をガッポリ取らないんだ！？」
「日清戦争で3億円取れたんだから、その10倍15倍は取れるだろう！？」
「小村寿太郎の売国奴め！ 何を考えてやがる！！」
「条約を破棄して、哈爾浜(ハルビン)（B-2）まで攻めのぼれ！」(＊06)
　当時の日本は、「大本営発表」として、都合のよい情報しか流していなかったため、国民には、なぜロシアに譲歩しなければならないのか、どうしても理解できなかったのです。
　そしてそれはやがて、日比谷焼打事件（D-3）へと発展し、ときの桂内閣は総辞職に追い込まれます。
　ところで。
　条約締結当時、まだ奉天にいた児玉源太郎は、電話でその一報を知ります。
　途端、彼は受話器を握りしめたまま、「うぉおぉぉ！！」という嗚咽(おえつ)とともに、大粒の涙をボロボロとこぼし、男泣きに泣いたといいます。
　これまで張りつめていた糸がプツンと切れたのでしょう。
　児玉源太郎、人生、最初で最後の男泣き。
　そして。
　彼は、精も根も尽き果てたかのように、その翌年、亡くなりました。
　享年54。
　人間というものは、長い極限状態の緊張から解き放たれると、その直後に死んでしまうことがよくあるものです。
　この時代の人たちはみんなそうでしょうが、彼もまた国家存続にすべてを尽くした人生だったと言えましょう。

---

（＊06）ちなみに、本当にハルビンまで攻めのぼろうとすれば、さらに9億円の軍事費、新たに13万もの新兵追加のため、徴兵を45歳まで引き上げ、半年にわたる戦闘期間が必要になる試算でした。どれも非現実的な数字で、戦争遂行は不可能でした。

# 第5章 日露戦争

## 第7幕

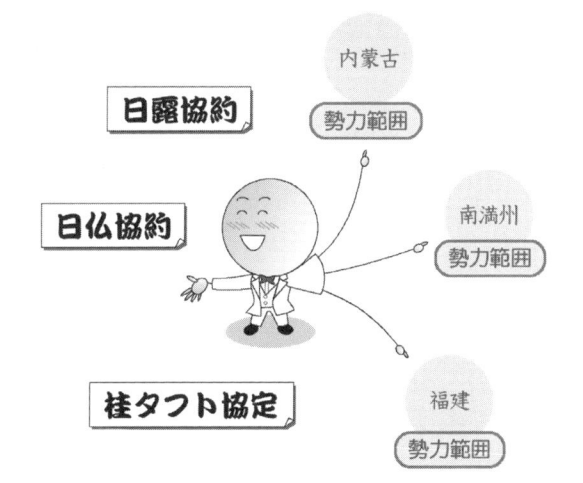

## 新たなる時代の幕開け
### 日露戦争の世界史的影響

日露戦争に日本は勝った。しかし、それは単に「日本の勝利」を意味するものではない、それは「ヨーロッパに対するアジアの勝利」であり、「白人に対する有色人種の勝利」として認識された。以後、欧米列強諸国は日本を対等に扱うようになり、アジア諸国は「日本に倣え！ 日本につづけ！」と独立運動に突き進むこととなる。

日露協約

日仏協約

桂タフト協定

内蒙古 勢力範囲

南満州 勢力範囲

福建 勢力範囲

## 〈日露戦争の世界史的影響〉

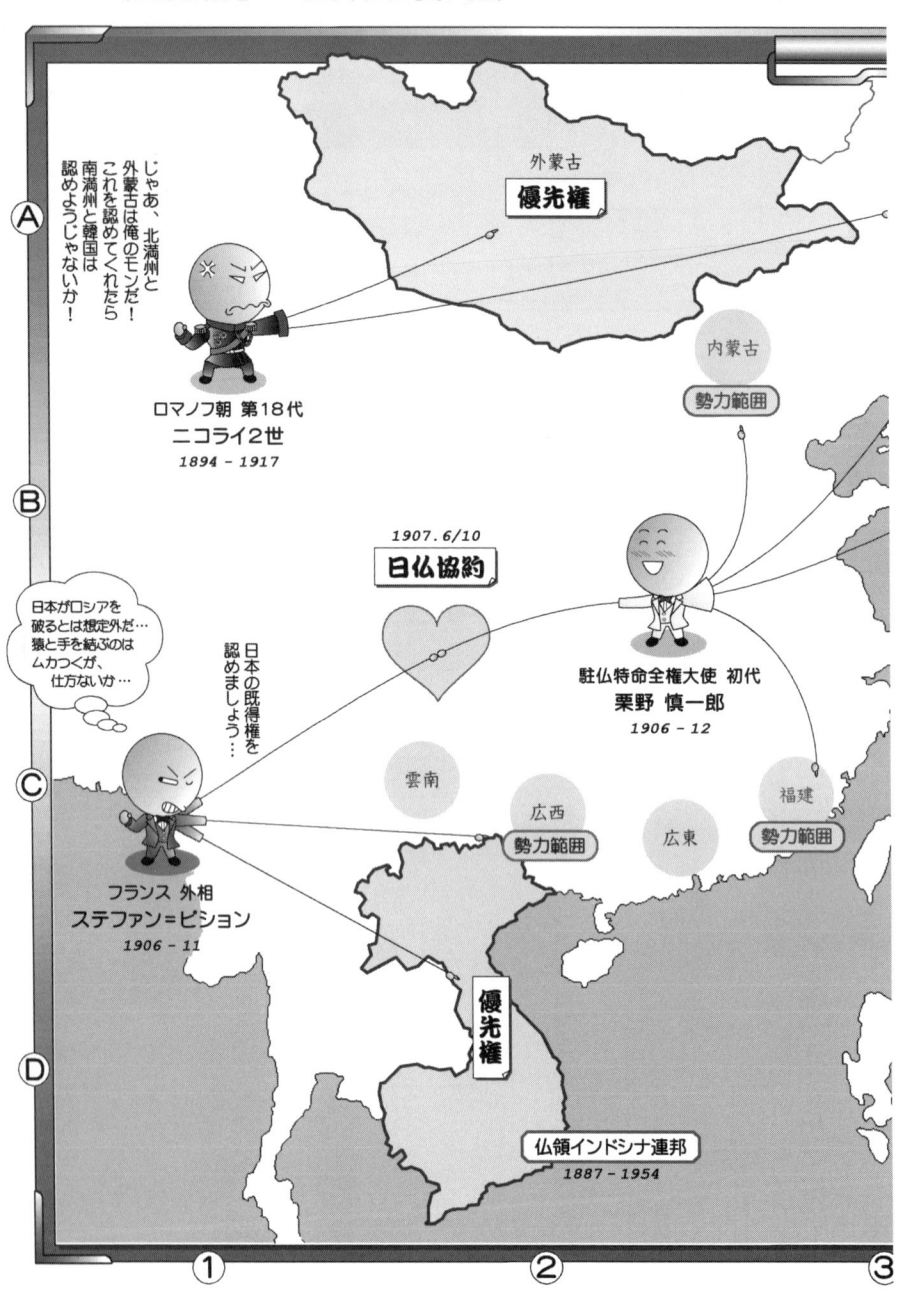

外蒙古
**優先権**

じゃあ、北満州と外蒙古は俺のモンだ！これを認めてくれたら南満州と韓国は認めようじゃないか！

ロマノフ朝 第18代
**ニコライ2世**
1894 - 1917

内蒙古
勢力範囲

1907.6/10
**日仏協約**

駐仏特命全権大使 初代
**栗野 慎一郎**
1906 - 12

日本がロシアを破るとは想定外だ…猿と手を結ぶのはムカつくが、仕方ないか…

日本の既得権を認めましょう…

雲南

広西
勢力範囲

広東

福建
勢力範囲

フランス 外相
**ステファン＝ピション**
1906 - 11

**優先権**

仏領インドシナ連邦
1887 - 1954

第7幕 日露戦争の世界史的影響

1905年以降

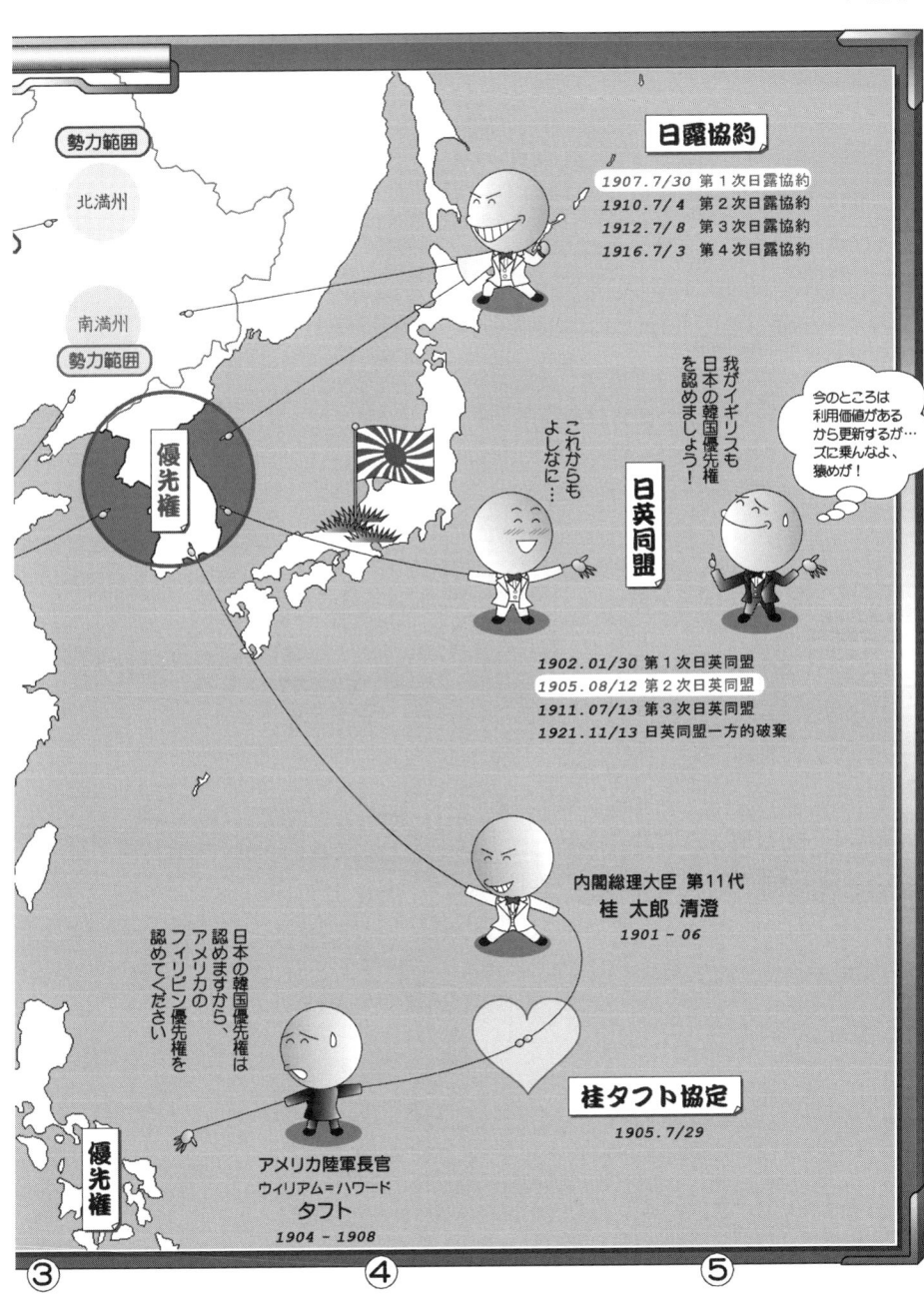

**日露協約**
1907.7/30 第1次日露協約
1910.7/4 第2次日露協約
1912.7/8 第3次日露協約
1916.7/3 第4次日露協約

勢力範囲
北満州

南満州
勢力範囲

優先権

我がイギリスも日本の韓国優先権を認めましょう！

これからもよしなに…

今のところは利用価値があるから更新するが…ズに乗んなよ、猿めが！

**日英同盟**

1902.01/30 第1次日英同盟
1905.08/12 第2次日英同盟
1911.07/13 第3次日英同盟
1921.11/13 日英同盟一方的破棄

内閣総理大臣 第11代
桂 太郎 清澄
1901～06

日本の韓国優先権は認めますから、アメリカのフィリピン優先権を認めてください

**桂タフト協定**
1905.7/29

アメリカ陸軍長官
ウィリアム＝ハワード
タフト
1904～1908

優先権

③　④　⑤

329

こうして一応の決着を見た日露戦争は、アジアはもちろんのこと、ヨーロッパ列強諸国にも、全世界に大きな影響を与えることになります。

19世紀、アジア人は、白人列強に辛酸を味わわされ、搾取され、虐げられ、踏みにじみられつづけてきました。

この暴虐に対し、アジア諸国も何度抵抗し、自主独立を守るための戦いに挑んできたことか知れません。

しかし、そのすべてが、ことごとくねじ伏せられ、弾圧されてきました。

アジア断トツNo.1の中国ですら！

そうした繰り返しの中で、アジア人は徐々に自信を失い、その心の中に、喪失感、劣等感が広く深く浸透していきました。

そしてついには、アジア人自身がこう考えるようになります。

「我々アジア人が、これほどまでに徹底的に敗北を重ねるのは、なぜだ！？

　白人がそう言うように、ほんとうに我々アジア人が"劣等民族"だからじゃないのか？

　"劣等民族"である我々は、どれほど努力をしようが、足掻こうが、未来永劫けっして白人に勝つことはできないのだ…」と。(＊01)

そして、それは、絶望感へとつながっていきます。

このような陰鬱な空気がアジア全土を覆い尽くしていた、そんなときに起こったのが「日露戦争」でした。

かたや、白人列強、しかも当時列強中"随一"の陸軍大国だったロシア。

かたや、アジアの、しかも極東の小さな小さな島国の貧乏小国・日本。

もはや、世界に広がったのは、日本に対する「同情」でした。

---

(＊01) インドでは、「我々の方が劣っているのだから、まともに戦っても勝てっこない」という劣等感が「非暴力運動」という形となって顕れた、とも言われています。
この運動を指導したマハトマ＝ガンディーは、若いころ、イギリスの流行の服装、音楽、ダンスをたしなみ、必死になって「イギリス人よりもイギリス人らしく」なろうとしていますが、これも「劣等感の顕れであった」と本人が言っています。

「アジアで断トツNo.1だった超大国・清国ですらあの有様だったのだ。
　日本のごとき貧乏弱小国が、あのロシアに勝てるわけがない。
　かわいそうに。日本の滅亡は決まったな」
　それが、フタを開けてみれば、日本が陸に海に連戦連勝！
全世界に衝撃が走ったのも当然のこと。
「アジアの小国が、白人列強に勝った！！」
　この報は、欧米では、衝撃と驚嘆をもって伝えられます。
　白人は、古来、「肌の色で人種差別」しますが、ちゃんと「力」を示すと、態度を相応のものに改めてきます。(＊02)
　まず、戦前より同盟国であったイギリスは、ただちに日英同盟を更新（B/C-5）し、アメリカも「桂タフト協定」（D-5）を結んで、ともに日本の韓国優先権（B-3/4）を承認してきます。

　　　　　　　　　　　　　我がイギリスも
　　　　　　　　　　　　　日本の韓国優先権
　　　　　　　　　　　　　を認めましょう！

　これからも　　　　　　　　　　　　　今のところは
　よしなに…　　　　　　　　　　　　利用価値がある
　　　　　　　　　　　　　　　　　　から更新するが…
　　　　　　　日英同盟　　　　　　　　ズに乗んなよ、
　　　　　　　　　　　　　　　　　　猿めが！

---

（＊02）逆にいえば、「力」を示さない限り、「肌の色の違い」のみで、頭から蔑視してきます。
　　　　彼らの前では「能ある鷹は爪隠す」とか「謙虚」というものは通用しません。
　　　　極真空手の初代総裁・大山倍達がアメリカにカラテ道場を構えたとき、「オレを倒したら入門してやろう！」という者があとを絶たなかったといいます。
　　　　そういうヤツらを力で叩き伏せたとき初めて、彼らは敬意を払うようになったそうです。

また、ロシアの同盟国であるフランスも、日本の実力を認め、「日仏協約」（B-2）を結んで、韓国優先権はもちろん、南満州（A/B-3）・内蒙古（A/B-2/3）・福建省（C-3）までも日本の勢力範囲として認めてきます。
　さらに、ポーツマス会議中も、最後まで「負け」を認めなかったロシアですら、「日露協約」（A-5）を締結し、南満州を日本の勢力範囲として認めたのでした。
　こうして、日本が「力」を示すや、列強諸国は、たちまち態度を豹変させ、こぞって日本と「対等条約」を結びはじめます。
　そして、この「日本勝利」の報は、アジアでは熱狂をもって迎えられます。
「我々と同じ肌の色をした日本人が、あのロシアに勝ったのだ！
　我々は劣等民族ではなかった！　それを日本が証明してくれた！
　我々が勝てなかったのは、単にやり方が間違っていただけだったのだ！
　日本に倣え！　日本につづけ！！」
　こうして、「日露戦争」は、アジアに「希望」という名の光をもたらします。
　一度は萎えかけていた「白人に抵抗する気概」が、ここからふたたび湧きおこり、それが20世紀中葉の「アジア諸国の独立」を生んでいく、その起点となったのです。(＊03)
　しかし同時に、日本はこれを境として増上慢となってしまいます。
　以後の日本は、白人帝国主義に追従し、「アジアの希望」から「失望」へと変わっていくのに、さして時間はかかりませんでした。

---

（＊03）このことについて、インド共和国初代首相のネルーも『父が娘に語る世界史』の中でこう述べています。
　　「日露戦争での日本の勝利は、すべてのアジアの国々に大きな影響を与えた。
　　ナショナリズムは急速にアジアに広がり、アジアにとって偉大なる救いとなった」
　　しかし、そのつづきにはこうあります。
　　「しかしそれは、日本という、もうひとつ帝国主義国家が加わったにすぎなかった」

かように、日露戦争は、功罪両面を持ち合わせていますが、20世紀に入った直後まで、「19世紀の延長」にすぎなかった世界の潮流が、この日露戦争をターニングポイントとして、本当の意味での「20世紀が開幕した」という歴史的意義は大きいでしょう。
　さて。
　本書で見てまいりましたように、明治から以降、日露戦争前までの日本人は、つねに「国家存亡の危機」と隣り合わせの状況にあって、100年後200年後の子孫の幸せを願い、自らの世代は、その夢も希望も悦びも、人生そのものすらも棄て、塗炭の苦しみに耐え、血の涙を流すつらい想いで、上から下まで右から左まで、全身全霊、がんばってきました。
　100年前の当時は、帝国主義段階のまっただ中にあって、こちらがどんなに戦争したくなくても、戦争をふっかけられ、これに勝ちつづけなければ、たちまち滅ぼされる！
　そういう時代だったのです。
　我々から見て、100年前の人たちが想像を絶する価値観の中で生きていたように、やがて、100年後200年後の未来においては、私たちとはまったく違う価値観の社会が生まれてきていることでしょう。
　そのとき、我々の時代は、未来の人たちにどう評価されているでしょうか。

# Column 日露戦争の勝因とは？

　開戦前、日本がこれほどの大勝利を得るとは、誰も想像だにできないことでした。
　日本自身が信じられません。
　戦後、日本海海戦でも大活躍した第二艦隊参謀・佐藤鉄太郎中佐と、海軍少将・梨羽時起が談笑していたときのこと。
梨羽「私はあの戦争に勝てた、ということがいまだに信じられん。
　　　佐藤、最前線で戦ってきたおまえならわかるか？
　　　我が国は、なぜあんなに勝つことができたのじゃろうか」
佐藤「六分どおり、運でしょうな。ほんとうに運がよかった」
梨羽「なるほど。たしかにそうじゃ。運がよかった。
　　　まるで天が味方してくれておったかのようじゃった。
　　　して？　あとの四分は何じゃ？　そこが聞きたい」
佐藤「残りの四分も、運ですな。ほんとうに運がよかった」
梨羽「待て、佐藤。それでは全部運ではないか」
佐藤「はい。
　　　しかし、最初の"六分"はまさに天運、残りの四分は、日本人が死ぬような血みどろの努力を重ねて、自ら摑み取った運です」
　それを聞き、梨羽は、「我が意を得たり！」という顔で深く頷いたといいます。
　まさに「天は自ら救う者を救う」。
　どんなに絶望的な状況でも「最後の最後まで諦めずに努力をつづけた」者にのみ、天が手を差しのべてくれます。
　一個人の人生において、どれほどの苦難・試練があろうが、この日露戦争直前のときの日本より絶望的な状況がありうるでしょうか。
　つらいときは、日露戦争の本を読み、歴史を学ぶならば、そこから勇気と智恵を得ることができ、人生に挫けるということもなくなるのではないでしょうか。

## 神野 正史(じんの まさふみ)

河合塾世界史講師。世界史ドットコム主宰。ネットゼミ世界史編集顧問。ブロードバンド予備校世界史講師。歴史エヴァンジェリスト。1965年、名古屋生まれ。出産時、超難産だったため、分娩麻痺を発症、生まれつき右腕が動かない。剛柔流空手初段、日本拳法弐段。立命館大学文学部史学科卒。教壇では、いつも「スキンヘッド」「サングラス」「口髭」「黒スーツ」「金ネクタイ」という出で立ちに、「神野オリジナル扇子」を振るいながらの講義、というスタイル。既存のどんな学習法よりも「たのしくて」「最小の努力で」「絶大な効果」のある学習法の開発を永年に渡って研究し、開発された『神野式世界史教授法』は、毎年、受講生から「歴史が"見える"という感覚が開眼する！」と、絶賛と感動を巻き起こす。「歴史エヴァンジェリスト」として、TV出演、講演、雑誌取材、ゲーム監修など、多彩にこなす。著書に『世界史劇場イスラーム世界の起源』(ベレ出版)、『神野の世界史劇場』(旺文社)、『世界史に強くなる古典文学のまんが講義（全3巻）』(山川出版社)、『爆笑トリビア解体聖書』(コアラブックス) など多数。

---

### 世界史劇場 日清・日露戦争はこうして起こった(せかいしげきじょう にっしん にちろ せんそう お)

2013年7月25日　初版発行

| | |
|---|---|
| 著者 | 神野 正史(じんの まさふみ) |
| DTP | WAVE 清水 康広 |
| カバーデザイン | 川原田 良一 (ロビンソン・ファクトリー) |

©Masafumi Jinno 2013. Printed in Japan

| | |
|---|---|
| 発行者 | 内田 眞吾 |
| 発行・発売 | ベレ出版<br>〒162-0832　東京都新宿区岩戸町12 レベッカビル<br>TEL.03-5225-4790　FAX.03-5225-4795<br>ホームページ　http://www.beret.co.jp/<br>振替 00180-7-104058 |
| 印刷 | モリモト印刷株式会社 |
| 製本 | 根本製本株式会社 |

落丁本・乱丁本は小社編集部あてにお送りください。送料小社負担にてお取り替えします。

本書の無断複写は著作権法上での例外を除き禁じられています。
購入者以外の第三者による本書のいかなる電子複製も一切認められておりません。

ISBN 978-4-86064-361-4 C0022　　　　編集担当　森 岳人

# 世界史劇場
# イスラームの世界の起源

神野正史 著

A5 並製／定価 1680 円（5% 税込） 本体 1600 円
ISBN978-4-86064-348-5 C2022　■ 280 頁

「まるで劇を観ているような感覚で、楽しみながら世界史の一大局面が学べる」シリーズ第一弾！ 臨場感あふれる解説で、歴史を"体感"できる！ イスラームはなぜ生まれたのか？ コーランとは？ シーア派とは？ 現代の国際情勢を理解するにはイスラームの歴史知識は必須です。本書ではイスラーム世界の誕生から、拡大しつつも分裂していった過程（〜12C）を劇的に描きつつ、イスラーム世界の重要知識をしっかりと押さえていきます。"歴史が見える"イラストが満載で、コミック世代のビジネスマンも読んで楽しめる、まったく新しい教養書です！

## もっと世界史劇場を堪能したい方へ

　筆者（神野正史）は、20 年以上にわたって河合塾の教壇に立ち、そのオリジナル「神野式世界史教授法」は、塾生から絶大な支持と人気を集めてきました。

　しかしながら、どんなにすばらしい講義を展開しようとも、その講義を聴くことができるのは、教室に通うことができる河合塾生のみ。モッタイナイ！

　そこで、広く門戸を開放し、他の予備校生でも、社会人の方でも、望む方なら誰でも気兼ねなく受講できるように、筆者の講義を「映像講義」に収録し、

## 「世界史専門ネット予備校 世界史ドットコム」

を開講してみたところ、受験生はもちろん、一般社会人、主婦、世界史教師にいたるまで、各方面から幅広く絶賛をいただくようになりました。

　じつは、本書は、その「世界史ドットコム」の映像講座をさらに手軽に親しめるように、と書籍化されたものです。

　しかしながら、書籍化にあたり、紙面の制約上、涙を呑んで割愛しなければならなくなったところも少なくありません。

　本書をお読みになり、もし「もっと深く知りたい」「他の単元も受講してみたい」「神野先生の肉声で講義を聴講してみたい」と思われた方は、ぜひ、「世界史ドットコム」教材も受講してみてください。http://sekaisi.com/